SECRECY WORLD

SECRECY WORLD

시크리시 월드:
자본가들의 비밀 세탁소

제이크 번스타인 지음 | 손성화 옮김

ORNADO
토 네 이 도

2015년 5월 국제탐사보도언론인협회ICIJ 선임 편집자 마이클 허드슨은 ICIJ가 나와 잘 맞을 것 같은 프로젝트에 착수했다는 얘기를 해주었다. 그는 전화상으로 자세한 내용을 밝히지는 않고, 대신 워싱턴 D. C.로 가서 ICIJ 대표 제라드 라일과 부대표 마리나 워커를 만나보라고 권했다.

그리고 며칠 후에 만난 라일은 당시 ICIJ가 한창 전달받고 있던 막대한 양의 유출 데이터, 바로 '프로메테우스Prometheus' 프로젝트에 관해 알려주었다. 그 자료는 비밀세계secrecy world에 관한 전대미문의 시각을 제공해줄 수 있었다. 여러 나라의 정부를 실각시킬 가능성이 내포된 자료들이었다. 라일과의 미팅이 끝날 즈음 이미 나는 그와 같은 배에 올라타고 있었다. 그 일, 다시 말해 전 세계의 조세회피를 폭로한 '파나마 페이퍼스' 프로젝트가 2년이 넘는 시간 동안 내 인생을 통째로 집어삼키리라는 것도 모른 채 말이다.

그 뒤로 나에게는 기자 인생 25년 가운데 가장 신나는 경험
들이 이어졌다. 자료에는 호기심의 노예인 사람의 눈에 발견되
기만을 기다리고 있는 이야기들이 구석구석 숨어 있었다. 하지
만 기사 노다지 이상으로 그 자료의 격을 높인 것은 다름 아닌
'공조'였다.

나는 얼마 안 가, 전 세계에서 온 최고의 탐사 기자들과 함께
일한다는 사실을 알게 되었다. 이들은 대부분 이전의 ICIJ 협업
을 통해 서로 아는 사이였다. 그들은 마음이 열려 있었고 기꺼
이 도우려는 자세가 되어 있으며 나만큼이나 그 자료에 흥분했
다. 우리는 공통의 목적과 공유된 신념으로 똘똘 뭉쳤다. 그렇
게 오랜 시간 피땀 흘려 일하는 것은 공익을 위해서라고 다들
믿었다. 우리가 폭로한 비밀세계, 즉 자본가들의 비밀스런 돈세
탁에 관한 자료는 일반시민들이 반드시 알아야 할 정보였다. 더
욱 힘든 상황에 도전하는 이들도 있었다. 많은 기사들이 본국에
서 적대적인 정부, 회의적인 대중, 경제적 압박 등 상당한 장애
물들과 맞닥뜨려야 했다.

최종적으로 370명이 넘는 기자들이 파나마 페이퍼스에 공을
들였다. 이들은 거의 서른여섯 개에 달하는 언어로 작업했다. 이
들의 수고가 없었다면 이 책은 나오지 못했을 것이다. 그들은
내가 도착하기 전에 밭을 상당 부분 갈아둔 사람들이다. 마땅
히 언급되어야 할 이들을 전부 거명하지는 못하겠지만, 나는 그
들 한 사람 한 사람의 모든 노고를 고맙게 생각한다. 보통 사람

들이었다면 몸이 남아나지 못했을 일정에도 불구하고 ICIJ의 뒤에서 묵묵히 일하는, 믿을 수 없을 정도로 대단한 사람들이 이 책을 위해 나의 인터뷰에 응해주었다.

다만 비밀세계에 관한 탐사보도를 진행하는 데 있어서 아쉬웠던 점은 프로젝트 초반에 그 주제에 접근할 수 없었던 것이다. 2016년 4월 3일 '파나마 페이퍼스'를 공개할 당시 우리(ICIJ)는 파나마 로펌 모색 폰세카에서 나온 1,150만 건이 넘는 문서를 갖고 있었으나 나는 여전히 그 주역들에 관한 이야기가 불완전하다는 생각이 들었다. 그들은 비밀세계 그 안에서 자신들의 위치를 어떻게 이용했는지 그리고 이후 그것들이 흔들리는 광경을 어떤 심정으로 지켜보았는지 궁금했다. 이런 조각들을 채워 넣는 것이 내가 이 책을 쓰기 시작한 이유다. 모색 폰세카를 만든 라몬 폰세카와 유르겐 모색은 기꺼이 내 인터뷰에 응해주었다. 장담컨대 두 사람은 이 책의 모든 내용에 동의하지는 않을 테지만, 내가 그들의 신뢰를 배반하지 않았기를 바란다.

나는 이 책을 쓰기 위해 6개국을 돌아다녔다. 그 과정에서 많은 이들이 서두르지 않고 시간을 들여 나에게 비밀세계와 이를 둘러싼 저널리즘에 대해 알려주었다. 일반 대중의 알 권리를 위해 기자들에게 정보를 넘겨준 이들이 없었다면, 이 책에 상세히 기술된 유출 자료 탐사보도 가운데 그 어느 것도 성공하지 못했을 것이다. 그들은 모든 것을 걸었다. 그들이야말로 이 이야기의 진정한 영웅이다. 그리고 그중에서도 파나마 페이퍼스의 물

꼬를 터준 익명의 그 사람 혹은 사람들에게 진심으로 감사의
마음을 전한다.

2015년 봄, 멕시코에서 잘나가는 어느 해운회사 간부는 한 가지 문제에 직면했다. 그는 자신의 누이와 열 살짜리 조카를 위해 시애틀에 있는 58만 5,000달러 상당의 타운하우스를 한 채 구매하려고 했다. 물리적 거리는 문제될 게 없었다. 다만, 누이가 이혼 분쟁에 휘말린 상태였다. 그 간부는 타운하우스가 다툼에 휩쓸리지 않기를 바랐다. 매매에 따른 세금을 가능한 최소화하고 싶은 마음도 있었다. 궁극적으로는 혹시라도 누이가 사망할 경우 타운하우스의 소유권이 반드시 그에게 귀속되어야 했다.

그는 북아메리카 남부의 파나마에 있는 한 로펌과 접촉했다. 이러한 문제들을 처리하는 법무법인이었다. 그 로펌은 돈을 숨기고, 사적이고 은밀한 일을 감추려는 전 세계 사람들을 돕는 방법을 수십 년에 걸쳐 쌓아왔다. 그 방법이란 대체로 조세피난처에 설립한 익명으로 된 셸컴퍼니shell company(자산이나 사업 활동이 없는 '껍데기뿐인' 위장회사-옮긴이)를 판매하는 것이었다. 여기서 좀 더 나아간 방식을 쓸 때도 있었는데 멕시코 해운회사 간부가 바로 그런 경우였다.

그는 비행기를 타고 파나마로 건너갔다. 차 한 대가 공항에서 그를 태워 로펌 사무실로 데려갔다. 회사의 외관만 봐서는 그곳이 세계 곳곳에 직원 수백 명이 산재한 거대 글로벌 기업이라는 사실을 전혀 알 수 없었다. 로펌 본사는 파나마시티 내에서도 주택과 상가가 혼재한 골목에 자리 잡은 나지막한 건물이었다. 그 거리에 있는 많은 주택들이 로펌의 소유였지만 그러한 사실이 표가 나지는 않았다.

신규 고객은 로펌의 일류 변호사들 가운데 한 명을 만나 희망사항을 풀어놓았다. 변호사는 일전에 요청했던 여권, 은행 계좌 사본 등 고객의 신원을 증명하는 증빙서류를 건네받았다. 변호사가 마련해둔 계획은 자산관리 업계의 기준으로 볼 때, 특별히 복잡할 게 없었다. 그 업계는 고객의 부富를 보호하고자 수없이 다양한 법률 체계를 이리저리 짜 맞추는 게 일이었다. 이런 식의 거래는 윤리적으로는 의심스러운 측면이 있으나 표면적으로는 완전히 합법적이었다.

계획의 첫 번째 단계는 미국 델라웨어주州에 유한책임회사LLC를 설립하는 것이었다. 이 유한책임회사가 타운하우스를 구매하는 실체가 될 터였다. 로펌은 델라웨어주에서 손발을 맞춰 함께 작업하는 팀에 연락을 취했다. 로펌을 대신해 델라웨어주에서 여러 회사들을 조달하는 업무를 담당하는 팀이다. 델라웨어주에 회사를 설립하려면 최소한의 정보만 있으면 된다. 누구든지, 세계 어디에 있든 회사를 차릴 수 있다. 델라웨어주 내에서 기업활동을 하지 않는 한 회사가 무슨 일을 하는지에 관한 정보를 제출하지 않아도 되고 회사의 실소유주가 누구인지 밝힐 필요도 없다. 그저 '구성원' 명단만 있으면 되는데, 그 명단이라는 것이 다른 회사나 법적 실체가 될 수도 있었다.

각국 정부는 외국인들이 델라웨어주 등지에 있는 회사를 통해 활동 내용을 숨긴다는 사실을 알고 대단히 충격을 받았다. 미국도 예외는 아니었다. 앞서 말한 멕시코 사업가가 회사를 설립한 해에 미국 재무부가 제시한 보고서를 보면, 불법 행위를 저지르는 데 미국의 셸컴퍼니를 이용하는 유라시아 조직범죄자들에 대한 '각별한 관심'이 표현되어 있다. 미국에서 쏟아져 나오는 익명회사의 숫자만 보더라도 이러한 우려는 가중되었다. 2015년 한 해 동안 델라웨어주에서만 12만 8,000개가 넘는 유한책임회사가 설립되었다.

멕시코 해운회사 간부는 속으로 생각해둔 회사명이 있었다. 그는 '체리그룹Cherry Group'이라는 이름을 쓰고 싶었다. 하지만 그 이름으로 된 회사는 이미 델라웨어주에 존재했다. 그는 '체리그룹 USA LLC'로 만족해야 했다. 이 회사를 탄생시키는 데는 300달러 남짓한 돈이 들지만 로펌에서는 적절한 장부 및 기록을 가지고 회사를 움직이게끔 하는 비용으로 총 1,260달러를 청구했다. 해운회사 간부는 두말없이 곧바로 지갑을 열었다.

그런데 델라웨어주에 설립한 회사만으로는 그의 요구사항을 충족시킬 수 없었다. 만약 그가 회사를 직접적으로 소유할 경우, 누이의 전 남편이 될 사람과 미국 정부가 곧 눈치챌 게 뻔했다. 변호사는 델라웨어주에 있는 회사를 합법적으로 소유할 파나마 국적의 재단을 하나 만들라고 제안했다. 로펌에서는 재단 이름으로 '바노라Vanora' 혹은 '엘레우스Eleus' 가운데 하나를 고르도록 했다. 로펌에서는 이미 두 달 전에 재단을 만들어 둔 상태였다. 이 특정 고객을 알기도 전에 말이다. 사실 바노라와 엘레우스라는 두 여성은 로펌에서 낮은 임금을 받고 일하는 직원들이었으나 표면상 재단을 이끄는 인물들로 되어 있었다. 이들은 실제로 수천 개의 회사와 재단의 '바지사장' 노릇을 했다. 즉, 실소유주가 뒤에 숨을 수 있게 하는 방패막이 역할을 하는 존재들이었다. 해운회사 간부는 '바노라'라는 이름을 선택한 뒤 재단을 구매하는 비용으로 3,950달러를 지불했다.

그즈음 미국에 있는 또 다른 로펌 소속 변호사가 거래를 성사시키기 위해 합류했다. 이 변호사의 의뢰 비용은 3,500달러였다. 해운회사 간부는 타운하우스를 구매하기 위해 시애틀로 갈 계획을 세웠다. 그런데 부동산 중개인이 한 가지 걸림돌이 있다는 사실을 알려왔다. '체리그룹 USA LCC'는 재단 소유이기 때문에 회사 명의로 타운하우스를 구매할 수 없다는 것이었다. 하지만 이는 별 어려움 없이 해결되었다. 파나마에 있는 로펌의 저임금 근로자 두 사람이 바노라 재단의 책임자로서 그에게 타운하우스 구매 권한을 부여한다는 내용을 담은 문서에 순순히 서명했기 때문이다. 로펌에서는 이 서비스를 선뜻 제공했다. 해운 회사 간부는 타운하우스에 대한 대금을 현금으로 지불할 테니 파나마 쪽 사람들이 담보대출로 쩔쩔맬 위험은 전혀 없었다.

이 사례는 2015년 한 해 동안 이 로펌이 성사시킨 거래 수천 건 가운데 일부일 뿐이다. 다만 모색 폰세카Mossack Fonseca라는 이 로펌이 누군가가 시애틀에 있는 타운하우스를 몰래 구매하도록 돕던 그때, 회사의 내부 파일이 기자들에게 유출되고 있었다. 그 결과 세계적인 탐사보도 기사 "파나마 페이퍼스Panama Papers"가 탄생했고 매년 수조 달러의 돈이 흘러들어가는 지하경제의 작동원리를 파헤친 전대미문의 사건이 일어날 수 있었다.

지하로 들어가는 그 돈줄기는 '비밀세계'로 알려진 광범위한 탈규제 지역에 존재한다. 비밀세계는 여기저기 여행 다닐 형편이 되는 사람들만 이용 가능한 대체현실이다. 그 세계에 존재하는 부는 대체로 세무 당국이 건드릴 수 없고 범죄 수사관들의 눈에 띄지 않는다. '가족 왕조'는 비밀세계를 통해 번영을 누리고 불법적으로 획득한 재산은 말끔히 세탁된 상태에서 상속인에게 넘어간다. 이 세계에서는 언제나 자본이 노동을 누르고 승리를 쟁취하며 부유한 자들은 일반 시민을 규율하는 법을 제멋대로 무시한다.

전 세계적으로 개인재산은 최근 몇 년 간 지속적으로 증가했다. 2010년 121조 8,000억 달러였던 것이 2016년에는 166조

5,000억 달러로 늘었다. 세계 가계 금융자산의 약 8%를 비밀세계가 장악하고 있다. 그런데 이 돈을 마음대로 주무르는 부유한 개인들은 자신이 보유한 부에 걸맞지 않게 본국에 기여하기를 꺼리는 모양새다. 스칸디나비아 3개국이 최근 시행한 연구에 따르면 일반적으로 전체 인구 가운데 조세도피자의 비율은 3% 정도다. 그런데 개인자산이 4,000만 달러가 넘는 상위 0.01%에 속하는 이들의 경우 30%가 세금을 떼먹는다는 대단히 충격적인 결과가 나왔다. 당연한 얘기지만 세계적으로 불평등이 만연하게 된 데는 비밀세계를 통한 부의 이전이 용이해진 탓이 제일 컸다.

그리고 그 여파는 우리 생활 곳곳, 미치지 않는 데가 없다. 비밀세계가 돈을 가로채는 바람에 사회기반시설에 대한 비용이나 학교를 짓거나 치안을 확립하는 데 들어가야 할 돈이 부족해졌다. 뉴욕, 로스앤젤레스, 마이애미, 런던 등 주요 도시의 부동산 가격 역시 급등했다. 안전자산에 돈을 묶어두려고 혈안이 돼 있는 부유층이 대도시의 부동산을 사들이면서 가격을 끌어올리고 있는 것이다. 이들은 보통 본국과 외국의 세금징수관들이 자신의 정체를 알아챌 수 없도록 익명회사를 통해 부동산을 사들인다(2015년 4분기 동안 미국 내 자산가치 300만 달러 이상의 부동산을 매입한 구매자 가운데 58%는 유한책임회사였고, 이들이 부동산에 쏟아부은 돈은 총 612억 달러였다).

하지만 뭐니 뭐니 해도 비밀세계의 최대 악용자는 다국적 기업들이다. 이들은 미국 델라웨어주, 케이맨 제도, 룩셈부르크 등 세금은 아주 낮으면서 비밀은 최대한 유지되는 곳에 사업체를 둔다. 모색 폰세카의 주역들은 정체가 드러난 뒤 본인들 역시 이런 다국적 기업들과 전혀 다르지 않다고, 그러니까 여느 회계사, 은행가, 변호사, 신탁회사들처럼 해왔을 뿐이라고 주장했다. 틀린 말은 아니었다.

1장

비밀 세탁소의 탄생

▶ 눈부시게 파란 하늘을 배경으로 누구의 것인지 알 수 없는 목소리가 들릴 듯 말 듯 흘러나온다. "우리의 꿈은 모두 이뤄질 수 있습니다. 꿈을 좇을 용기가 있다면 말입니다." 모색 폰세카의 창립 35주년을 기념하는 18분짜리 영상의 도입부다. 2012년에 제작된 이 영상은 '비밀'이라는 상품을 판매하는 글로벌 제국을 세운 두 선지자의 이야기를 들려준다. 안 좋은 부분은 싹 빼고서 말이다.

두 명으로 시작한 모색 폰세카는 전 세계 마흔두 개 사무소에서 600여 명의 직원들이 근무하는 회사로 성장했다. 24시간 운영되는 파나마 본사는 누구라도 탐낼 만한 다용도 상품, 즉 익명회사들을 대량으로 찍어냈다. 하나같이 속이 채워지기를 기다리고 있는 빈껍데기 회사들이었으나 실제로는 무엇이든 가능한 존재들이었다. 은행 계좌를 보유하고 저택을 소유하며 복잡한 상거래를 개시할 수 있었다. 무엇보다 회사의 주인이 누구인지 알아내는 것이 거의 불가능했다. 모색 폰세카의 영상은 이 경이로운 상품에 대해서는 그다지 언급하지 않는다. 대신 로펌의 포부와 최첨단 기술로 이뤄낸 성과를 찬양한다.

영상 속 화자는 이렇게 말한다. "한 가지는 분명합니다. 고객의 욕구를 충족시키는 것은 물론, 기술을 활용하여 고객이 원하는 바를 미리 예측하는 데 있어서 우리는 선두에 있습니다." 모색 폰세카의 대표 유르겐 모색Jürgen Mossack은 스타다. 영상 속 화자의 설명에 따르면 그는 고객들이 필요로 하는 것을 지원하며 기술을 우선시하는 데 가장 앞선 인물이다.

모색은 평소 입꼬리가 아래로 처져 있곤 했다. 과묵하고 신중한 성격, 자신이 판매하는 회사들의 익명성 같은 방어적인 측면은 영상에 드러나지 않는다. 그는 본인의 이런 성향 덕분에 감정을 숨길 수 있었다. "나의 비전은 우리 회사 및 사내의 여러 부문들이 높은 평가를 받는 것은 물론, 앞으로 마이크로소프트 같은 조직으로 거듭나는 것입니다." 그는 이렇게 말하고는 다음과 같이 덧붙인다. "물론 규모는 훨씬 더 작겠지만 말입니다." 영상에서는 끝없이 펼쳐지는 지평선이 흐른다. "나는 이 회사가 30년, 60년, 아니 90년이 넘는 시간이 흐른 뒤에도 강건하게 자리를 지키리라고 믿습니다." 모색 폰세카의 공동 창립자 라몬 폰세카Ramón Fonseca의 말이다.

폰세카는 대개의 경우 사교적이고 매력적인 사람이지만 영상에서는 부자연스럽고 불편해 보인다. 희끗희끗한 머리를 깔끔하게 뒤로 넘긴 폰세카는 사무실에만 틀어박혀 있는 사람 특유의 창백한 낯빛을 하고 있다. 그는 경계하듯 카메라를 응시한다. 그래도 영상에서 읊어대는 모색 폰세카의 업적 자체는 부인할 수 없는 명백한 사실이었다. 모색과 폰세카가 설립한 공장에서 나온 21만 개가 넘는 익명의 회사, 신탁, 재단이 지구상에 넘쳐나게 되었다. 모색 폰세카는 마이크로소프트라기보다는 비밀스러운 맥도날드가 되었다. 한정된 경제 영양소만 공급하면서 탈세, 때로는 범죄와 관련된 활동으로 전 지구적인 '자금 경색'을 유발하는 값싼 상품을 팔았다.

모색 폰세카의 이야기는 전쟁으로 피폐해진 독일, 잿더미가 된 히틀러의 제3제국에서 시작된다. 독일이 무조건항복을 하기 두 달 전인 1945년 3월, 미군은 SS해골부대 소속 하사인 에르하르트 모색Erhard Mossack을(유르겐 모색의 부친) 생포했다. 에르하르트는 스물한 살의 나이임에도 굵직한 인생을 살았다. 열다섯 살에 히틀러유겐트에 들어갔고 3년 뒤에는 나치스 친위대인 바펜SS에 입대했다. 러시아에서는 전투에 참가했으며 체코슬로바키아에서 부상을 입기도 했다.

포로로 잡히고 나서 9개월이 지났을 때였다. 에르하르트는 다른 전쟁포로 일곱 명과 함께 트럭 한 대를 탈취해 프랑스 르아 브르 부근에 있던 포로수용소에서 탈출했다. 독일 국경에 거의 다다랐을 무렵, 프랑스 보초병에게 기습당했으나 에르하르트는 전우 두 명과 달아나는 데 성공했다. 이들은 쾰른에서 뿔뿔이 흩어져 보통 사람들 속으로 스며들었다. 당시 독일은 치열한 각 축장이었다. 소련과 미국은 곧 다가올 냉전 시기 동안 첩보원으 로 쓸 요량으로 나치 당원이었던 이들을 적극적으로 끌어모았 다. 에르하르트처럼 미국과 소련 중 어느 쪽도 선택하지 않은 나 치스 친위대 장교 출신들은 상호 원조를 위해 은밀히 뭉쳤다.

에르하르트는 전우들의 도움으로 문신 제거 솜씨가 뛰어난 의 사를 만날 수 있었다. 거의 대부분의 바펜 SS 대원들은 왼팔 안 쪽에 혈액형 문신이 찍혀 있었다. 그 문신은 나치 전적이 있는 자를 색출하던 점령군들에게 정체를 들킬 수 있는 위험한 증거 였다. 에르하르트는 농장 일꾼 자리를 얻었다. 그해 봄, 나치 선 전 담당자였던 이가 독일공산당 입당을 권유했으나 에르하르트 는 이를 거절했다. 그로부터 두 달 뒤, 이번에는 나치당 고위관 료였다고 자처하는 이가 농장으로 찾아왔다. 그는 자신이 그동 안 외판원으로 독일 여기저기를 돌아다니면서 조용히 비밀요원 들의 네트워크를 구축하고 있었다고 말했다. 결국 에르하르트는 그를 따라 유럽에 파시스트 정권을 다시 세우려는 편에 서게 되 었다.

미래의 영광이라는 꿈을 팔고 다니던 나치 당원이 에르하르트를 전도유망한 표적으로 삼은 이유는 무엇이었을까? 미국 육군 정보부에서 실행한 조사에서 그 단서를 찾을 수 있다. "(에르하르트는) 매우 광범위하긴 하나 피상적인 정치교육을 받았고 뼛속까지 나치 이데올로기에 세뇌되어 있다. 전형적인 히틀러 유겐트 지도자인 그는 아직도 나치 슬로건이 나부끼는 자기만의 세계에서 살고 있다. 히틀러 치하에 있던 독일 청년층의 모습을 잘 보여주는 두드러진 사례다."

1946년 5월 말, 에르하르트는 제3제국 재건에 여념이 없는 또 다른 전직 나치스 친위대 장교와 엮이게 되었다. 에르하르트는 이미 활동 중인 지하조직이 있다고 얘기하면서도 위조 서류를 얻기 위해 그 장교의 집까지 따라갔다. 그날 밤 늦은 시각, 미국 육군 정보부에서 나온 이들이 잠들어 있던 에르하르트를 깨워 구금했다. 알고 보니 새로 사귄 친구는 배신자였다. 처음에는 진술을 거부하던 에르하르트는 심문하던 미군에게 우여곡절 많았던 자신의 인생 역정을 들려주기 시작했다. 누가 봐도 자발적으로 한 게 틀림없는 독일 지하조직 가담을 두고서 에르하르트는 누군가에 의해 계획된 것이라고 말했다. 르아브르 포로수용소에서 탈옥한 데 대한 처벌을 피하려고 군 정보부와 맞교환하기 위한 정보를 모으고 있었다는 얘기였다.

심문을 진행한 미군은 에르하르트의 주장을 믿지 않았다. "그가 행동의 동기라고 주장하는 것, 그러니까 (미국 쪽) 정보원 역할을 해서 자비를 구하려 했다는 말은 의심스러운 측면이 있다.

그저 곤란한 상황을 모면하기 위한 기민한 시도임이 분명하다."
심문 보고서의 내용이다. 석방된 뒤 결혼한 에르하르트는 별 볼
일 없는 기자 겸 작가로 어렵게 생계를 유지했다. 1948년 3월 첫
째 아이 유르겐이 태어났다. 그 뒤로 10년 동안 세 아이를 더
낳은 후 정든 터전을 떠나 가족을 데리고 파나마로 이주했다.

1960년대 초만 하더라도 나치 신봉자가 보기에 파나마는 매
력적인 나라였다. 상업에 치중하는 국가로, 백인 과두정부가 나
라를 좌지우지했으며 계급·인종·지역에 따라 계층화되어 있었
다. 자체적으로 생산하는 것은 거의 없었으나 대서양 연안과 태
평양 연안 사이의 거리가 64km가 채 안 되는, 즉 북아메리카와
남아메리카를 연결하는 지협에 자리한 터라 교차로라는 전략적
가치 덕분에 상업이 발달하게 되었다. 상인들은 아메리카 대륙
을 약탈하여 부를 쌓았다. 스페인 식민 지배계층의 후손들과 더
불어 독일인과 독일 기관 및 단체 역시 라틴아메리카에 깊이 뿌
리내렸다. 독일이 전쟁에서 패한 뒤 나치 당원들에게 등대가 되
어준 존재가 바로 이들이었다.

기밀 해제된 미국중앙정보국CIA 문건에 따르면 에르하르트
는 1963년 쿠바 공산당원에 관한 정보를 팔겠다고 제안하면서
CIA와 접촉했다. 하지만 이것이 사실이라고 하더라도 그가 미
국 정보요원들과 어떤 관계를 유지했는지는 자세히 기술되어 있
지 않다. 가족이 파나마로 이주했을 당시 열세 살이던 유르겐은
처음에는 스페인어도 영어도 할 줄 몰랐다. 오로지 집에서만 의

사소통이 가능하다 보니 가족끼리 똘똘 뭉치게 되었다. 언어 장벽에 선천적으로 수줍음이 많았던 탓에 유르겐은 친구 사귀기가 힘들었다. 하지만 모색 집안사람들은 이민자 특유의 성공에 대한 열의가 있었다. 일곱 살짜리 남동생이 6개월 만에 반에서 1등을 했다고 유르겐은 자랑스럽게 얘기한다.

언어 장벽과 부친의 나치 전력에 따른 고립된 성장 환경으로 유르겐 모색은 경계심을 가지고 신중하게 비밀을 지키는 법을 배웠고 평생을 그렇게 살았다. 사람들이 그의 수줍음을 냉담으로 오해해도 유르겐은 속상해하지 않았다. 주변 사람들이 자신을 조금 어려워하는 것이 유용할 수 있다는 사실을 깨달았기 때문이다. 한 직원은 유르겐과 처음 만났을 때 "그는 당신이 아무것도 아니라는 듯이 차가운 눈으로 쳐다볼 겁니다"라고 말했지만, 해결해야 할 문제가 발생했을 경우 달려갈 곳은 폰세카가 아니라 모색이라는 사실을 오래지 않아 알게 되었다.

모색은 변호사가 되려고 파나마에 있는 가톨릭계 사립대학교에서 공부했다. 변호사 일을 하면서 그는 해사법海事法 전문가가 되었다. 20세기 초에 파나마는 외국 선박 등록지를 자청하기 시작했다. 파나마 국기를 게양한 상태에서는 선주들이 세금 및 노동 보호, 선박 안전 기준과 같은 본국에서 요구하는 각종 규제를 피할 수 있었다. 이러한 혜택을 제일 먼저 발견한 것은 채굴 산업 업계였다(스탠더드오일은 1919년 자사의 유조선들을 파나마에 등록했다).

모색은 1973년 로스쿨을 졸업한 뒤 파나마의 일류 기업 가운데 한 곳인 아로세메나 노리에가 앤드 카스트로Arosemena, Noriega & Castro에 입사했다. 그가 맡았던 일은 런던 사무소 설립을 지원하는 일이었다. 하지만 불과 2년 뒤 회사를 그만두었다. 자신이 기여한 바를 인정받지 못하고 합당한 보수를 받지 못해 좌절감이 컸다. 1977년 파나마로 돌아온 모색은 개인 법률사무소를 열었다. 그는 야심에 따라 모험을 해보기로 했다. "정말이지 조마조마한 시절이었습니다." 모색은 당시를 이렇게 회상한다. "식구들을 먹여 살릴 정도로 돈을 벌 수 있을지 눈앞이 캄캄했습니다."

법률사무소를 개업하고 나서 얼마 되지 않았을 무렵, 대학을 갓 졸업한 법학도 라몬 폰세카가 행운을 기대하며 이곳을 들르게 된다. 지금도 폰세카는 비전과 강인함, 조직력을 겸비한 모색을 우러러본다. 덩치는 큰 데다 늘 뚱한 표정을 짓는 연상의 동업자가 험상궂은 인상이라는 점을 폰세카도 인정한다. 하지만 그는 모색이 실제로는 '커다란 테디 베어' 그 자체라고 말한다.

처음 만나자마자 알아차리지는 못했으나 모색과 폰세카는 공통점이 많았다. 두 사람 모두 아웃사이더이면서도 소수의 파나마 재력가와 권력가로 구성된 사교계와 친밀했다. 다만 이들은 그사이의 거리감을 확실히 느끼고 있었다. 선망하는 위치에 있는 그들보다 본인들이 더 똑똑하다고 생각했다. 명성을 떨치고 싶어하는 욕구도 비슷했다. 수년 뒤에 진행한 인터뷰에서 폰세카는 사업을 시작할 때 가장 큰 바람은 여느 사람들처럼 소심하고 순한 양은 되지 말자는 것이었다고 했다.

폰세카는 사업가, 소설가, 정치가 등 여러 경력을 동시에 좇으며 늘 원대한 꿈을 꾸었다. 조부는 코스타리카의 초대 주파나마 대사였고 외조부는 치과의사였다가 저항운동가로 변신한 인물이었다. 폰세카는 열정적으로 정치 활동에 참여했던 가족사를 자랑스레 얘기한다. 주로 미국을 겨냥한 정치 활동으로, 파나마의 지난하고 복잡한 역사와 관련되었다. 이야기는 파나마가 콜롬비아로부터 분리된 1903년으로 거슬러 올라간다. 그해에 미국의 사주를 받은 혁명이 일어났다. 미국은 지협을 가로지르는 운하를 건설하는 데 안전하고 유리한 조건이 마련되기를 바랐고 이를 위해 체결한 조약 때문에 신생 파나마공화국은 사실상 미국의 보호국이 되고 말았다. 그 조약은 앞으로 건설될 운하에 대한 절대적인 통제권은 물론, 파나마의 국내 문제에 개입할 권리까지 미국에 부여했다. 미국은 쥐꼬리만 한 비용을 내고 엄청난 특권을 누렸다. 바로 이것이 파나마인들이 느끼는 불만의 핵심이 되었다. 미국인이 아닌 경우에는 운하지대를 자유로이 돌아다닐 수 없었고 파나마 현지 노동자들은 그들보다 낮은 임금을 받았다. 또한 운하지대 밖에서는 미국인들이 파나마 정부의 최고위직을 차지했으며 영어가 그들의 모국어인 스페인어를 밀어냈다.

폰세카의 외조부 라몬 모라Ramón Mora는 조국에서 열등한 취급을 받는 현실에 저항한 인물이었다. 그는 반부패·반미조직을 창설하는 데 힘을 보탰다. 치과의사로 일하지 않을 때는 반정부 신문사를 운영했고 럼주 양조장을 만들어 돈을 댔다. 1931년 손에 권총을 든 청년집단이 플로렌시오 아로세메나Florencio Arosemena 정권에 대해 쿠데타를 일으켰다. 모라는 이 조직의 일원이었다. 미국은 평화 유지를 위해 아주 미미하게 양보했다. 모라는 농업공공사업부 장관이 되었지만 이후 선출된 아르모디오 아리아스 마드리드Harmodio Arias Madrid 대통령이 그를 밀어내는 바람에 9개월 만에 장관직에서 내려와야 했다. 모라는 아리아스 형제가 차례대로 파나마를 지배하는 과정을 지켜봤다. 그들은 모라의 쿠데타 동지들이었다. 아리아스 형제는 포퓰리즘 어젠다를 추구했다. 여성에게 투표권을 부여하고 사회보장제도를 마련했으며 외세를 배격하자는 주장을 확산시켰다. 1940년, 전면적으로 나치와 무솔리니를 지지하는 아르눌포 아리아스가 대권을 잡았다. 하지만 선거를 치른 지 1년 만에 그는 축출되었다.

이후 40년에 걸쳐 이러한 양상이 되풀이되었다. 아리아스는 대통령 선거에서 세 번이나 당선되었으나 그때마다 번번이 군대가 그를 끌어내렸다. 1968년 대선에서 승리했을 때 아리아스와 그가 속한 파나마니스타 정당이 존속한 기간은 고작 11일이었다. 이번에는 국방경비대가 개입했다. 이 쿠데타로 전면에 등장한 오마르 토리호스Omar Torrijos 장군은 카리스마 넘치는 포퓰리스트로 '따뜻한 독재'의 신봉자였다. 당시 열여섯 살이었던 폰세카는 나중에 성직자가 돼서 세상을 구하겠다는 꿈을 품은 새

싹 운동가였다. 수백 년을 거슬러 올라가면 모라가家에는 거의 세대마다 성직자가 한 명씩 나왔다. 폰세카는 예수회 사람들의 개혁을 향한 열망에 매료되어 대학에 입학한 지 1년 만에 중퇴했다. 예수회 수사들은 대학생들이 사회 개혁에 관심이 있는 시민 사회 구성원들과 관계를 맺을 수 있도록 비밀리에 워크숍을 진행하고 있었다. 폰세카는 예수회를 통해 콜롬비아 출신의 가톨릭 성직자 헥터 가예고Héctor Gallego 신부를 만났다. 가예고는 해방신학을 몸소 실천하던 사람이었다. 해방신학에서는 경제적·정치적 상황의 개선을 돕는 것 역시 가난한 자들에 대한 교회의 책무에 해당한다고 보았다.

가예고는 파나마 베라과스주의 산타페라는 외딴 시골 교구에서 일했다. 지금이야 파나마시티에서 육로로 네 시간 반이면 갈 수 있는 곳이지만 1970년대 초만 하더라도 온종일 뼈마디가 흔들릴 정도로 덜컹거리는 지프차를 타고 가야 하는 지역이었다. 산타페에서 고립된 채 살아가는 농민들은 대지주들을 위해 피땀 흘려 일하는 봉건적인 상태에서 벗어나지 못하고 있었다. 심지어 대부분의 주민들은 깨끗한 물조차 사용할 수 없었다. 가톨릭교회에서 추산한 바에 따르면 아이들 절반이 영양실조로 고통 받았다. 가예고 신부는 폰세카에게 산타페로 와서 몇 가지 일에 힘써달라고 부탁했다. 굶주림과 불량한 위생 관리 탓에 사망한 아기들을 땅에 묻는 작업이 그중 하나였다.

현지 지주들과 이 급진주의 사제의 사이가 틀어진 것은 가예고가 농민협동조합을 만들면서부터였다. 그를 괴롭히려는 지주들과 군인들의 합동작전은 1971년 6월 9일 자정 무렵 육군 기지에서 나온 군인 두 명이 가예고를 납치하면서 막을 내렸다. 그 뒤에 벌어진 일은 전설처럼 남게 되었다. 군인들은 헬리콥터에서 가예고를 떠밀었다. 태평양 쪽 연안에서 26km 떨어진 코이바 섬의 정글 상공을 맴돌다가 그를 밖으로 밀어냈다. 가예고 신부는 하늘에서 떨어져 울창한 숲속으로 사라졌다. 가난한 자들을 돕다가 순교한 것이다.

가예고 신부의 실종은 폰세카에게 지대한 영향을 미쳤다. 파나마 대주교 마크 맥그래스Mark McGrath는 가예고 신부의 뜻을 이어 신학 공부를 해보라고 권했다. 폰세카도 처음에는 이를 받아들였으나 욕망이란 극복할 수 없는 장애라는 사실을 깨닫고는 끝내 포기했다. 대신 법학을 공부하기 위해 다시 대학으로 돌아갔다. 그러한 가운데 정치적 활동은 이어갔다. 파나마 학생들은 운하에 대한 미국의 통제권에 반대하는 항의운동을 오랫동안 주도해왔다. 미군과 충돌하여 폭력 사태가 발생하기도 했다. 폰세카는 학생 지도자로서 항의 운동을 전개했다. 그의 조모는 경찰이 들이닥칠 경우 손자가 재빨리 몸을 피할 수 있도록 집 뒤편의 정원 담벼락에 늘 사다리를 세워두었다.

그러나 한참이 지나서도 가예고의 죽음은 폰세카의 뇌리에서 떠나지 않았다. "누군가가 갑자기 사라진다는 건 그 사람을 땅에 묻는 것보다 훨씬 힘든 일입니다. 끝이 없거든요." 폰세카는 이어서 말한다. "전 평생 그 분을 찾아다녔습니다." 1998년 시모어 허시Seymour Hersh가 〈뉴욕타임스New York Times〉에 게재한 기사에 따르면 가예고는 추락한 뒤에도 적어도 며칠간 숨이 붙어 있었다. 당시 군정보부 사령관이었던 마누엘 노리에가Manuel Noriega 장군이 헬리콥터에서 사람을 내던지기 전에 먼저 죽이는 편이 낫다는 것을 깨닫게 된 경위를 농담조로 얘기한 것이 도청으로 드러났다고 기사는 전했다. 가예고가 실종된 지 약 10년이 지났을 때였다. 한 전직 군인이 비밀무덤에 관한 정보를 갖고 있다면서 교회 당국에 연락을 해왔다. 그 비밀무덤은 가예고를 비롯한 몇몇 사람들이 버려졌다고 추정되는 장소였다. 사체 발굴을 통해 뒤섞인 뼈들이 발견되긴 했지만 유전자 검사를 통해서도 결정적인 증거는 나오지 않았다.

이제는 성공한 변호사가 된 폰세카는 개인적으로 유전자 검사를 신청했다. 실종된 남성 한 명의 신원이 확인됐지만 가예고 신부는 아니었다. 폰세카는 유해가 든 상자를 수년 동안 사무실 책상 밑에 보관했다. 스승의 것일지도 모르는 뼈들이 그의 발치에 잠들어 있었다. 그러다가 2015년에 공공검찰청에서 그 유해를 회수해갔고 그 뼈들은 지금도 여전히 제대로 된 조사와 장례 절차를 기다리고 있다.

병으로 쇠약해진 노리에가는 사망하기 1년 전, 가예고의 누이에게 1971년의 사건과 관련하여 그때껏 알려진 것과는 다른 이야기를 해주었다. 세상을 경악하게 만든 헬리콥터 소문은 거짓이었다. 노리에가가 생의 마지막 순간에 해 준 이야기는 잔혹하기는 매한가지였으나 소문에 비하면 훨씬 평범했다. 납치된 가예고 신부는 파나마시티로 끌려갔다. 국외로 추방할 작정이었다. 그런데 가예고가 달리는 지프차에서 뛰어내렸고 그 바람에 폐에 구멍이 나고 말았다. 납치범들은 그를 심하게 구타했다. 파나마시티에 도착했을 즈음에는 숨이 거의 끊어진 상태였다. 가예고가 며칠을 고통에 몸부림치다 사망하자 납치범들은 그의 시신을 공동묘지에 유기했다. 폰세카는 스승에 대한 유전자 검사가 아직 진행되지 않았을지도 모른다고 의심한다. 그 범죄에 연루된 사람들이 여전히 파나마에서 영향력을 유지하고 있기 때문이다.

폰세카는 1976년 법학 학위를 받자마자 런던정치경제대학교로 갔으나 학업을 채 끝마치기도 전에 국제연합UN에 채용되었다. UN에서는 쿼터를 채우기 위해 중앙아메리카 출신의 변호사가 필요했다. 폰세카는 이를 상당한 보수를 받으면서 세상을 구하는 일을 할 수 있는 기회로 여겼다. 그는 제네바에 있는 국제연합무역개발협의회UNCTAD 자리를 수락했다. 하지만 몇 년 지나지 않아 마음이 떠나고 만다. "UN의 관료주의 안에 있으면서 나의 이상理想은 산산조각 났습니다"라고 폰세카는 말한다. 그는 동료들이 자신들의 주머니를 채우려고 전 지구적인 UN의 임무를 가로채는 모습을 목격하며 큰 충격에 휩싸였다. 심지어 상사들은 공식적인 출장을 호화유람여행으로 바꿔버렸다. 그러던 어느 날, 제네바의 한 변호사가 구세주처럼 찾아왔다. 어느 회의석상에서 그 변호사는 폰세카를 계속해서 빤히 쳐다봤다.

"파나마 분이세요?" 휴식시간이 되자 그 변호사는 흥분을 감추지 못하며 물었다. "제발 파나마인 변호사라고 말해요!" 그녀는 의뢰인들의 부탁으로 자신을 대신해 파나마 회사를 만들어줄 사람을 물색하던 중이었다. 그리고 폰세카를 보자마자 그가 바로 자신이 찾던 사람임을 단번에 알았다. 파나마 회사법에 따르면 오직 파나마 국적의 변호사만이 파나마 회사를 등록할 수 있었다. 그 변호사는 누구든지 대리하는 게 가능했다. 1927년부터 파나마에서는 외국인이 익명으로 회사를 구매할 수 있었다. 소유주나 주주의 이름을 세상에 밝힐 필요도 없었다. 기업들은 연차 재무보고서를 제출하지 않아도 되었다. 공개적으로 이름이 올라가 있는 이사들은 반드시 있어야 하지만 그들이 꼭 회사의 소유주여야 하는 것은 아니었다. 등록비용은 극히 적었고 최소 일주일이면 회사 하나를 뚝딱 만들 수 있었다. 파나마 정부는 외국인들이 파나마 회사를 가지고 무엇을 하든 관심이 없었다. 파나마 밖에서 돈을 버는 한 세금은 '0'이었다. 1927년에 생긴 이 법 덕분에 파나마는 세계 최초의 '역외域外' 담당지역 중 한 곳으로 탈바꿈했다. 역외 담당지역에서 외국인들은 최소한의 규제를 받으면서 세금은 더 적게 혹은 아예 내지 않아도 되는 혜택을 누릴 수 있었다.

파나마 회사법은 델라웨어주, 뉴저지주, 아칸소주에서 제정한 미국 회사법을 기초로 만들어졌다. 사실 대부분의 조세피난처들이 따르게 된 견본을 처음으로 만들어낸 곳이 바로 델라웨어주였다. 19세기에 이곳은 두 방향 사이에서 갈피를 못 잡고 있었다. 인접한 주들, 특히 뉴저지주의 회사설립법 같은 걸 만들어서 상업 분야에서 경쟁해보고 싶었지만 부패 문제가 뒤따를 염려가 있었다. 이미 당시에도 미국 내에서 기업들은 재정적 불안정성의 원인이자 손을 쓸 수 없는 존재로 간주되었다. 개인이 투기에 관여하고 자신이 저지른 악행에 대한 책무에서 도망칠 수 있도록 해주었기 때문이다.

당초 델라웨어주는 과일 생산 등 특정 지역산업의 경우에만 회사를 설립할 수 있도록 했다. 자금 규모 역시 제한했다. 1875년 경에는 주 의회의 법률 혹은 기업체가 합법적이고 지역사회에 무해한지를 결정하는 판사가 델라웨어주 내의 회사 설립을 제한했다. 하지만 부패를 막으려는 이러한 시도가 오히려 다른 방향에서 회사를 설립하려는 움직임을 초래했다. 작당모의를 하는 로비스트 무리가 형성된 것이다. 이들은 회사를 만들고 싶어하는 고객들로부터 수수료를 받는 대가로 델라웨어주 의회에서 충분한 표를 끌어모을 것을 약속했다. 1899년 델라웨어주는 일반회사법을 통과시켰다. 뉴저지주의 법을 본뜬 것이나 세율을 더 낮추는 유인책을 마련했다. 회사 설립을 제한하던 주 의회도 판사들도 이제는 사라져 버렸다. 더욱이 새로운 법은 델라웨어주 회사에 법적 책임을 묻지 않았고 미국의 어느 주에서든 세계 어느 곳에서든 사업을 할 수 있는 권한을 부여했다. 델라웨어주 내에서만 기업활동을 하지 않으면 그만이었다.

그 제네바 변호사는 폰세카를 비밀세계로 안내했다. 그녀는 스폰서 역할을 하면서 그를 소개하고 다녔다. 제네바 변호사는 자신이 만든 회사들을 '닭'이라고 불렀다. 단순한 사업이었다. 파나마에서 닭을 부화시킨 다음 등록대리인으로서 매년 수수료를 챙기면 되는 일이었다. 폰세카가 말하기를, UN에서 근무하는 동안 파나마에 있는 사촌에게 그 일을 알아보게 했다고 한다. 이후 폰세카가 귀국하면 그 회사들을 돌려받기로 했다.

1982년 폰세카는 6년 동안 몸담았던 UN을 떠나 파나마로 돌아갔다. 그러고는 사촌에게 맡겨둔 회사를 돌려받아 직접 법률사무소를 차렸다. 폰세카는 등록 사업을 하기 위해 파나마 국적의 지주회사 미시아나 인터내셔널Michiana Internaional을 설립했다. 폰세카의 신규 고객 중에는 세계에서 손꼽을 정도로 부유한 인물도 있었다. 바로 사우디아라비아의 억만장자이자 무기 거래상인 아드난 카쇼기Adnan Khashoggi였다. 카쇼기는 특히 요트 등록지로서 역외 조세피난처가 제공하는 혜택을 누렸다. 물 위에 떠 있는 쾌락의 궁전인 그의 요트는 친구들을 접대하고 사업의 향배를 결정하는 장소였다. 미시아나 인터내셔널에는 카쇼기의 배가 최소 세 척 정도 등록되어 있었는데, 그가 만들어낸 가장 호화로운 창작품인 나빌라호가 그중 하나였다.

딸의 이름을 딴 이 배는 제작 및 필요한 장비를 갖추는 데 약

8,500만 달러가 소요됐다. 90m가량인 이 요트는 연료 주입 없이 1만 3,679km를 운항할 수 있고 100명이 석 달 동안 먹을 분량의 음식을 비축할 수 있었다. 심지어 선상에는 미용실, 진료소, 제과점까지 있었다. 총 다섯 층으로 되어 있는 이 배에는 층마다 눈에 띄지 않는 곳에 승무원 52명의 숙소인 100개의 객실이 숨어 있었다. 연회장에서는 유명 배우, 음악가, 초부유층들이 춤을 췄다. 나빌라호는 없는 게 없는, 움직이는 세계 그 자체였다. 현실을 왜곡하고 과도하게 통제하며 화려한 것을 사랑하는 억만장자에게는 이상적인 장소였다(1988년 채권자들이 압류한 나빌라호를 구매한 이는 도널드 트럼프였다).

사람을 기분 좋게 흥분시키는 이 모든 것은 사실 영업 전략이었다. 카쇼기는 무기 거래 및 상품 무역의 중개인 역할을 하면서 수수료를 챙겼다. 나빌라호의 개인 전용실에서는 중동의 왕족들, 포춘 500대 기업의 간부들, 스위스 은행가들, 정부 관리들이 권모술수로 흥정을 하고 돈을 굴렸다. 필요할 경우 요트는 납세의무 같은 정부의 제약에서 벗어나 계약을 마무리 짓기 위해 공해公海로 들어갔다.

폰세카가 파나마로 돌아오고 나서 몇 년이 지난 뒤, 카쇼기가 보유한 또 다른 요트 한 척이 라몬 폰세카와 유르겐 모색의 인연을 닿게 했다. 카쇼기는 모색의 의뢰인이었던 왕자에게 요트를 팔려고 했는데, 그 왕자는 거래조건으로 선상 간이 헬기장을 원했다. 폰세카와 모색, 두 변호사는 이 거래의 세부사항을 조율하는 과정에서 긴밀해졌다. 카쇼기는 평판이 좋지 않았으나 두 변호사는 전혀 개의치 않은 것으로 보인다. 1970년대 중반 미국 의회 청문회에서 카쇼기가 거대 다국적 기업이 모의한 뇌물수수 사건에 연루되었다는 사실이 드러났다. 미국 국방성과 계약을 맺고 있던 방위산업체인 '노스럽'이 진두지휘한 사건이었다. 노스럽은 계약을 성사시키기 위해 외국 공무원들의 은행 계좌로 수천만 달러를 퍼부었다. 1970~1975년 사이에 노스럽은 카쇼기에게 자문료 1억 600만 달러를 지급했다. 청문회에서 밝혀진 바에 따르면 이 가운데 적어도 45만 달러가 사우디아라비아 장군 두 명에 대한 뇌물로 들어갔다.

파나마에서는 도덕적 융통성이 직업상 유리한 장점이었다. 파나마의 변호사들과 은행가들은 조국을 범죄의 종착역으로 만들었다. 파나마가 여역 금융 중심지로 변모하면서 토리호스 정권은 갈수록 부패해졌다. 법에 따라서 파나마 은행가들은 예금수에 관한 그 어떤 정보도 누설할 수 없었다. 심지어 정부에게도 말이다. 감쪽같이 회사를 숨겨주는 어두운 장막과 은행의 비밀 엄수가 부도덕하고 비양심적인 사람들을 끌어들였다. 그러던 중 많은 사람들이 정치적 암살이라고 믿고 있는 한 사건이 1981년에 벌어졌다. 토리호스가 비행기 사고로 갑작스럽게 죽음을 맞으면서 파나마의 안정성 역시 그와 함께 사라지고 만 것이다.

토리호스 정권 시절 정보부 수장이었던 마누엘 노리에가는 재빨리 권력을 차지했다. 급속도로 부패해진 그는 파나마를 콜롬비아 마약 카르텔에 원스톱 금융 서비스를 제공하는 곳으로 바꿔놓았다. 코카인 선적 단계부터 시작해 미국, 유럽에 이르기까지 수십억 달러의 돈이 파나마시티를 통해 은닉되고 세탁되었다. 그리고 국제 사회의 비난이 뒤따랐다.

폰세카는 노리에가에 반대하는 로터리클럽과 라이온스클럽 회원들이 잔뜩 모인 시민사회운동에 합류했다. 폰세카와 모색은 만에 하나 독재자가 압박할 경우를 대비하여 각자 운영하던 법률사무소를 하나로 합치는 것에 관해 논의하기 시작했다. 합병은 사업적 관점에서도 합리적이었다. 두 사람은 하는 일이 비슷했다. 회사를 합치면서 이들이 보유한 등록 회사는 약 5,000개가 되었고 그 결과 매년 들어오는 수수료를 통해 수입을 안정적으로 유지할 수 있었다.

1986년 7월, 모색과 폰세카는 파나마시티의 유니언클럽에서 칵테일파티를 열었다. '모색 폰세카'라는 로펌의 데뷔 축하연이었다. 유니언클럽은 오랫동안 파나마 올리가르히oligarch(신흥재벌·과두지배세력)들의 사교장이었다. 조부가 대사였던 덕분에 폰세카 역시 클럽 회원이었다. "우리는 지배 엘리트층과 연줄이 닿아 있긴 했지만 돈과는 인연이 없었죠." 폰세카는 웃으면서 그때의 기억을 떠올렸다. 35주년 기념 영상에는 파티에 참석한 두 사람의 사진이 특별히 등장한다. 정장 차림인 그들은 술잔을 들어 서로에게 경의를 표한다. 폰세카는 활짝 웃고 있다. 무뚝뚝한 모색도 미래를 위해 건배를 하며 카메라를 향해 미소 짓고 있다.

2장

그들만의 열대낙원

▶ 세인트토머스 섬에서 출발한 페리가 신록의 섬들을 지나간다. 그 옛날 해적들이 부지런히 오가던 터키석 빛깔의 청록색 바다를 스치듯 달려간다. 한 시간 정도 지난 뒤 페리는 드레이크 해협을 가로질러 토르톨라 섬의 로드타운에 도착한다. 라몬 폰세카는 알지 못했다. 1986년 가을, 그 여행길에서 자신을 기다리고 있던 것에 관해 말이다.

서로 콤비가 된 지 얼마 지나지 않아 모색과 폰세카는 회사의 새로운 기지를 물색하기 시작했다. 파나마는 혼란에 빠져 있었다. 총파업이 나라를 휘저었고, 미국 정보기관은 마약 카르텔과 손잡은 노리에가를 공개적으로 맹비난했다. 국제적으로 고립된 파나마는 국제통화기금과 세계은행에 대한 채무 불이행 상태에 빠진 듯했다. 이는 두 사람이 만든 회사의 주력 상품, 바로 파나마 국적 회사에 악영향을 미쳤다. "거리에서 시위하는 모습이 CNN에 나왔습니다. 타이어들이 불타는 장면이 카메라에 잡혔죠. 우리 사업에는 좋지 않았습니다." 모색은 그때를 이렇게 회상한다.

두 사람은 세계지도를 들여다보면서 사업을 진출시킬 만한 관할지를 물색했다. 그들이 원하는 곳은 해외자산에 대한 세금이 낮거나 아예 없으면서 정치 체제가 안정되고 다른 공급업자들과의 경쟁이 극히 적은 지역이었다. 더불어 파나마와 가까워야 했다. 편하게 왕래하면서 효율적으로 수만 개의 회사를 만들수 있기 때문이었다. 즉, 조세피난처가 필요했다.

법인 설립의 동력은 정부에서 나온다. 조세피난처와의 공모없이는 모색 폰세카와 같은 기업이 존재할 수 없다. 역외 공급업자의 관점에서 볼 때 최고의 조세피난처들은 유사한 특징들이 있었다. 정치문화가 친기업적이고 법률 제도가 제대로 작동하며 경제적 경쟁이 제한적이다. 역외산업은 법인 설립에 따른 등록비용 및 각종 수수료에 대한 세금을 통해 조세피난처 정부에 단비와도 같은 수익을 제공하고 그 대가로 국가로부터 지원과 보호를 받는다. 이것 역시 델라웨어주에서 만든 모델이었다. 델라웨어주는 주 예산 가운데 상당한 비율을 차지하는 법인 설립 수익의 충실한 수호자였다. 소수의 역외산업 종사자들이 업계를 관리하고 통제하는 법률을 만들고 의회 내 특권을 수호하며 정치 과정에 막강한 영향력을 행사한다.

1662년 영국이 획득한 마흔 개가 넘는 화산섬은 오늘날 영국령 버진아일랜드로 알려진, BVI라고 부르는 섬들이다. 면적이 54km²인 토르톨라 섬은 그중 가장 크고 인구가 많은 곳이다. 영국인들은 노예무역을 하고 수출용 작물을 재배하는 것 말고는 대영제국 끝자락의 이 후미진 땅을 거의 개발하지 않았다. 1949년에 독립 요구가 터져 나왔으나 거의 20년이 지난 뒤에야 이원정부를 세우는 헌법이 제정되었다. 빌롱거Belonger라는 현지인들이 선거로 입법의회를 구성하면 의회에서 총리를 선출한다. 국내법을 감독하고 평화를 유지하며 수익을 올리는 이들은 바로 빌롱거들이다. 영국 국왕이 임명하는 총독은 여러 사안들을 관리하고 외교 정책을 처리하는 업무를 맡는다.

소세피난처로서 BVI의 기원은 1970년대 중반으로 거슬러 올라간다. 월스트리트에서 세무사로 일하던 폴 버틀러Paul Butler는 당시 BVI에 딱 하나 있던 법률사무소 하니 웨스트우드 앤드 리걸스Harney Westwood & Riegels와 접촉했다. 버틀러는 이중과세방지조약 전문가였다. 이 조약은 복수의 관할권이 적용되는 동일 소득에 대한 과세를 방지하기 위해 고안된 협정이었다. 버틀러는 고객들을 대신하여 미국과 네덜란드령 앤틸리스 제도 간에 체결된 이중과세방지조약을 독창적인 방식으로 사용했다. 미국은 이 조약에 따라 앤틸리스 제도에 있는 회사에 대해서는 세금을 부과하지 않았다. 앤틸리스 제도 역시 해외 투자에 대해서는 과세하지 않았다. 그 결과 이곳에 자회사를 둔 미국 기업들은 양쪽 정부로부터 각각 세금을 피할 수 있었다. 다만 버틀러는 네덜란드어 장벽이 만만치 않다는 사실을 깨달았다.

미국-BVI의 관계 역시 미국-앤틸리스 제도와 유사했다. 영국령이다 보니 전후 미국과 영국 경제를 부흥시키기 위해 1945년에 체결한 이중과세방지조약이 그대로 적용되었다. 게다가 BVI에는 제대로 돌아가는 정부 그리고 글을 읽고 쓸 줄 아는 인력이 있었으며 언제라도 런던 추밀원에 항소할 수 있는 관습법에 따라 움직였다. 무엇보다 섬 주민들이 영어를 사용했다.

하지만 전화 통화 한 번 만에 버틀러는 BVI 현지인들은 버틀러의 고객들이 이중과세방지조약을 통해 본국에서 세금을 피할 수 있도록 도울 생각이 없다는 것을 알게 되었다. 절세는 대개 기업이나 변호사, 회계사가 허용범위를 넘은 경우 정부 당국이 적절한 제재를 가하게 된다. 반면 탈세는 노골적으로 법을 위반하거나 법원의 판결 혹은 정부의 결정에 불복하는 경우다. 절세와 탈세의 차이를 두고 '감옥의 벽두께 차이'라는 말이 있을 정도다.

직접 나설 수밖에 없었다. 버틀러의 최대 고객은 시티코프 Citicorp였다. 1978년 그는 BVI에 '시티코프 오버시즈 파이낸스 주식회사'를 설립했다. 이 자회사는 유럽에서 자금을 조달한 다음 미국에 있는 시티코프에 비과세로 그 돈을 빌려주었다. 버틀러는 부유한 사우디아라비아인 두 사람이 미국 회사 주식에서 나오는 수억 달러 상당의 배당금에 대한 중과세를 피할 수 있도록 BVI 회사를 하나 더 만들었다.

그런데 버틀러의 계획은 지나치게 성공하고 말았다. 미국 재무부 소속 공무원들은 세수稅收 감소를 그냥 두고 보지 않았다. 워싱턴 D. C.에서 BVI의 무보수 로비스트로서 버틀러가 간청했음에도 불구하고 미국은 1982년에 이중과세방지조약을 폐기했다. 그때껏 BVI는 그 조약 덕분에 들어오는 돈에 푹 빠져 있었다. 그것 말고는 달리 할 수 있는 게 없었다. 강우량이 많지 않아 농업도 힘들었다. 많은 빌롱거들이 미국령 버진아일랜드의 세인트토머스로 출퇴근했다. 이제 막 시작된 관광업은 1985년에 4,200만 달러를 약간 웃도는 수익을 올렸는데, 이는 그해 국내총생산GDP의 절반 수준이었다. 나머지 유일한 주요 경제활동은 마약 밀매였는데 여기에는 세금을 매길 수 없었다. 버틀러의 혁신적인 계획 덕분에 좀 나아지려던 찰나에 미국이 자기네 교육 예산과 맞먹는 돈을 단번에 끊어버렸다. "금고를 다시 채우려면 뭐든 해야 했습니다." 당시 BVI의 법무장관이었던 루이스 헌트Lewis Hunte의 말이다.

버틀러는 새로운 경로를 제안했다. 그는 훗날 '5인방'으로 알려진 '헌트와 하니Hunte and the Harneys' 소속 변호사들과 함께 파나마처럼 BVI에 '국제 상사商社'를 설립할 수 있게 하는 법률을 공들여 만들었다. BVI는 경쟁을 염두에 두고서 델라웨어주 모델을 손보았다. 델라웨어주와 마찬가지로 소유주에 관한 정보는 수집하지 않았으나 회사명 및 등록기업명은 등기해야 했다. BVI 의 회사는 주식을 발행하고 파나마처럼 적어도 대표이사 한 명이 있어야 했다. 다만 파나마와 달리 임원등기는 할 필요가 없었다. 소유주의 신원을 더욱 비밀로 하는 것이다. 그리고 변호사가 아니어도 BVI가 발급한 일반신탁허가서가 있는 한 회사를 설립할 수 있었다.

BVI의 법은 1984년에 통과되었다. 5인방은 완벽한 법인 설립 기제를 탄생시켰다. 교역을 늘리고 전 세계를 연결할 회사들을 당장이라도 쏟아낼 준비가 된 상태였다. 그런데 막상 스위치를 켜자 아무 일도 일어나지 않았다. 법인 설립이 쇄도하는 일 따위는 없었다. 그 법은 대체로 쓰이지 않게 되었다. 2년 뒤 라몬 폰세카가 로드타운에 발을 딛기 전까지는 말이다.

토르톨라 섬에 도착한 폰세카의 눈에 낙후된 마을 풍경이 들어왔다. 페리 선착장에는 택시가 딱 한 대 서 있었다. 폰세카가 기억하는 바에 따르면 신호등은 눈을 씻고 봐도 찾을 수 없었고, 길 한복판에 트랙터 타이어 하나를 덩그러니 놓아둔 데가 로터리였다. 폰세카의 이 여행은 세인트토머스 섬에 있는 미국 금융회사 트라이던트 트러스트가 제안한 것이었다. 트라이던트 측에서는 BVI의 새로운 회사설립법을 제대로 파악하기 위해 5인방 중 한 명인 리처드 피터스Richard Peters를 만나보라고 권했다. 폰세카는 택시기사에게 시내 중심가로 가 달라고 했다. 금방이었다. 택시기사는 좁다란 양방향 도로에 그를 내려주었다. 닭과 염소 몇 마리가 자갈길을 이리저리 돌아다녔고 대충 만든 목조 주택들이 도로를 따라 죽 늘어서 있었다.

1986년 영국령 버진아일랜드의 전체 인구는 1만 2,000명이 조금 넘었다. 그 가운데 9,000명가량이 토르톨라 섬에 거주했다. 이 작은 섬의 주민들은 강철과도 같은 단단한 유대감으로 서로 이어져 있었다. 성품이 어진 BVI 주민들은 행여나 본인에게 나쁜 말이 되돌아올까봐 절대로 이웃끼리 험담하지 않았다. 또한 로드타운은 외지인을 의심의 눈초리로 보는 지역사회였다. 폰세카는 빌롱거들의 신뢰를 얻을 방법이 필요했다. 일단 모색 폰세카와 함께 일하면서 혜택을 경험한다면 충성심은 저절로 따라올 터였다.

조세피난처들은 결속력이 두드러지는 공동체들이며 금융서비스 산업이 지배적이다. 현지 엘리트 계층은 금융서비스업에 직접 참여하거나 다른 방식으로 그 서비스를 제공하면서 현금을 좇는다. 그 결과 재계와 정계가 밀접하게 뒤얽히게 된다. 일단 산업이 자리를 잡기만 하면 그 뒤부터는 고립된 소규모 지역사회에 이미 존재하고 있던 사회적인 힘들이 그 산업을 대신 움직인다. 현지인들은 돈이 계속 돌게끔 하기 위해 부패를 어느 정도 용인한다. 이에 반발하는 사람들은 겁박을 당해 찍소리 못하고 입을 다물거나 따돌림을 당한다. 집요하게 반대하는 경우에는 감옥으로 보내지거나 추방되기도 한다.

BVI는 영국 조세피난처 시스템의 한 부분이다. BVI, 케이맨 제도, 버뮤다, 채널 제도, 터크스케이커스 제도가 바로 이러한 대영제국의 잔재들이다. 멀리 떨어져 있긴 하지만 동일한 조세 피난처 일가인 지역은 바하마, 벨리즈, 싱가포르 등과 마찬가지로 과거에 영국이 지배했던 곳이다. 이러한 담당지역 가운데 가장 오래되고 유서 깊은 곳은 영국해협의 노르망디 해안 근처에 있는 저지 섬이다. 유르겐 모색은 1970년대에 그 섬에 갔던 일을 지금도 기억한다.

존 크리스텐슨John Christensen은 1990년대 초 저지 섬의 경제고문이었다. 그 지역의 상류층 집안 출신이면서도 〈월스트리트 저널Wall Street Journal〉이 저지 섬의 최고 권력자였던 한 정치인이 연루된 금융 스캔들 폭로 기사를 내보내는 데 협조한 인물이다. 크리스텐슨은 의회 위원회가 자신을 매장시키고 명성을 무너뜨리기 위해 그가 속한 부서에 대해 수사를 진행했다고 믿고 있다. 그는 친구와 가족들에게 버림받았다. 크리스텐슨은 당시 상황을 이렇게 정리한다. "싫으면 내가 떠나야지요."

폰세카는 토르톨라 섬 시내 중심가에 있는 사무실에서 트라이던트 측에서 추천한 변호사 리처드 피터스를 만났다. 피터스는 폰세카를 BVI 총리 시릴 B. 롬니Cyril B. Romney에게 데려갔다. 법인 설립 사업 허가에 대해 문의하기 위해서였다. 롬니는 1984년 회사설립법을 발의한 인물이었다. 롬니는 폰세카의 말을 귀담아 듣고는 검토 후 다시 연락을 주겠다고 약속했다. 롬니 다음으로 폰세카가 만난 이는 현지 보석상 키스 플랙스Keith Flax였다. 입법 의회 의장이기도 한 그는 롬니, 피터스와 가까운 사이였다. 파나마인(폰세카)과 빌롱거(플랙스)는 서로 특별한 유대관계를 공유하고 있다는 사실을 곧 알아차렸다. 두 사람 모두 역사가 오래된 프리메이슨 회원이었던 것이다. 영국 산업혁명기까지 거슬러 올라가는 프리메이슨은 중세 석공들처럼 길드의 상징들을 이용하여 비밀리에 전해 내려오는 의식과 집회를 통해 공제조합을 이어나갔다. 덕분에 폰세카는 영국령 조세피난처의 비밀결사 내부에 존재하는 또 다른 비밀 네트워크와 가까워졌다.

플랙스는 성녀 우르술라 프리메이슨 집회소에서 열리는 모임에 폰세카를 초대했다. 폰세카는 그곳에 가기 위해 정글 깊숙이 들어갔다고 기억한다. 마침내 빈터가 나왔고 그는 그때껏 본 중에서 가장 아름다운 프리메이슨 사원과 조우했다. 한창 모임을 지켜보고 있을 때였다. 폰세카는 심한 감기로 제어할 수 없을 정도로 기침을 하기 시작했다. 너무 창피했던 그는 기침을 참으려고 안간힘을 썼다. 그때 어디선가 불쑥 나타난 시릴 롬니가 옆으로 오더니 폰세카의 등을 두드리며 말했다. "긴장한 거 압니다. 걱정 말아요. 허가가 날 테니."

모색 폰세카는 곧바로 토르톨라 사무소를 운영하기 위해 키스 플랙스의 아내 로즈메리를 고용했다. 로즈메리는 신탁회사에서 근무한 경력이 있었다. 더 중요하게는, 빌롱거 친구들과 사이가 좋았다. 키스 플랙스는 3층짜리 건물을 지어서 제일 위층을 모색 폰세카에 임대했다. 모색 폰세카를 줄여 '모스폰Mossfon'이라는 회사명으로 알려지기 시작했다. 플랙스는 그 하늘색 건물에 아카라aKaRa라는 이름을 붙였는데, 이는 부부와 세 딸의 이름 첫 글자를 섞어서 조합한 것이었다.

초기에 모스폰은 BVI 회사들을 최소 750달러에 팔았다. 사업은 단순했다. 모스폰 회사를 구매하는 이들은 일반적으로 최종수익권자로 알려진 실제 고객을 대리하여 움직이는 변호사, 회계사, 은행가 같은 중개인들이었다. 기존에 있던 회사를 원하는 구매자도 있었다. 연한이 오래된 회사의 경우 마치 역사가 있는 것처럼 보이게 만드는 위신을 제공하기 때문이다. 모스폰은 이처럼 추가요금을 받을 수 있는 셸프 컴퍼니shelf company(판매하기 위해 만든 회사-옮긴이)들도 보유하고 있었다.

회사를 구매하고 나면 이제 실소유주가 결정을 내려야 할 차례였다. 회사의 주주는 누구로 할 것인지 말이다. 파나마, BVI 등 대다수 담당지역에서는 비밀 유지 수준을 한층 강화하는 무기명주 발행을 허용한다. 종이 나부랭이에 불과한 이 주권株券을 물리적으로 소유한 이가 바로 회사의 소유주였다. 무기명주는 자산을 완전히 익명으로 전환하는 데 이용될 수 있었다. 그러다 보니 돈세탁업자들이 선호하는 수단이자, 모스폰의 인기상품이 되었다. 최종적으로 소유주는 이사들을 선정해야 했다. 모스폰은 추가로 100달러를 내면 이사 선임 서비스를 통해 비밀유지장치를 하나 더 제공했다. 거래 시 '명의자'라고 하는 대역들이 회사를 통솔하는 간부들로 서류상에 등장했다. 실제로 이들은 실소유주의 신원을 감추기 위한 용도로만 쓰였다. 실소유주는 대개 합의된 대리인의 은밀한 힘을 통해 보이지 않는 곳에서 회사를 좌지우지했다. 명의이사들은 역외 산업 전반에 걸쳐 일상화된 기업의 위장 자율준법 감시체제다.

명의이사는 모스폰의 신규 이익 창출 통로였다. 은행 계좌 개설, 송금, 계약 체결, 구매 행위 등 회사가 뭔가를 하고자 할 때 명의이사들은 (일반적으로 서류상으로만) 회의를 열고 이를 공식화하기 위해 서명해야 했다. 그들이 서명할 때마다 추가로 45달러가 모스폰 금고로 들어갔다.

초반에는 모색과 폰세카는 물론, 몇 안 되는 직원들 심지어 친척들까지 모스폰에서 등록한 회사의 명의이사 역할을 했다. 모색과 폰세카는 명의자 노릇을 그만두기 전까지 수천 개 회사에서 이사 역할을 맡았다. 이후 모스폰이라는 법인 설립 공장이 활발히 돌아가기 시작하면서 더 많은 명의자가 필요해졌다. 이 서비스 자체가 워낙 수익성이 좋았던 터라, 모스폰은 실적이 별로인 직원들에게도 보수를 챙겨줬다. 모스폰에서 가장 왕성하게 활동한 이사들의 경우 수만 개 회사의 간부들이었다.

명의자들은 업무의 일환으로 백지 문서 수백 장에 서명했다. 앞으로 회사의 법적 문서이자 결의안이 될 서류들이었다. 모스폰은 전 세계에 있는 사무소에 서명된 백지 서식 용지들을 제공했다. 서명의 위치는 문서의 최종형태에 따라 달라졌다. 예를 들어 주권은 맨 끝에, 사직서의 경우에는 가운데에 서명이 되어 있었다. 명의자들은 회사의 실권자가 아니므로 본인이 서명한 문서가 어떤 내용으로 채워져 있는지 구경 한 번 못해도 별로 문제될 게 없었다. 기업가적 마인드를 지닌 회사 간부를 연기하려면 효율적이어야 했다. 그렇게 해서 나온 것이 바로 서명만 된 백지 문서였다. "서명만 돼 있는 빈 문서는 고객들이 1주일이고 2주일이고 서류가 도착할 때까지 기다릴 필요 없이 은행 계좌를 개설하고 상거래를 할 수 있게 해줍니다." 폰세카는 유럽에 있는 모스폰 직원에게 이렇게 설명했다. "제네바의 경쟁사들도 하나같이 이렇게 합니다. 그러니 우리도 따를 수밖에요." 모스폰은 일단 회사를 만든 다음 파일에 넣어두고 1년 뒤 등록 갱신을 위한 송장을 보냈다. 1985년 당시 연간 등록비는 150달러였다.

역외회사를 합법적으로 이용할 수 있는 방법은 얼마든지 있었다. 세금을 피하기 위한 목적으로도 말이다. 기업들은 대대손손 그렇게 해 왔다. 조세피난처에 있는 회사들은 추가 부담금 및 법적 책임을 줄여 효율적으로 여러 담당지역을 넘나드는 사업 활동을 가능하게 했다. 개인들 역시 같은 이유로 동일한 서비스를 원했다. 익명회사는 사업가나 정치인의 정부情婦를 숨겨주거나 그들의 탐욕스러운 친척들과 앞으로 나타날지 모르는 납치범들의 달갑지 않은 관심을 차단함으로써 재산을 보호했다. 모색과 폰세카가 볼 때 자신들이 제공하는 서비스는 사생활을 파는 것이었다. 범죄인들 역시 BVI 회사를 몹시 눈독 들인다는 사실이 드러났다. 익명회사는 불법적인 활동을 옮기거나 감추는 완벽한 수단이었기 때문이다.

모스폰이 BVI에 자리를 잡은 지 1년이 채 되지 않았을 때 또다른 파나마 로펌 모건 앤드 모건Morgan and Morgan도 사업을 시작했다. 점점 더 많은 회사들이 뒤를 이었다. 개발도상국의 생활수준이 향상되면서 역외회사 시장이 확대되기 시작했다. 과거에는 슈퍼리치의 영역이었으나 이제는 돈 좀 있는 사람이라면 누구든지 접근이 가능했다. 전 세계적으로 신흥 엘리트 계층의 입맛에 맞춘 법인 설립이 급속도로 인기를 끌면서 BVI는 호황기를 맞았다.

모스폰이 설립된 초기에는 카리브 해에 마약 자금이 넘쳐났다. 모스폰의 사업에 마약 밀매 자금의 돈세탁이 미친 영향은 상당했을 테지만 이를 수량화하기는 불가능하다. 마약 거래로 인해 토르톨라 섬은 '뭐든지 가능한 곳'이라는 특징이 더해졌다. 캐나다 변호사이자 사기 범죄 수사관인 마틴 케니Martin Kenney는 당시 토르톨라 섬을 방문한 적이 있었다. BVI 밖에서 운영되는 신탁회사 수십 곳 가운데 한 곳의 정보가 필요했기 때문이다. 그 신탁회사는 어느 바텐더가 바 뒤편에 놓인 팩스기 한 대로 운영하고 있었다. 럼 펀치를 만드느라 바빴던 그는 팩스 기계 옆에 쌓인 종이 더미를 가리키며 필요한 문서를 알아서 찾아가라고 했다.

익명회사는 전통적인 비밀 유지 수단이었던 신탁을 금세 뛰어넘었다. 신탁의 개념은 중세 봉건시대의 영국으로까지 거슬러 올라간다. 십자군전쟁에 나가게 된 기사들은 재산을 스튜어드steward(중세 유럽에서 성과 사유지 등 재산을 관리한 집사-옮긴이)에게 맡겼다. 타국에서 피 흘리며 죽어가는 동안 자신의 재산을 보호하기 위해서였다. 스튜어드는 일반적으로 성인 남성인 친척 혹은 친구로서, 재산을 관리하는 임무를 맡았다. 이는 지주가 세금 및 복잡한 상속 문제를 깔끔하게 피할 수 있는 메커니즘이었다. 유언장의 법적 근거가 불확실하다면 사후 지시시항이 포함된 신탁을 통해 부유한 남성이 사랑하는 여인이나 아끼는 자식에게 재산을 양도할 수 있었다. 여성에게 재산 상속을 금지한 규율을 피할 수 있었고 모자란 아들보다는 똑똑한 딸에게 가업을 물려주는 일도 가능했다.

법적 증서에는 수탁자인 스튜어드와 재산을 넘기는 위탁자의 관계를 상세하고 분명하게 기재했다. 수탁 관계를 정부에 등록한다거나 정부로부터 승인을 받는 일은 없었다. 이는 수의계약으로서, 돈을 별로 들이지 않으면서도 쉽게 뚫리지 않는 비밀의 벽을 만드는 방법이었다. 수탁자에게 재산을 맡기면 의무 및 법적 책임을 지지 않으면서도 소유권을 가질 수 있었다. 공식적으로 신탁재산은 더는 위탁자의 것이 아니라 수탁자의 것이다. 세금은 신탁이 기반을 둔 곳에 부과되었는데, 바로 이 점 때문에 영국의 조세피난처들이 번영을 누렸다. 신탁법은 비밀 유지 위반을 엄하게 처벌했다. 파나마의 경우 신탁의 비밀 유지 조항을 위반한 자는 벌금 5만 달러 혹은 최고 징역 6개월 형에 처해질 수 있었다.

그런데 모스폰이 영업을 하는 데 있어서 신탁은 큰 문제가 있었다. 고객들이 수탁자를 신뢰하지 못했던 것이다. 영국과 미국의 경우 믿을 만한 수탁 기업들은 수세대에 걸쳐 이어지는 오랜 전통이 있었다. 재산 보호에 있어서만큼은 명성이 자자한 곳들이었다. 게다가 형평법 역시 제대로 확립되어 있었다. 법원도 신탁을 인정하고 제대로 이해했다. 그런데 라틴아메리카, 중국, 동유럽 같은 신흥시장에는 이러한 제도적 보호장치가 존재하지 않았다. 모스폰이 성장을 도모하던 곳은 바로 이러한 나라들이었다.

신흥시장의 경우 부패와 면책이 익명회사 소비자들을 모스폰으로 끌어들였다. 이런 고객들은 본국 정부와 사법체계가 자신의 재산을 보호해주리라고 기대하지 않았다. 오히려 본인이 직접 빼돌리지 않을 경우 공무원들이 훔쳐갈까봐 전전긍긍했다. 본국의 기관 및 제도에 대한 불신은 외국의 기관 및 제도로까지 확대되었다. 어느 정도는 타당한 이유가 있었다. 저지 섬을 비롯한 조세피난처의 법원들은 특정한 신탁처리방식을 두고 가짜라고 하면서 합법적인 자산 이전의 허점을 찾아냈다. 모스폰 회사의 실소유주 중에는 일부러 본국에서 몰래 돈을 빼돌린 사람들이 많았다. 힘들게 손에 넣은 돈을 제삼자에게 맡겨서 신뢰할 수 없는 사법제도만이 유일한 보호장치인 금융 조직 안에 둔다는 아이디어 자체가 끌리지 않는 건 당연했다.

1989년 모스폰은 메뉴판에 조세피난처 한 곳을 추가했다. 바로 바하마였다. 미국과의 근접성 덕분에 바하마는 오랫동안 세금을 피하려는 미국인들이 특별히 찾는 장소가 되었다. 프랭클린 루스벨트 대통령은 1937년 의회에 보낸 서한에서 미국인들이 세금을 내지 않으려고 바하마, 파나마 등을 이용하는 데 대해 불편한 심기를 내비쳤다. 시민으로서의 책임을 회피하기 위해 바하마에 64개나 되는 역외회사가 만들어졌다고 루스벨트 대통령은 불만을 제기했다. 그는 "합법적인 세수에 대한 공격은 정부 구조 전체에 대한 공격으로, 사회 기반을 약화시키는 '꾀바른 얕은 수'는 감탄의 대상이 아니다"라고 했다.

금주법禁酒法이 시행되던 시기에 마피아는 바하마를 밀주 제조 및 판매 집결지로 사용했다. 바하마 초대 총리였던 롤랜드 시모네트Roland Symonette는 위스키 밀수로 부를 축적했다. 1959년 피델 카스트로가 쿠바에 있던 마피아의 전초기지를 폐쇄하자 마피아 전략가 메이어 랜스키Meyer Lansky는 바하마 군도에 기대를 걸었다. 그는 시모네트가 준비된 동업자임을 알아보았다. 시모네트는 베이 스트리트 보이즈Bay Street Boys라는 현지 엘리트 그룹의 일원이었다. 정부가 뒤를 봐주는 역외 금융 시스템, 다국적 기업이나 개인이 돈세탁 및 세금 회피 목적으로 회사를 설립할 수 있는 시스템은 이 그룹의 작품이었다.

모스폰은 북적이던 바하마 시장에 이미 진입한 상태였다. 바하마 공공등기소에 따르면 1990년경 바하마에서 기업 등록 업무를 하는 중개인은 100명이 넘었다. "쉬워 보이지만 아주 힘든 사업입니다." 유르겐 모색의 말이다. "그곳에선 늘 경쟁해야 하거든요." 마진율이 낮고 경쟁이 극심해 살아남으려면 끊임없이 향상시켜야 했다. 역외 사업의 경우 이는 주로 회사를 더 쉽고 빠르게 설립한다는 의미였다.

법인 설립자들이 BVI와 바하마로 점점 더 몰려들자 모스폰은 다른 지역에서 사업 규모를 늘리는 것을 고려했다. 때마침 미국이 길을 제시해 주었다. 해사법 전문가인 모색은 라이베리아의 선박 등록 업무에 정통했다. 1950년대부터 라이베리아는 자국 국기를 게양할 수 있도록 허용한 선박등록국이었다. 하지만 아프리카에는 공공등기소가 없다. 등록 업무는 뉴욕에 있는 사무실에서 이뤄졌다. 미국의 전직 국무장관이 셸오일 등 재계와 공조하여 이 방식을 제안했고 라이베리아는 수익금의 일부를 받는다는 조건으로 선뜻 승인했다.

모색은 이런 생각이 들었다. 미국인들이 자체적으로 등기소를 운영해 독점권을 향유하는데, 모스폰이라고 못할 이유가 무엇인가? 모색과 폰세카는 남편을 잃은 지 얼마 안 된 저지 섬 사무소장 낸시 브로드허스트Nancy Broadhurst를 남태평양으로 보냈다. 미국인인 그녀가 받은 지침은 모스폰 회사의 배타적 관할지로 이용할 만한 우호적인 국가를 물색하는 것이었다.

"일주일 동안 소식이 끊긴 적이 있어요. 글자 그대로 파푸아뉴기니에서 사라져 버렸죠." 폰세카는 그때를 떠올리며 이렇게 말한다. "정말 걱정했습니다. 식인종이나 뭐 그런 것들한테 잡아먹혔을지도 모른다고 생각했어요." 브로드허스트는 파푸아뉴기니에서 열린 한 역외 회의에 참석하러 간 것이었다. 회의 기간 중 어느 날 그녀는 호텔 바에 앉아 있다가 옆자리 손님과 대화를 나누게 되었다. 그녀는 파나마에 있는 상사들이 역외회사의 새 보금자리 역할을 할 마법의 나라를 찾기 위해 자신을 파견했다고 상대에게 말했다. 그는 흥미를 보이면서 브로드허스트의 이야기를 귀담아 들었다. 브로드허스트가 바에서 만난 그 인물은 섬나라 니우에의 총리 프랭크 루이Frank Lui였다.

인구 밀도가 희박한 외딴 산호섬 니우에는 뉴질랜드에서 북동쪽으로 2,414km 떨어져 있다. 면적은 약 267km²이지만 해수면 상승으로 줄어들 위험성이 있다. 1774년에 유럽인들이 최초로 발견했는데, 현지인들이 제임스 쿡 선장의 상륙을 번번이 막은 탓에 그가 새비지 섬Savage Island이라는 별명을 붙이기도 했다. 1901년 뉴질랜드에 합병되었으나 1974년 연합협정에 따라 니우에 자치정부가 수립되었다. 뉴질랜드의 일부이므로 당연히 보조금이 나왔으나 모색의 말에 따르면 입에 겨우 풀칠하기도 어려울 만큼의 돈이었다. 브로드허스트가 루이를 만났을 당시 이미 니우에 지도층은 500명 가까이 되는 주민들을 위해 추가적으로 소득을 창출하려는 목적으로 조세피난처로의 전향을 검토하던 중이었다.

브로드허스트는 파나마로 건너와 모스폰 변호사들과 함께 니우에의 회사설립법 초안을 잡아나갔다. 이들은 주로 BVI의 법을 모방했으나 사실 따지고 보면 BVI의 법 자체도 델라웨어주의 법을 모방한 것이었다. 모스폰은 자신들이 직접 고안한 혁신적인 요소들을 몇 가지 추가하여 니우에만의 맞춤형 법률을 만들었다. 예를 들어 니우에 법에 따르면 회사명으로 한자와 러시아 키릴문자를 쓸 수 있었다. BVI에서는 허용되지 않는 부분이었다. 니우에 국제상법은 1994년에 통과되었다. 그해 말 모스폰은 중국 순회 홍보의 일환으로 프랭크 루이를 홍콩으로 데려갔다. 그들은 니우에를 남태평양이라는 왕관에 박힌 보석이라고 소개했다.

사무소 내에 위치한 등기소 덕분에 모스폰은 자신들이 정한 가격에 따라 한 시간도 안 돼서 니우에 회사 하나를 뚝딱 만들어낼 수 있었다. 전 세계의 모스폰 사무소는 어쩌다가 모스폰 직원이 된 니우에 등기담당자가 미리 서명해둔 백지 서류와 직인을 구비해 놓았다. 할 일이라고는 사용 가능한 이름인지를 확인하고 국제상사번호를 받아 정확한 견본을 뽑아서 출력하기 위해 파나마 본사와 확인 작업을 하는 게 다였다.

하지만 이 모든 관리와 통제에도 불구하고 모스폰의 니우에 회사들이 범죄에 사용되는 것은 막지 못했다. 나이지리아에서도 석유가 풍부한 지역인 델타주의 주지사 제임스 이보리James

Ibori는 재임 기간 중에 스탠호프 투자회사Stanhope Investments라는 니우에 회사를 설립했다. 런던의 고액 부동산을 구매하는 데 사용할 심산이었다. 2012년 영국 법원은 사기 및 부패 혐의에 대해 이보리에게 유죄판결을 내리고 징역 13년 형을 선고했다. 한편 미국 검찰에 따르면 아르헨티나 스포츠 마케팅업자 우고 힌키스Hugo Jinkis와 마리아노 힌키스Mariano Jinkis 부자父子는 조직적으로 연계된 역외회사들을 수백만 달러짜리 축구 경기 TV중계권을 따기 위해 뇌물을 주는 데 사용했다고 한다. 모스폰 파일을 보면 그 역외회사 가운데 한 곳인 니우에의 크로스 트레이딩Cross Trading은 에콰도르 축구 경기의 TV중계권을 11만 1,000달러에 사들인 뒤 재빨리 에콰도르 방송사 텔레아마조나스Teleamazonas에 31만 1,170달러를 받고 되팔았다.

그러나 니우에는 BVI의 성공을 따라잡지 못했다. 법인 설립의 용이함에도 불구하고 그 섬나라는 수많은 예비 고객들을 설득하기에 힘든 곳이었다. 모색은 이렇게 말했다. "BVI가 어디에 있는지 사람들이 모른다 싶으면 태평양 한가운데 있는 이 망망대해를 가리키면 됩니다." 1994년 무렵 BVI가 유치한 기업 수는 13만 6,112개로, 전 세계적으로 설립된 역외회사의 47.7%에 해당했다. 모스폰의 경우 BVI에 등록된 회사는 39개였지만 전체 신규 설립 기업 중 10%가 넘는 비율을 차지했다.

아카라 빌딩은 전혀 눈에 띄지 않는 외관이지만 전 세계적으로 경제활동을 하는 회사의 주소지이자 비밀금융의 사원이었다. 로드타운은 이 회사를 중심으로 성장했다. 역외산업은 BVI 정부 수입의 거의 절반을 차지했다. BVI는 땅덩어리는 작아도 개발도상국 중에서 가장 풍족한 섬나라가 되었다. 빌롱거들은 언제든 원할 때마다 일자리를 구할 수 있었다. 전 세계에서 온 금융서비스 종사자들이 회사와 역외조직을 팔기 위해 로드타운 으로 몰려들었다. BVI의 인구는 폰세카가 처음 왔을 때보다 두 배 이상 늘었다.

그러나 명明이 있으면 암暗도 있는 법이다. 현지인들은 잃어버린 낙원, 확연히 달라진 문화에 대해 아쉬움을 토로한다. 그들은 과거의 BVI를 훼손되지 않은 아름다움을 지닌 곳으로 묘사한다. 그러나 오늘날 달라진 BVI는 부자들이 돈을 주고서 다른 사람에게 은행이나 관공서에서 대신 줄을 서게 하는 곳이 되었다. 금융서비스 산업을 두고 쓴소리를 하면 불충으로 간주된다. 관련해 사람들은 못마땅함을 표현하기 전에 목소리를 낮추고 주변을 살피게 되었다.

3장
고객의 두 얼굴

▶ 모스폰은 BVI, 바하마, 니우에를 추가한 덕분에 자사가 만든 회사들의 조세회피 근거지를 보유하게 되었다. 그다음으로는 모스폰의 상품을 더욱 많은 고객들의 손에 들어가게끔 할 수 있는 방법이 필요했다. 모색과 폰세카는 맥도날드를 모방했다. 그들은 프랜차이즈가 답이라는 결론을 내렸다. 유능한 판매자들을 물색한 다음, 모스폰 배급사로 만들 작정이었다. 지역 내에서 모스폰 상품을 독점하는 대신 가맹점은 할인된 가격으로 모스폰 회사들을 넘겨받았다. 유르겐 모색은 이런 식으로 하면 그다지 많은 자원을 쓰지 않으면서도 시장을 확대할 수 있으리라고 판단했다.

중간망으로 인한 이득은 판매량만이 아니었다. 중개인을 통한 판매는 모스폰과 모스폰 상품의 최종소비자, 즉 회사의 실소유주 사이에 막을 하나 더 만드는 것이었다. 모스폰 회사들이 적법하게 쓰이는지는 중개인의 손에 달려 있었다. 회사의 실소유주가 사기꾼으로 드러날 경우 모스폰은 구매자를 제대로 심사하지 못한 가맹점이나 변호사, 회계사, 은행가에게 불만을 제기할 수 있었다. 비난을 피하는 게 주요 목적이었다.

1993년 라몬 폰세카는 미국 시장을 뚫기 위해 법인 설립 중개인을 찾으러 뉴욕으로 갔다. 그리고 존 고든John Gordon이라는 사람을 발견했다. 그는 똑똑하긴 했으나 사교성이 부족한 인물로, 영장 송달인으로 일하면서 2년 동안 최저임금을 받다가 법인 설립 분야로 진출하면서 본인의 입지를 넓혀갔다. 고든이 주로 하는 일은 뉴욕에 있는 변호사들을 대신하여 올버니에 있는 뉴욕 주정부에 법인 설립 서류를 제출하는 것이었다.

모스폰은 고든을 끌어들이기 위해 구애 작전을 폈다. 유르겐 모색은 푸르른 콘다토라 섬에 있는 자신의 별장에서 그에게 일주일을 보내게 해줬다. 다음 행선지는 BVI였다. 고든은 추운 겨울인 올버니를 벗어나서 기분이 아주 좋았다. 그는 로드타운에 있는 모스폰 소유의 아파트에 묵었다. 모스폰에서 나온 한 직원이 스노클링을 하러 가자면서 그를 노르만 섬 연안으로 데려갔다. 특별한 대접이 통했다. 1994년 3월 모스폰은 고든의 회사 'USA 기업지원국USA Corporate Services'이 모스폰의 미국 전속 가맹점이 될 것이라고 발표했다.

고든이 보기에 모스폰과의 동업은 국제 법인 설립 시장에 진입하는 좋은 방법 같았다. 하지만 실상은 그가 상상했던 것보다 훨씬 힘든 것이었다. 고든의 동업자들은 느려터진 판매 속도에 짜증을 내며 안달하기 시작했다. 폰세카는 첫 만남에서는 매력적인 사람이었으나 자기 마음대로 안 될 때는 숨어 있던 성질머리가 고스란히 나왔다. 고든은 적법한 목적으로 회사를 설립하려는 미국인들은 델라웨어주로 간다고 설명했다. 준법정신이 투철한 미국인들에게 모스폰은 필요 없었다. USA 기업지원국은 〈이코노미스트Economist〉에 광고를 내기도 하고 역외 회의에 금융 상품을 팔러 다니기도 했으나 수익으로 쉽게 이어지지 않았다. 결국 고든은 미국인이 아닌 고객들에게 매달리기 시작했다.

1997년 초 이안 투펜Ian Tuppen과 수바시 싱Subhash Singh이 고든에게 접근했다. 이들은 무기명주를 통해 바하마에 모스폰 회사를 설립하고 싶다고 제안했다. 고든은 고객이 된 투펜과 싱에 관해서 스코틀랜드왕립은행에 조회해보았다. 은행에서 이들을 제대로 심사했을 것이라 생각했다. 하지만 실제로 이들의 사업계획을 면밀히 들여다본 사람은 한 명도 없었던 게 분명했다. 그 사업계획이라는 게 마이크로소프트 오피스 소프트웨어의 불법 복제였던 것이다. 2년이 채 지나지 않아서 영국 언론은 이 계획을 두고 영국 역사상 최대의 위조사건 가운데 하나라고 표현했다.

투펜과 싱은 백슬래시 디스트리뷰터스Backslash Distributors라는 영국 회사를 갖고 있었으나 사업체를 조세피난처에서 굴리고 싶었다. 두 사람은 고든과 모스폰을 통해 1997년 3월 바하마 소프트웨어 에이전시Bahamas Software Agency라는 회사를 만들었다. 모스폰은 이곳의 간부 역할을 할 명의자들을 제공했다. 외부에서 이사들을 찾을 경우 모스폰 명의자들만 보일 뿐, 투펜과 싱은 전면에 드러나지 않을 터였다. 바하마 소프트웨어에 대한 위임장은 은밀한 방식으로 싱에게 돌아갔고 스코틀랜드왕립은행은 지체 없이 계좌를 개설해 주었다.

두 달 뒤 투펜과 싱은 백슬래시를 약 15만 달러에 사들이기 위해 바하마 소프트웨어를 정리했다. 쉽게 말해 본인들에게 파는 것이었다. 모스폰은 이 거래에서 없어서는 안 될 필수 요소였다. 회사 간부 역할을 하는 명의이사들이 이를 승인해주고 자금을 푸는 데 동의해야 했기 때문이다. 모스폰은 서명 비용으로 고작 몇 백 달러를 청구했다. 거래의 일환으로 투펜과 싱은 백슬래시의 장부와 기록을 안전하게 보관하기 위해 이를 바하마의 모스폰 사무실로 보냈다.

투펜과 싱이 바하마 소프트웨어를 설립하고 나서 3개월이 지난 뒤 바하마 소프트웨어에서 모스폰으로 한 통의 팩스를 보내왔다. 수기로 작성한 그 문서를 바하마 소프트웨어의 대외용 문서에 옮겨 적고 모스폰 임원들이 서명한 다음, 백슬래시로 보내달라는 내용이었다. 실제로는 두 사람이 본인들에게 편지를 보낸 셈이라는 사실을 외부인들은 알기 어려웠다. 제목은 "RE: 진짜 상품의 조달 관련 문제"였다. 편지는 이렇게 시작되었다.

상당한 시간을 들여서 수령 확인 장부 및 기록을 꼼꼼히 살펴본 뒤 숙고한 결과, 한동안 저희 쪽에서 조달한 상품의 품질에 문제가 있었습니다. 이에 유감스럽습니다만, 다음의 조치들을 해주십사 안내해 드립니다.

그러고는 보유하고 있는 소프트웨어를 폐기하고 거래를 완전히 중단한 뒤 모든 기록을 바하마 소프트웨어 쪽으로 보내라고 투펜과 싱에게 지시했다. 모스폰은 이사들이 서명해야 할 그 문서를 받았을 때 뭔가 부적절한 일을 요청받았다는 사실을 알아차렸어야 했다. 외부에서 보면 누구라도 백슬래시 디스트리뷰터스의 새 주인인 바하마 소프트웨어가 과거의 문제들과 관계를 끊는 중이라고 생각할 터였다. 실상은 백슬래시 디스트리뷰터스의 활동에 대한 책임을 회피하기 위한 계책이었다. 그럼에도 불구하고 유르겐 모색은 바하마 사무소장이 그 문서에 서명하는 것을 재가했다. 다만, 그는 본명을 사용하지 말라고 지시했다. 바하마 사무소장은 이름 대신 직함으로 '비서'라고만 썼다.

"모색 씨는 그런 문서에 당신이 서명하기를 원치 않습니다." 파나마에 있는 모스폰 변호사가 바하마 사무소장에게 보낸 글이다. 모스폰은 고든에게도 그 문서의 승인을 요구했다. 고든은 싱과 상의한 후 모스폰 측의 요구를 들어 주었다. 일주일 뒤 모스폰은 고든에게 팩스를 보냈다. 유르겐 모색이 한계에 이르렀다는 내용이었다. 모스폰 대표는 오해의 소지가 있는 문서에 서명을 해주고 수수료를 챙긴 다음 발을 빼고 싶어 했다. 파나마에 있는 모스폰 변호사는 "대표님은 서류가 마무리되면 이사직에서 사임하라고 지시했습니다. 조금 위험해질 것 같기 때문입니다"라고 전했다. 모스폰은 투펜과 싱에게 이사직 사임을 통보하고 차후에는 두 사람이 자체적으로 이사를 임명할 것을 요청하라고 고든에게 전했다. 그런데 이 사안은 1년이 지나도록 실행에 옮겨지지 않았다. 엄청난 규모의 해적행위를 마이크로소프트와 정부 당국이 알아챌 때까지 말이다.

"그 둘은 멍청이었어요." 고든은 당시를 회상하며 이렇게 말한다. "런던 한복판에 자기네 상품을 선전하는 커다란 옥외 광고판을 설치했으니 쉽니까!" 햄프셔 사기전담반이 투펜과 싱의 자택을 급습했다. 런던 〈선데이타임스*Sunday Times*〉의 보도에 따르면 경찰은 불법 복제한 마이크로소프트의 소프트웨어 사본 수천 개와 수축 포장 기계 두 대를 압수했다. 마이크로소프트의 변호사들은 런던 고등법원의 긴급명령으로 무장한 채 이 계책을 둘러싼 비밀의 장막을 찢고 들어가기 위해 바하마로 갔다. 이때서야 비로소 모스폰은 이사들이 사임하지 않았다는 사실을 알게 되었다. 고든도 모스폰도 결정을 공식화하는 적절한 조치들을 실제로 수행하지 않았던 것이다. 저마다 상대방에게 이행 책임이 있다고 생각했다.

　마이크로소프트로부터 정보 요청을 받은 고든은 공황 상태임이 여실히 드러나는 팩스를 파나마로 보냈다. 투펜이나 싱과는 연락이 끊긴 상태였다. 고든은 이미 공식적으로 사임한 상태라고 마이크로소프트 변호사들에게 말해줄 것을 모스폰 측에 촉구했다. 고든은 본인이 이 말을 직접 전할 경우 법적 책임을 지게 될까봐 겁이 났다. 하지만 이미 늦은 때였다. 고든은 변호사들을 만났던 날을 지금도 기억한다고 했다. 그가 올버니에서 뉴욕으로 사무실을 이전한 날이었다. 모스폰을 포함하여 모두가 법적 공방을 준비했다. 고든은 자신이 보유하고 있던 회사 기록들을 하나도 빠짐없이 넘겨주었다고 한다.

　마이크로소프트의 변호사들이 정말로 원한 것은 백슬래시가 모스폰에 보낸 장부와 기록들이었다. 투펜은 기록물을 공개할 수 있는 권한을 모스폰에 부여한 문서에 서명했다. 나흘 뒤 모스폰의 바하마 사무소장은 투펜이 직접 전화로 문서 파기를 지시했다는 사실을 마이크로소프트 측에 알려주었다. 전화로 요청이 이뤄진 탓에 사실을 확인할 만한 물리적 증거는 전혀 없었다. 투펜은 그런 대화가 오갔다는 사실을 부인한 것으로 보인다. 하지만 마이크로소프트의 변호사들은 믿지 않았다. 그들은 "저희가 보기에 바하마 소프트웨어 에이전시의 책임자인 그쪽에 문서 보관 의무가 있지 않을까 생각합니다"라고 모스폰에 전했다. 실제로 그러했다. 모스폰의 내부 규정에 따르면 기록물은 6년 동안 보관해야 했다. 1999년이 끝나갈 무렵 영국 민사재판소는 투펜과 싱에게 소송비용 및 보상금으로 약 400만 달러를 지불하라는 명령을 내렸다. 이 판결로 두 사람은 파산했다.

이 사건은 고객 심사를 제삼자에게 위임하는 일은 매우 위험하다는 것을 알린 조기 경보였다. 중개인을 통한 판매로 실구매자와 얼마나 거리를 두게 되든지 간에, 중개인에 대한 통제력이 떨어지는 문제가 부수적으로 발생했다. 경찰이나 민사소송 당사자는 가맹점이 아니라 결국에는 등록대리인인 모스폰을 찾아갔다. 상황이 이러한데도 당시 모스폰은 이런 위험성에 거의 주의를 기울이지 않았던 것으로 보인다. 사업은 번창하고 있었다. 모스폰은 가맹점을 늘리는 것은 물론, 사무소 간 네트워크를 확장하며 고객들과 더욱 직접적으로 관계를 맺기 시작했다.

모색과 폰세카는 람세스 오웬스Ramsés Owens에게 모스폰의 신탁회사 모스폰 트러스트Mossfon Trust를 맡겼다. 오웬스는 법조계의 열혈 청년이었다. 그는 파나마대학교 로스쿨을 최우등으로 졸업하자마자 모스폰에 입사했다. 모색과 폰세카는 고객들이 신탁을 신뢰하지 않는 것을 십분 이해했다. 그런데 어쩌면 새로 들어온 직원이 고객들의 마음을 돌릴 수 있을지도 몰랐다. 오웬스는 적극적으로 그 일에 뛰어들었다. 그의 밑에서 일하는 직원이 미국의 고객에게 설명한 바와 같이, 모스폰 트러스트는 '다소 복잡한 해결책이 필요한' 고객을 위한 회사가 되었다.

오웬스는 유산 및 비밀 보호에 관한 고객의 이익을 가능한 최고 수준으로 보호할 수 있는 맞춤형 역외 해법을 창출하기 위해 기업 구조와 조세피난처들을 이리저리 짜 맞춰 보았다. 라틴아메리카에서 가장 부유한 사람 가운데 한 명인 후안 엘후리 안톤Juan Eljuri Antón도 오웬스의 고객이었다. 그가 물려받아 경영하고 있던 기업은 열두 개 이상의 모스폰 회사를 설립했다. 오웬스는 엘후리의 확실성 자산certain assets에 대한 조세 부담률이 25%에서 1%로 적법하게 삭감된 것처럼 보이게끔 조직적으로 재보험 거래를 진행하도록 도왔다. 앨라배마주 하원의원 올리버 웨슬리 롱Oliver Wesley Long 역시 모스폰 트러스트와 함께 했다. 하원의원으로 선출되기 전에 그는 미국 정부에 신고할 의무가 없는 파나마 해외계좌를 개설할 수 있게 해달라고 도움을 청했다. 롱은 "이를 통해 두 가지가 가능해집니다. 우리가 그쪽으로 송금할 때 미국 국세청IRS으로 위험신호가 전혀 전달되지 않고, 전쟁이 나거나 사업상 위기가 발생할 경우 돈을 숨겨둘 안전한 피난처가 생기는 겁니다"라고 모스폰 트러스트에 전했다. 오웬스는 남아프리카의 투자회사 피덴샤Fidentia의 막후 인물들에게도 금융 활동을 은폐하는 방법에 대해 조언했다. 피덴샤는 광산에서 부모를 잃은 수만 명의 아이들에게 공교육과 의약품을 제공하기 위해 따로 마련해둔 유족 기금을 지속적으로 가로챘다.

지략이 뛰어난 법률 책사인 오웬스는 눈치가 빠르고 기지가 넘쳤다. 맨 섬의 한 일간지에 파나마 셸컴퍼니를 홍보하는 그의 연설을 언급한 기사가 실린 적이 있었다. 기사에 따르면 오웬스는 발표할 때 "활력을 불어넣기 위하여 소스를 살짝 첨가"하기를 좋아했다. 그는 특별히 친근한 감정을 느끼는 경우에는 '포옹'이라는 단어로 메일을 끝맺을 때가 많았다. 모스폰에서 20년 넘게 근무하면서 그는 전 세계 사람들에게 수천 개의 메일과 포옹을 보냈다. 그의 이름은 파나마 페이퍼스의 메일 7만 3,010건을 비롯해 총 9만 7,178건의 문서와 관련되어 있다. 오웬스와 그의 직원들은 고객들에게 사라질 수 있도록 해주겠다고 약속했다. "고객님은 눈에 보이지 않는 사람입니다. 우리가 만들어낸 상상의 산물이죠." 한 직원은 예비 고객에게 이렇게 전했다. "이 회사의 주목적은 하나입니다. 제삼자인 저희가 고객님의 회사 및 회사의 자산을 책임지고 맡으면서 고객님은 그 회사와 완전히 분리되는 것이지요. 채권자들이 고객님의 재산을 취득하는 경우에도 고객님이 엮일 일은 절대 없을 겁니다."

오웬스가 보기에 비밀세계는 지능적인 도전, 그러니까 아주 재미있는 퍼즐들이 끊임없이 나오는 곳이었다. 하지만 초반에는 유난히 미묘하고 까다로운 문제에 직면할 때, 유르겐 모색과 라몬 폰세카를 거울삼아 그들에게서 힌트를 얻었다. 코스타리카에서 터진 탈세 스캔들에 모스폰 고객이 연루되었다는 말이 나오자 폰세카는 오웬스에게 조사를 맡겼다. 오웬스는 사실관계를 알아보기 쉽도록 정리했다.

코스타리카는 수출업자들에게 세금을 공제해 주었다. 그런데 비양심적인 회사들이 부당한 방법으로 공제를 받으려고 수출량을 거짓으로 부풀렸다. 누가 봐도 사기성이 분명한 물품 수억 개를 수출했다고 신고한 회사들도 있었다. 오웬스는 이를 두고 명백한 속임수라고 하면서 그 계획의 엉성함을 경멸하고 무시했다. 이런 업체들과 달리 탈세 스캔들 의혹이 나온 모스폰의 고객은 진짜 수출품인 참치 통조림을 판매했다. 다만, 조세 부담을 덜기 위해 실제로는 휴면 상태인 BVI의 모스폰 자회사를 통해 송장을 보냈다. 오웬스는 다음과 같이 지적했다. "청구서 재발부는 부도덕하다고 해석될 수 있으나 그것이 적법하다는 점을 반드시 참작해야 합니다." 그는 모색과 폰세카에게 그 고객과 계속 일을 진행하기를 권했고 모스폰은 그 고객과의 관계를 이어갔다.

1995년 오웬스와 모스폰은 고객들의 자금 은닉을 돕는 또 다른 도구를 얻게 되었다. 파나마 국회에서 재단법이 통과된 것이다. 파나마의 새로운 재단법은 모스폰 고객들을 애먹이던 실권 상실 없이 신탁으로 얻을 수 있는 대부분의 혜택을 제공했다. 돈을 숨기기 위해 재단을 활용하는 아이디어는 유럽에서 기원했다. 제1차 세계대전 후 유럽의 리히텐슈타인공국은 몹시 궁지에 몰린 상태라는 것을 깨달았다. 면적이 맨해튼의 두 배에 불과했고 인구는 1만 2,000명이 채 안 되었던 그곳은 사방이 육지로 둘러싸여 있다. 주변 강대국 틈에 낀 소국이지만 유럽 엘리트층의 비호를 받으며 엄격한 비밀유지법, 낮은 세금, 기업 친화적 구조를 통해 안전한 개인재산 피난처가 되었다. 1926년 리히텐슈타인공국은 기존의 스위스 가족재단법을 약간 수정했다. 그리하여 그 국가 밖에 있는 누구라도 은밀하게 돈을 옮길 수 있는 금융 수단이 탄생하게 되었다.

리히텐슈타인의 재단은 기업이나 신탁과 유사한 면이 있었다. 먼저 기업과 마찬가지로 정부에 등록된 독립된 법적 실체였다. 다만, 기업과 달리 구성원이나 주식, 엄밀히 따지자면 소유주조차 없었다. 다음으로는 신탁과 마찬가지로 대개 재단 설립자라고 하는 창설자가 자산을 별개의 실체인 재단으로 옮겼다. 여기에는 신탁의 수탁자 대신 재단 설립자의 지침에 따라 조치를 취하는 재단 평의회가 존재했다. 리히텐슈타인에 거주하지 않는 사람은 재단활동에 관한 공식 기록은 거의 존재하지 않았다. 실수익자의 신원은 공개적으로 기록되지 않았고 신고할 의무도 없었다. 세금은 아주 직었고 비밀유지는 완벽했다.

파나마는 재단을 훨씬 더 융통성 있고 불투명하게 그리고 효율적으로 운용될 수 있도록 만들었다. 리히텐슈타인에서는 재단 평의회 구성원이 반드시 현지 전문가여야 하고 재단이 상업 활동을 하는 경우에는 연례 재무감사가 필수였다. 파나마는 이러한 요건들을 없앴다. 파나마에서는 재단이 정기적으로 상업 활동에 종사하는 것은 금지되었으나 배당금, 지대, 사용료를 징수할 수 있고 주식과 고유재산을 보유하는 것 역시 가능했다. 리히텐슈타인에서는 재단에 대한 정부 수수료가 자산 비율에 따라 결정되었다. 반면 파나마에서는 재단의 자산과는 무관하게 매년 250달러씩 균등하게 면허세를 부과했다. 가장 중요한 것은 파나마가 새로운 역할, 즉 '보호자'의 역할을 참작했다는 점이다. 모스폰의 설명에 따르면 보호자는 일반적으로 고객 자신이거나 고객이 신뢰하는 사람이었다. 보호자는 기본적으로 재단 평의회를 감독했다. 재단 평의회는 재단의 공적인 얼굴로 기능하는데 보호자는 그런 재단 평의회의 구성원을 내보낼 수 있는 권한을 보유했다. 이렇게 하면 재단 설립자가 실권을 내어주는 일은 절대로 발생하지 않았다.

파나마 재단법은 모든 관련자가 법적 책임을 지지 않고 베일에 가려진 상태로 있을 수 있도록 보장했다. 모스폰은 예비 고객들에게 재단 평의회 구성원 및 감독기구, 그밖에 재단과 관련된 사람은 누구든지 고용 상태가 종료된 뒤에도 철저히 비밀을 유지해야 한다고 당부했다. 이를 어길 시에는 최고 5만 달러의 벌금 또는 최고 징역 6개월 형에 처할 수 있는 형사 범죄였다. 오웬스는 파나마 재단들을 남아프리카 피덴샤 사기 사건의 배후인 부도덕한 범죄조직을 위해 이용했다. 모스폰은 피덴샤를 위해 파나마, BVI, 세이셸에 회사를 설립했고 각각 아틸라 훈, 미타스 같은 이름으로 된 재단이 소유했다. 수익자는 영국에 있는 유한책임회사였다. 명시적인 목적은 남아프리카 정부가 부과한 세금을 내지 않는 것이었다.

오웬스는 피덴샤의 중개인 스티븐 굿윈Steven Goodwin과 함께

이 목적에서 더 나아갔다. 굿윈은 자기 주머니에 수백만 달러를 챙기면서 피덴샤에 대한 투자를 받기 위해 자금운용 담당자를 매수했다. 오웬스는 굿윈이 영국에서 재산을 소유할 수 있도록 민간재단을 만들었다. 사망한 광부들의 자녀들을 위한 유족 기금을 경영진이 가로챈 일이 탄로난 뒤, 파산관재인이 피덴샤를 인수하자 굿윈은 호주로 도주했다. 그는 자신의 돈을 지키기 위해 오웬스가 필요했다. 굿윈은 그 파나마 변호사를 뉴욕으로 불렀고 두 사람은 한 호텔에서 만났다. 그 자리에는 굿윈의 호주인 변호사 친구도 함께 있었다. 이들은 세 시간 동안 당시 체포 상태였던 고위 간부들을 비롯해 피덴샤의 여러 문제들에 관해 논의했다. (자기 잇속만 차리면서) 오웬스가 내린 평결은 이러했다. "굿윈은 어떤 식으로든 아무런 관련이 없다. 실제로 굿윈이 곤경에 처한 것은 남아프리카 언론의 책임이다. 언론은 피덴샤 스캔들에서 그의 역할을 과장하고 있다. 굿윈은 명백한 희생양이다" 라는 게 그날 모임에서 나온 이야기를 토대로 작성한 녹취록의 결론이었다.

오웬스는 굿윈의 무죄를 확신하면서도 그 남아프리카인에게 재산을 좀 더 제대로 보호해야 한다고 강력하게 권했다. 두 사람은 굿윈의 재산을 안전하게 관리하기 위해 소유권을 그의 호주인 변호사 친구에게 넘기기로 하고 기존의 재단 규정에 추가 조항을 덧붙이기로 했다. 모스폰과 오웬스는 이 업무에 대해 2만 5,000달러를 의뢰하기로 했다. 수정된 규정을 확정 짓기 위해 굿원과 그 호주인 변호사 부부, 오웬스는 맨해튼의 비싼 스테이크 하우스에서 저녁 식사를 했다.

이 모임이 있고 넉 달 뒤 남아프리카 당국은 굿윈에 대한 체포 영장을 발부했다. 남아프리카 언론은 그에게 '사라진 남자'라는 별명을 붙였다. 그런데도 모색 폰세카는 도망자 신세가 된 그 사나이와 계속 관계를 유지했다. 로스앤젤레스 국제공항에서 인터폴이 발부한 영장에 따라 미국 관세·이민국 직원들이 그를 붙잡을 때까지도 말이다. 굿윈은 거의 1년 동안 송환을 거부했다. 그러다가 10년을 복역한다는 양형거래에 서명하고서야 남아프리카로 돌아가기로 결정했다. 굿윈은 피덴샤에 직접적으로 고용된 적은 없었으나 그 회사를 위해 1,100만 달러에 달하는 자금을 세탁했다고 시인했다.

때로는 재단조차도 비밀을 충분히 유지하지 못하는 경우가 있었다. 이 경우 오웬스는 자선단체를 추가하는 방법을 추천했다. 모스폰이 제일 처음 발명한 아이디어는 아니었다. 신탁 운영자들은 수십 년 동안 정부의 정밀조사를 피하고 실소유주의 신원을 더 깊이 숨기기 위해 자선단체를 가짜 수익자로 이용했다. 모스폰은 자신들이 만든 재단과 더불어 수익자인 고객명으로 적십자나 세계야생생물기금을 제안했다. 구호단체들은 이상적인 존재였다. 이름값을 하는 것은 물론이고 거의 모든 국가에 지부가 있었다. 세무 당국이 유명한 수익자의 이름을 보고서 재단을 통과시킬 가능성도 있다. 그 재단이 자선사업을 하리라

믿으면서 말이다. 비영리단체들은 자신들이 수익자라는 사실을 전혀 눈치채지 못했다. 재단의 '보호자'는 봉인한 봉투에 든 진짜 지침을 모스폰에 보내면서 가짜 수익자를 또 다른 이름으로 바꿔놓는다. 최종 지침은 오직 고객이 사망한 경우에만 개봉될 테고 진짜 수익자는 바로 그 시점에 드러나게 된다. 오웬스가 덧붙여 설명했다. "공식적으로는 이런 식으로, 우리는 진짜 원수익자의 이름만 알게 됩니다. 그렇기는 합니다만, 보호자가 언제든지 그 같은 봉투나 대리인의 이름을 대체할 수 있을 겁니다."

모스폰이 실소유주와 직접적으로 일하는 때가 많아질수록 고객이 범죄자로 드러날 위험도 커졌다. 중개인을 통해서 그저 법인 설립 업무만 한다고 해도, 예상치 못한 나쁜 일의 여파를 피할 수 있다는 보장이 없었다. 모스폰은 세계에서 가장 잔인한 마약 밀매업자 가운데 한 사람이 연루되었다는 사실을 뒤늦게 발견하고서 이 섬뜩한 진실을 깨달았다.

라파엘 카로 퀸테로Rafael Caro Quintero는 과달라하라 카르텔을 조직한 장본인으로, 멕시코 최초의 마약 갑부라고 할 수 있는 인물이다. 그는 콜롬비아의 코카인을 수송하고 마리화나와 아편을 생산해 부를 쌓았다. 1984년 말 엔리케 키키 카마레나Enrique Kiki Camarena라는 미국 마약단속국DEA 비밀요원이 한창 잘나가던 카로 퀸테로의 마리화나 사업장에 잠입했다. 카마레나 덕분에 DEA는 멕시코 치와와주 북부에 자리한 엘 부팔로El Bufalo라는 대규모 마리화나 농장을 덮칠 수 있었다. DEA에서 발견한 바에 따르면 마리화나 재배 면적이 400만m²가 넘었다. 멕시코 군인들은 예상 가치가 수십억 달러에 달하는 마리화나를 폐기했다. 극심한 분노와 피해망상에 사로잡힌 카로 퀸테로는 악에 받쳐 날뛰었다.

1985년 2월, 카로 퀸테로의 수하들이 과달라하라의 미국 영사관에서 나오던 카마레나를 붙잡았다. 이들은 카로 퀸테로의 저택에 있는 밀실에서 이틀 동안 그를 구타했다. 그 DEA 요원이 살아 있는 상태에서 엄청난 고통을 겪도록 하기 위해 의사 한 명이 대기하고 있었다. 멕시코 당국이 카마레나의 훼손된 사체를 발견했을 때는 카로 퀸테로가 전용기를 타고 이미 멕시코를 뜬 뒤였다.

3월, 코스타리카로 간 카로 퀸테로는 호세 마리아 플라 오리트José Maria Pla Horrit라는 현지 변호사와 함께 사업을 했다. 그 변호사에게는 부정한 의뢰인이 한 사람 더 있었다. 몇 해 전, 미국 정부가 수억 달러의 뮤추얼펀드를 가로챈 혐의를 받고 도주 중인 금융인 로버트 베스코Robert Vesco에 대한 기소장을 송달하고자 했을 때, 미국 대사관 측에서는 그 기소장을 베스코의 변호인 가운데 한 명인 플라 오리트에게 전달해 주겠다고 제안했다. 모색은 초반에 플라 오리트 등 베스코와 관련된 몇 사람에게 파나마 회사들을 제공한 적이 있었다.

4월 4일, 코스타리카 당국은 마약 밀매와 관련된 범행을 이유로 카로 퀸테로를 체포했다. 중앙아메리카에 있는 이 나라에서 지내는 동안 그는 집 네 채를 번갈아 오갔고 최고급 음식점에서 식사를 했으며 리무진을 타고 이곳저곳을 돌아다녔다. 그의 체포를 둘러싸고 언론의 관심이 대단했지만 플라 오리트는 용케도 전면에 나오지 않을 수 있었다. 카로 퀸테로가 멕시코로 송환되고 나서 일주일 정도 지난 뒤 플라 오리트는 그 마약왕을 대신하여 파나마 회사 두 곳 중 첫 번째로 만든 회사를 유르겐 모색에게 맡겼다. 최대한 비밀이 유지되기를 바라면서 그는 회사의 책임자 역할에 따른 비용을 모색에게 지불했다. 모색은 실소유주의 진짜 정체를 몰랐던 것으로 보인다.

1989년 멕시코 판사는 카로 퀸테로에게 징역 40년 형을 선고했다. 당시 멕시코에서는 최고 형량이었다. 이후 미국 당국은 감옥에서도 사업 활동을 했다는 이유로 그를 기소했다. 미국 재무부는 상당한 그의 재산을 합법적인 사업에 투자하려고 한 카로 퀸테로의 친구와 친척들에게 제재를 부과했다. 의뢰인이 옥살이를 하게 되고 재산 역시 몰수되는 바람에 플라 오리트는 모스폰에 더는 비용을 지불할 수 없었다. 그 회사들은 연옥에 떨어지고 말았다. 플라 오리트는 2004년 크리스마스 이브에 사망했다. 1년 뒤, 모스폰 변호사가 모스폰 파트너들에게 메일을 보냈다. 코스타리카 국가올림픽위원회 위원장과 사무총장이 골치 아픈 문제를 들고 사무실을 방문했다는 내용이었다. 코스타리카 정부는 카로 퀸테로의 저택을 위원회의 새로운 본부로 사용하도록 내주었으나 위원회가 법적 소유권을 취할 수 없었다. 엄밀히 따지면 그 마약왕이 파나마의 모스폰 회사를 통해서 여전히 그 저택을 소유한 상태였기 때문이다.

올림픽위원회는 그 회사의 책임자인 모색이 저택을 위원회에 기증하기를 바랐다. 복잡한 사법 절차를 피하기 위해서였다. 모색이 생각하기에 아직 법적으로는 세계에서 가장 극악무도한 마약 밀매업자의 소유로 되어 있는 부동산을 기부하는 것은 경솔한 처사로 보였다. 모스폰은 이사직에서 물러나기로 결정했다. 이제 법적 문제는 코스타리카 측에서 알아서 해결할 일이었다. "카로 퀸테로에 비하면 파블로 에스코바르Pablo Escobar는 엄마 젖이나 빠는 애송이였어!" 모색은 스페인어로 쓴 메일에서 악명 높은 콜롬비아의 마약왕을 언급하며 이렇게 말했다. "나는 그 자가 출소 뒤에 찾아갈 사람들 명단에 끼고 싶은 생각이 전혀 없네." 모색의 직감은 빗나가지 않았다. 2013년 8월 9일, 과달라하라의 한 판사가 느닷없이 절차상 문제를 이유로 형이 12년이나 남은 카로 퀸테로를 석방했다. 미국이 범죄인 인도 절차를 밟기도 전에 카로 퀸테로는 행방불명됐다. 이 글을 쓰고 있는 현재 그의 이름은 DEA의 도망자 명단 맨 위에 적혀 있다.

4장

부패의 문지기

▶ 은행 계좌가 없는 역외회사는 용노가 안성석이다. 숭요한 남융 활동을 하려면 은행이 필요하기 때문이다. 100년이 넘는 시간 동안 금융 분야 비밀 유지의 황금표준은 스위스였다. 스위스 은행가들이라면 예금주의 신원을 누설하거나 고객의 범죄를 폭로하는 일이 없다고 안심해도 되었다. 실제로 은행가가 고객의 개인 정보를 누설하는 것은 스위스 법 위반이었다. 스위스은행들은 돈의 출처가 합법적인지에 관해서는 개의치 않았다. 예금주는 납세와 스위스 법 준수라는 책임만 지면 그만이었다. 자신의 돈을 숨겨주는 은행가들에게는 책임질 일이 없었다. 그러한 가운데 스위스은행의 예금주가 본인

의 돈을 비밀리에 쓰고자 할 때 사용할 수 있는 방법이 바로 익명회사였다. 융통성 있는 스위스 은행가들은 예금주를 위해 역외회사를 만들어 냈다. 이들은 모스폰의 우수고객이 되었고 제네바 사무소가 수익성이 가장 높은 모스폰 사무소가 되는 데 기여했다.

모스폰의 은행가 고객 중에서 단연 눈에 띄는 존재는 HSBC였다. 이곳과 모스폰은 합법적·불법적 방식을 모두 동원하여 금융 세계화의 물결을 타고 공생하며 성장했다. 이들은 빡빡하지 않은 고객 심사 및 이윤 제일주의 사고방식을 공유했다. HSBC는 모스폰이 운영되는 내내 2,300개가 넘는 회사를 주문했다. 아무 일도 하지 않는 셀프 컴퍼니를 대량 구매했다가 고객이 필요로 할 때 실권 이전을 모스폰에 고지했다.

모스폰과 HSBC의 협업은 1980년대 초에 시작되었다. 유르겐 모색과 라몬 폰세카가 동업하기 전, 제네바에서 활동하는 남아메리카 출신 기업가 안토니 게레로Antoni Guerrero를 통해서였다. 게레로는 법 공부를 해 본 적은 없으나 중개인의 존재 가치를 알아본 인물이었다. 그는 제네바의 은행가와 변호사를 위해 라몬 폰세카로부터 회사를 제공받았다. 모색과 폰세카가 모스폰을 만든 다음부터는 모스폰이 게레로에게 익명회사를 공급하는 주 전달자가 되었다. 게레로의 금융계 최고 고객은 룩셈부르크의 사프라 리퍼블릭 홀딩스Safra Republic Holdings(이하 리퍼블릭)였다. 리퍼블릭은 스위스 프라이빗 뱅크를 성공적으로 운영하고 있었다. 리퍼블릭의 큰손 고객 3만 명 중에는 부패한 아프리카 지도자들의 자금 조달원, 중국의 태자당, 중동의 왕족, 러시아 마피아, 부도덕한 다이아몬드 무역상, 자금세탁업자들이 있었다. 대부분 역외회사가 제공하는 비밀 유지를 원하는 이들이었다. 리퍼블릭은 최소한의 질문과 완벽을 기한 심부름 대행 서비스를 전문으로 했다. 무수한 스파이 소설에 등장하는 입을 굳게 다문 스위스은행의 실사판이었다.

게레로는 대단한 세일즈맨인 동시에 형편없는 비즈니스맨이었다. 그는 고객들로부터 역외회사의 등록 갱신비를 받고서도 실제로는 갱신하지 않았다. 회사를 작동시켜야 할 경우에만 마지못해 본인이 받은 돈값을 했다. 게레로가 돌연 제네바를 떠난 것도 어쩌면 고객 문제에 대한 그의 무신경한 태도가 한몫했을 수 있다. 1998년, 불쑥 예정에도 없던 파나마 출장을 갔다가 스위스 사무실로 돌아온 게레로는 부하직원인 아드리안 시몬 Adrian Simon에게 회사를 모스폰에 팔았다고 말했다. 시몬은 게레로의 충동적인 결단에 전혀 놀라지 않았다. 그 전부터 게레로는 농담 반 진담 반으로 고객들이 쫓아올까봐 너무 불안해서 베개 밑에 여권을 두고 잔다고 말하곤 했기 때문이다.

폰세카는 게레로가 남겨둔 엉망진창인 상황을 깨끗이 정리하기 위해 제네바로 갔다. 그는 스페인 출신으로 전직 번역가이자 교사였던 시몬에게 사업을 맡겼다. 이 스페인 사람은 리퍼블릭 같은 소중한 고객들과의 관계를 공고히 했다. 당시 리퍼블릭은 변신을 꾀하고 있었다. 리퍼블릭의 창립자 에드몬드 사프라 Edmond Safra는 손수 만들어 세운 금융 제국을 HSBC에 팔려고 했다. 시리아 금융 왕조의 억만장자 자손인 사프라는 '리퍼블릭 홀딩스'와 '리퍼블릭 내셔널 뱅크 오브 뉴욕'을 두고 자식이라고 지칭했다. 이 자식들은 덩치가 컸다. 운용자산이 총 560억 달러였고 80개국에 고객들이 있었다. 사프라는 옛 방식인 전통적인 관계금융과 연계된 최후의 인물이었다. 그의 선조들은 오스만제국에서 낙타 대상들에게 자금을 댔다. 사프라의 자금 담당자들은 위험인물들에 대한 비밀을 지켰고 그는 완전히 무장한 이스라엘 경호원들로 이루어진 수행단과 함께 움직이는 때가 많았다. 편집증이 있던 사프라는 인간이 아닌 기계처럼 움직이는 기업에 자신의 사업을 양도하는 것을 썩 내켜하지 않았다.

사프라가 리퍼블릭 매각을 마무리 짓기 전인 1999년 12월 3일, 전직 미국 육군 위생병이자 특수부대 출신인 그의 간호사가 몬테카를로에 있는 펜트하우스에서 무장괴한들이 쓰레기통에 불을 붙인 뒤, 집 안을 돌아다니고 있다고 소리쳤다. 경찰에 따르면 그 간호사는 거짓 공격으로부터 사프란을 구해내 깊은 인상을 남기겠다는 노림수로 그 같은 일을 꾸민 것이었다. 하지만 간호사의 의도와는 달리 그가 내지른 경고를 들은 67세 금융 거물과 또 다른 간호사는 강철로 만들어진 화장실로 도망쳤다. 그 화장실은 세이프 룸으로도 쓰이는 장소였다. 펜트하우스에 불이 점점 번지자 경찰은 그 화장실의 벽을 두드리며 사프라에게 밖으로 나오라고 설득했다. 심지어 그의 아내 릴리가 휴대전화로 나오기를 애원했지만, 공포에 질린 그 거물을 밖으로 나오게 하지는 못했다. 마침내 구조대원들이 욕실 벙커에 구멍을 뚫었을 때 사프라와 필리핀 여성 간호사는 연기 흡입으로 이미 사망한 상태였다. 사프라의 이 같은 죽음은 HSBC가 진행하고 있던 100억 달러짜리 거래에 어두운 그림자를 드리우긴 했으나 거래 자체가 중단되지는 않았다. 제네바의 한 유대교회당에서 조문객들이 사프라를 기리던 그 시각, 미국 연방준비은행은 매각을 승인했다.

리퍼블릭의 기업 문화는 스위스에 깊이 뿌리내리고 있었다. 스위스에서는 의도적인 눈가림이 전통이자 법이었다. 스위스은행 비밀주의의 기원은 적어도 20세기 초까지 거슬러 올라간다. 주변국들이 세금을 올리자 부유한 프랑스인들과 독일인들은 돈을 숨기기 위해 인접한 스위스로 몰려들었다. 스위스은행들은 제1차 세계대전 무렵에 유럽을 갉아먹은 혼란을 마음껏 즐겼다. 금융서비스 산업이 점차 번성하면서 통제가 강화되었다. 당초 은행 간부 등이 예금주에 관한 정보를 누설하는 것은 민사 위반이었다. 그런데 1934년 스위스는 이를 징역 3년 형에 처해질 수 있는 범죄행위로 만들었다. 반면에 탈세는 여전히 민사상 위반으로 남아 있었다.

식민지 시대의 뿌리에 충실한 HSBC는 리퍼블릭이 유지해 온 방식을 거의 바꾸지 않았다. 개혁이 이윤을 저해하는 일이 없도록 하기 위해서였다. HSBC는 1865년에 문을 열었다. 제2차 아편전쟁이 일어나 영국-프랑스 연합군이 원명원을 약탈하고 함풍제咸豊帝를 겪은 일이 있은 지 5년이 지난 뒤였다. 영국 상인들은 거래자금을 대기 위해 홍콩에 이 은행을 만들어 세웠다. 홍콩은 제1차 아편전쟁 때 영국이 중국으로부터 강제로 빼앗은 도시였다. HSBC는 지나칠 정도로 신중하고 비밀스러웠으며 콧대가 높기로 유명했다. 다만 HSBC가 홍콩 내에서의 이러한 부정적인 이미지에 신경 쓰지 않을 수 있었던 것은 정부와의 유착 관계, 전무한 공시 의무, 다루기 쉬운 언론 덕분이었다.

1993년 HSBC는 본사를 런던으로 옮기고 은행들을 엄청나게 사들이면서 회사의 보수적인 면을 털어내기 위해 애썼다. HSBC는 리퍼블릭 인수를 통해서 소위 '성적표'라고 하는 은행 순위에서 최고의 자리로 훌쩍 뛰어오르기를 기대했다. 규모는 클수록 좋다는 게 당시의 지배적인 관점이었다. 많은 은행이 미친 듯이 떼를 지어 인수합병에 달려들면서 성장했다. 이질적인 기업 문화가 서로 잘 어우러져 돌아가게 한다거나 인수합병으로 탄생한 문어발식 다국적 기업을 관리하는 방법은 충분한 관심을 받지 못했다. HSBC가 번영의 길을 가는 동안 경영진은 세계적인 신흥 부유층의 존재를 알아차렸다. 초부유층의 국적은 갈수록 무의미해졌다. 그들은 제네바에서 돈을 예금하고 런던과 뉴욕에 거주했으며 파리와 밀라노에서 쇼핑을 했고 영국령 버진아일랜드 같은 곳에 등록된 역외회사를 통해 자산을 보유했다. HSBC 경영진은 정확한 의미를 인지하지 못했을 수도 있으나 숨길 수 없는 새롭게 나타난 불평등 시대의 뚜렷한 징후들을 목도했다. HSBC의 전략보고서에 따르면 각국 정부는 자국민들에게 연금 및 건강보험을 제공하는 기조에서 물러서고 있었다. 국적이 무의미한 부유층은 본국에 세금 내기를 망설였다. 이들의 입장에서 볼 때는 조세피난처에 사업체를 만들고 비밀유지 유전자가 내재된 스위스에 예금하는 것이 합리적이었다. 이러한 추세가 자산관리 업계에는 기회였다.

HSBC는 리퍼블릭 인수에 따른 위험을 알면서도 무시했다. 범죄자들을 돕는다는 소문이 오랫동안 리퍼블릭을 따라다녔다. 리퍼블릭에 관한 나쁜 소문은 '부도덕한 자들의 시녀'라는 스위스 은행가들에 대한 일반적인 평가를 넘어서는 수준이었다. 1990년대 말에는 공공 영역에서 발생하는 범죄행위가 많았다. 리퍼블릭은 지하세계가 선호하는 다이아몬드, 금 등 출처가 모호한 원자재 상품을 적극적으로 취급했으며 파나마에서 이뤄진 마누엘 노리에가의 돈세탁에도 연루되어 있었다. 리퍼블릭은 러시아 마피아가 자사의 외국환거래은행 서비스를 이용하고 있다는 사실을 직접 미국 법무부에 밝혔다. 여러 스캔들에는 다수의 은행들이 엮여 있었지만 리퍼블릭이라는 이름만큼은 끊임없이 수면 위로 떠올랐다.

HSBC는 리퍼블릭 매입 계획에 '프로젝트 골드'라는 암호명을 붙였다. HSBC는 직접적으로 리퍼블릭의 내부 사정을 조사하기보다는 공개 자료를 통한 실사를 진행하기로 결정했다. HSBC는 인수 논의가 리퍼블릭 경영진을 불안하게 만들 것을 우려했다. 그들은 이들을 고스란히 포섭하고 싶었다. 인수에 파란불이 켜진 뒤에는 십중팔구 구매 전 감사를 시행했을 테지만, 설사 검토서가 존재한다고 해도 그 내용은 절대로 공개되지 않았을 것이다. 당시 HSBC의 이사였던 스티븐 그린Stephen Green은 2015년 영국 상원 위원회에서 증언할 당시 HSBC가 리퍼블릭과 관련하여 문제가 있을 것이란 사실을 이미 알고 있었다고 시인했다. 두 은행을 합치는 업무를 담당한 합병 전문가들의 말에 따르면 리퍼블릭 경영진은 규제 담당 기관의 지시 사항을 묵살하는 골치 아픈 습관이 있었다. 그런데도 HSBC는 별로 바꾼 게 없었다. 즉각적으로 리퍼블릭을 손보는 데 자원을 할애할 경우 인수를 통한 단기 이익이 유실될 가능성이 있었다.

거래는 사프라의 장례식이 있고 한 달 뒤에 마무리되었다. HSBC가 98억 4,000만 달러에 리퍼블릭을 매입한 결과, 운용자산이 1,220억 달러로 증가하면서 HSBC의 개인금융 사업 규모가 하루아침에 두 배로 커졌다. 사프라는 죽기 전에 제시 가격을 4억 5,000만 달러 깎은 상태였다. 리퍼블릭이 자사의 거래 계좌에 일본의 폰지사기Ponzi Scheme(다단계 금융사기)가 급속히 퍼져 있다는 사실을 알면서도 즉시 단속 기관에 통고하지 않았다는 것을 HSBC가 알게 된 일이 있었기 때문이다. 결국 이 일로 미국 규제 담당 기관은 리퍼블릭에 벌금 7억 달러를 부과했다. 하지만 리퍼블릭을 인수한 뒤 벌금액을 상쇄할 정도로 HSBC가 꿈꾸던 돈 항아리가 급속도로 불어났다. 1999년 HSBC의 세계 개인금융 사업은 1억 8,000만 달러의 세전 이익을 냈다. 리퍼블릭보다 규모가 작은 크레디 코메르시알 드 프랑스Crédit Commercial de France의 인수와 더불어 사프라의 은행들이 온라인으로 들어오고 나서 1년이 지나자 수익은 4억 4,000만 달러로 급증했다.

모스폰은 HSBC의 이상적인 파트너로 판명되었다. 아드리안 시몬은 여러 질문으로 은행가들을 괴롭히지 않았다. 그저 주문을 그대로 이행할 뿐이었다. "은행가들은 본인들이 왜 그리고 누구를 위해서 회사를 구매하고자 하는지 잘 알고 있었습니다"라고 시몬은 말한다. 모스폰은 고객부터 고객 관계 관리, 고위 간부들에 이르기까지 모든 단계에서 리퍼블릭 및 HSBC와 얽혀 있었다. 사프라의 개인금융 제국을 떠받치고 있던 것은 '고객 관계 관리자relationship manager, RM'들이었다. 이들은 고객을 유치하는 것은 물론, 고객을 기분 좋게 만드는 일도 했다. 사프라가 널찍한 업무 공간을 준 것만 봐도 이들이 얼마나 중요한 존재인지 알 수 있다. 고객 관계 관리자들은 고객들이 모스폰 회사를 손에 넣을 수 있도록 도왔다.

이들은 사프라 밑에 있을 때도 그랬지만, HSBC가 리퍼블릭을 인수한 뒤에는 사실상 모스폰의 영업사원이 되었다. 이들은 고객이 역외회사를 필요로 할 때를 귀신같이 알았다. 스위스 일간지 〈르 탕Le Temps〉이 보도한 바에 따르면 리퍼블릭의 고객 관계 관리자는 그저 단순히 숫자놀이만 하는 사람이 아니었다. 이 은행가들은 신중함과 기밀 유지를 내세우며 비자금의 수호자로서 고객과 긴밀한 관계를 유지했다. 부르면 언제라도 기차나 비행기에 뛰어올랐고 심지어 휴가를 함께 보내기도 했다.

성차별은 일반적인 규범이었다. 남자들끼리의 친밀감이 은행가와 고객을 이어 주었다. 한 고객 관계 관리자가 고객 파일에 남긴 사적인 메모를 예를 들어 보자. 그 예금주의 아내는 지중해의 섬 키프로스에 있었는데, 그녀는 계좌의 최근 상태를 몰라서 오직 남편의 휴대전화로만 연락을 주고받는다. 스위스 언론에서 알아낸 바에 따르면 고객들은 대체로 세무 당국보다 자기 아내가 돈을 찾아낼까봐 전전긍긍했다. 이혼으로 부인에게 큰 위자료가 가더라도 고객은 자신의 고민에 기꺼이 귀 기울여주고 도움의 손길을 내밀어 주는 은행가를 믿고 의지할 수 있다.

리퍼블릭의 스위스 프라이빗 뱅크는 과거 벨뷔호텔Grand Hôtel Bellevue이었던 건물에 있었다. 20세기 초에 지어진 이 웅장한 건물은 호수가 보이는 멋진 제네바 거리의 쇼핑 전용 지구에 위치하고 있다. 호수의 명물인 제트 분수가 보이는 끝내주는 전망이 이 건물의 자랑이었다. 건물 내부에는 대리석, 나무장식 판자 그리고 정교하게 세공된 철제 난간이 있는 계단들 사이로 네 개의 부서, 아니 '책상들'이 있었다. 그것은 세계 여러 지역들, 경우에 따라서는 서로 뚜렷이 구별되는 별개의 사업 분야들을 아우르고 있었다. 네 개의 책상 가운데 가장 악명 높은 것은 MEDIS였다(이는 지중해Mediterranean, 유럽Europe, 이스라엘Israel의 줄임말이었다). 이 은행의 준법지원부장 데이비드 가리도David Garrido는 "MEDIS 계좌들이 유독 범죄행위와 관련하여 스위스 당국의 요청 대상이 되는 일이 빈번했습니다"라고 말했다. 모로코 출신의 유대인 유다 엘말레Judah Elmaleh가 이끄는 MEDIS가 취급한 업무는 다이아몬드 무역이었다.

모스폰과 이 은행은 그동안 끌어모은 유대인 출신의 부유한 다이아몬드 무역상들을 고객으로 공유했다. 이 고객들은 검사의 칼끝을 피하면서 아프리카의 자원을 약탈해 부를 쌓아올린 이들이었다. 그중 한 사람, 이스라엘 억만장자 다니엘 게틀러Daniel Gertler는 콩고민주공화국의 피에 굶주린 부패한 지도자 조세프 카빌라Joseph Kabila 대통령과의 돈독한 우정을 매개로 블러드 다이아몬드blood diamonds에 손을 댄 인물로, 여러 국가에서 정부의 조사대상이 되었다. 모스폰 파일에 기록된 바에 따르면 또 다른 이스라엘 억만장자 벤자민 베니 스타인메츠Benjamin Beny Steinmetz가 실권을 보유하거나 관련되어 있는 회사가 최소 130개였다. 스타인메츠와 리퍼블릭, HSBC의 인연은 적어도 1997년까지 거슬러 올라간다. 스타인메츠는 아프리카 시에라리온에서부터 워싱턴 D. C.에 이르기까지 법정 다툼을 벌였다. 2016년 결국 그는 뇌물수수 혐의로 이스라엘에서 체포되었는데, 모스폰 회사 한 곳과 기니라는 서아프리카 국가의 철광석 채굴 계약이 관련된 사건이었다.

HSBC와 모스폰의 또 다른 다이아몬드 고객 모제스 빅토르 코닉Mozes Victor Konig은 1999년 체포되기 전 도망쳤다. 코닉은 범죄행위에서 나온 돈을 세탁하는 데 호텔 투자금을 사용한 조직 범죄단의 일원이었다. 그는 모스폰 회사를 여럿 보유하고 있었기에 결과적으로 리퍼블릭과 HSBC의 계좌 역시 가지고 있는 상태였다. 모스폰 회사 중 프론트 트레이딩 컨설턴트는 한때 회사 계좌에 1억 1,400만 달러를 보유하고 있었다. 인터폴은 여러 범죄 가운데서도 귀금속 불법 유통 혐의로 코닉에 대한 체포 경보를 발령했다.

HSBC 경영진 역시 모스폰 고객이었다. 마이클 게이건Michael Geoghegan은 1973년 10대 시절부터 HSBC에서 경력을 쌓기 시작해 해외영업 대표선수가 되었고 훗날 HSBC 최고경영자가 됐다. 1997년 게이건은 HSBC가 인수한 저지 섬의 자회사 미들랜드 은행을 통해 모스폰 회사 세 개를 설립했다. 보통 미들랜드 은행은 회사를 만들지 않았는데 "당시에는 은행 최고경영자라서 특별한 경우였다"고 모스폰 변호사는 설명했다. 세 개의 회사 가운데 한 곳인 BVI의 셔번 리미티드Shireburn Limited는 런던 로열 앨버트 홀 인근의 호화로운 켄싱턴 지역에 있는 집 한 채를 보유했다. 셔번을 소유한 것은 게이건이 수익자로 되어 있는 마이클 게이건 세틀먼트 트러스트였다. 신탁회사가 회사를 소유하고 그 회사가 집을 소유함으로써 결과적으로는 게이건이 자기 자신에게 그 집을 임대한 셈이었다.

2010년 게이건의 뒤를 이어 HSBC 최고경영자가 된 이는 스튜어트 걸리버Stuart Gulliver였다. 걸리버는 1981년 고객 관계 관리자로 직장 생활을 시작해 얼마 지나지 않아 HSBC의 트레이딩 수장이 되었다. 그는 파나마에 있는 모스폰 회사 우스터 에쿼티스Worcester Equities를 소유했다. 걸리버는 처음에는 무기명주를 통해 회사를 보유한 다음 그 주식을 취소한 뒤 주주를 우스터 재단으로 만들었다. 영국 일간지 〈가디언Guardian〉이 보도한 바에 따르면 2003년까지 걸리버는 그 회사를 HSBC의 성과급을 받는 데 사용했다. 걸리버는 성과급에 대한 세금은 하나도 빠짐없이 냈고 단지 동료들이 그에게 준 보상의 규모를 드러내지 않기 위한 비밀유지장치가 필요했을 뿐이라고 주장했다.

모스폰과 HSBC 양측 모두 무슨 일이 있어도 반드시 업계 내 넘버원이 되기 위해 분투했다. 이들이 공유한 가장 악명 높은 고객 가운데 한 명인 제프리 테슬러Jeffrey Tesler 역시 부유하고 중요한 존재가 되고자 하는 욕망이 그를 살아 있게 만드는 원동력이었다. 테슬러가 유르겐 모색과 거래하기 시작한 것은 1982년이었다. 당시 그는 런던에서 두 사람이 꾸려가던 회사인 케이 테슬러 앤드 컴퍼니Kaye Tesler & Co.의 풋내기 공인중개변호사였다. 모색은 캐번디시 인터내셔널이라는 이름을 단 파나마 회사를 테슬러에게 만들어 주었다. 이 회사의 수명은 짧았으나 두 사람의 관계는 그렇지 않았다. 테슬러는 변호사 일을 하던 중 영국의 부동산 매입을 간절히 바라는 부유한 나이지리아인들을 만나게 되었고 이 의뢰인들은 그밖에도 추가적으로 법적 도움을 구했다. 테슬러는 곧바로 명성을 얻은 데다 나이지리아 연줄도 생겼다. 바로 이 점이 부패로 악명 높은 니카라과에서의 사업을 고려하고 있던 서구 기업들의 관심을 사로잡았다. 이러한 기업들 가운데 하나였던 M. W. 켈로그 컴퍼니는 테슬러를 비료공장 프로젝트의 고문으로 기용했다.

1989년 나이지리아는 나이저 강 삼각주에 엄청난 비용을 들여 천연가스 설비를 건설하는 프로젝트를 발표했다. M. W. 켈로그를 비롯한 몇몇 기업들은 이 프로젝트의 건설 계약에 입찰하기 위해 합작투자기업을 설립했다. 그런데 중개인을 잘못 고용한 탓에 이들의 노력은 좌초되고 말았다. 그리하여 다시 중개인으로 고용한 이가 바로 테슬러였다. 테슬러는 두 달 동안 영국과 나이지리아를 오가면서 첫 계약을 따내는 데 필요한 뇌물 수준을 결정하기 위해 합작회사와 나이지리아 관료들 사이의 논의를 이끌었다. 합의에 이른 액수는 6,000만 달러였다. 이 돈은 착수금에 불과했고 모의는 수년 간 지속되었다.

프랑스 일간지 〈르 몽드Le Monde〉가 입수한 HSBC 파일과 모스폰 문서에 드러난 바에 따르면 테슬러는 비밀세계의 노련한 조종자였다. 테슬러가 합작회사와 처음 합의를 본 뒤 6개월이 지난 시점인 1995년 9월, 예루살렘의 한 법률사무소가 테슬러를 대신해 바하마 회사 하나를 등록했고 테슬러는 최종적으로 그 회사를 모스폰으로 옮겼다. 회사는 무기명주를 통해서 보유했다. 그 후 테슬러는 이런 식으로 많은 회사를 설립했다.

1997년 그는 처음으로 HSBC 계좌를 개설했다. 같은 해에 미국의 다국적 기업 할리버튼은 켈로그를 인수한 뒤 브라운 앤드 루트와 합병했다. 브라운 앤드 루트는 이미 할리버튼이 소유하고 있던, 켈로그와 유사한 기업이었다. 할리버튼 체제하에서도 나이지리아 뇌물 모의는 계속 진행되었다. 전직 미국 국방성 장관 (이후 부통령이 된) 딕 체니Dick Cheney는 당시 할리버튼 CEO였다. 체니에게는 역외회사라는 게 전혀 낯설지 않은 개념이었다. 1990년대 중반 그와 그의 부인은 주라 노미니스Jura Nominees 주식회사로 와이오밍주에서 일련의 부동산 거래를 했다. 티턴 카운티Teton County의 공증서류에 따르면 주라 노미니스 주식회사의 소재지는 영국령 버진아일랜드였다. 그곳의 공공등기소에는 주라 노미니스 주식회사의 존재를 입증할 만한 증거가 전혀 없다. 모스폰은 1984년 파나마에 실제로 주라 노미니스 주식회사라는 법인을 설립하기는 했으나 5년 뒤 휴면 상태가 되었다. 체니 부부는 주라 노미니스 주식회사로부터 주거용 부동산을 구매했고 다른 재산을 그 회사에 팔기도 했다. 와이오밍주의 부동산 관련 문서들을 확인한 결과, 주라 노미니스 주식회사의 대표는 제네바의 변호사 이안 제임스 프렌치Ian James French로 되어 있었다. 그는 모스폰의 가장 오랜 고객이기도 했다.

제프리 테슬러는 합작회사에서 나온 돈을 다양한 방식으로 나이지리아 프로젝트에 지출했다. 그는 그 돈을 주로 제네바 은행 계좌에서 역외회사 뒤에 숨은 나이지리아 관료들에게로 송금했다. 과정이 더 복잡한 때도 있었다. 일례로 2002년 8월, 테슬러는 돈을 나이지리아 아부자에 있는 어느 고급 호텔까지 들고 가야 했다. 그는 기장들이 갖고 다니는 서류가방에 넣어서 전달하려고 100달러짜리 지폐로 100만 달러를 준비했다. 집권 당인 인민민주당은 다가올 선거를 겨냥하여 그 돈을 주위에 뿌리고 싶어 했다. 이듬해 4월, 테슬러가 제공한 돈가방이 든 차량 한 대가 나이지리아의 한 호텔 주차장에 서 있었다. 그 돈가방은 인민민주당 당직자가 가져갔다. 그리고 그 달에 치러진 선거에서 인민민주당은 압도적인 득표수를 기록하며 승리했다. 폭력, 투표 조작, 사기로 얼룩진 선거였다. 2003년 프랑스 검찰은 나이지리아에서 진행된 모의를 파헤치기 시작했다. 미국 검찰도 그 뒤를 따랐다. 프랑스와 미국 검찰은 합작회사가 나이지리아 정부 관료들에게 뇌물을 줄 목적으로 테슬러에게 1억 3,000만 달러가 넘는 돈을 지급했다고 결론 내렸다. 현재 켈로그 브라운 앤드 루트로 알려진 할리버튼의 자회사를 비롯한 서구 기업들은 이 뇌물에 대한 대가로 60억 달러 상당의 토목 공사 및 건설 공사를 추진할 수 있었다.

미국 당국이 접근하던 무렵 테슬러는 적어도 여섯 개의 모스 폰 회사를 굴리고 있었다. HSBC와 함께 설립한 회사도 있었다. 바하마 외에도 버진아일랜드, 지브롤터, 사모아, 세이셸, 파나마에 회사를 두었다. 스위스 당국이 테슬러의 예금 계좌 열두 개를 동결했을 때 그중 다섯 개는 HSBC와의 공동 소유였다. 테슬러는 예금주나 회사 이사로 아내와 딸도 끌어들였다. 그의 딸은 3,500만 달러가 넘는 돈이 든 HSBC 은행 계좌의 공동 소유자였다. 당시 그녀는 런던에 있는 대학에서 심리학을 공부하는 스물한 살짜리 학생이었다. 수사가 진행되는 와중에도 그리고 2009년 미국 검찰에 기소된 뒤에도 테슬러는 HSBC, 모스폰과 함께 계속 일했다. 2010년 나이지리아 역시 수백만 달러의 뇌물 공모 혐의로 딕 체니를 기소했다. 사소한 것까지 꼼꼼하게 챙기는 사람으로 유명했던 그는 뇌물에 대해서는 모르는 일이라고 주장했다. 결국 할리버튼이 합의금 3,500만 달러를 내자 기소는 철회됐다.

서로 다른 대륙에 있는 두 나라에서 수사가 진행되고 있었지만 HSBC와 모스폰은 테슬러의 곁을 지켰다. 테슬러의 HSBC 회계장부 파일에 들어 있는 메모를 보면 HSBC가 법적 문제를 인지하고 있다는 내용이 나온다. 반면 모스폰 파일에는 스캔들이 확대되고 있다는 사실을 모스폰 측이 알고 있었다는 정황이 드러나지 않는다.

테슬러의 변호사는 예전과 규범이 달라졌다면서, 의뢰인의 뇌물수수 행위가 처음 시작된 1990년대 중반만 하더라도 그게 특별히 위법적인 행위는 아니었다는 식의 주장을 펼치려고 했다. 하지만 1998년 무렵 이미 미국과 영국 모두 '국제상거래에서 외국공무원에 대한 뇌물 제공 방지를 위한 협약'에 서명한 상태였다. 테슬러는 금고지기로서 영향력 있는 역할을 하는 데 심취했다고 판사에게 털어놓았다. 판사는 냉정하게 그를 "부패의 문지기"라고 칭하면서 징역 21개월 형을 선고했다. 테슬러가 징역형을 선고받은 지 2년 뒤, 그가 보유한 회사 중 한 곳이 부인과 딸의 주식을 취소한 다음 그 주식을 모스폰 재단에 발행했다. 그 재단은 모스폰의 오랜 고객인 러시아 억만장자 라쉬드 사르다로프Rashid Sardarov가 이용하고 있기도 했다. 사르다로프는 본인의 역외회사 가운데 한 곳을 사냥터로 사용할 나미비아 땅 280km²를 구매하는 데 사용했다.

모스폰과 함께 사업을 진행한 은행은 HSBC 한 곳만이 아니었다. 500개가 넘는 은행들이 모스폰이 운영되는 내내 약 1만 5,600개에 달하는 셸컴퍼니를 등록했다. 초반에 모스폰은 은행들이 고객을 걸러 내리라고 속 편하게 믿고 있었다. "은행이 회사를 요구할 경우 잘못된 게 있을 리 없다고 상정하지 않겠습니까?"라고 유르겐 모색은 말했다. HSBC의 경우 실제로는 검토작업을 거의 하지 않았다. HSBC의 위험 관리는 미미하고 효과가 없었다. 고객 관계 관리자가 은행의 위험 관리 면에서 문제가 될 만한 요소가 있는 고객을 유치할 경우 그 사안은 실사위원회로 넘어갔다. 그런데 여러 간부들이 장악한 이 위원회에서는 거의 언제나 그런 고객을 그냥 두는 쪽으로 결론 내렸다.

스위스, 룩셈부르크, 모나코, 파리 등에서 리퍼블릭의 준법지원부장으로 근무한 F. 데이비드 포드F. David Ford도 실사위원회에 참석했다. 그는 고위 간부들에게 자금세탁 방지 문제에 대해 조언했다. 포드는 미국 법무부에 들어가기 전 미국 해군 장교로 법무병과에서 근무한 경력이 있었다. 국제문제사무국 형사과의 수석 법률자문관으로서 그는 6년 동안 제네바 검찰청과 우호적인 관계를 유지하면서 범죄인 인도 및 사법 공조 요청과 관련하여 유럽 측 인사들과 함께 일했다. 리퍼블릭을 인수한 뒤 새 주인이 된 HSBC는 포드를 유임시키고 자금세탁 방지 관리업무를 전담하게 하는 등 그의 역할을 확대했다. (포드가 HSBC에서 근무하던 시기에 그의 부인은 국제문제사무국에서 일하는 미국 법무부 직원이었다.) 그러나 포드가 기껏 노력해봤자 성과는 미미했고, 동료들의 눈에는 포드가 실제로 하는 일이 감사 업무와 별 관련이 없어 보였다. 사람들은 어림짐작만 할 뿐이었다. "그가 뭘 하는지 아무도 모르는 것 같았지만 다들 두려워하긴 했죠." HSBC에서 관리자로 근무한 사람이 이렇게 말했다(그는 여전히 같은 업계에 있다는 이유로 익명을 요구했다).

포드가 비밀경로로 리퍼블릭과 HSBC 고객 정보를 미국 정보기관에 빼돌리고 있다고 믿는 동료들이 많았다. 포드 본인은 사실이 아니라고 부인했지만 이 소문은 스위스 일간지에 실리기까지 했다. CIA는 기밀 정보라는 이유로 에드몬드 사프라에 관한 자료를 제공하지 않고 있다. 그럼에도 불구하고 CIA가 어떤 식으로든 HSBC와 관련되어 있다는 사실이 드러나더라도 그리 놀랄 일은 아닐 것이다. CIA와 KGB(소련의 국가보안위원회-옮긴이)

모두 초기에는 스위스은행과 조세피난처가 제공하는 비밀을 확산시킨 장본인들이기 때문이다.

제네바 모처에는 CIA의 비밀정보 수집처가 있었다. 에드워드 스노든Edward Snowden이 젊은 시절에 미국 국가안전보장국 계약직원으로 근무하던 곳이었다. 스노든은 CIA 첩보원들이 정보를 얻을 목적으로 스위스 은행가들과 타협하기 위해 어떤 식으로 일하는지 〈가디언〉에 이야기했다. 폰세카가 제네바에서 경험한 것과 마찬가지로 스노든 역시 스위스에서 지내는 동안 환멸을 느꼈다. 정부의 비밀을 폭로해야겠다고 처음 생각한 시기가 바로 제네바에서 근무하던 시절이었다고 스노든은 말했다.

CIA는 출범하고 얼마 지나지 않아 비밀계좌의 필요성을 인식하게 되었다. 비밀계좌는 한 가지 단순한 문제, 바로 비밀 정보원들에 대한 보수 지급 방법에 대한 답을 제공해 주었다. 1952년, CIA의 지출이 늘어나면서 현금을 직접 전달하는 것이 버거운 수준이 되었다. 자금을 숨길 은행 계좌가 필요했다. 금융 분과의 자금 담당 부서와 함께 진행한 회의에서 CIA 관료들은 이 사안을 두고 장시간 토론을 벌였다. 1953년 말, 이들은 한 가지 묘수를 고안해냈다.

그들은 워싱턴 D. C.의 은행가 한 명을 끌어들였다. 릭스 은행 소속으로 사내에서 신망이 두터운 인물이었다. 이 잠입 스파이는 모든 것이 순조롭게 진행될 거라고 장담했다. CIA 첩보원은 가짜 신분으로 계좌를 개설했다. 기밀 해제된 CIA의 비밀 문건에 따르면 첩보원이 갑작스럽게 사망할 경우 CIA는 '쌍둥이 신탁선언'을 만들었다. 문건에는 차후에 계좌를 어떤 식으로 처리할지에 관한 세부사항이 상세하게 기재되어 있었다. 중요한 것은 CIA의 계좌 소유권을 확정 짓는 첫 번째 신탁선언이었다. 법적으로는 구속력이 있었으나 정치적으로는 치명적이었다. "사망 또는 극단적 실책 발생 시, 그로 인해 계좌가 날아가고 경황이 없는 특별 상황에서 이 문서는 자금에 대한 정부 통제권을 확정하기 위해 중앙정보국이 사용할 수 있다." 1953년 12월에 나온 작전의 각서 내용이다.

두 번째 신탁선언에는 진짜 주인의 이름이 빈칸으로 되어 있는데 "이 문서는 미국 정부의 이해관계를 드러내지 않은 상태에서 통제권을 획득하기 위해 작성된 것이다"라는 설명이 붙어 있었다. 아마도 진짜 '주인' 행세를 하는 주체가 끼어들어 계좌를 옮기게 될 것이나(이 가명의 예금주는 자신이 계좌에 든 돈의 실제 주인이 아니라는 사실을 인정하는 별도의 합의서에 서명했다).

1980년대 중반 무렵 CIA는 조세피난처와도 연계되었다. 이 사실을 알아챈 이는 주세이셸 미국대사였던 데이비드 피셔David Fischer였다. 소말리아 인근의 인도양에 위치한 세이셸은 과거 노예무역의 중간 기착지였고 냉전기에는 비밀정보 수집처였다. 하지만 뭐니 뭐니 해도 조세피난처로서 세계 경제에 큰 영향을 미치고 있었다. 세이셸의 통치자 프랑스알베르 르네France-Albert René는 1977년 쿠데타로 권력을 잡은 뒤 30년 간 집권했다. 그는 세이셸을 역외 금융 및 돈세탁의 중심지로 바꿔놓았다. 여러 부류 가운데서도 특히 뉴욕 마피아 조직 감비노 패밀리Gambino family 와 리비아의 총기 밀반입업자들이 이곳에서 돈세탁을 했다.

피셔 대사는 아프리카에서 CIA 요원으로 근무한 적이 있었다. 예전 근무지를 다시 방문했을 때 그는 같이 일했던 CIA 탄자니아 지국장을 만났다. CIA의 랭글리 본부에서 점심 식사를 한 뒤 그 동료는 피셔를 주차장으로 데리고 갔다. 그는 걸음을 멈추고 주위를 둘러보며 엿듣는 사람이 없는지 확인한 뒤 말했다. 피셔 대사가 세이셸에서 보내는 외교전문은 하나도 빠짐없이 파란 줄이 그어져 있다고 말했다. CIA 국장 윌리엄 케이시William Casey가 관심 사항 중 최우선 순위로 표시해둔 것이라고 했다. 그 이유에 대해서는 그 동료도 아는 바가 없었다. 그 일이 있고 나서 시간이 흐른 뒤, 피셔 대사는 부하 직원과 함께 마피아와 중동이 자금세탁을 목적으로 세이셸 은행을 이용하는 것 등 세이셸로 흘러들어오는 범죄 활동을 더 깊이 파헤쳤다. 그때 CIA의 세이셸 지국장이 랭글리 본부에서 온 이상한 메시지를 피셔 대사에게 보여주었다. 케이시 국장이 보낸 그 메시지는 지국장만이 열람 가능한 극비로, 내용은 다음과 같았다. "세이셸 내에서 이뤄지는 부정한 국제적 금융 활동에 관해서는 어떤 것이든 절대 추적 보고하지 말 것. 그리고 어떤 자산이나 자원도 사용하지 말 것을 지시함."

5장
익명인 소환장

▶ 수천 명의 사람들이 최고의 역외 전시, 슈렉스 1997Shorex 1997이 열리는 런던 비즈니스디자인센터를 가득 메웠다. 금융 중개인, 역외 전문가, 큰손이라 불리는 개인 고객을 대상으로 80개 참가업체들이 자사의 서비스를 광고했다. 모색 폰세카, USA 기업지원국, 키프로스중앙은행, BVI 금융위원회도 참가한, 역외 전문가라면 반드시 참석해야 할 행사였다. 그해 런던에서는 '비밀'을 구매하라는 권유가 은밀히 이뤄지지 않았다. 쇼렉스 상무이사 필리프 겔린Philippe Gelin은 세계적으로 돈의 흐름은 절반 이상 역외 시스템이 좌지우지한다고 언급했다. 그는 쇼렉스 1997을 두고 역외산업을 전문적으로 취급

하는 업계 종사자들이 자사의 서비스를 공개적으로 내놓을 수 있는 포럼이라고 규정했다.

50여 개국이 참가한 그 행사에서 단연 눈에 띈 존재는 미국인 일행들이었다. 이들이 전시장을 꼼꼼히 살피며 지나갈 때마다 수군대는 소리가 뒤따랐다. 미국 국세청IRS이 쇼렉스에 참석한 것이다. 국세청 요원 조 웨스트Joe West는 역외산업에 대해 알아오겠다고 상관들을 설득하여 동료 세 명과 함께 쇼렉스 행사장에 온 참이었다. 탈세 상품을 버젓이 시장에 내놓고 광고하는 역외산업 공급업자들의 모임을 보면서 웨스트는 조금도 나아진 게 없다고 생각했다.

국세청 요원들을 본 전시 참가자들의 반응은 곧바로 두려움에서 혼란스러움으로 바뀌었다. 그들이 왔다는 소식이 퍼지자 자리를 피하는 사람들도 있었다. 웨스트는 세미나에서 한 발표자가 청중 가운데 IRS 요원이 있다는 말을 듣고선 발표 내용을 바꾸는 모습을 지켜봤다. 심지어 키프로스에서 온 참가자는 돈을 숨길 수 있도록 어떻게 도와줄 수 있는지 요원들에게 설명했다. IRS 요원이라고 적힌 컨퍼런스 명찰을 본 뒤에도 말이다. 그는 쇼렉스에 참가했다는 사실만으로 너무 흥분한 나머지 그들이 국세청 요원이든 말든 괘념치 않았던 것이다. 이 네 명의 국가 공무원들은 모든 테이블을 돌며 본부로 가지고 갈 자료들을 모았다. 앞으로 IRS 역사상 가장 지대한 영향을 미친 획기적인 조사에 그 정보를 사용하게 될 터였다. 웨스트의 방문은 정부가 벌이는 역외 탈세와의 싸움에 내재된 가능성과 한계를 동시에 보여주었다. 미국 정부가 왜 그토록 오랜 세월 동안 모스폰의 활동을 도외시했는지 그 이유를 이해하는 데도 도움이 된다.

1953년생인 웨스트는 한국전쟁 때 일본에 주둔했던 아프리카계 미국인 공군과 같은 부대에서 비서로 일했던 일본인 사이에서 태어난 아이였다. 웨스트의 성장 환경은 군인 가정의 전형이었다. 고등학교 시절, 전학을 여섯 번이나 다녔고 뉴저지주에서 괌에 이르기까지 여러 지역을 옮겨 다니며 살았다. 해군에서 2년 간 현역으로 복무한 뒤에는 제대군인원호법에 따라 뉴저지주에 있는 한 공립대학교를 다녔다. 1978년 친척 어른 한 분이 MBA와 공인회계학 공부를 하는 동안 실무 경험도 쌓을 겸 IRS에 들어가는 게 어떻겠냐고 권유했다. 그 역시 IRS 요원이었다. 뛰어난 성적 덕에 웨스트는 IRS 내에서도 모든 이가 탐내는 지리인 국세파도 갈 수 있었다. 스물다섯의 나이에 웨스트는 소명과도 같은 천직에 우연히 발을 들이게 되었다.

웨스트는 준수한 외모였으나 짙은 피부색 때문에 번번이 장애물과 마주해야 했다. 어릴 적부터 집안 어른들은 그가 똑똑하다는 걸 알면서도 기대를 접어야 한다고 조언했다. 그의 아버지는 늘 흑인은 사회적으로 성장하는 데 한계가 있을 수 있다고 말했다. 학교의 지도교사는 공업학교를 제안했다. 웨스트가 감사 위반을 적발하는 데 능하다는 사실을 증명했을 때 IRS의 상관들은 정보원이 누구냐고 물었다. 그가 혼자 해낸 일이라는 것을 받아들일 수 없었기 때문이다. 웨스트는 두각을 나타내기 위해 고집스레 자신의 의견을 관철시켰고 반대 의견에 대해서는 참지 못하고 성급하게 반응했다. 관료사회의 세부적인 내용이나 절차를 무시한 채, 그는 자신과 의견이 다른 권위자들에게 반기를 들었다. IRS에서 살아남는 가장 좋은 방법은 어떤 경우라도 먼저 나서지 않는 것이라던 동료의 말을 웨스트는 지금도 기억한다. 나서면 곤란해지기만 할 터였다. 별 볼일 없는 실적 때문에 잘리는 사람은 한 명도 없었다. 웨스트는 등골이 서늘했다. 그는 동료가 해 준 말을 여전히 되뇐다. 웨스트는 IRS가 역외 탈세 문제에서 고전을 면치 못한 이유가 자기 태만, 의지력 결여와도 관련 있다는 사실을 깨달았다.

웨스트가 IRS에 들어가기 6년 전인 1972년, 역외 지역 악용 사례에 대한 IRS의 조사가 비참하게 끝을 맺었다. '무역풍 작전'으로 알려진 그 조사에서 IRS는 바하마의 '캐슬 뱅크 앤드 트러스트 컴퍼니'를 캐기 위해 노먼 캐스퍼Norman Casper라는 비밀 정보원을 고용했다. 캐스퍼는 밀회를 구실로 삼아 캐슬 뱅크의 관리자를 마이애미로 오게 했다. 그 은행가는 데이트 상대인 여성이 함정수사를 펼치고 있는 전직 경찰이라는 사실을 눈치채지 못했다. 남자가 잠시 자리를 비운 사이 캐스퍼는 그의 서류가방을 뒤져 역외 예금주 306명의 명단을 찾아냈다. 그 명단에는 휴 헤프너, 토니 커티스, 록밴드 '크리던스 클리어워터 리바이벌'의 멤버들, 하얏트호텔 체인을 소유하고 있는 프리츠커 가문이 포함되어 있었다. 캐스퍼는 리처드 닉슨 대통령과 그의 친구 베베 레보조Bebe Rebozo의 관계도 알아냈다.

그런데 그 은행가가 현장을 목격한 순간, 차가 그를 치고 갔다. 윗선에서는 증거 수집 방식을 두고 비난했다. 조사 결과에도 불구하고 기소는 이뤄지지 않았다. 닉슨 쪽 사람인 국세청장은 조사 자체를 없던 일로 만들었다. 이 작전에 참여한 IRS 직원들은 뒤로 밀려났다. 1976년 IRS의 고위 관료들은 그 조사에 실패작이라는 꼬리표를 붙였다. 역외 세계의 속내를 들여다보려는 것은 수년 간 지켜본 바에 따르면 자신의 경력을 단절시키는 자살 행위나 다름없었다. 이후 대배심 조사는 좌절되었고 IRS가 다시금 역외 탈세 문제에 주력하기까지는 10년이 넘는 세월이 걸렸다.

1980년대 중반 웨스트는 휘턴 인더스트리Wheaton Industries를 감사하는 팀에 합류했다. 이 산업체는 뉴저지주 밀빌에 위치한 100년 된 유리제조사였다. 휘턴에서는 화장품에서 약품에 이르기까지 모든 용도의 유리병을 생산했다. 이 회사 덕분에 뉴저지주 남부는 상업용 유리 제조업의 메카로 탈바꿈했다. 밀빌은 지역 내에서 가장 많은 기업이 들어선 곳이 되었다. 그곳은 전형적인 컴퍼니 타운(한 기업에 의존하는 도시-옮긴이)이었다. 창업주의 손자 프랭크 휘턴 주니어Frank Wheaton Jr.는 밀빌의 '유리 왕'이 되었다.

수년간의 감사 결과, 가족 기업처럼 운영되던 한 다국적 기업의 실체가 드러났다. 일가친척들이 선물이라는 형식으로 자동차, 배, 그 밖의 자산을 통해 장부에 기재되지 않은 돈을 받았다. 급기야

회사가 저지른 위반 행위는 프랭크 휘턴 앞에서는 명함도 못 내밀 정도였다. 휘턴은 수입을 감추려고 바하마, 파나마 등 적어도 세 곳의 역외 관할지에 은행 계좌를 만들어두고 사용했다. 그는 신고하지 않은 신탁과 익명회사들의 네트워크를 통해 다수의 조세피난처에 있는 역외 기업 제국을 경영했다. 웨스트가 이런 낌새를 발견했을 때 IRS 상관들은 역외 거래의 흔적을 좇는 그를 단념시키려고 했다. 그 납세자가 신탁과 익명의 역외회사를 장악하고 있다는 사실을 입증하기가 만만찮다면서 유사한 사례를 일일이 들먹이며 수고할 가치가 없는 일이라고 일갈했다. 상관들은 휘턴이 역외 제국을 은밀히 경영하고 있다는 사실을 입증할 만한 서류를 결코 찾아내지 못할 것이라고 경고했다. 진퇴양난의 상황이었다. 기록을 입수하려면 실제로 기록이 필요했다. 강제로 휘턴이 서류를 내놓도록 법원명령을 받아내기 위해서는 그 서류가 실제로 존재한다고 판사를 설득해야 했다. 휘턴은 역외회사와 신탁에 대해 본인은 실권이 없다고 했으나 이 주장을 뒤집을 만한 공식 문서가 전혀 없었다.

웨스트는 촌각을 다투는 상황이라는 점을 너무나도 잘 알고 있었다. 공소시효가 매우 짧았기 때문이다. IRS 요원이 사기죄를 입증할 경우 기한이 늘어날 수도 있겠지만, 당시 공소시효는 3년이었다. 여러 겹으로 싸인 역외 비밀을 벗겨내기에는 시간이 부족했다. IRS 간부들은 얼마나 빠르게 일을 처리하는지, 얼마나 많은 돈을 가져오는지에 따라 감사관들을 평가했다. 공소시효가 만료되기 전까지 사건을 마무리 짓지 못할 경우 감사관 경력에 타격을 입을 수 있었다. 그래도 웨스트는 어쨌든 해보게 해달라고 직속상관들을 설득했다.

휘턴의 계획을 파악하기 위한 탐색 차 웨스트는 스코틀랜드 왕립은행의 신탁 관리자와 면담을 하기 위해 바하마로 갔다. 그 관리자는 휘턴이 문제의 그 회사 기록의 주인이 아니라고 알려주었다. 웨스트는 휘턴의 역외회사에서 생산한 유리병을 프랭크 휘턴에게 직접 주문한 유통업자들과도 이야기를 나눴다. 감사가 진행되는 동안 밀빌에서도 많은 시간을 보냈다. 그곳에서 웨스트는 정직하고 견실한 사람이라는 평판을 받았고 얼마 안 있어 현지 주민들은 항간에 떠도는 소문에 관해서도 알려주겠다고 나섰다. 웨스트는 속기사 한 명을 대동하고서 휘턴 인더스트리 경영진이 선서 증언을 하게 했다. 휘턴의 오랜 비밀은 나중을 위해 아껴두기로 했다(이 무렵 휘턴이 규정을 변칙적으로 적용하는 데 질린 휘턴 인더스트리 이사회는 그를 해임했다).

비서는 증언하는 자리에서 휘턴이 역외회사들에 대해 개인적으로 지시한 일을 기억해냈다. 웨스트는 그런 정보를 어떻게 기록했는지 물었다. "속기용 기자수첩에요"라고 그녀가 대답했다. 알고 보니 그 비서는 그런 수첩들을 하나도 빠짐없이 모두 보관하고 있었다. 마침내 웨스트는 기록과 장부를 요구하는 소환장을 휘턴에게 발부할 수 있을 정도로 증거를 충분히 확보했다. 하지만 휘턴이 거부했기에 IRS는 이 문제를 판사에게 가져갔고 판사는 IRS의 요청을 받아들였다. 감사가 끝날 무렵 웨스트는 사건의 결정적인 증거가 되는 다량의 문서들을 수집했다. 증거로 무장한 IRS는 최종적으로 벌금 및 체납세금으로 수백만 달러를 부과했다. 웨스트의 직속상관들은 본인의 자리를 걸고 웨스트가 감사를 완수할 수 있도록 해주었다. 하지만 IRS에 있는 모든 사람이 그 감사에 들어간 시간과 자원을 달가워한 것은 아니었다.

웨스트가 법정에서 승리를 거두자 함께 일했던 IRS 변호사들은 그가 본질적으로 역외세무시험에 관한 교본을 만들어 냈다고 칭찬했다. 웨스트의 상사 역시 그의 잠재력을 알아보았다. 개별 감사로는 역외 지역 악용 사례를 잡아내거나 막지 못할 터였다. 웨스트는 두려운 동시에 설레는 마음으로 역외산업의 작동방식에 관한 심층 연구 프로젝트를 제안했다. 뉴저지주의 상관들도 찬성했다. 웨스트는 다음과 같이 말한다. "그 업계에 관해서 그들 못지않게 알아야 합니다. 일단 그 기법을 알아내기만 한다면 그것을 사용하고 있는 부류를 찾아내는 건 어렵지 않을 겁니다."

미국 정부는 이 문제를 전적으로 도외시했다. 1985년 델라웨어주 공화당 상원의원 윌리엄 로스William Roth가 이끈 미국 상원 상임조사소위원회PSI는 "범죄와 비밀 유지: 역외은행 및 기업의 활용"이라는 제목의 신랄한 보고서를 제출했다. 보고서의 결론은 적나라했다. "조세피난처들은 자국의 금융 시스템에 부정한 돈이 있다는 너무나 명확한 증거에도 불구하고 '미국 법집행기관의 수사를 조직적으로 방해'하기로 선택했다. 조세피난처의 비협조는 미국 사법제도에 대한 대중의 신뢰를 갉아먹었고 막대한 세수 손실을 초래했다." 이 보고서는 1986년 최초로 자금세탁을 '연방법 위반 범죄'로 규정한 법안이 통과되는 데 기여했다.

웨스트는 잭 블룸Jack Blum이 동지이자 길잡이라는 사실을 알게 되었다. 잭 블룸은 변호사이자 휘턴 사건에서 조언을 제공한 IRS의 자문위원이었다. 그는 케이맨 제도의 가디언 뱅크 앤드 트러스트Guardian Bank and Trust 은행장 존 매슈슨John Mathewson이 역외 자금에 손을 대거나 은닉하는 다양한 방법에 관해 설명하는 모습을 몰래 녹화하여 방영한 PBS 다큐멘터리 프로그램 〈프론트라인Frontline〉과 BBC 방송을 기획하기도 했다. 이 두 방송이 방송되고 난 뒤 법무부는 수사에 착수했다. 블룸은 사안의 규모가 어느 정도인지를 인식하고 있는 정부 내 인사들과 웨스트를 연결해 주었다. 웨스트는 뉴욕 연방준비은행, 국무부, 재무부를 비롯해 국가안전보장국까지 차례차례 돌아가며 방문했다. 이 국가기관들은 서로 간에 소통하는 일이 거의 없었으나 웨스트와는 모두들 이야기를 나눴다.

그 무렵 블룸은 역외 금융과 관련하여 폭발력이 가장 큰 스캔들이었던 '뱅크 오브 크레디트 앤드 커머스 인터내셔널BCCI' 조사도 개시한 상태였다. 파키스탄 사업가가 룩셈부르크에 설립한 BCCI는 1972년 처음 문을 열었을 당시 2억 달러였던 자산

규모가 불과 5년 사이에 22억 달러로 늘었다. 중동과 마약 카르텔에서 나온 막대한 현금이 유입되면서 BCCI는 엄청난 속도로 달리게 되었다. 하지만 1980년대 말에 시작된 수사로 BCCI의 내막이 낱낱이 드러났고 언론은 범죄자, 테러범 그리고 CIA가 BCCI와 연계되어 있었다는 충격적인 이야기를 보도했다. 이제는 놀랄 일도 아니지만 BCCI의 핵심 주주들 역시 모스폰 고객이었다.

터키 출신의 카말 아드함Kamal Adham은 사우디아라비아의 정보국장을 지낸 인물로, 모스폰의 고객이자 BCCI의 주주였다. 사우디아라비아의 파이살 국왕이 아드함의 누이를 아내로 맞으면서 행운의 여신이 아드함에게 찾아왔다. 파이살 국왕은 아드함을 왕국의 내부 권력 핵심층으로 끌어들였다. 아드함이 '중동 정보요원의 대부'로 유명해진 것은 부분적으로는 CIA와의 인연 덕분이기도 했다. CIA와의 관계는 1979년 그가 사업에 주력하기 위해 자리에서 물러난 뒤에도 한참동안 이어졌다. 유르겐 모색의 법률사무소는 1982년 초부터 아드함에게 회사를 만들어줬다.

아드함 같은 중동 엘리트 계층은 모스폰 조직이 현지 세무직원의 눈을 피하기 위해 필요한 게 아니었다. 그보다는 법적 책임에서 벗어나고 시기하는 친척들이나 캐묻고 다니는 외국인들이 알아채지 못하도록 활동을 위장하기 위해 국제무역회사를 만들었다. 아드함의 모스폰 회사 가운데 몇 군데는 비밀 거래의 대가로 중동 사람들로부터 받은 것이었다. 모스폰 파일에 나와 있는 바로는, 그저 위임권을 아드함에게 넘긴다는 결의문만으로 회사 이전이 이뤄졌다. 사우디아라비아의 이 스파이는 BCCI로부터 3억 2,300만 달러가 넘는 돈을 대출 받아 은행의 약 2.9%를 소유했다. 또 다른 대주주인 압둘 라오프 할릴Abdul Raouf Khalil은 미국과의 연락을 담당했던 사우디아라비아의 정보요원으로, 1980년대에 적어도 모스폰 회사 두 곳의 이사였다. BCCI의 가장 중요한 주주는 아부다비의 통치자, 셰이크 자이드 빈 술탄 알 나흐얀Sheikh Zayed bin Sultan Al Nahyan이었다. 모스폰은 자사가 등록한 다수의 익명회사를 통해 그가 런던의 부동산을 구매할 수 있게끔 해주었다.

1991년 규제 당국이 영업허가를 취소하면서 BCCI는 법정관리에 들어갔다. 7년 뒤 모스폰은 영국의 한 사무변호사가 보낸 서신을 받았다. 아드함의 회사 가운데 몇 개를 다시 열어달라고 요청하는 내용이었다. 아드함의 회사들은 이미 생명이 다한 BCCI의 잔해에 대한 권리청구인이었다. 아드함은 1년 뒤인 1999년 심장마비로 사망했으나 그가 만든 모스폰 조직들은 그보다 오래 살아남았다. 2000년 아드함의 사무실 책임자는 다른 회사들도 폐업시켜 달라고 모스폰에 요청했다.

블룸이 BCCI의 교묘한 역외 책략을 주지시킬 당시 웨스트는 선진 산업국들로 구성된 국제기구인 경제협력개발기구OECD 대표들과도 만났다. 1998년 OECD는 유해한 조세 관행 근절 활동에 착수했다. OECD는 어떤 국가를 조세피난처라고 규정할 수 있는 네 가지 특성을 밝혔다. 세금이 낮거나 전혀 없는 경우, 본국 금융상품의 국내 이용을 금지하면서 역외산업으로 용도를 한정하는 경우, 활동의 투명성이 결여된 경우, 타국과의 정보 교환을 거부하는 경우로말이다. OECD는 전 세계적으로 이 기준에 부합하는 조세피난처 마흔일곱 곳을 확인했다. 지적받은 사항을 개선하는 데 실패할 경우 경제 제재 조치가 뒤따를 가능성이 있는 블랙리스트에 오르는 것을 각오해야 했다.

2000년 6월 OECD는 처음으로 블랙리스트 35개국을 발표했다. 주목할 만한 점은 세계에서 가장 큰 비밀 유지 담당지역인 스위스, 룩셈부르크, 미국이 명단에서 빠져 있었다는 사실이다. 미국의 경우 델라웨어주에서만 매년 10만 개가 넘는 익명회사들이 쏟아져 나왔다. 이들 3개국은 모두 OECD 창립 회원국이었다. 웨스트는 OECD가 니우에 등 태평양 섬나라 일곱 곳을 블랙리스트에 올린 것을 흥미롭게 지켜봤다. 이 태평양 섬 국가들은 '돈세탁 싱크홀'로 명성이 자자했다. 겉으로 보기에는 인구 밀도가 희박한 산호섬이지만 이들 지역에 위치한 역외은행의 확산은 강대국들의 걱정거리였다. 이곳의 은행들은 더러운 돈을 세척한 다음 세계 금융 시스템 안으로 모이게 하는 수로 역할을 했다. 강대국들의 우려를 뒷받침할 만한 증거가 있었다. 이 태평양 섬나라들에서 1990년대 뉴욕 금융 스캔들로 러시아 마피아의 직접적인 돈줄이 움직였던 것이다. 여러 은행들이 얽혀 있었지만 그중에서도 특히 리퍼블릭 내셔널 뱅크가 연루된 스캔들이었다.

역외은행의 돈세탁 방법은 헤아릴 수 없이 많아 보이지만 금융 시스템 및 은행의 융통성에 대한 기본 지식만 있으면 가능한 일이었다. 은행은 금융기관과 계좌 사이에서 자금 흐름의 흔적을 흐릿하게 만들어 돈을 움직일 수 있었다. 특히나 소급 적용이 가능한 경우 외환거래로 막대한 손실 혹은 이득이 발생할 수 있었다. 예금주는 손실과 이득을 서로 상쇄하기 위해 주식시장에 역베팅하기도 하는데, 이 방법은 이문은 전혀 남기지 않는 대신 그 돈이 적법하다는 증거가 되는 일련의 문서 족적을 제공했다. 범죄자나 용의주도한 사람들은 역외은행을 너무 좋은 나머지 어쩐지 의심스러운 존재로 봤다. "니우에 은행이 홍콩에서 운영되는 상태에서 (원격으로) 니우에 사무소를 둘 수 있는 건가요?" 중국인인 모스폰 예비 고객은 못 미더워하며 이렇게 물었다.

미크로네시아의 아주 작은 섬 나우루는 최악의 위반국이었다. 1999년 러시아 재무부가 주장한 바에 따르면 러시아 은행의 90%가 나우루에 6,600개의 역외 자회사를 두고 있었다. 나우루 섬 전체 면적은 고작 20.9km²였다. 그런데 매달 수십억 달러에 달하는 러시아 자본이 그 섬을 통해 움직였다. 웨스트는 조사대상 명단에 나우루를 추가했다. 나우루를 알린 일등공신은 제롬 슈나이더Jerome Schneider였다. 그는 관련 내용을 담은 저서의 광고를 항공사 기내 잡지와 〈월스트리트 저널〉에 실었다. 모스폰조차 슈나이더를 골칫거리로 인식했다. 모스폰은 슈나이더 혹은 그와 관련된 사람들을 통해서 오는 회사는 각별히 조심할 것을 각 사무소에 당부했다. "우리는 세계적인 스캔들에 몇 번이나 휘말린 전적이 있는 그와는 엮이고 싶지 않다"라는 게 총평이었다.

슈나이더는 나우루 은행 허가증을 건당 6만 달러에 팔아 많은 이윤을 남겼다. 그런데 결국에는 러시아인들이 직접 나우루에 가서 5,000달러만 내면 동일한 허가를 취득할 수 있다는 사실을 알게 되었다. 모스폰 역시 같은 문제에 직면했다. 모스폰은 니우에 은행 허가 취득 요금으로 2만 5,000달러를 청구하고 있었다. 니우에가 모스폰이 제시한 가격보다 싼 값에 허가증을 제공하게 된 뒤로 모스폰은 별 재미를 볼 수 없게 되었다. 모스폰의 니우에 법인 설립 사업은 1999년에 정점을 찍었다. 그해 설립한 회사가 거의 2,000개에 달했다. 그런데 OECD의 블랙리스트가 발표되자 평판이 나빠지면서 사업에도 악영향을 끼쳤다. 니우에 회사들은 고객들에게 기피 지역이 되었다. 미국 의회 청문회에서는 러시아인들의 활동과 관련하여 니우에가 도마 위에 올랐다. 2001년 1월 뱅크 오브 뉴욕과 체이스맨해튼Chase Manhattan은 니우에로의 송금을 전면 금지했다. 니우에 총리는 OECD 국가들이 니우에가 역외 사업을 중단하기를 진심으로 원한다면 그로 인한 1년치 예산의 부족분을 채워달라고 제안했다. 모스폰은 니우에에 160만 달러를 지불하고 있었는데, 이는 니우에 정부 수입의 80%를 차지했다. 유르겐 모색은 뉴질랜드로 갔다. 모스폰의 니우에 사업체들이 무해하다는 점을 강조하여 뉴질랜드 정부를 안심시키기 위해서였다. 그러나 뉴질랜드 외무장관은 만남을 거절했다.

웨스트는 모스폰이 역외산업의 선두주자라는 사실을 확인했으나 손대지 않기로 결정했다. 모스폰 같은 중개업자들은 쉽게 해결할 수 있는 문제, 그러니까 만만한 목표물이 아니었다. 웨스트는 모스폰이 로펌인 탓에 그 활동이 변호사의 비밀유지특권으로 보호받을 가능성이 있다는 점을 우려했다. 미국 정부 내에서는 변호사의 비밀유지특권이 법인 설립처럼 변호사가 아닌 사람의 상거래에는 적용되지 않는다고 보았지만 실패를 꺼리는 IRS는 법정에서 이 이론을 검증하는 것 자체를 경계했다. 게다가 IRS는 유출된 정보나 내부고발자가 없는 상태에서 모스폰 같은 해외 중개인으로부터 정보를 입수해야 하는 법적 난관에 부딪혔다.

웨스트의 조사는 역외 탈세를 효과적으로 기소하기 위해 풀어야 할 네 가지 질문을 정확히 겨냥했다. 첫 번째 질문은 납세자가 역외 세계로 진입하는 방식과 관련된 것이었다. 즉, 역외 탈세를 자행하는 무리를 한데 모으는 조직을 설립하고 판촉 활동을 한 중개인은 누구였는지 하는 것이다. 두 번째 질문은, 납세자는 어떻게 역외로 돈을 옮겼는지에 관한 것이다. 자금세탁과 마찬가지로 이것 역시 무한한 경우의 수로 변형된 다양한 방식이 존재했다. 사업가들은 바하마 등 조세피난처를 통해 거래처를 뚫고 그 수익을 역외은행 계좌로 조금씩 빼돌릴 수 있었다. 이들은 결코 발생한 일이 없는 서비스에 대해 본인의 역외회사 혹은 관계자들에게 비용을 지불하게끔 송장을 위조했다. 손해를 보면서 자산을 역외회사에 파는 전략도 있었다. 이 방법은 자금 이전은 물론이고 세금 탕감도 받는 일석이조의 효과를 제공했다. 세 번째로 웨스트는 납세자가 비밀 회사, 신탁, 재단의 은밀한 실권자라는 사실을 입증해야 했다. 그리고 마지막으로 네 번째 질문은 납세자가 역외 자금을 어떤 식으로 본국에 가지고 들어왔는가 하는 것이었다. 쓸 수 없다면 면세 자금을 가지고 있어도 득 될 게 하나도 없었다. 웨스트는 뭔가를 향유하기 위해 그것을 소유할 필요가 없다는 사실을 깨달았다. 자동차든 요트든 부동산이든 그러니까 명칭이 뭐가 됐든 어떤 자산이든지 역외에서 보유한 다음 진짜 주인에게 임대할 수 있었다.

웨스트는 존 매슈슨을 찾아갔다. 블룸이 기획한 공영방송의 몰래 카메라로 정체가 탄로 났던 그 '가디언' 은행장 말이다. 매슈슨은 자금세탁, 탈세, 사기 혐의에 따른 기나긴 징역형을 피하기 위해 정부에 협조하고 있었다. 그는 가디언 은행이 역외 자금을 본국으로 다시 보내는 확실한 방법을 어떤 식으로 제공했는지 웨스트에게 알려주었다. 그 전략은 웨스트가 쇼렉스에서 직접 챙겨온 광고 책자에서 본 것이기도 했다. 매슈슨의 설명에 따르면 가디언 은행은 고객들에게 신용카드를 발급해 주었다. 계좌에 현금이 충분히 들어 있는 한 고객은 세계 어디서든 면세 자금을 카드를 이용해서 간단히 인출할 수 있었다. 이런 식의 자본 취득을 추적하는 이는 아무도 없었다. 역외은행과 연계된 신용카드는 업계에서는 표준 관행이었다. 고객들이 익명회사를 만드는 데 이용할 만한 은행을 추천해 달라고 할 때 모스폰이 고려하는 기준 가운데 하나가 바로 신용카드였다. 웨스트는 이 지점에서 촉이 왔다. 외국 은행들이 발급한 신용카드라고 하더라도 거래 내용은 미국에 있는 회사 서버를 거치게 되어 있었다. 웨스트는 과정을 알아보기 위해 신용카드 회사들을 찾아갔다. 카드사들은 거래 기록을 익명화해서 저장했다. 타사보다 더 현대적인 방식을 쓰는 곳도 있었다.

웨스트 요원은 상관들에게 보여줄 보고서를 준비했다. 그는 신용카드 검토부터 역외회사를 만들어내는 모스폰 같은 기업에 주력하는 것까지 역외산업 악용에 단호히 대처하는 방안을 제시한 긴 분량의 보고서를 제출했다. 뉴저지주의 상관들이 고른 방법은 신용카드였다. 웨스트는 다음 단계로 과감한 행동 계획을 세웠다. 그는 당시만 해도 IRS가 어쩌다 한 번씩 드물게 활용하던 전략을 선택했다. 존 도John Doe(익명인) 소환장이다. 내국세입법에 따라 국세청은 응당 정밀조사가 필요하다고 생각하는 일명 '존 도'라고 하는 신원미상의 인물을 조사하기 위해 제삼자에게 소환장을 발부할 수 있는 권한을 보유했다. 하지만 당연하게도, 이 같은 낚시원정(마구잡이식 증거조사)을 승인하게끔 판사를 설득하는 일은 넘기 힘든 장애물이었다. IRS는 다른 출처를 통해서는 쉽게 입수할 수 없는 정보라는 점을 보여줘야 했다. 더불어 수집한 증거가 사실상 법을 준수하지 않은 사람들에게까지 이어질 정도로 강력한 논거를 찾아야 했다.

웨스트는 세금을 피하려고 역외 신용카드를 사용하고 있는 미국인이 수만 명 정도라고 봤다. IRS의 높으신 분들은 해봤자 500건 정도 처리할 수 있을 거라고 말했다. 웨스트는 그런 이야기는 홀홀 털어버렸다. 윗사람들의 열의 부족이 본인의 사기를 꺾게 두지 않았다. 그는 주요 카드사인 비자, 마스터카드, 아메리칸 익스프레스에 초점을 맞췄다. 마스터카드와 아메리칸 익스프레스는 서버가 동부 연안에 있었다. 당시 국세청은 지리적으로 양분되어 있었다. 웨스트는 당장이라도 일을 진척시킬 준비가 돼 있는 상태였지만 비자를 표적으로 삼기 위해서는 서부 연안에 있는 IRS의 승인이 필요했다. 작전은 더욱 천천히 진행되었다.

2000년 10월 18일, IRS는 마스터카드와 아메리칸 익스프레스에 대한 기록 요청 승인을 요구하는 '존 도 소환장'을 미국 마이애미 지방법원에 제출했다. 웨스트와 블룸은 선서진술서를 제공했다. 국세청의 요청은 파나마, BVI, 스위스 등 36개국에서 발급된 카드 기록에 관한 것이었다. 2주가 지나지 않아 판사의 승인이 떨어졌다. 다음 단계는 카드사들과의 작업으로, 이 과정은 수개월이 걸렸다. 카드사들은 고객의 프라이버시를 걱정했지만 데이터에는 이름이 나와 있지 않았다. 카드사의 변호인들은 정보 검색이 불가능하지는 않으나 어려운 일이라고 주장했다. 하지만 웨스트는 그 전에 신용카드회사의 기술 전문가들과 논의를 진행했고 전문가들로부터 그것이 가능한 일이라는 얘기를 이미 들은 상태였다.

거북이걸음으로 일이 진행되고 있을 때, 미시간주 민주당 상원의원 칼 레빈Carl Levin은 워싱턴 D. C.에서 상원 상임조사소위원회 위원장으로서 지난날 로스 의원이 내걸었던 깃발을 다시금 들어올렸다. 레빈은 청문회를 열고 프라이빗 뱅킹, 탈세, 자금세탁에 관한 보고서를 발표했다. 청문회에서 레빈은 역외 지역에 은닉되어 사라지는 세수가 연간 700억 달러라고 추산했다. 그는 IRS가 이 중 절반이라도 징수한다면 '세금을 올리거나 예산을 깎는 일 없이' 처방약값 보조에 들어가는 비용을 충당할 수 있을 것이라고 씁쓸하게 말했다. 소위원회가 내놓은 또 다른 보고서에 따르면 조세피난처 열여섯 곳에서 약 4,000개의 역외 은행을 허가해 주었는데, 이 은행들이 마음대로 주무르는 자산 규모는 대략 5조 달러로 추산되었다.

레빈은 본인이 이끈 PSI에서 적발한 문제를 전면적으로 손보는 법안을 제출했다. 자금세탁방지법은 은행이 200년간 해오던 사업 방식을 바꾸게끔 강제했다. 과거에는 대개 고객이 자기 돈으로 뭘 하든 은행이 상관할 바가 아니었다. 금융기관이 신고 의무를 지는 경우는 오로지 수상한 활동, 거액의 현금 거래, 무기명채권 같은 유통증권의 현금 구매뿐이었다. 레빈은 여기서 더 들어갔다. 그는 은행을 감독기관 및 법집행기관의 대리인으로 탈바꿈시켰다. 레빈이 만든 법안에 따르면 미국 은행들은 프라이빗 뱅킹 고객의 계좌를 지속적으로 추적 관찰하는 실사 절차를 마련해야 했다. 은행은 미국 은행의 계좌를 보유한 외국인들의 신원을 확인하고 연방 금융감독기관이 자금세탁방지를 위한 정보를 요청할 경우 48시간 내에 응해야 했다. 하지만 규제를 반대하는 공화당 의원들이 2년 동안이나 레빈이 제안한 법안의 발목을 잡았다.

2001년 9월 11일, 납치범들이 쌍둥이빌딩과 펜타곤(미국 국방성)으로 비행기를 몰았다. 이때 폰세카는 룩셈부르크에 있었다. 그는 뉴스를 듣고 나서 묵고 있던 호텔 창밖을 내다봤다. 얼굴이 창백했다. 호텔 방에서는 유럽원자력공동체 본부가 보였다. 폰세카는 그곳이 테러의 주요 표적이라고 판단했다. 하지만 9월 11일에 발생한 테러 공격이 뜻밖에도 본인의 사업을 망가뜨리라고는 생각하지 못했다. 테러범들의 자금 조달 방법으로 프라이빗 뱅킹과 역외산업의 일면이 드러나자, 미국 연방 정부는 외국인들과 역외회사들이 금융 시스템을 활용하는 방식을 파악하기 위해 더욱 필사적으로 매달렸다. 레빈의 자금세탁방지법안은 9·11테러 한 달 뒤에 통과된 애국자법의 모델이 되었다. 애국자법에는 미국 금융 기관들이 포괄적인 자금세탁 방지 절차를 만들도록 강제하는 조항이 들어 있었다. 이제 은행은 외국 금융기관과 사업 활동을 하기 전에 소유주의 신원을 확인해야 했다. 애국자법에 따라 재무부는 은행이 추가적으로 고객파악제도를 시행하게 할 수 있었다. 애국자법은 이외에도 앞서 조지 W. 부시 행정부가 질색하던 국제협력을 촉진시키기도 했다.

2002년 3월, 마침내 웨스트의 신용카드 작전이 속도를 내기 시작했다. 찰스 로소티Charles Rossotti 국세청장은 그 프로젝트 때문에 들떠 있었다. "간단히 말해서 역외 금융과 관련된 비밀 유지라는 굳은 맹세는 이제 사라지고 있습니다." 그는 일간지 〈뉴스데이Newsday〉에 마구 자랑하며 떠들어댔다. "소득을 감추려고 불법적인 역외 방식을 사용하는 사람이 있다면 우리가 반드시 찾아낼 겁니다."

웨스트는 이러한 축하 분위기를 충분히 누리지 못했다. 수고로운 역외 업무를 맡기 위해 그는 잠시 국제과를 떠나 개인납세과로 가게 되었다. 프로젝트를 단호하게 밀고 나가는 과정에서 여러 번 부딪치다 보니 조직 내에서 웨스트는 많은 이들과 적대적인 관계가 되었다. 웨스트는 일단 신용카드 프로젝트를 성공적으로 개시한 뒤 옮겨갔다. 동료인 특별 법정변호사 존 맥두걸John McDougal, IRS 징세 요원 댄 리브스Dan Reeves와 함께 품이 많이 드는 작업을 계속해 나갔다.

로소티 청장은 뻥 뚫린 고속도로를 달리듯이 데이터를 사용하여 350건의 감사를 진행하라고 지시했다. 힘든 일은 이제부터 시작이었다. IRS는 비상업적인 용도로 카드를 사용하는 개인들을 암시하는 패턴을 찾아낸 뒤 탈세자 후보의 이름을 알아내기 위해 비용 청구가 발생한 상인들을 일일이 방문해야 했다. 이 작업을 수행한 이들은 감사 자료가 담긴 상자들을 확인하는 게 주 업무인 현장 요원들이었다. 창의적인 사고가 필요한 일을 해본 적이 없는 사람들이었다. 교육을 받기는 했으나 이런 종류의 데이터를 가지고 일을 하는 것은 새롭고 두려운 작업이었다. 로소티 청장은 질보다는 양과 속도를 우선시하는 사람이었다. 제일 처음 잡아낸 것은 불발탄이었다. 대부분 교환학생처럼 평범한 외국인 신용카드 사용자로 드러났다. 채워야 할 할당량이 있는 현장 요원들은 부실한 조사 결과들만 살필 뿐, 그 이상 추적하는 일은 없었다.

로소티가 역외 탈세에 대한 승리를 부르짖은 것은 시기상조로 드러났다. 그럼에도 불구하고 신용카드 프로젝트를 둘러싼 언론의 뜨거운 관심 덕에 미국 납세자 수천 명이 신고 내용을 수정하거나 역외 계좌를 자진 신고할 방법을 모색하게 되었다. 꼬리가 잡힐 수도 있다는 협박만으로도 탐욕스럽긴 하나 조심성 많은 이들을 단념시키기에 충분했다. 국세청을 둘러싸고 이런 농담이 떠돌기도 했다. 웨스트와 맥두걸, 리브스 덕에 부자가 된 조세 전문 변호사들이 수두룩하다는 얘기였다. 역외재산으로 유죄를 받는 일이 없도록 하려는 의뢰인들이 늘었다는 소리이기도 했다. 존 도 소환장은 IRS의 중요한 수단이 되었다. 이를 통해 숨겨져 있던 세수 수십억이 국고로 돌아갔다.

6장

사기꾼의
사업 수완

▶ 2003년 3월호 모스폰 사보는 승전보를 전했다. OECD가 고객들의 금융 프라이버시를 위협했으나 역외 세계의 기세에 눌려 퇴각할 수밖에 없었다. OECD는 낮은 세율을 중단하고 비밀금융 및 기업정보에 대한 국제적 접근권을 제공할 것을 조세피난처에 요구했다. 주도적으로 저항한 곳은 파나마였다. 파나마는 OECD 회원국들이 수용하기를 거부한 요건들을 조세피난처에 부과했다면서 OECD를 규탄했다. 서구의 위선이 두드러지게 나타난 것은 유럽연합EU이 '예금 지침'이라는 것을 발표했을 때였다. 예금 지침은 정보 공유 및 EU 시민들이 보유한 해외 은행 계좌에서 발생한 이자세 징수를 EU

회원국들에게 요구하는 조약이었다. 룩셈부르크는 자국 경제가 부분적으로 비밀금융에 기반하고 있기에 참여를 거부했다. 하지만 결과적으로 룩셈부르크가 지침을 따르지 않았다고 해서 불이익을 당한 일은 없었다. 파나마는 부당하다고 목소리를 높였다.

워싱턴 D. C.에는 조세피난처와 뜻을 같이하는 강력한 협력자들이 있었다. 공화당 의원들과 부시 행정부는 예금 지침을 맹비난하고 OECD에 협조하기를 거부했다. 미국은 테러범들을 추적하기 위한 국제 협력 촉진은 두 팔 벌려 환영하면서도 강제적으로 세금을 부과하는 것은 좋아하지 않았다. 재정이 탄탄한 싱크탱크들은 미국이 OECD 분담금을 삭감하도록 의회 로비 활동을 벌였다. 당시 미국이 내고 있던 분담금은 OECD 예산의 약 25%를 차지했다. 이 같은 압력으로 OECD는 블랙리스트와 세제 개혁 노력을 단념할 수밖에 없었다.

모스폰 사보에 나온 내용에 따르면 이 승리 덕분에 앞날의 전망이 매우 긍정적이게 되었다. 모스폰은 생존에 있어서 가장 유리한 시기에 접어들었으나 동시에 최악의 고객을 확인하고 관계를 끊어야 했다. 성장과 준법 사이에서 갈등하는 가운데, 이윤 추구 동기가 더욱 강력한 것으로 드러났다. 모스폰은 전과 다름없이 부정직한 고객들을 끌어모으는 가운데 그런 고객들이 몰고 온 스캔들은 용케도 비켜갔다.

2003년 9월, 모색과 폰세카는 모스폰의 최고운영책임자 크리스토프 졸링거Christoph Zollinger를 사모아로 보내 법인 설립에 대해 알아보도록 했다. 유르겐 모색과 라몬 폰세카가 졸링거를 만난 것은 6년 전 파나마시티의 헬리콥터 클럽에서였다. 모색과 폰세카는 소년 같은 매력과 기술적 노하우를 겸비한 젊고 잘생긴 스위스 변호사에게 상당히 끌렸다. 졸링거는 스위스에서 로스쿨을 졸업한 뒤 훗날 아내가 된 다를리나를 따라 파나마로 오게 되었다. 다를리나의 부친은 부유한 성형외과 의사로, 졸링거가 파나마 최초의 인터넷 사업자라는 직함을 다는 데 도움을 줬다. 모색은 1997년에 졸링거를 사원으로 채용했다. 졸링거는 모스폰의 업무를 전산화하면서 회사의 귀한 인재가 되었다. 모색과 폰세카는 얼마 안 있어 그를 최고운영책임자로 승진시키고 모스폰의 기술직을 감독하는 업무를 맡겼다. 졸링거가 사모아와의 인가 협상을 성공시키자 모색과 폰세카는 그를 하급 동업자(책임, 권리 등이 낮은 동업자)로 승격시키고 회사 수익의 10% 지분을 주었다.

승진한 지 몇 주 되지 않았을 때 졸링거는 처음으로 윤리적 딜레마에 빠졌다. 바로 존 고든의 USA 기업지원국에 대한 예우 문제였다. 2004년 2월, 모스폰은 바하마 법무장관 측으로부터 요청을 받았다. 영국 머지사이드주 경찰 금융수사팀 소속 경찰관 두 명이 FRO 주식회사라는 모스폰 회사를 탐문조사하고 있었다. 그곳은 징역 25년 형을 선고받은 마약 밀매업자가 관련되어 있는 기업이었다. 사법 명령은 없었으나 바하마 법무부는 어쨌든 모스폰이 협조해주기를 바랐다. 모스폰에는 이런 종류의 요청을 처리하는 업무를 담당하는 여성이 두 명 있었다. 아나 에스코바르Ana Escobar 변호사와 산드라 데 코르네호Sandra de Cornejo였다. 하지만 두 사람은 금융 준법지원 업무를 해 본 경험은 없었다.

고든은 1997년 쇼렉스에서 FRO 주식회사를 등록했다. 에스코바르는 서면으로 고든에게 정보를 요청했다. 고든은 FRO가 오래되다 보니 회사 등록이 이미 말소된 상태여서 어떤 기록이든 오래전에 폐기되었다고 답했다. "몇몇 국가에서 착수한 수사로 인해 너무나도 많은 그쪽 고객들이 우리의 관심 대상이 됐다는 점을 알려드립니다." 코르네호는 이렇게 답한 뒤 고객 관리 차원에서 직접 메일 송수신 내용을 일일이 확인했다. 코르네호는 모스폰 그룹 및 모스폰 고객들과 대표들은 담당지역의 고객 파악제도 요건을 따라야 한다는 사실을 고든에게 상기시켰다. 그런데 그는 이와 관련하여 앞서 언급한 지침에 주의를 기울이려 하지 않는 것 같다고 코르네호는 언급했다.

당시 실사에 관한 요구사항은 현장마다 달랐다. 파나마가 모스폰에 요구한 것은 회사를 대신 등록하긴 했으나 실소유주는 아닌 업계 전문종사자들에 관하여 몇 가지 기본적인 사항을 확인해 달라는 것이었다. 모스폰은 이 중개업자들에게 추천서와 여권 사본 그리고 그들의 사업에 대한 몇 가지 세부 내용을 요청했다. 모스폰은 변호사, 회계사, 은행가들에게 최종 실수요자에 관한 기록을 보관하도록 권고했다. 모스폰이 요청할 경우 그 정보를 이용할 수 있어야 했다. 대신에 강제적인 정부 명령이 없다면 그 정보를 당국에 넘기는 일은 없을 거라고 약속했다.

고든은 코르네호의 메일을 받고서 당혹감을 감추지 못했다. "그쪽 메시지를 읽고 무척 이상하다고 생각했습니다"라고 그는 답했다. 고든은 FRO가 설립된 것은 현재 적용되는 기준이 나오기 전이었다고 덧붙였다. 고든은 현재 USA 기업지원국은 모스폰의 요구사항을 모두 따르고 있다고 전했다. 그는 어쩌면 '바하마 소프트웨어' 건을 떠올렸을지도 모른다. 고든은 다음과 같이 글을 이어갔다. "그쪽뿐만 아니라 우리 역시 느슨한 기준 때문에 값비싼 대가를 치르게 됐다는 사실이 명백해졌습니다. 불미스러운 고객들을 대신하여 옛날 서류들을 샅샅이 뒤지는 데 소요되는 법적 비용과 시간 낭비를 따져본다면 말입니다." 고든은 모스폰이 USA 기업지원국에 5년도 더 지난 실수들의 또 다른 원인 제공자를 찾으라고 하는 것은 '갑질'과 다름없다고 했다.

고든의 메일은 모스폰 파트너들 사이에서 회람되었다. 졸링거는 USA 기업지원국이 보유한 모스폰 회사가 69개이며 이는 상당한 숫자라고 언급했다. 졸링거가 볼 때는 USA 기업지원국이 현재 필요한 확인 작업을 진행하고 있다고 고든이 말하는 것만으로도 만족스러웠다. 코르네호는 USA 기업지원국이 고객 검토 작업을 시작하기 전에 만든 모든 회사가 우려스러웠다. 그녀는 현재 가동 중인 69개 회사 외에 휴면 상태인 모스폰 회사 494개를 보유하고 있다는 점에 주목했다. 에스코바르는 메일 송수신 내용을 추가적으로 다시 살펴봤다. 에스코바르 역시 오래된 회사들에 도사린 위험성을 걱정했다. 졸링거는 무심결에 조바심을 드러내며 지나치게 예의를 차린 말투로 '그 존경받는 변호사'가 무엇을 제안했는지 물었다. 에스코바르는 활동 중인 모든 고객에 대한 실사를 요구할 것을 제안했다. 모색과 폰세카도 동의했다. 고든 역시 찬성했지만 직원이 출산휴가에서 복귀할 때까지 기다려야 한다고 말했다. 대부분의 정보는 파나마에 도착하지 않았다. "모스폰은 어떤 일을 요구하고는 한참동안 아무 얘기도 없다가 갑자기 다시 요구하는 경향이 있었어요"라고 고든은 회상한다.

USA 기업지원국에 대한 논의가 모스폰이라는 법인 설립 공장에 미친 파장은 충격적일 정도로 엄청났다. 그곳은 모스폰의 고객사이긴 하나 규모가 가장 크다고 할 수는 없었다. 다른 고객들이 수백 명이나 있었다. 모스폰 고객들과 그들이 만든 회사가 총망라된 2004년 목록은 분량이 엄청났다. 얼마나 많은 은행, 변호사, 회계사, 그 밖의 중개인들이 범죄자, 돈세탁업자 심지어 테러범을 위해 회사를 만들었는가? 활동 중이거나 휴면 상태인 모스폰이 등록한 수만 개의 회사에는 어떤 스캔들이 도사리고 있을까? 모색과 폰세카는 이에 대해 특별히 궁금해하지 않았던 것으로 보인다. 그들은 중개인들이 필수적인 고객 검토 작업을 수행한다고 보고 안심했다. 숨어 있던 문제들이 모습을 드러내면 그제야 역점을 두고 처리하는 식이었다.

그사이 모스폰은 전속력으로 전진하고 있었다. 2002년 7,000개가 넘는 회사를 설립했고 2년 뒤에는 이 숫자가 거의 두 배가 되었다. 이러한 성장은 부분적으로는 파나마가 공개적으로 비난했던 조치, 바로 유럽연합의 예금 지침 덕분이었다. 예금 지침에 따라 EU 은행들은 유럽 예금주들을 추적 관찰해야 했다. 예금주가 계좌가 존재하는 국가의 국민이 아닌 경우 15%까지 예금 이자에 대한 세금을 징수하기 위해서였다. 비밀리에 외국 은행에 현금을 쌓아뒀던 유럽인들은 별안간 세금을 내야 하는 상황에 처하게 되었다. 그런데 2003년에 발표됐으나 2005년 7월이 되어서야 시행된 이 규정에는 대단히 큰 구멍이 있었다. 기업이 아니라 개인에게만 적용되었던 것이다.

2004년 초 모스폰의 많은 의뢰인들, 특히 은행들은 고객들이 예금 지침에서 빠져나갈 수 있도록 회사를 설립하기 위해 모스폰과 접촉하기 시작했다. 이는 덩어리가 큰 사업이었다. 람세스 오웬스는 덴마크의 위스케 은행 경영진을 만났다. 위스케 은행은 예금 지침이 나온 뒤 고객들을 위해 2,000개의 회사를 만들었다고 오웬스에게 얘기했다. 회사는 대부분 파나마나 지브롤터에 있었다. HSBC는 유럽인 고객들에게 자사의 스위스 프라이빗 뱅크에 돈을 은닉하는 전략을 내놓았다. 스웨덴의 노르데아 은행 역시 모스폰을 통해 고객들이 예금 지침을 피해가도록 도왔다. 예금 지침을 피하기는 너무나도 쉬웠다. HSBC의 한 은행가가 면제품 수출업자인 벨기에 고객에 관해 이렇게 적었다. "우리는 곧 닥칠 유럽연합 예금 지침에 대해서도 상의했다. 세금을 아낀다는 측면에서 이득이 그리 크지 않았는데도 그는 모색을 통해 회사를 하나 만들어서 대양을 가로질러 전 재산을 옮기기로 결정했다."

법인 설립 노다지를 캐던 모스폰은 2004년 8월 과속방지턱에 부딪혔다. 모스폰은 자사의 전용 조세피난처였던 니우에가 모스폰 등기소를 폐쇄하기로 했다는 사실을 알리는 메일을 고객과 사무소에 발송했다. 모스폰이 니우에에 등록한 회사는 9,000개가 넘었다. 주민 일인당 4.5개꼴로 회사가 있는 셈이었다. 하지만 뉴질랜드는 나쁜 평판을 감당하기가 너무 벅찼다. 뉴질랜드는 니우에가 역외 사업을 단념할 수 있도록 모스폰이 예산에 기여하던 만큼의 돈을 지급하기로 했다. 그사이에 9,000개 회사는 또 다른 친절한 국가에서 새로운 보금자리를 찾아야 했다.

니우에가 발표한 다음 날, 모스폰 변호사 아나 에스코바르는 BVI 사무소의 실사 절차가 시대에 뒤떨어진다는 점을 지적하는 편지를 모색과 폰세카에게 보냈다. 로드타운의 사무실에는 준법지원 및 자금세탁 신고 담당자가 없었다. 자금세탁 방지 준법지원 매뉴얼 역시 업데이트가 필요했다. 에스코바르는 모색과 폰세카가 BVI 사무소장 로즈메리 플랙스Rosemarie Flax와 몇 년 동안 이 문제를 어느 정도 논의했다는 데 주목했다. 졸링거는 플랙스와 직접 이야기를 나누었고 BVI 정부 역시 개의치 않는다고 모색과 폰세카에게 장담한 바 있었다.

그 무렵 룩셈부르크 사무소장이 모스폰 파트너들에게 메일을 보냈다. 최근 한 고객과 나눈 '정말 무서운' 통화 내용에 관한 것이었다. 그 고객은 전화로 대화를 나눈 뒤에 팩스를 보냈다. 팩스로 온 문서 표지에는 "대부분의 관련자들이 동독 비밀경찰 출신 경호원들을 둘 정도로 매우 위험한 상황이니, 부디이 정보는 극비로 취급해 주십시오"라는 문장이 적혀 있었다.

팩스에는 프란시스코 파에사 산체스Francisco Paesa Sánchez에 대한 기사도 있었다. 파에사는 악명 높은 스페인 정보요원이자 세계 최고의 기회주의자였다. 그는 서아프리카 국가인 적도기니의 독재자와 함께 사업을 했다. 바스크 테러리스트들에게 미사일을 팔면서 그 미사일을 포착할 수 있도록 비밀추적장치를 달았다. 스페인 관료들의 환심을 사기 위해서였다. 1994년 파에사는 전직 스페인 국가방위대 대장이 뇌물로 받은 돈을 은닉하도록 돕는 과정에서 수백만 달러를 빼돌렸다. 그러고는 일생일대의 묘책을 설계했다. 바로 본인의 죽음을 거짓으로 꾸민 것이다. 그가 태국에서 심장마비로 사망했다는 부고 기사가 실렸다. 시신은 화장되었다. 위조한 사망진단서는 의혹을 털어내는 데 도움이 되었다.

2004년 초, 스페인 기자와 함께 일하던 사립탐정이 파에사가 아직 살아 있으며 룩셈부르크에 거주한다는 사실을 알아냈다. 파에사는 프란시스코 산체스라는 이름으로 만든 아르헨티나 여권으로 이곳저곳을 돌아다녔다. 그 스페인 기자의 보도에 따르면 파에사는 새로운 신분을 통해 나이를 열네 살이나 낮추었다. 룩셈부르크에서 그는 조카와 함께 역외회사를 설립하는 일을 했다. 그는 새로운 신분으로 모스폰 회사 일곱 곳에서 이사 역할을 했다. 신문기사에 실린 내용에 따르면 그는 무기 밀매업자, 러시아 마피아를 위해서 회사를 만들어줬다고 한다. 나중에 시간이 흐른 뒤 파에사는 사망 통지가 순전히 오해에서 비롯된 일이고 조직범죄와는 어떠한 관련도 없다고 부인했다.

"조사하고 조치하세요. 당장!" 그 팩스에 대한 폰세카의 반응이었다. 하지만 모스폰의 준법지원장치는 느리게 움직였다. 새로운 감시 체계를 만드는 게 차라리 더 빠를지도 몰랐다. 모스폰이 파에사와의 관계를 완전히 정리하는 데는 1년이 넘는 시간이 걸렸다. 모스폰은 이 악명 높은 스페인 스파이가 자사의 이미지를 더럽힐까봐 우려했다. 이는 근거 없는 두려움이었다. 모스폰은 여전히 막후에 있을 뿐, 전면에 드러나지 않았다.

2005년 9월, 아나 에스코바르는 다시 한 번 모색과 폰세카가 준법지원에 주력하도록 만들려고 시도했다. 다른 불안 요소들이 여전히 존재했다. 모스폰은 회사 몇 곳의 소유주와 관련하여 골치 아픈 문제가 있다는 사실을 다시금 발견하게 되었다. 이번에 문제가 된 인물은 상대적으로 새로운 범주의 우려에 속했다. 회사들의 실소유주는 '정치적으로 노출된 인물PEP'이었다. PEP는 정부 관료 혹은 그의 친인척에 대한 약칭으로, 나이지리아

사니 아바차Sani Abacha 전 대통령이 빼돌린 수십억 달러의 환수 작업을 진행했던 1990년대 말에 유행하기 시작한 표현이었다. 부패로 악명을 떨친 아바차는 스위스은행들과 역외회사들을 통해 불법 자금 중 일부를 옮겼다. 고위급 정치인의 부패와 맞서 싸우기 위해 UN과 유럽공동체EC는 은행 및 역외 공급업자에게 고객이 PEP인지를 확인하는 검토작업을 요구했다. 고객이 PEP로 드러날 경우 은행 혹은 공급업자는 재산의 출처에 대한 세부사항을 추가적으로 수집해야 했다.

모스폰은 아직 이러한 기준을 적용하고 있지 않았다. 몇 달 전 모스폰은 자사가 PEP에 노출되어 있다는 낌새를 눈치 챘다. 모스폰 회사 한 곳이 BVI의 몬데오 인더스트리스Mondeo Industries 라는 회사에 대해 1만 3,000달러짜리 요트 한 척을 구매하는 절차를 마무리하려고 모스폰에 공식 서명을 요청했을 때였다. 몬데오 인더스트리스는 프랑스 은행 크레디 리오네Crédit Lyonnais의 룩셈부르크 지점이 모스폰에 요청하여 만든 회사였다.

당시 크레디 리오네는 특별 요구를 했다. 크레디 리오네의 고객은 그저 몬데오의 명의이사들만 원한 게 아니었다. 가짜 주주도 바랐다. 모스폰이 몬데오를 소유한 것으로 보일 테지만, 실제로는 또 다른 익명회사 SVG 투자회사의 수탁자가 될 터였다. SVG 투자회사는 신탁의 수익자이자 몬데오의 소유주였다. 그 고객의 요트에서 삼중으로 된 막을 걷어내면 SVG 투자회사 뒤에 실소유주가 앉아 있었다. 원래 신탁에서는 소유주가 자산에 대한 실권을 넘기게끔 되어 있다. 그런데 이러한 신탁의 정신에 위배되는 데도 불구하고 모스폰은 그 회사의 가짜 주인 노릇을 하는 데 선뜻 동의했다.

실소유주의 런던 변호사는 모스폰의 룩셈부르크 사무소와 접촉했다. 그는 요트에 대한 자금 조달을 즉시 승인하려면 몬데오의 서류상 주인인 모스폰이 필요했다. 그 변호사는 모스폰의 런던 지점에 있는 변호사들 가운데 한 명이 서명을 해줄 수 있는지 물었다. 그런데 런던 지점의 변호사들은 위험성을 단박에 알아차렸다. 만약 그 거래와 관련해서 뭔가 불미스러운 일이 발생하여 법정에 서게 된다면, 서명한 사람이 블랙리스트에 오르거나 심지어 기소되는 일까지 벌어질 수 있었다. 책임자로서 그 문서에 서명하는 이는 파나마에 있는 하급 직원이 아니었다. 거짓으로 일개 회사의 소유권을 주장하게 될 런던의 변호사는 잃을 것이 훨씬 많았다.

그리하여 모스폰 런던 지점은 과거에 파나마 본사가 시도했다가 결국 성공하지 못했던 일에 착수했다. 몬데오 뒤에 있는 자가 누구인지 조사한 것이다. 내부 문건에 나온 내용을 보면 최종 실소유주는 세르게이 제너럴로프Sergey Generalov였다. 인터넷으로 제너럴로프를 찾아내는 데는 그리 오랜 시간이 걸리지 않았다. 그는 러시아인이었는데 이 사실만으로도 위험했다. 러시아라는 나라 자체가 부패의 소굴이었기 때문이다. 그런데 상황은 더욱 나빠졌다. 제너럴로프는 러시아어로 소위 네 니치토

제스트보ne nichtozhestvo, 즉 별 볼일 없는 사람이 아니었다. 그는 러시아 석유 재벌 유코스Yukos의 부사장을 지내다 연료·에너지부 장관이 된 인물이었다. 그 뒤에는 러시아 국회 두마Duma에 의석을 얻었고 국가기업지배구조위원회에서 활동했다. 한마디로 그는 완벽한 PEP의 전형이었다. "잠재적 스캔들의 가능성을 생각해 보십시오." 모스폰 런던 지점장은 파나마에 있는 파트너들에게 이렇게 전했다. "제너럴로프는 2003년부터 러시아에서 기업지배구조를 다뤄왔단 말입니다!"

런던, 파나마, 룩셈부르크, BVI로 메일들이 오갔다. 모스폰 파나마 본사 소속인 한 변호사는 그동안 유코스에 대해 몰랐으며, 정말이지 러시아 정치와 관련된 사안에는 무지했다고 시인했다. 모스폰은 그 서류에 서명하지 않기로 했다. 그다음 달에 제너럴로프는 몬데오를 등록대리인과 마찬가지로 처분해 버렸다. 아나 에스코바르와 신드라 네 고브네호는 모색과 폰세카에게 실사 관행 개선을 촉구했다. "몬데오 사례를 일전에 제안했으나 이런저런 이유로 구체화하지 못한 사안들에 다시금 주목할 기회로 삼고 싶습니다." 에스코바르는 이러한 내용을 담은 메일을 보냈다.

모스폰은 PEP와 범죄자를 걸러내는 데 도움을 받고자 월드체크World-Check라고 하는 구글과 비슷한 유료 검색 서비스에 가입했다. 또 (이번이 처음은 아니지만) 업계 전문가로서 중개인 역할을 하는 의뢰인들에게 고객 심사를 요청하는 서한을 보냈다. 하지만 이에 부합하는 후속 조치는 거의 이뤄지지 않았다. 동기의 문제였다. 스캔들이 산발적으로 터질 경우 의뢰인들은 항상 모스폰에 과도한 피해를 입히는 일 없이 알아서 문제를 해결하는 듯했다. 그사이에 사업은 호황을 누렸다. 2005년 모스폰이 은행들을 대신하여 만든 셸컴퍼니는 그 규모가 세 배로 늘었다. 2005년 말 가동 중인 모스폰 회사는 7만 개가 넘었다. 이 회사들에 대해 일일이 실사 작업을 진행한다면 엄두도 내지 못할 정도의 비용이 들어갈 테고 이따금 실사 자체가 불가능한 일도 생길 터였다. 비밀 유지에 입각한 사업에서는 아무도 정보를 양산하고 싶어하지 않았다. USA 기업지원국의 존 고든은 말한다. "기존 고객들은 우리의 요청을 그냥 무시하곤 했습니다. 대부분 우리는 등록대리인이 아니었기에 고객들에게 위협을 가할 만한 것이 별로 없었습니다."

그 무렵 모스폰은 가속도가 붙은 성장이 야기한 또 다른 시험대에 직면했다. 비앙카 스콧Vianca Scott은 한 가정의 어머니이자 아내 그리고 모스폰의 직원이었다. 그런 그녀가 2005년 9월 2일 밤늦은 시각, 교통사고로 사망했다. 모스폰의 특수사업부는 모스폰 회사의 명의이사 역할을 맡기기 위해 스콧을 고용했었다. 사망 당시 그녀는 거의 8만 개에 달하는 회사의 책임자였다. 비록 그녀는 파나마시티의 사무실을 한 번도 떠난 적이 없었지만 그녀의 금융 활동은 BVI에서 세이셸, 홍콩에 이르기까지 전 세계에 걸쳐 이뤄졌다. 그녀의 죽음을 알리는 회사의 공지에는 다들 궁금해할 내용이 담겨 있었다. "이 상황에 대해 우려할 분들을 위해 현재 비앙카가 이사로 되어 있는 회사들의 이사직을 바꾸는 방안을 신중히 고려하고 있습니다."

이 논의를 주도한 것은 제네바 사무소였다. 모스폰 사무소 가운데 명의이사를 가장 많이 이용하는 곳이었다. 관계자들은 하나같이 사업 침체를 막기 위해 반드시 스콧에 대해서만 교체가 이뤄지기를 바랐다. 모스폰의 파나마 본사는 자사의 직원 중에서 세 명의 후보를 제안했다. 이들의 성은 각각 앨런Allen, 윌슨Wilson, 웡Wong이었다. 모두 젊은데다 중요한 장점 한 가지씩을 가지고 있었다. 졸링거가 지적한 바와 같이, 이들은 국제적으로 활동하기에 좋은 이름을 갖고 있었다. 특색 없이 무난하고 평범한 이름은 상품화할 수 있는 또 하나의 익명성의 장막이었다.

모스폰은 이사직을 스콧에서 다른 인물로 교체하는 것을 인가하는 서류를 만들어 가동 중인 회사들의 파일에 넣어두었다. 예를 들어, 은행 계좌를 개설하거나 계약을 승인하는 등 명의상 임원들이 회사의 공식적인 조치를 수행해야 할 경우 새로 임명된 이사가 그 일을 했다. 그럼에도 불구하고 교통사고로 목숨을 잃은 지 10년이 지난 뒤에도 스콧은 여전히 많은 모스폰 회사들의 이사로 남아 있었다. 이사가 공식적인 조치를 실행할 필요가 없는 회사들이었다. 갑작스럽게 생을 마감한 한 생명이 비밀유지의 도구로 계속 살아온 셈이다.

모스폰이 심각한 문제를 피하는 데 능하다는 것이 입증되긴 했지만, 그다지 운이 좋지 않은 때도 있었다. 2005년이 끝나갈 무렵 공황 상태의 아르헨티나 투자자들이 보낸 메일이 모스폰에 도착했다. 카리스마 있는 전직 보험중개인 에우헤니오 쿠라톨라Eugenio Curatola가 운용하던 펀드에 투자한 이들이었다. 그들은 수년간 45%까지 수익을 얻었고 돈을 인출하는 데도 어려움이 없었다.

쿠라톨라는 포렉스밴Forexvan이라는 파나마 회사를 통해 고객들의 돈을 외환시장에 투자했다고 말했다. 포렉스밴은 버뮤다 은행 계정을 보유하고 있었다. 투자자들은 비밀번호를 알고 있어서 포렉스밴 웹사이트에 들어가 본인의 계좌 가치가 꾸준히 올라가는 추세를 지켜볼 수 있었다. 그러던 2004년 어느 날 쿠라톨라는 계정을 막아 버렸고, 회사 전화는 먹통이 되었다. 투자자들은 포렉스밴이 감사를 받고 있다는 내용의 메일을 받았다. 연락이 닿게 되었을 때 쿠라톨라는 본인은 포렉스밴에 아무런 실권이 없으며 그저 사업만 했을 뿐이라고 주장했다. 상황이 이러한데도 포렉스밴 웹페이지에서는 투자 계정의 가치가 계속해서 올라갔다.

포렉스밴 웹사이트에 나와 있는 바에 따르면 BVI 회사인 밴더벨트Vanderbelt 매니지먼트가 포렉스밴을 소유하고 있었다. 투자자들은 무슨 일이 벌어지고 있는지 알아내기 위해 BVI의 금융위원회에 연락을 취했다. BVI 공무원들은 투자자들에게 밴더벨트의 등록대리인이 모색 폰세카라는 사실을 알려주었다.

모스폰이 조사한 바에 따르면 쿠라톨라가 공개적으로 부인했음에도 불구하고 USA 기업지원국이 그에게 밴더벨트를 판매한 것으로 드러났다. 이 과정에서 밴더벨트는 아르헨티나 역사상 최대 규모의 폰지사기 수단이 되었다. 총 400여명이 9,000만 달러를 잃었다. 현지 언론은 쿠라톨라에게 '아르헨티나의 매도프Madoff'(역사상 최대 규모의 폰지사기 주동자-옮긴이)라는 별명을 붙였다.

에스코바르는 밴더벨트를 설립한 뉴욕의 USA 기업지원국에 실사를 요청하는 서신을 보냈다. USA 기업지원국은 그제야 처음으로 폰지사기에 대해 알게 되었다. 모스폰은 등록대리인에서 사임했다. 고맙게도 쿠라톨라는 모스폰의 명의이사들은 요청하지 않았다. 아르헨티나 당국은 쿠라톨라에게 징역 5년 형을 선고했으나 2년 뒤 가석방됐다.

모스폰이 쿠라톨라와 인연을 끊을 즈음 룩셈부르크 사무소가 모스폰 변호사들에게 한 가지 사안을 가져다주었다. 가격이 적당할 경우 모스폰이 어느 정도까지 갈 수 있는지를 잘 보여주는 문제였다. 2006년 3월, 아이슬란드 은행이 설립한 회사가 약 65만 달러의 대출 계약서를 소급적용해달라고 요청했다. 변경 날짜는 15개월 전인 2004년 12월로, 소급적용 시 달러로 환산했을 때 9만 2,000달러가량 이익이 남게 되었다. 외환거래로 장난을 치기 위해 공식적인 대출 서류를 소급적용하는 것은 자금세탁을 용이하게 하거나 수상한 대금 지불 수단이 될 수 있었다.

모스폰이 고객을 위해 공식 문서를 소급적용한 게 이번이 처음은 아니었다. 사실 이러한 관행은 모스폰이 대금을 청구하고 싶을 정도로 빈번하게 발생하는 상황이었다. 특히나 모스폰의 명의이사들은 회사를 대신하여 대출 계약서에 서명하도록 되어 있었다. "소급적으로 서명은 저희 대표 사무소에 적용되는 무료 방침의 범위 안에 있지 않습니다." 모색과 폰세카 밑에서 일하는 직원은 룩셈부르크 사무소에 이런 메일을 보냈다.

돈맛을 보고 대담해진 모색과 폰세카는 더 많은 위험을 감수했다. 두 사람은 단순히 다른 이들을 위해 회사를 설립하는 것에서 벗어나 돈 자체를 취급하기로 의견 일치를 보았다. 모색과 폰세카는 자산관리 사업을 시작하기 위해 드레스드너 방크 Dresdner Bank(독일의 거대 은행-옮긴이) 경영진 출신 두 사람과 손을 잡았다. 람세스 오웬스 역시 에스크로escrow(조건부 양도 증서) 펀드를 시작했다. 비밀리에 송금이 가능하게끔 유보 계정을 만드는 것이었다. 당초 오웬스는 HSBC가 펀드 관리에 관심을 갖게 하려고 애썼다. 그는 HSBC에 보낸 메일에서 조세피난처라는 파나마의 명성 때문에 고객들의 파나마 송금이 어려워졌다고 설명했다. 오웬스는 다음과 같이 전했다. "조세피난처로 나가는 자금에 대해 처벌을 가하는 국가들이 많습니다. 만약 그 돈을 에스크로 방식으로 스위스에 보낼 수 있다면 우리가 그 돈을 추후에 다시 파나마로 전달할 수 있습니다."

그러나 HSBC는 제안을 거절했고 결국 오웬스는 바하마 은행인 윈터보텀 트러스트Winterbotham Trust에 에스크로 계정의 보금자리를 마련했다. 2006년 12월 31일, 니우에는 공식적으로 모스폰 등기소를 폐쇄했다. 이런 사태를 예상한 졸링거는 다시 사모아로 가서 정부와 거래 협상을 했다. 니우에에서 제일 먼저 이전하는 모스폰 회사 1,000개에 대해 이전 수수료를 면제받기 위해서였다. 그다음 달에 모스폰은 또 다른 현장으로의 이전이 가능하도록 소급적용이라는 마법을 통해 니우에 회사 세 곳의 운영을 재개하는 데 동의했다. 그로부터 몇 달 뒤 룩셈부르크 사무소는 대출 서류를 소급적용하는 데 드는 수수료 표를 만들었다. 6개월 혹은 그 이전으로 소급적용하는 대출계약서는 건당 105달러였다. 6개월 이상 소급적용하는 경우에는 1개월씩 늘어날 때마다 8.75달러가 추가됐다. 대출액이 1,000만 달러를 초과하는 경우 초과 금액 100만 달러 당 20달러의 추가 요금이 발생했다.

이 기간 동안 모스폰이 회사를 구매한 사람을 유심히 살피지 않았다는 의혹이 존재한다면 존 나이트John Knight라는 영국인 고객의 사례가 적절한 설명이 될 것이다. 나이트는 2005년에 BVI 회사 엔데버 리소시즈Endeavour Resources를 구매했다. 나이트가 최종 실수요자라는 사실을 모스폰이 처음부터 알고 있었는지는 불분명하다. 어느 시점부터인지 나이트는 2002년 이후, 아무것도 기재되어 있지 않은 은행 계좌 내용서와 여권 스캔본을 만들어 주는 키프로스 회사를 갖춰 두었다. 고객 심사의 일환이었다. 들리는 말에 의하면 무기 거래상인 그는 수십 년 간 불문에 붙인 채 사업을 진행했다.

나이트가 BVI에 회사를 설립하기 전 해에 국제앰네스티가 내놓은 무기 거래에 관한 보고서를 보면 엔데버 리소시즈가 당시 영국에 있던 것으로 나온다. 나이트는 소련 시절의 거대한 무기 은닉처를 수단 정부에 팔려고 했다. 당시 수단 다르푸르에서는 민간인 수만 명이 학살되고 있었다. 이란과 러시아가 자금을 댄 이 거래에는 전차, 로켓 발사대, 크루즈 미사일, 반자동 권총 5,000자루가 포함되었다. 영국 정부가 군사 장비임이 확실한 무기를 자국민이 밀매하는 것을 금지하자, 나이트는 농약 살포 비행기 같은 '비군사' 장비를 수단에 제공하는 것으로 만족해야 했다(수단 정부는 그 비행기를 융단 폭격용으로 개조했다).

일간지 〈스코츠맨Scotsman〉의 기자가 수단처럼 평판이 나쁜 정권에 무기를 팔기로 한 이유에 대해 나이트에게 물었다. 그 무기 거래상은 본인의 행동을 영리 추구의 무도덕성으로 정당화했다. 얼마나 역겨운 정권이건 간에, 수요가 존재하는 한 그것을 충족시켜 줄 사람은 늘 있게 마련이라고 했다. 2006년 BVI의 엔데버 리소시즈는 쿠웨이트 내무부에 독일제 기관총을 판매하려고 영국 정부에 허가를 신청했다. 쿠웨이트가 기관총의 최종 목적지가 아니라고 의심한 영국 당국은 허가를 내주지 않았다. 나이트는 직접 거래를 취소한 것처럼 보이게 하려고 가짜 문서족적을 만들었다. 그는 이란에서 유사한 기관총을 구매했다. 하지만 쿠웨이트에 기관총이 도착하자마자 세관원들이 무기를 잡아냈고 그 영국인을 신고했다.

영국 정부의 수사관들은 켄트에 있는 나이트의 300만 달러짜리 시골집을 급습했으나 수사관들이 찾아낸 것이라곤 파쇄한 문서 한 무더기뿐이었다. 이들은 그 후 수개월에 걸쳐 잘게 조각난 서류들을 일일이 다시 이어 붙이는 수고로운 작업을 해야 했다. 그리고 2007년 나이트는 무기밀매로 징역 4년 형을 선고받았다.

7장

모두가
푸틴 사람

▶ 러시아의 정치가 블라디미르 푸
틴은 모스폰 파일에 자주 출몰한다. 이 러시아 지도자는 존재
하는 동시에 존재하지 않을 수 있다. 그의 서명이 있는 문서는
하나도 없고 그의 이름이 붙어 있는 회사도 없다. 공식적인 이
사 혹은 소유주도 아니다. 그럼에도 불구하고 그는 역외회사들
로 이루어진 광대한 별자리 속 북극성으로 존재한다.

　푸틴의 권위주의 정권은 다수를 희생하면서 소수의 배를 불
리기 위해 존재한다. 러시아는 세계에서 소득 불평등이 가장 심
한 편에 속한다. 상위 10%의 자산 보유자들이 전체 가계재산의
85%를 소유하고 있다. 석유에서 나오는 수익, 언론 독점, 조작

된 법정, 경찰봉을 휘두르는 경찰, 세간의 이목을 끄는 암살, 민족주의가 떠받치고 있는 덕에 푸틴이 이끄는 국가라는 배는 계속 물 위에 떠 있을 수 있다. 이렇게 소수의 선택된 자들을 위한 불법적인 부富로 배가 나아가기 위해서는 비밀세계가 필요하다.

푸틴의 친구들은 대체로 국영은행이나 국영기업에서 자기 호주머니로 수십억 달러를 은밀히 옮기기 위해 모스폰이 구축한 조직을 이용했다. 단순한 대금 지불부터 복잡하게 얽힌 주요 산업의 계획된 기업 인수에 이르기까지 오직 푸틴의 승인이 있었기에 번영을 누릴 수 있었다. 푸틴이 연관되어 있다는 사실을 구구절절 설명하기 위한 그의 서명이 있는 종이 따위는 필요 없었다. 러시아에서는 푸틴이 곧 법이다. 사업가들은 그의 보호를 갈망하고 푸틴이 보호의 대가로 무엇을 원하는지 관련 당사자들은 잘 안다.

그 러시아 지도자가 지구상에서 가장 부유하다는 소문이 오래전부터 돌았다. 그가 신고한 소득은 연 11만 달러 정도이지만, 미국 정부 관료들은 정확한 설명이 아니라고 본다. 많은 이가 주장하듯 푸틴이 정말로 수백억 달러 재산의 정점에 있다고 한다면 그의 보물 가운데 상당수는 맨 먼저 비밀세계를 거쳐 갔다. 이곳의 중개인들은 푸틴의 재산을 허수아비 주인의 회사 주식, 궁궐 같은 저택, 요트로 탈바꿈시켰다. 푸틴이 직접적으로 소유하고 있는 것은 무엇인지, 그가 마음대로 사용할 수 있는 것은 무엇인지 구분하는 것은 별 의미 없는 일일지도 모른다.

역외 시스템 조작은 푸틴과 그의 측근들에게는 제2의 천성처럼 너무나도 간단하고 자연스러운 일이다. 이들은 대부분 정보요원으로 일한 이력이 있다. 미국과 마찬가지로 소련 역시 냉전 기간 동안 은밀한 활동에 대한 자금을 대기 위해 조세피난처와 비밀은행을 이용했다. KGB는 소련 공산당 정치국의 비밀 해외은행 계좌를 보유하고 있었다. 유럽에 있는 각국 공산당에 송금하거나 제3세계 반란단체에 총을 지급하거나 스파이 조직을 운용하면서, KGB 고위층들은 스파이 활동에 필요한 기술의 일환으로 역외은행 및 회사를 조작하는 법을 익혔다.

젊은 시절 푸틴의 야망은 KGB의 일원이 되는 것이었다. 그는 1975년에 자신의 목표를 이뤘다. 푸틴이 러시아 정보기관에 들어간 것은 20대 초반이었다. 15년이 흐르는 동안 중위에서 소령, 대령으로 진급했다. 계급이 올라갈수록 훈련은 더 정교해지고 복잡해졌다. 가장 마지막으로 복무한 곳은 '붉은 기 대학'이었다. KGB의 최고 정예 해외정보 교육기관으로, 일종의 대학원이었다. 이때부터 KGB는 푸틴을 동독에 배치했다. 중령이었던 그는 바로 눈앞에서 소련이 무너지는 모습을 지켜봤다. 레닌그라드로 돌아온 그는 시청에 들어갔다. 이후 상트페테르부르크로 개명된 그 도시의 투자 촉진을 도모하는 위원회의 위원장이 되었다.

모스폰 파일에서 드러난 푸틴 주변에서 소용돌이치는 움직임을 이해하는 열쇠는 그가 젊은 시절에 맺은 '우정'이다. 재산을 은닉하는 독재자들은 일반적으로 도둑이 경험하는 딜레마보다

열 배나 큰 고민에 빠지게 된다. 독재자의 몰락을 갈망하는 사람이 수백만 명이다. 그러니 누구를 믿을 수 있겠는가? 신뢰할 수 있는 건 오직 최측근과 사랑하는 이들뿐이다. 푸틴의 친척들과 오랜 친구들은 수십 년에 걸쳐 그에게 자신들의 가치를 증명했다. 이들은 관계 방정식에 부와 권력이 들어가기 훨씬 전부터 충성심을 증명한 셈이다.

모스폰 파일에는 세르게이 롤두긴Sergei Roldugin을 비롯한 푸틴 친구들의 이름이 나온다. 클래식 첼리스트인 롤두긴은 이제 막 싹이 틔우기 시작한 정보요원 푸틴에게 형제와 다름없는 존재였다. 20대 시절 두 사람은 롤두긴이 몰던 상자 모양의 라다 Lada(러시아 소형차)를 타고 레닌그라드의 밤거리를 쏘다녔다. 이야기하고 술을 마시고 가끔은 싸우기도 하면서 말이다. 롤두긴이 주선한 만남에서 푸틴은 미래에 아내가 될 여성을 만났다. 푸틴 부부의 첫째 아이의 대부가 되어준 사람 역시 롤두긴이었다. 롤두긴은 다수의 모스폰 회사의 주인이기도 했다. 아카디 로텐버거Arkady Rotenberg와 보리스 로텐버거Boris Rotenberg 형제 역시 모스폰을 이용했다. 이들 형제는 어린 시절 친구인 푸틴과 같은 무술 도장에서 대련하는 사이였다. 소치 올림픽 건설 프로젝트 등 각종 국가 계약들 덕분에 이 형제는 갑부가 되었다. 이들의 모스폰 회사들은 수백만 달러를 비밀 대금으로 움직였다.

독일에 있던 시절부터 그리고 상트페테르부르크에서 공무원으로 일할 때 푸틴은 협력자들을 더 추가했다. 역외 공급업자는 모스폰만 있는 게 아니었다. 푸틴 밑에 있던 총리이자 그의 뒤를 이어 대통령직을 맡기도 했던 드미트리 메드베데프Dmitry Medvedev는 1990년대에 상트페테르부르크 시청에서 미래의 러시아 지도자와 함께 근무했다. 메드베데프에게는 역외 공급업자들이 여럿인 데다가 재단이나 익명회사의 대리 소유주 역할을 확실히 해 줄 학연 네트워크도 있었다. 동창들과 이들의 회사가 메드베데프를 대신해 으리으리한 저택, 요트, 포도밭을 갖고 있는 것으로 추정된다.

푸틴이 관련된 모스폰 회사들의 중심에는 상트페테르부르크의 로시야 은행Bank Rossiya도 있다. 미국 재무부는 이 은행을 두고 "러시아 연방 정부 고위층의 개인은행"이라고 표현했다. 로시야 은행 경영진은 푸틴 대통령의 2기 연임 기간인 2004~2008년 사이에 모스폰과 함께 역외회사 망을 조직적으로 구축했다. 역외회사들은 전 세계를 가로지르며 종횡무진 활약했다. BVI, 키프로스 등지에 본거지를 두고 스위스와 룩셈부르크 은행의 계좌를 보유했다. 푸틴과 로시야 은행의 인연은 1991년 7월로 거슬러 올라간다. 새로 꾸려진 외국 연락위원회를 맡은 첫 주였다. 푸틴은 로시야 은행과의 합작투자를 위해 레닌그라드 시정부를 지휘했다. 당시 지방 공산당 소유였던 로시야 은행의 상황이 막 바뀌려던 참이었다. 1991년 말 소련이 붕괴되면서 러시아에서는 공산당에 의한 지배가 종식되었다.

그 뒤에 따라온 부를 서로 차지하기 위해 벌이던 쟁탈전에 대해서는 전직 KGB 장교인 유리 슈베츠Yuri Shvets가 의회에서 증언했다. 그는 "KGB 장교들에게 있어서 최우선 순위는 신규 사업체를 설립하거나 은행 등 기존 사업체를 뚫고 진입하는 것이었다"고 말했다. 소련의 해외계좌들이 사라졌다. 오로지 개인재산으로 재등장하기 위해서였다. "소련이 붕괴하기 직전, 러시아 조직범죄가 서구 금융 시스템에 광범위하게 침투하기 시작했습니다. 소련 공산당 고위층, KGB 최고 지도자, 범죄 세계의 우두머리들이 그 게임의 주요 참가자였습니다. 이들의 형제애가 추구하는 주된 목적은 러시아가 재정적 혼란 속으로 곤두박질치기 전에 개인적 부를 최대한 축적하고 해외에 안전한 피난처를 구축하는 것이었습니다." 슈베츠는 이처럼 증언했다. 공산당이 보유했던 로시야 은행 주식의 대부분은 한 무리의 상트페테르부르크 사업가들에게 돌아갔다. 물리학자에서 은행가로 변신한 유리 코발추크Yury Kovalchuk, 독일 다국적 기업 지멘스Siemens의 대표 니콜라이 샤마로프Nikolai Shamalov도 포함되었다.

로시야 은행 주주들과 이들을 후원하는 정부 인사 푸틴은 상트페테르부르크 외곽 콤소몰스코예Komsomolskoye호 동쪽 연안에 있는 외부인 출입 제한 주택지의 다차dacha(러시아의 시골 별장)를 공동으로 관리했다. 푸틴이 시청 공무원 월급으로 어떻게 여름 별장을 소유할 형편이 됐는지는 수수께끼다. 여하간 이들은 외부인 출입 제한 주택지의 입주자를 위해 러시아어로 호수를 뜻하는 오제로Ozero 협동조합을 만들었다. 협동조합은 구성원 누구나 돈을 넣고 뺄 수 있는 공동 은행 계좌를 보유했다. 이는 수십 년 뒤 모스폰 파일에 나오는 활동들을 가능하게 만든 모델이었다. 모스폰 파일을 보면 협동조합을 만든 이들과 동일한 인물들이 다수 관련되어 있다.

게나디 페트로프Gennady Petrov도 로시야 은행 초기 투자자였다. 현재 법집행기관 정보원들이 밝혀낸 바에 의하면 그는 상트페테르부르크의 범죄조직인 탐보프스카야Tambovskaya의 우두머리였다. 1995년 모스폰은 USA 기업지원국을 대신하여 그와 동명인 이사와 함께 회사를 설립했다. 회사의 주인이 범죄조직 두목인지, 3년 뒤 사라지기 전까지 그 회사가 무슨 일을 했는지는 불분명하다. '조직범죄와 부패 보도 프로젝트OCCRP'는 페트로프의 사업 파트너가 상트페테르부르크 시절 초창기로 거슬러 올라가면 만나게 되는 이반 말리유신Ivan Malyushin과 관련되어 있다고 봤다. 말리유신은 푸틴의 협력자로, 크렘린(러시아 정부)에서 대통령부 장관을 지낸 인물이다. 말리유신 본인도 모스폰 회사를 보유하고 있었다. 페트로프는 푸틴 쪽 연줄이 더 있었다. 러시아 정보기관은 법의 테두리 바깥에서 이뤄지는 활동을 돕기 위해 러시아 마피아와 협력한 오랜 역사가 있기 때문이다.

모스폰 파일에 등장하는 러시아 마피아는 페트로프뿐만이 아니었다. 세미온 모길레비치Semion Mogilevich와 관련된 자들 역시 모스폰 회사를 다수 보유했다. 모길레비치는 범죄 세계에서 세력을 떨치며 한때 '두목들의 두목'으로 불리던 인물이다. 미국 검찰은 모스폰 회사 로즈버드 컨설턴트Rosebud Consultants가 알 수 없는 이유로 그 범죄조직 두목에게 월 2만 달러를 지불하고 있다고 봤다. 모스폰 파일에는 러시아에 뿌리를 둔 초국가적 범죄조직 '형제단'에 관한 부분도 나온다. 미국 재무부는 형제단이 다수의 범죄 네트워크를 조직화하는 몸통 역할을 한다고 보고 있다.

1990년대에 로시야 은행 주주들과 푸틴은 상부상조했고 일단 푸틴이 권력의 등에 올라타자 더 큰 부가 그들을 기다리고 있었다. 1996년 푸틴이 모시던 상트페테르부르크 시장이 선거에서 패하고 말았다. 그런데 실패로 보였던 상황이 오히려 기회가 되었다. 크렘린의 대통령 총무실을 관장하던 파벨 보로딘Pavel Borodin이 푸틴을 총무실 부실장으로 선임했다. 보리스 옐친 대통령 집권기의 러시아는 '부패의 뷔페'였다. 그렇기는 하지만 당시만 해도 할 말은 하는 자유분방한 언론이 여전히 존재했고 논객들은 옐친의 후원 네트워크 역할을 하는 총무실을 '특혜부'라고 지칭했다.

보로딘은 그 뒤에 발생한 문제들로 인해 모스폰 파일에 등장하게 된다. 푸틴이 모스크바에서 일을 시작할 무렵 보로딘은 크렘린 대궁전을 개조하기 위해 스위스 건설회사와 계약을 체결했고 그 후로 자매회사들과의 계약이 줄줄이 이어졌다. 스위스 당국이 추산한 바에 따르면 프로젝트들이 마구 쏟아지는 과정에서 약 3,000만 달러에 달하는 리베이트가 발생했고 보로딘이 이를 분배했다. 이 돈은 여러 사람이 잘 다져놓은 경로를 통해 흘러갔다. 그 경로들이란, 키프로스의 셸컴퍼니, 제네바와 루가노의 은행 계좌, 리히텐슈타인과 파나마의 재단이었다. 보로딘과 계약을 체결한 스위스 건설회사는 러시아 대통령과 그의 아내, 두 딸을 대신해 신용카드 대금을 내주었다.

독립적인 검사였던 유리 스쿠라토프Yury Skuratov가 수사에 나섰다. 그와 닮은 남성이 등장하는 스캔들 테이프가 유출되는 사건이 터지기도 했으나 스쿠라토프는 숨은 의중을 알아채고 물러서기를 거부했다. 옐친은 그를 해고했다. 이 일이 있기 1년 전인 1998년, 옐친은 KGB의 후신인 연방보안국 국장 자리에 푸틴을 임명했다. 이 시기에 옐친에게 충성심을 보인 덕분에 푸틴은 총리 자리를 차지하게 됐다. 옐친은 1999년 12월 31일 사임했다. 스위스가 보로딘에 대한 체포영장을 발부하기 직전이었다. 푸틴은 대통령 권한 대행이 되었다. 그가 제일 먼저 취한 조치는 옐친을 사면하고 보로딘을 러시아-벨라루스 국가연합 사무총장으로 임명하는 것이었다. 그 자리는 외교관 면책특권을 보유했다. 모스폰은 거의 10년이 지난 뒤인 2009년에야 보로딘의 존재를 알게 되었다. 보로딘을 담당하던 은행가는 모스폰 고객이기도 했는데, 보로딘 사건에서 자금세탁 혐의로 스위스 법정에 기소됐다는 사실을 모스폰이 알게 되면서였다. 그 은행가는 결백하다고 항변했지만 어찌됐든 모스폰은 그 은행가가 설립한 회사들에서 물러났다.

유르겐 모색은 러시아인들과 직접적으로 사업을 할 때 늘 의심을 품고 있었다. 그는 다음과 같이 설명한다. "소련이 붕괴된 뒤 공장의 보조 관리자들은 올리가르히oligarch(러시아의 신흥재벌-옮긴이)가 됐습니다. 정상적인 일은 아니었죠. 누구라도 알 겁니다."

USA 기업지원국의 존 고든은 심각하게 받아들이지 말라고, 냉전은 끝났다고 모색을 놀렸다. 모색의 우려와는 상관없이 조세피난처의 역외회사, 재단, 신탁을 통해 키프로스와 스위스로 흘러들어가는 엄청난 규모의 러시아 자금을 도저히 막을 도리가 없었다. 러시아인들은 수천 명까지는 안 돼도 수백 명 정도 되는 변호사와 은행가를 매개로 모스폰 회사를 취득했다. 로시야 은행 네트워크 역시 이미 그 전부터 모스폰과 관계를 맺어온 스위스 변호사들을 통해 그 파나마 회사로 오게 되었다.

사법제도가 제대로 작동되지 않고 경제가 휘청거리는 나라에서 자기 돈을 보호할 기회가 있는 러시아인들은 응당 그렇게 했다. 러시아 정부에 따르면 1999~2015년 사이에 러시아는 대략 5,500억 달러의 순자본 유출을 경험했다. 실제로는 1조 달러가 넘게 빠져나갔다고 추정하는 이들도 있다. 역외회사는 러시아 밖으로 재빨리 돈을 빼돌리는 일반적인 수단이었다. 하지만 이런 식의 조치만으로는 불충분한 경우도 있었다. 누군가가 파나마에 등록된 모스폰 회사에 불법적으로 손을 대려고 했을 때 모스폰은 이 사실을 깨달았다. 회사의 실소유주는 러시아 출신 향신료 수입업자였다. 범인은 불법적으로 이사진을 교체해 회사에 대한 실권을 장악하기 위해 현지 변호사와 통역사를 구했다.

모스폰은 상황을 파악하자마자 그 범행 계획을 중단시켰다. 러시아 수입업자를 대리하여 모스폰을 상대하던 오스트리아 변호사는 놀라지 않았다. "현재 이런 식의 기업 인수가 유행이에요. 러시아에서는 날마다 관행처럼 벌어지는 일이죠." 변호사는 모스폰에 보낸 메일에서 이렇게 전했다.

푸틴의 호감을 산 이들은 국가 이권을 합법적으로 손에 넣을 수 있었다. 게나디 팀첸코Gennady Timchenko는 상트페테르부르크 시절에 형성된 푸틴의 인맥이었다. 그 역시 로시야 은행의 주주였다. 팀첸코는 군보르Gunvor라는 석유 무역 회사와 국가가 주도하는 사회기반시설 프로젝트로 수십억을 벌었다. 미국 정부는 여기서 더 나아가 푸틴이 사적으로 군보르의 일부를 소유하고 있다고 주장했다. 팀첸코는 미국이 자신에 대한 제재 조치를 발표하기 전에 군보르 주식을 팔았다.

미국 재무부에 따르면 팀첸코는 BVI에 등록된 사우스포트 매니지먼트라는 모스폰 회사와 관계 있었다. 이 회사는 리히텐슈타인의 세쿼이아 독일 신탁청이 설립한 것이었다. 세쿼이아 독일 신탁청은 동유럽 고객을 독점적으로 보유했으며 모스폰과도 사업적으로 가깝고 유익한 관계를 맺고 있었다. 세쿼이아는 고객의 익명성을 완벽하게 보장하기 위해 회사와 재단을 한데 모아 겹겹이 쌓아올리는 데 선수였다. 세쿼이아와 모스폰이 함께 만든 회사는 최소 222개였다. 하지만 모스폰은 대부분의 회사들이 누구의 것인지는 몰랐다. 모든 고객은 그와 같은 정보를 알려줘야 한다는 모스폰의 요청에도 불구하고 세쿼이아는 소유주에 관한 적절한 정보 제공을 완강하게 거부했다. 모스폰 파일에서 발견된 회의록에 따르면 세쿼이아는 심지어 모스폰이 고객들에게 보낸 계약서에 서명하는 것조차 거절했다.

반면 로시야 은행의 네트워크는 모스폰 파일에 훤히 드러나 있다. 로시야 은행의 한 간부는 셸컴퍼니를 만들기 위해 스위스 로펌 디트리히 바움가트너Dietrich Baumgartner와 접촉했다. 이 로펌은 모스폰에 협조를 요청했고 2006년 3월 모스폰은 BVI에 샌달우드 콘티넨탈Sandalwood Continental을 등록했다. 그 후로 7년에 걸쳐 20억 달러 상당의 돈이 그 셸컴퍼니를 통해 흘러다녔다. 샌달우드는 키프로스의 러시아상업은행RCB으로부터 돈을 빨아들였다. 부분적으로 러시아 국영은행인 VTB 소유인 RCB는 수상한 대출 절차에 관여했고, 심하다 싶을 정도로 유리한 주식 거래를 통해 지속적으로 이득을 챙겼다. 샌달우드 및 그 뒤에 추가로 설립된 로시야 은행 네트워크의 네 개 회사가 관련된 개별 거래 건수는 100건에 가깝다.

이 네트워크에 자금을 대던 로시야 은행 간부는 거래 사실을 숨기기 위해 샌달우드 등의 명의이사를 모스폰에 요청했다. 샌달우드 이사들인 '앨런, 윌슨, 윙'이라는 이름은 수십 건의 대출 및 주식 거래 서류에 올라가 있다. 적어도 이론상으로는 은폐막을 한 겹 더 제공하는 셈이었다. 명의이사의 서명이 필요한 회사의 공식 기록은 모조리 모스폰의 파나마 본사를 거쳐야 했다(이 기록들은 모스폰의 파나마 사무실에 있는 기록보관소로 들어갔다).

서류상으로 샌달우드 콘티넨탈의 지정 소유주인 올렉 고딘Oleg Gordin은 별 볼 일 없는 사업가였다. 그는 RCB의 계좌 개설 신청서에 '법집행기관'에서 근무한 이력이 있다고 적었다. 샌달우드를 설립하고 활동을 총지휘한 로시야 은행 간부는 고딘보다 뒤탈이 없을 만한 사람을 찾기도 쉽지 않았을 것이다. 거의 주목받지 못했던 사람이었기에 고딘은 믿기 어려울 정도로 어마어마한 액수의 돈을 만질 수 있었다. 2009~2012년 RCB는 샌달우드에 대해 신용한도를 최대 8억 달러까지 제공했다. 로시야 은행은 실적이 '제로'인 남성과 확실한 사업 모델이 전무한 회사가 그 돈을 사용할 수 있게 해주었다.

파나마에 있는 모색과 폰세카조차 샌달우드와 RCB의 관계가 뭔가 이상하다는 것을 알아챌 정도였다. RCB가 맨 처음 샌달우드에 대출해준 금액은 1억 300만 달러였다. 대출 규모 및 이를 둘러싼 의문들이 위험신호를 보냈다. 대출 서류에는 어느 정도의 금리가 부과될 것인지, 언제 대출을 상환할 것인지, 지출 목적이 무엇인지에 관한 세부 설명이 전혀 없었다. "이 문제는 미묘한 것 같습니다." 유르겐 모색은 파트너들에게 보낸 메일에 이렇게 썼다. 그는 잠시 멈춰 서서 모스폰이 노출될 위험성에 비례하여 증가한 비용 총액을 계산해 청구액을 재검토하는 기회로 삼았다.

모색은 명의이사들이 세부적인 필요조건이 충족되지 않은 상태에서 그와 같은 거액의 여신에 서명할 경우 모스폰이 "출처와 도착지가 불분명한 대금 지불 상황에 놓일 수 있다"고 설명했다. 추후에 대출이 부적절한 것으로 드러났을 때 모스폰에 과실이 있다는 판결을 받고 싶지 않았다. 크리스토프 졸링거도 동의했다. 그는 모스폰의 책임을 면제하는 보상장을 받지 않은 상태에서는 서명하지 않는 게 좋다고 답했다.

대출을 주도한 로시야 은행 간부는 모스폰의 재촉에 못 이겨 세부 내용을 좀 더 제공했다. 유조선을 구매하기 위한 대출로 보였다. 그는 상환 일정을 첨부하고 모스폰이 요구한 보상장도 추가했다. 대출 과정은 착착 진행되었다. 로시야 은행 네트워크가 모스폰을 통해 대출을 주도한 게 처음은 아니었다. 모색과 폰세카도 알았겠지만, 마지막이 될 것 같지도 않았다. 모스폰은 그저 서명 몇 개만 제공한 이 거래 하나로 2,000달러 넘게 벌었다. '미래 수익'이라는 망령이 모스폰의 계산에 크나큰 영향력을 발휘한 듯했다. 모색과 폰세카는 향후 있을 거래에도 파란불을 켜주었다. 그들은 국유 은행에서 익명회사로 수억 달러를 이전하는 것을 모스폰 명의자들이 승인하도록 해주었다.

로시야 은행 네트워크 내에서 샌달우드는 대출을 위한 어음교환소, 잡다한 경비를 처리하는 신용카드 역할을 했다. 오제로 협동조합이 보유한 은행 계좌의 기능과 정확하게 겹친다. 다시 말해 샌달우드는 공용 자금이 흘러들어가는 그릇이었다. 모스폰 파일에 나와 있는 바에 따르면 샌달우드는 2009년에는 약 6억 달러, 2010년에는 최소 3억 5,000만 달러를 대출했다. 대출받은 돈은 대부분 모스폰이 아닌 다른 공급업자들이 만든 회사들로 들어갔다.

샌달우드는 경치 좋은 라도가Ladoga호 북단의 소르타발라Sortavala라는 도시에 소재한 한 회사에 73만 7,000달러가량을 빌려주었다. 이 회사는 토지와 호텔 복합단지를 소유하고 있었다. 샌달우드는 몇 년에 걸쳐 1% 금리로 러시아 기업 오존Ozon에 1,130만 달러를 빌려주었다. 대출금의 상환 기간은 20년으로 늘어나기도 했다. 대출 조건에서 통화를 변경하기도 했는데, 그렇게 되면 오존이 상환해야 하는 금액의 가치가 절하되었다. 샌달우드는 오존과 주소지가 같은 또 다른 회사에도 유사한 조건으로 59만 달러를 빌려주었다. 라도가호에 요트 클럽을 짓기 위해서라는 게 그 회사의 대출 목적이었다.

로시야 은행의 유리 코발추크Yury Kovalchuk는 당시 샌달우드로부터 돈을 받았던 오존의 공동 소유주였다. 그 무렵 코발추크는 로시야 은행의 CEO이자 최대주주였다. 몇 년 뒤 미국 정부는 코발추크가 푸틴의 금고지기 가운데 한 명이라는 사실을 밝혀냈다. 샌달우드가 오존에 돈을 대출해주기 시작하고 나서 1년 뒤, 코발추크의 회사는 오제로 협동조합 주택에서 그리 멀지 않은 곳에 있는 아주 큰 산을 취득했다. 오존은 그 산에 이고라Igora 스키 리조트를 건설했다. 전하는 바에 따르면 그 리조트는 푸틴이 스키를 타기 위해 애용하는 장소라고 한다. 그곳에는 지역 주민들이 푸틴의 전용 별장이라고 이야기하는 다차도 있다. 2013년 이

고라 스키 리조트에서는 경계가 삼엄한 가운데 푸틴의 막내딸 카테리나 티코노바의 결혼식이 진행되었다. 신랑은 키릴 샤마로프로, 로시야 은행 대주주이자 오제로 협동조합의 일원인 니콜라이 샤마로프 전 지멘스 대표의 아들이었다.

샌달우드를 설립하고 1년이 지난 뒤인 2007년, 로시야 은행 경영진은 또 다른 회사 소네트 오버시즈Sonnette Overseas를 출범시켰다. 이곳의 소유주는 올렉 고딘보다 훨씬 더 희한한 사람이었다. 서류상으로 그 회사는 푸틴의 절친 세르게이 롤두긴의 것이었다. 소네트를 만들고 나서 1년이 지난 뒤 로시야 뱅크는 인터내셔널 미디어 오버시즈를 설립했다. 이 회사 역시 표면상 소유주는 롤두긴이었다. 그는 본인을 일컬어 사업 경험이 전무한 음악가라고 했지만, 그의 회사들은 수익을 내고 복잡한 거래를 처리하는 데 있어서 초자연적인 능력을 보여주었다.

이해하기 힘든 많은 돈이 주식 거래 등 여러 경로로 롤누긴의 회사로 흘러 들어갔다. 2010년 인터내셔널 미디어는 러시아 기술회사 로즈네프트Rosneft의 주식을 사들이기로 했다. 이 거래의 상대는 모스폰과는 무관한 익명의 파나마 회사였다. 계약서에는 거래가 성사되지 못할 경우 롤두긴의 회사에 대략 75만 달러의 위약금을 지급한다는 단서 조항이 붙어 있었다. 계약서 두 부가 같은 날 발송되었다. 한쪽은 거래를 이행했으나 다른 한쪽은 거래를 취소했다. 미준수 단서 조항을 작동시켜 롤두긴의 회사에 노다지를 안겨줄 수 있도록 말이다. 이런 식으로 의 아한 대금 지불을 합법적으로 보이게끔 만들었다.

케이맨 제도의 익명회사에는 다른 방식이 적용되었다. 바로 러시아 방위산업체 로스텍Rostec과 동일한 주식 총액을 교환하는 것이었다. 결과적으로 총 금액은 서로 상쇄되므로 실제로 로스텍 주식에 대한 소유권 이전은 발생하지 않는다. 다음 단계로 계약서를 소급적용하게 되는데, 그렇게 되면 케이맨 제도 회사의 주식 가치가 떨어지게 되므로 이로 인해 발생하는 차액을 그 회사가 인터내셔널 미디어에 지불하는 식이었다. 이런 과정으로 진행되는 일련의 거래를 통해 인터내셔널 미디어는 2011년에 46만 3,800달러의 순이익을 거뒀다.

롤두긴의 회사 소네트 오버시즈는 훨씬 야심이 컸다. 이 회사는 한 컨소시엄에 비밀리에 참여했다. 러시아 최대 트럭 제조사인 카마스Kamaz를 장악하기 위한 대단히 복잡한 계획이었다. 모스폰 파일에 등장하는 몇몇 계약서에는 회사 배당, 책임 교환에 대한 내용이 나온다. 거래가 성사된다면 그 첼리스트는 사업 계획, 예산, 외국인 투자자들의 역할에 대한 결정권을 얻게 될 터였다. 하지만 2008년 금융 위기로 궤도에서 이탈하고만 이 거래는 실현되지 못했다. 회사들은 복잡하게 얽혀 있었지만, 롤두긴 본인은 사업적 이해관계에 있어서 매우 자유방임주의적인 태도를 보여주었다. "서명을 받아야 할 때 인터내셔널 미디어나 다른 회사들의 실소유주와 연락하기가 힘들 때도 있습니다." 로시야 은행 간부는 모스폰에 보낸 메일에서 이렇게 푸념하기도 했다.

그 간부는 우회 작전을 제안했다. 그는 서류에 서명하는 권한을 다른 사람에게 위임하는 방식을 쓰기로 했다. 덕분에 그 간부는 음악가를 귀찮게 하지 않아도 되었다.

2008년 푸틴은 대통령직에서 물러났다. 러시아헌법은 대통령의 3선 연임을 허용하지 않았기 때문이다. 푸틴은 드미트리 메드베데프 총리와 자리를 맞바꿨다. 직함은 달라졌지만 푸틴의 권위는 약화되지 않았다. 2008~2012년 푸틴이 총리로 재임하던 시절, 로시야 은행의 대차대조표 규모는 40억 달러에서 80억 달러 이상으로 두 배 이상 커졌다. 모스폰과 함께 구축한 역외 네트워크 역시 최고 속도로 움직이기 시작했다. 푸틴이 직함을 바꾸기 전, 로시야 은행은 공세적으로 언론을 소유하는 데 열을 올렸다. 로시야 은행이 한 텔레비전 방송국의 지분을 사들이자 푸틴은 국영방송사를 만들었다. 고발, 폭로 보도 등으로 유명했던 렌 TVRen TV 역시 로시야 은행이 장악했다. 새 주인 밑으로 들어가면서 그간 쌓아온 렌 TV의 명성도 막을 내리고 말았다. 로시야 은행은 러시아 최대 광고 대행업체인 비디오 인터내셔널 지분 16%도 보유했다. 인터내셔널 미디어 오버시즈 역시 비디오 인터내셔널 지분 12.5%를 보유했다. 모스폰 파일에서 발견된 은행 계좌 내용을 보면 롤두긴이 배당금으로 받은 액수는 1년에 대략 1,000만 달러 정도였다.

로시야 은행 네트워크의 역외 활동 가운데 상당 부분은 키프로스를 중심으로 이뤄졌다. 유럽연합으로 들어가는 출입구인 이 나라는 심각하게 부패한 상태였다. 즉시 이용 가능한 은행 계좌가 딸려 있는 셸컴퍼니를 묻지도 따지지도 않고 구매할 수 있었다. 돈 있는 러시아인들은 수년 간 키프로스 은행으로 떼 지어 몰려들었다. 키프로스는 샌달우드의 탐욕스러운 은행, 바로 RCB가 위치한 곳이기도 했다. 그런데 2012년 키프로스는 금융 위기에 빠지기 시작했다. 차입금 비율이 과도하게 높은 그 섬나라의 금융기관들이 채무불이행 상태로 전락하자, 로시야 은행 경영진은 본인들이 만든 회사를 다른 공급업자들과 담당 지역으로 옮기기 시작했다. 이들은 혼자가 아니었다. 러시아 동포들 역시 하나같이 키프로스를 빠져나갔다. 이 기간 동안 러시아인들의 BVI 직접 투자가 여덟 배로 늘었다.

샌달우드 콘티넨탈은 일련의 대출 양도를 통해 수억 달러에 대한 권한을 BVI의 OVE 파이낸셜로 이전했다. 새 주인은 대체로 1달러에 대한 대출 권리를 얻었다. OVE 파이낸셜은 파나마에 있는 모스폰의 경쟁사 모건 앤드 모건 로펌에 등록된 회사로, 키프로스보다는 안정적인 조세피난처 룩셈부르크에서 사업 활동을 했다.

그 무렵 셸컴퍼니 세 곳이 모스폰과 로시야 은행이 설립한 선반 리미티드Sunbarn Limited에 막대한 대금을 지불했다. 푸틴의 어린 시절 무술 친구인 아르카디 로텐버거가 그 회사의 실권자였던 것으로 보인다. 아마도 러시아-유럽 간 천연가스 파이프라인을 건설하는 400억 달러짜리 정부 계약에 따른 대금 지불이었을 것이다. 결과적으로 그 파이프라인 건설 계획은 구체화되지 못했다. 하지만 미국 재무부가 2014년 러시아의 우크라이나 침공에 대해 푸틴을 압박하는 용도로 로텐버거 형제에 대해 제재 조치를 내리자, 푸틴은 그 형제가 더 많은 계약을 따낼 수 있도록 수도꼭지를 활짝 열어 주었다. 측근들이 보기에 푸틴은 충성심을 보호와 기회로 보상해주는 사람이었다. 2016년 아르카디 로텐버거는 82억 달러라는 엄청난 규모의 프로젝트들을 따낸 러시아 정부 사업자로 〈포브스Forbes〉에 처음 이름을 올렸다.

모스폰 파일에 나와 있는 바에 따르면 로텐버거 형제는 재산의 일부를 자식들에게 이전하기 시작했다. 아르카디 로텐버거의 경우 다수의 비밀 역외회사 소유권을 아들 이고르에게 넘겼다. 로이터 통신은 러시아 지도자 본인이 모범을 보이고 있다고 보도했다. 푸틴의 딸이 이끄라 스키 리조트에서 샤마로프의 아들과 결혼식을 올리고 나서 얼마 지나지 않아 그 푸틴의 사위는 겨우 서른 살의 나이에 국영은행 가즈프롬방크Gazprombank로부터 약 13억 달러를 빌릴 수 있었다. 그는 이 돈을 러시아 최대 석유화학 기업의 지분 21%를 취득하는 데 사용했다. 그리고 1년도 채 안 돼 그 지분의 가치는 최소 20억 달러로 증가했다.

푸틴 일당이 자식들에게 수십억 달러를 물려주는 동안 러시아의 일반 국민들은 살아남으려고 발버둥 쳤다. 천연자원이 풍부한 러시아의 일인당 GDP는 9,000달러 정도다. 많은 러시아인들은 경제 사정 때문에 어쩔 수 없이 해외에서 일자리를 구해야 하는 형편이었다. 63세의 기계 기술자 블라디미르 크라예보이Vladimir Kraevoy도 그런 사람들 가운데 한 명이었다. 2011년 크라예보이는 러시아 화물선 로스호의 승무원으로 들어갔다. 그는 한 달에 3,000달러를 지급한다는 6개월짜리 계약서에 서명했다. 대부분의 러시아 사람들에게는 꽤 큰돈이었다. 로스호의 소유주는 모스폰이 아랍에미리트의 중개인을 통해 2004년에 만든 BVI 회사 다멜로 그룹Damelo Group이었다. 모스폰 파일에 따르면 이 역외회사 등을 통해 러시아인 네 명이 로스호를 비롯한 선박 몇 척을 소유했다. 이들은 투발루, 키리바시 같은 태평양의 작은 섬나라들 사이에서 선박 등록지를 이리저리 옮기며 비밀 유지 장막을 추가했다. 선박 등록국은 자국 국기를 게양한 선박에 대해서는 정보를 요구하거나 규제를 가하는 일이 거의 없었다. 크라예보이는 돈을 벌기는커녕 노예선에 올라탄 포로 신세임을 깨달았다. 로스호 선장은 크라예보이 등 승무원들의 신분증명서를 빼앗았다. 배에는 에어컨이 한 대도 없었다. 페르시아만을 지나는 동안 승무원들은 쪄죽을 지경이었다. 선실에는 해충이 들끓었다. 물과 식량이 부족했고 비누는 구경조차 할 수 없었다. 선장은 불평하는 선원들에게 학대를 가했고 임금조차도 주지 않았다.

크라예보이는 선미에 있는 디젤 엔진을 손보다가 심하게 넘어지고 말았다. 몇 차례 입항에도 선장은 치료를 받게 해달라는 그의 요청을 받아들이지 않았다. 대신 불침번을 서게 하는 등 강제로 일을 시켰다. 한 달도 안 돼 그 기술자는 사망했다. 동승했던 또 다른 승무원 에드와르드 보르다첸코Edward Bordachenko는 실종되었다. 로스호의 환경에 대해 러시아선원조합에 불만을 제기한 뒤였다(그의 시신은 발견되지 않았고 보르다첸코의 부인은 남편이 배 밖으로 버려졌다고 확신한다). 선장이 임금 지급을 거부하자 나머지 선원들은 간신히 탈출하여 쿠알라룸푸르의 러시아 대사관으로 피신했다.

러시아 경찰은 로스호에 대해 체포영장을 발부했으나 선주들은 네레이호로 이름만 바꾼 채 항해를 계속했다. 이들은 또 다른 모스폰 회사를 통해 벨레스호도 소유했다. 벨레스호는 필리핀에 버려졌다. 러시아인 열두 명, 인도인 여덟 명, 우크라이나인 한 명으로 구성된 승무원 전원은 임금도 받지 못해 무일푼이 된 채로 오도 가도 못하는 상황이 되고 말았다. 반면 선주들은 파산 선언을 하고는 상처 하나 없이 말짱하게 탈출했다.

2012년 5월 러시아 검찰은 이 선주들 가운데 두 명, 블라디미르 보브로프Vladimir Bobrov와 글레브 클로코프Gleb Klokov를 폭력으로 겁박해 강제 노동을 시킨 혐의와 강제 노동으로 한 사람을 사망에 이르게 한 혐의로 기소했다. 그러나 두 사람은 지금껏 재판을 받은 적도, 옥살이를 한 적도 없다.

8장

예술품 보관처의
비밀

▶ 은행에 외국인들의 돈을 숨겨주는 데 일가견이 있던 스위스는 예술품에 대해서도 유사한 서비스를 제공한다. 스위스에서 예술품 거래는 수십억 달러짜리 사업으로, 그 중심에는 제네바 프리포트Geneva Freeport가 있다. 제네바 서부 공업 지대에 위치한 제네바 프리포트는 면적이 5만 5,740m²가 넘는 보관소로, 공장 단지의 보안 울타리 뒤로 회색과 적색의 다층 창고들이 죽 늘어서 있다. 이 창고들에는 로마 시대 유물부터 (1,000점에 이를 것으로 추정되는) 피카소의 작품까지 120만 점에 가까운 예술품들이 총망라되어 있다. 제네바 프리포트에 있는 물품들을 다 합치면 그 가치가 줄잡아 1,000억

달러가 넘는다. 그런데 박물관과는 달리 이 보물들을 한꺼번에 모두 볼 수는 없다. 그것들은 금고 안에 있기 때문이다. 그리고 대개 그 안에 무엇이 들어 있는지는 창고의 주인만이 알고 있다.

익명성의 막을 더하려는 사람은 대다수 프리포트 고객들처럼 BVI 혹은 그와 유사한 비밀 유지 담당지역에 역외회사를 설립한 다음, 그 회사의 이름으로 금고를 대여할 수 있다. 스위스에서는 역외회사의 실소유주를 밝힐 의무가 없다. 프리포트는 역외회사 뒤에 있는 주인의 신원에 대해 묻지 않을 것이다. 그런데 칙칙하고 볼품없는 이곳으로 사람들을 끌어들이는 요인 가운데 비밀 유지보다 훨씬 매력적인 요인은 프리포트(자유무역항)의 재정적 이득이다. 예술품이 프리포트 내에 있는 한 세금이 면제된다. 뉴욕에서 경매로 구매한 그림을 제네바 프리포트로 실어올 수 있는데, 그렇게 되면 그림이 이 콘크리트 조세피난처의 경계를 벗어나기 전까지는 어떤 정부도 땡전 한 푼 걷을 수 없는 것이다.

제네바에 있는 보관소가 가장 오래되긴 했지만 룩셈부르크, 모나코, 싱가포르, 베이징, 델라웨어주에도 예술품에 특화된 자유무역항이 있다. 이 지역들은 부유하고 부도덕한 이들에게 인기가 있다. 2016년 이탈리아 경찰은 제네바 프리포트에 있는 물품 운송용 대형 상자들을 비집어 열었다. 한 역외회사가 임대한 금고를 15년 동안 차지하고 있던 보관용 상자들이었다. 경찰은 그 안에서 값을 매길 수 없을 정도로 귀중한 로마와 에트루리아 유물들을 무더기로 찾아냈다. 파산한 영국인 미술상이 보관해둔 것으로, 그는 법정에서 재산에 대한 허위진술로 징역형을 선고받았다. 경찰은 아직 드러나지는 않았으나 이 같은 사례가 더 있을 것으로 보고 있다. 하지만 결코 확신할 수는 없다. 물품 목록에 대한 추적이 지속적으로 이뤄지지 않기 때문이다.

이는 그저 예술품 보관 장소에 그치지 않는다. 그 울타리 안에서는 판매도 이뤄진다. 예술품이 판매자의 금고에서 구매자의 금고로 간단히 옮겨지고 셸컴퍼니들의 은행 계좌 사이에서 돈이 오간다. 예술품 자체는 자유무역항에서 한 발짝도 나가지 않는다. 각국 정부 관료들은 이를 통해 자금세탁이 이뤄질지도 모른다고 우려한다. 짐작컨대 자금세탁업자들은 소유주는 동일하나 별개로 존재하는 역외회사들 간에 판매가 이뤄진 것처럼 꾸밀 수 있다. 역외회사들은 출처가 깨끗한 돈을 추가하기 위해 자유무역항 내에서 부풀려진 가격으로 물품을 사고판다. 적법성이라는 품격을 제공해주는 자유무역항을 이용하여 실제로 존재하지 않는 물품까지도 거래할 수 있다. 다만 이런 관행이 정말로 있는지, 있다면 어느 정도로 일어나는지는 알려져 있지 않다.

사실 예술품 이전 사업은 익명성을 유지하면서도 사기를 당할 위험성은 최소화하기 위해 발달했다. 자유무역항에서 활동하는 기업들은 구매 가격을 에스크로에 예탁하고, 구매한 예술작품의 관리인 역할을 맡는다. 그러면서 적절한 시기에 어느 쪽도 속 끓이는 일이 없게끔 당사자 간의 거래를 감독한다. 작품의 진위 여부를 검증하거나 복원 작업을 하기 위해 자유무역항

내에 연구실까지 만든 회사도 있었다. 자유무역항은 예술 사업이 번영을 누리는 토대가 되는 비밀 유지의 한 가지 사례에 불과하다. 전 세계적으로 해마다 300억 달러에 이르는 예술품이 거래되고 있으며, 이 가운데 절반 이상은 비공개로 판매가 이뤄진다. 이 사업에 발을 담근 이들은 하나같이 비밀세계의 유용성을 깨닫게 된다. 익명회사들은 구매자와 판매자를 잇는 미술상들이 불필요한 요식 행위나 서류 작업을 피할 수 있게 해준다. 미술상들은 예술품 자체만큼이나 정보를 공개하지 않은 상태에서 거래를 진행한다. 팔려고 내놓은 물건은 무엇인가? 사고 싶어하는 이는 누구인가? 그리고 얼마에 팔 것인가? 이 모든 사안을 불문에 붙인다. 주인을 숨기면 중개인이 정보를 통제할 수 있다. 크리스티나 소더비 같은 경매 전문회사들 역시 비밀 유지로 득을 본다. 이들은 호가를 올리거나 가격을 보장하기 위해 거래 뒤에 있는 사람의 신원을 감춘다. 구매자와 판매자는 세무당국부터 친척이나 사업 관계자에 이르기까지 모든 이들이 알 수 없도록 역외회사를 이용한다.

비밀 유지 외에도 조세피난처, 자유무역항, 익명회사를 예술품 사업에 유용하게 활용할 수 있는 방법이 다수 존재한다. 조세피난처에 사업체를 두는 것은 재정 면에서나 물류 면에서나 합리적이다. 그림 한 점이 구매 단계에서 최종 단계에 이를 때까지 여러 국가를 거치게 되고 소송이 발생할 경우 적절한 보호막을 제공해주기도 한다. 자유무역항은 온도 조절이 되고 보안이 철저한 최첨단 보관소인 동시에, 보험료를 최소화해 주기도 한다 (집에 걸려 있는 비싼 그림들은 보험에 가입하는 데 더 많은 비용이 든다).

모스폰 파일에는 예술품 사업에 종사하는 유명인사 몇 사람이 포함되어 있다. 예술품을 사고팔고 대개의 경우 자유무역항으로 옮기기 위해 모스폰 회사를 이용한 고객들이다. 하지만 모스폰 파일에서 확인할 수 있는 예술 사업 활동의 규모는 빙산의 일각에 불과할 개연성이 크다. 모스폰 회사들 중 대다수는 이후 모스폰과 접촉한 일이 거의 없었다. 자유무역항을 이용하는 소유주들은 등록이 되어 있지 않기 때문에 얼마나 많은 모스폰 회사들이 자유무역항에 귀중품을 보관했는지 혹은 예술품 사업에 연루되었는지 알기는 어렵다.

예술품은 언제나 보관과 이동이 용이한 가치 수단이었다. 은행들이 도산하고 거리에 유혈이 낭자할 때 사람들은 줄행랑을 치기 전에 갖고 있던 예술품과 보석부터 챙겼다. 수백만 달러짜리 작은 그림 한 점은 여행가방 안에 쏙 들어간다. 예술품은 차가운 돈에서는 결코 발견할 수 없는 감정의 보고寶庫이기도 하다. 자유무역항이라는 개념 자체의 기원은 19세기까지 거슬러 올라간다. 소위 보세구역이라는 것이 곡물, 담배, 공산품 같은 상품들의 임시 보관소로 활용되던 시기다. 시간이 흐르면서 보세구역은 점차 초부유층이 예술품, 골동품, 보석, 시계, 빈티지 와인을 보관하는 면세 보물창고로 변모했다.

창고 보관 물품이 곡물이나 직물 제품에서 사치품으로 바뀐 것은 예술품 수집에서 나타난 행동 양식의 변화와 맥을 같이 한다. 예술품 수집 양태의 변화는 권력화되고 이동이 자유로운 글로벌 엘리트 계층의 출현으로 가속화되었다. 과거에는 예술 후원자들이 자신이 거주하는 곳에 있는 박물관에 수집품을 기증했다. 이러한 기부 활동과 관련하여 국세 제도에는 자선 세금공제 같은 우대책이 존재했다. 하지만 오늘날의 부유층은 한 지역 혹은 하나의 과세 체계에 덜 묶여 있다. 2014년 수집가의 76%는 투자 전략의 일환으로 예술품을 구매했다. 한때는 지위를 과시하는 상징 혹은 해박한 수집가의 열정을 대변하며 저택의 벽면을 장식했던 예술작품들이 지금은 주로 가치가 오를 때 몰래 쟁여 두는 투자 상품이 되었다. 예술품 사업에서 나타난 변화의 흐름은 모스폰 파일에도 잘 드러나 있다.

피카소 집안 외에 개인 소유의 피카소 작품이 가장 많을 듯한 곳 역시 제네바 프리포트이다. 제네바 프리포트에 있는 피카소 그림들은 나흐마드Nahmad 가문 소유다. 이 가문은 시리아 유대인 집안으로, 예술품을 제네바 프리포트에 보관하는 '미술의 상업화'를 이끈 선구자들이었다. 오랫동안 모스폰 고객이기도 했는데 이들의 인연은 1990년대 초 안토니 게레로가 제네바 사무소를 운영하던 시절까지 거슬러 올라간다. 나흐마드 사람들은 맨 처음 환투기로 재산을 축적하다가 1950년대에 예술 사업으로 전향하기 시작했다. 이를 주도한 이는 삼형제 중 장남인 주세페 나흐마드Giuseppe Nahmad였다. 조Joe라는 이름으로 알려진 주세페는 로마, 밀라노, 포르토피노, 런던에 아파트가 있었는데, 그 아파트 벽면을 미술 작품으로 가득 채웠다. 사치스럽고 소유욕이 강한 생활방식의 일면을 보여주는 것이었다.

그는 이따금 사업적 이해관계를 좇아 법의 한계를 넘는 짓도 서슴지 않았다. 그는 1957년 이탈리아에서 7만 달러 상당의 도난 당한 영국 파운드를 소지했다는 이유로 체포되어 잠깐이지만 철창신세를 지고 벌금을 물어야 했다. 그로부터 4년 뒤 세무공무원들은 주식 거래로 번 9,200만 달러에 대해 세금을 내지 않았다는 이유로 그를 조사했다. 1960년대 초, 자금난을 겪던 조는 (당시 10대였던 동생들) 에즈라Ezra와 다비드David를 시켜 본인이 소장하고 있던 예술품 가운데 일부를 팔게 했다. 두 동생은 아주 성공적으로 그 일을 해냈다. 이들은 파리에서 싼값에 그림을 사들인 다음 더 높은 가격에 거래되는 밀라노에서 재빨리 그림을 팔아치우는 일을 하기 시작했다. 이것이 바로 이 집안의 예술품 사업 모델의 시초였다.

그 후 수년 간 삼형제는 남을 밟고 올라서는 데 선수이자, 창의적인 방법으로 자금을 조달하는 것으로 명성이 자자했다. 그 과정에서 이들은 10억 달러에 달하는 수집품을 모았고 세계 미술 시장의 기둥이 되었다. 경매 전문 회사들은 판매량을 늘릴 목적으로 그림을 얻기 위해 나흐마드 형제에게 접근했다. 시장이 일시적으로 침체되면 나흐마드 삼형제는 예술품을 사들여 가격을 안정적으로 유지했다. 성추행으로 고소를 당하거나 러시아 불법 도박조직이 뉴욕 트럼프타워에서 쫓겨난 사건에 연루됐던 일을 제외하면 나흐마드 집안은 대체로 논란이 될 만한 일은 피했다. 그러니까, 나치가 약탈한 그림 한 점 때문에 법정에 서게 되고 파나마 페이퍼스가 그들의 은밀한 사업 활동을 전 세계 사람들에게 폭로하기 전까지는 말이다.

나흐마드 형제들은 1992년에 처음으로 스윈튼 인터내셔널Swinton International이라는 모스폰 회사를 등록했다. 그런데 이들은 그 전부터 역외 시스템을 잘 활용했던 것으로 보인다. 스윈튼이 설립되고 나서 3년 뒤에 나온 것이 인터내셔널 아트센터였다. 그런데 이는 이미 그 전에 다른 담당지역에 있던 회사일 가능성이 있다. 모스폰 파일에는 동명의 회사가 1989년 10월 에드가 드가의 파스텔화 "무희들Danseuses"을 구매했다는 내용이 나오기 때문이다. 나흐마드 삼형제는 처음에는 무기명주를 통해 인터내셔널 아트센터를 소유했다. 그러다가 2001년 모스폰의 명의이사들이 서명한 결의안에 따라 인터내셔널 아트센터 주식 100주를 발행해 조에게 양도했다. 하지만 두 회사는 삼형제가 공동 경영했다. 다비드와 에즈라는 각자 다른 시기에 스위스은행 UBS와 씨티은행의 회사 계좌에 대한 위임장을 받았다. 1995년 스윈튼 인터내셔널은 마티스의 작품 한 점과 피카소의 작품 한 점을 포함한 그림 다섯 점을 팔 수 있는 권한을 다비드에게 부여했다.

이듬해 나흐마드 형제들은 인터내셔널 아트센터를 통해 크리스티 경매에서 320만 달러에 유화 한 점을 구매했다. 아메데오 모딜리아니의 1918년 작품 "지팡이를 들고 앉은 있는 남자Seated Manwith a Cane"로, 얇은 콧수염을 기르고 말쑥한 차림에 세련된 모자를 쓴 신사의 초상화다. 크리스티 카탈로그에는 이 작품의 출처에 대해 개략적인 설명만 나와 있었다. 적신호를 울렸어야 했다. 이 그림의 판매가 처음 이뤄진 것은 1940~1944년 사이의 어느 시기, 신원을 알 수 없는 이에 의해서였다. 이 기간 동안 나치와 부역자들은 특히 프랑스에서 미술상 오스카 스테티너Oscar Stettine 같은 유대인들이 소장했던 미술품을 부지런히 약탈했다. 스테티너는 독일의 침공을 피해 파리에서 도망쳤다. 그가 남겨두고 떠난 수집품은 나치가 점유하거나 처분했는데, 그 가운데 이 작품도 있었던 것으로 보인다.

전쟁이 끝나자마자 스테티너는 곧바로 이 그림을 되찾는 절차를 밟기 시작했다. 그는 작품에 대한 권리를 주장하며 반환을 청구했다. 하지만 몇 년 뒤 탄원이 받아들여지지 않은 상태에서 스테티너는 결국 세상을 떠나고 말았다. 그사이에 어느 부도덕한 화랑 주인이 모딜리아니의 작품을 구매했으나 크리스티 카탈로그의 작품 출처에는 이 부분이 빠져 있었다. 크리스티 측은 그 초상화가 J. 리벤굿J. Livengood에게 갔다고 설명했다. 리벤굿은 이 작품을 자손들에게 물려주었는데, 1996년 그 자손들이 크리스티를 통해 그림을 팔기 위해 내놓았다. 사실 리벤굿은 앞서 언급한 화랑 주인의 사위로, 크리스티 측의 주장과는 달리 당시 모딜리아니의 작품을 구매할 수 있을 만한 나이가 아니었다.

나흐마드 형제들은 이 모딜리아니 그림을 산 뒤 가치가 올라가도록 제네바 프리포트에 숨겨두었다. 이 그림이 금고 밖으로 나온 것은 전시를 위해서 두 번 그리고 (결국 무산되기는 했으나) 2008년 경매를 위해서 한 번 움직인 게 전부였다. 2008년 경매에서는 나흐마드 형제가 설정한 기준 가격에 미치지 못했다. 삼 형제가 모딜리아니의 작품을 구매하고 나서 몇 년이 지난 어느 날 몬덱스 주식회사Mondex Corporation라는 캐나다의 예술품 환수 전문회사가 다른 작품을 조사하던 중에 우연히 이 작품에 대한 사연을 알게 되었다.

몬덱스의 설립자 제임스 파머James Palmer는 본인을 '예술 탐정'이라고 칭한다. 그는 약탈됐을 가능성이 있는 예술품을 찾아낸 다음 그 작품에 대한 권리를 청구할 자격이 있을 만한 친인척들을 수소문한다. 몬덱스는 소송을 처리하는 대가로 비용 및 수익의 상당한 몫을 챙겼다. 파머에 대한 예술계 내의 평판은 다양하다. 그는 예술계의 앰뷸런스 체이서ambulance chaser(소송을 부추기는 변호사-옮긴이)로 묘사되었다. 어찌됐건 간에 애초에 피해자 가족보다는 본인 회사에 득이 되는 사건에 대해서 주의를 환기시키려고 그릇된 조사로 언론을 조종한다는 얘기였다.

파머나 나흐마드 형제들로서는 큰 성패가 달린 사건이었다. 모딜리아니의 작품은 1억 7,000만 달러 정도에 팔리는 것으로 알려졌다. 지팡이를 든 작은 남자의 초상화는 그 가치가 2,500만 달러가 될 수도 있었다. 파머는 생존해 있는 상속인, 그러니까

병든 몸으로 은둔자로 살아가던 오스카 스테티너의 프랑스인 손자를 찾아냈다. 파머와 그의 변호사 팀은 2011년 뉴욕 연방법원에 소송을 제기했으나 재판 장소가 부적절하다는 이유로 소송은 종료되었다. 그러나 이들은 다시 소송을 제기했고 사건은 뉴욕주대법원으로 옮겨갔다. 나흐마드 형제들은 절차상 문제가 있다며 이의를 제기했다. 핵심은 장소였다. 여느 나라들과는 달리 미국의 사법체계에서는 원고 증거개시를 허용한다. 원고가 본인이 제기한 고소를 취하할 만한 점이 있다고 판사를 설득할 수 있는 경우, 원고가 피고 측 증거를 요구하는 것이 허용된다. 나흐마드 삼형제는 재판 장소에 이의를 제기하고 본인들은 심지어 피고적격도 아니라고 주장했다. 이들은 그 그림의 주인은 자신들이 아니라 파나마 회사인 인터내셔널 아트센터라고 했다.

모스폰 파일에 나와 있는 바에 따르면 나흐마드 형제들은 20년 넘게 인터내셔널 아트센터를 적극 운영했다. 2008년에 조는 그 회사의 주식 100주를 에즈라와 다비드에게 넘겼다. 조가 사망하고 나서 4년이 지난 뒤 〈포브스〉가 추산한 바에 의하면 생존해 있는 두 형제의 재산 가치를 합치면 총 33억 달러에 이르렀다. 에즈라가 형이었지만 다비드가 회사의 실권을 장악했다. 2014년 다비드는 인터내셔널 아트센터의 유일한 주주가 되었다. 파머와 뉴욕 법원은 이런 세부적인 내용들은 알지 못했다. 나흐마드 형제는 절차상 문제를 이유로 대면서 3년이 넘도록 사건을 질질 끌었다. 2017년 4월 아일린 브랜스텐Eileen Bransten 판사는 인터내셔널 아트센터가 있다고 해서 모딜리아니 작품에 대한 나흐마드 형제의 법적 책임이 소멸되는 것은 아니라고 판결했다. 파나마 페이퍼스가 공개된 덕분에 몬덱스는 인터내셔널 아트센터와 나흐마드 형제가 한 몸이라는 사실을 입증할 수 있었다. 소송은 계속 이어졌다. 브랜스텐 판사는 "인터내셔널 아트센터는 개인 소유주와 독립된 별개의 기업 정체성이 없었다"라는 판결을 내렸다.

1997년 11월 10일 크리스티에서 마지막 경매봉이 떨어지는 순간, 현대 미술 사업은 180도 달라졌다. 평생에 걸쳐 고심을 거듭하며 힘들게 모은 간츠 컬렉션Ganz Collection이 단 한 번의 거창한 경매 잔치에서 낙찰 총액 최고가를 기록하며 팔렸다. 고압 전류가 흐르는 듯했던 뉴욕에서의 그날 밤 이후 초부유층은 수익성 좋은 투자 신상품에 열광하며 달려들었다. 예술품 가격이 폭등했다. 배후에 숨어서 이 모든 일을 가능하게 만든 존재는 모스폰이 설립한 한 회사였다.

빅터 간츠Victor Ganz와 샐리 간츠Sally Ganz 부부는 코스튬주얼리 업체를 운영하면서 50년 동안 미술품을 수집했다. 열렬한 미술 애호가인 두 사람은 작품을 대하는 방식이 옛날 스타일이었다. 구매한 그림들은 집 벽에 걸어두고 보관했다. 특히 두 사람은 여윳돈이 조금이라도 생기면 돈을 물 쓰듯 하면서 피카소의 작품을 사들였다. 간츠 부부가 죽고 난 뒤 무거운 상속세가 부담스러웠던 자녀들은 부모의 수집품을 팔기로 결정했다. 간츠 컬렉션이 경매로 나온다는 얘기가 돌자 업계 전체가 수개월 동안 들썩였다. 물론 이러한 들뜬 분위기는 간츠 컬렉션의 경매 의뢰를 간절히 바라던 경매회사들이 만든 것이었다. 간츠 컬렉션을 둘러싸고 치열한 경쟁이 벌어졌으나 최종 승자는 크리스티였다. 예술계 인사들은 크리스티가 간츠 부부의 자녀들에게 판매가, 즉 경매 결과와는 무관하게 받게 되는 기본 금액을 설정해 두었다고 추정했다. 하지만 모스폰과 비밀세계에 의해 가려진 탓에 크리스티가 무엇을 제안했는지, 그 제안이 어떤 식으로 이뤄졌는지는 여전히 수수께끼이다.

진짜 이야기는 모스폰 회사 심스베리 인터내셔널Simsbury International Corp.에서 시작되었다. 심스베리는 샐리 간츠가 죽고 나서 3개월이 채 지나지 않았을 때인 1997년 4월 니우에에 설립된 회사였다. 회사의 목적과 활동은 철저히 차단되었다. 소유주는 심스베리를 무기명주를 통해서 보유했고 모스폰의 명의자들이 이사 역할을 담당했다. 설립된 지 몇 주가 지난 뒤 심스베리는 사적인 거래로 당시 크리스티 소유의 런던 경매회사 스핑크 앤드 선Spink and Son으로부터 간츠 컬렉션 가운데 최고가인 미술품을 구매했다. 심스베리는 1억 6,800만 달러라는 믿기 어려울 정도로 큰 금액의 돈을 지불했다. 그런데 이 엄청난 판돈을 쓸어간 주체는 스핑크 앤드 선이 아니었다. 돈은 당시 크리스티의 최대 주주였던 억만장자 영국인 조지프 찰스 루이스Joseph Charles Lewis에게 간 것으로 보인다. 루이스가 위임권을 갖고 있었던 심스베리의 은행 계좌는 사프라의 '리퍼블릭 내셔널 뱅크 오브 뉴욕' 계좌였다. 아마도 짐작컨대, 그 돈은 간츠 부부의 상속인들에게 갔을 것이다. 세간의 관심을 꺼리는 것으로 유명한 루이스는 15개국에 200개가 넘는 회사를 소유했다. 그는 축구팀, 레스토랑 체인점, 석유 회사 등에도 손을 댔다. 루이스는 모스폰을 통해서 다수의 회사들을 보유했는데 바하마에 등록된 아비바 홀딩스 리미티드Aviva Holdings Limited도 그중 하나였다.

모스폰 파일에서 발견된 경매 관련 문서를 보면 목록에 올라가 있는 간츠 컬렉션이 1억 6,800만 달러가 넘는 금액에 팔린다면 심스베리와 스핑크가 그 차액을 등분하기로 한 내용이 나온다. 이는 루이스가 계산한 위험률이었으나 여러 방법으로 만회할 수 있는 정도였다. 판매가가 올라갈 경우 돈을 버는 것은 물론, 경매에 대한 관심도가 높아지면서 크리스티의 주가를 끌어올릴 터였다. 계약조건에 따라 루이스는 직접 간츠 컬렉션에 입찰하지 못하게 되어 있었다. 다만, 구매자는 대리인이나 익명의 역외회사 뒤에 숨을 수 있기 때문에 대체로 이러한 계약조건은 유명무실한 경우가 많다.

곧 팔려나갈 걸작들을 일생에 한 번, 잠깐이라도 보기 위해 경매가 시작되기 전 몇 주일 동안 2만 5,000명의 관중이 크리스티로 줄지어 갔다. 작품 중에는 "알제의 여인들Les Femmes d' Alger"도 있었다. 화장품 업계 거물인 레너드 로더, 개발업자인 모티머 주커먼, 마이크로소프트 창립자 빌 게이츠 등 뉴욕에서 영향력 있는 인사들이 추운 날씨의 월요일인데도 번거로움을 무룹쓰고 참석했다. 물론 나흐마드 형제도 그 자리에 있었다.

멋들어지게 제본된 간츠 컬렉션의 경매 카탈로그를 자세히 읽어 본 사람이라면 작은 활자들 틈에 묻혀 있는 이 악의 없는 설명을 발견했을지도 모른다. "크리스티는 여기서 판매되는 모든 재산에 대해 직접적인 금전적 권익을 가집니다." 이 문장은 해답 보다는 의문을 더 많이 제기했다. '권익'이라는 것의 본질은 밝혀지지 않았다. 간츠 집안 사람들이 아니라 루이스가 이미 그 작품들을 소유하고 있다는 사실이 알려졌다면 경매 열기는 수그러들었을까?

"알제의 여인들" 연작 가운데 가장 뛰어나다는 "버전 O"가 등장하자 숫자가 미친 듯이 올라가기 시작했다. 관중석에서 탄성이 흘러나왔다. 마지막 경매봉이 떨어졌고 피카소의 그 작품은 3,190만 달러, 최고 낙찰가를 기록하며 팔렸다. 구매자는 런던의 딜러로, 부유한 중동 고객을 대신하여 일을 보는 사람으로 알려져 있었다(40년 전 간츠 부부가 그 그림을 구매할 당시 지불한 금액은 7,000달러였다).

2004년 뉴욕의 한 미술상을 대리하여 일하는 중개인들은 파나마에 등록된 '월턴 트레이딩'이라는 기업에 대해 긴급 조사하기 위해 모스폰과 계약을 맺었다. 월턴 트레이딩은 모스폰이 등록한 회사가 아니었다. 중개인들은 그 회사의 전사全史, 특히 1985~1993년 사이에 무슨 일이 있었는지 알아봐 달라고 요청했다. 모스폰은 하루 만에 작업을 마쳤고 110달러를 청구했다. 모스폰은 조사를 요청한 이의 실명이 에즈라 초와이키Ezra Chowaiki 라는 것이나 그가 정보를 원하는 이유 같은 것에는 전혀 신경 쓰지 않았다. 초와이키는 30억 달러에 달하는 미술품 83점이 어떻게 행방불명됐는지 진상을 규명하려고 했다. 작품 환수에 그의 금전적 권익이 걸려 있었다. 대리인들이 모스폰과 접촉할 당시 초와이키가 몰랐던 사실이 있었다. 그가 찾던 답 가운데 일부가 또 다른 모스폰 고객 파일에 이미 존재했던 것이다.

모스폰이 초와이키의 요청으로 알아낸 정보에 따르면 월턴 트레이딩은 1981년에 설립됐으나 그 뒤 16년이 지나도록 이사들이 없었다. 1985년에 가장 중대한 조치가 이사진이 없는 상태에서 이뤄졌지만, 이 부분은 기록으로 남아 있지 않았다. 1985년 그리스의 해운업 거물, 바실 굴란드리스Basil Goulandris는 르누아르, 반 고흐, 마티스, 피카소 등 걸작 수집품 83점을 3,170만 달러라는 터무니없이 낮은 가격으로 월턴 트레이딩 측에 모두 판 것으로 추정된다. 이 그리스 큰손의 조카인 피터 J. 굴란드리스 Peter J. Goulandris가 주장하기로는, 바실이 자금난 때문에 그 작품들을 팔았다고 했다. 월턴의 소유주는 지금은 고인이 된 피터의 모친 마리아 굴란드리스Maria Goulandris로, 바실의 형수였다.

이해하기 힘든 거래였다. 짐작컨대 83점 전체가 아니라 그중 몇 점의 판매 가격에 해당하는 금액만 받고 그림 모두를 넘긴 것이다. 돈의 임자가 바뀌어서 돌고 돈다는 사실을 입증하는 증거는 어디에도 없었다. 초와이키는 실제로 판매가 이뤄지기는 했는지 의심했다. 증거는 없어도 거래는 이뤄졌다고 주장했지만, 바실과 그의 아내 엘리스Elise는 그 미술품들을 계속 소유하고 있었다. 심지어 박물관에 대여해 주거나 미술상들에게 판 작품들도 있었다. 이 경우 그림들의 출처는 굴란드리스 부부의 개인 소유인 것처럼 되어 있었다. 1994년 바실이 사망한 뒤 그림들을 월턴에 팔았다는 소식을 들은 엘리스는 작품들에 대해 일정한 몫을 보장받는다는 조건으로 그 거래에 동의하기로 마음을 굳혔다. 엘리스는 2000년에 세상을 떠났고 슬하에 자식은 없었다. 1년 뒤 그녀의 조카 아스파시아 자이미스Aspasia Zaimis가 그림 83점에 대한 지분과 관련하여 엘리스의 유언 집행자를 고소했다. 〈월스트리트 저널〉이 보도한 바에 따르면 몇 년 뒤 초와이키는 환수한 작품 중 자이미스가 팔기로 한 작품을 제일 먼저 구매할 수 있게 해 준다는 조건으로 번거로운 송사에 재정적 지원을 제공하기로 결정했다.

초와이키가 품은 가장 큰 의문 가운데 하나는 "지금 그 그림들은 어디에 있는가?"였다. 그는 작품들이 어딘가의 자유무역항에 숨겨져 있으리라고 보았다. 초와이키 팀이 급하게 월턴 트레이딩을 조사할 무렵 그림 일부가 판매되기 시작한 것으로 보인다. 그림의 주인은 대개 BVI에 있는 익명의 모스폰 회사들로 되어 있었다. 트리코르니오Tricornio 홀딩스는 런던 소더비 경매에서 피에르 보나르의 작품 "화장실에서Dans le cabinet de toilette"를 팔았다. 헤레디아Heredia 홀딩스 역시 소더비를 통해 마르크 샤갈의 작품

"희극배우들Les Comédiens"을 팔기로 했다. 탈라라Talara 홀딩스는 샤갈의 작품 "블루 바이올리니스트Le violoniste blue"를 경매에 내놓았다. 제이콥Jacob 포트폴리오 주식회사는 바구니에 든 오렌지를 그린 빈센트 반 고흐의 1888년 작 점묘화를 2,000만 달러에 (사적으로) 캘리포니아의 다이렉트 마케팅 거물에게 넘겼다.

초와이키는 일련의 거래와 바실, 엘리스가 그림을 소유하고 있었다는 사실도 알고 있었다. 그가 모르고 있었던 것은 그림을 팔고 있는 사람의 정체뿐이었다. 모스폰 파일에 드러난 바에 따르면 이 모든 회사의 주인은 그리스 사교계의 명사名士 마리도다 보리디스Marie Doda Voridis, 즉 바실 굴란드리스의 누이었다.

폴 고갱은 1892년 "마타 무아Mata Mua"라는 작품을 완성했다. 마타 무아는 마오리어로 '그 옛날'이라는 뜻이다. 캔버스에 그린 색감이 풍부한 이 유화는 산들로 에워싸인 풍경을 그리고 있다. 그림 속에는 어깨를 드러낸 갈색 피부의 여인들이 달의 여신을 표현한 거대한 푸른 우상 주변을 돌며 춤을 추고 있다. "마타 무아"가 걸려 있는 마드리드의 티센보르네미서 미술관의 설명에 따르면 이 작품은 '잃어버린 황금기에 대한 애가哀歌'였다.

고갱의 이 그림은 현재 카르멘 티타 티센보르네미서Carmen Tita Thyssen-Bornemisza가 티센보르네미서 미술관에 대여한 상태다. 티타는 스페인 출신 상속녀로, 총 가치가 5억 달러가 넘는 미술작품 약 700점을 소장하고 있다. 지금은 고인이 된 그녀의 남편 한스 하인리히 폰 티센보르네미서Hans Heinrich von Thyssen-

Bornemisza 남작은 아내가 지키려고 고군분투한 유산, 바로 조세 회피와 역외 비밀 유지의 황금기를 십분 활용했다. 티타의 변호 사가 스페인 일간지 〈엘 콘피덴시알 *El Confidencial*〉에 전한 바에 따르면 남작이 수집한 예술품들은 가족재단으로 이전하기 전까 지 30~40개 회사들에 분산되어 있었다. 역외회사들 덕분에 남 작과 남작부인은 수백만 달러의 세금을 피할 수 있었다.

1993년 스페인에 박물관이 들어서자 남작은 정부에 미술품 775점을 팔았다. 그가 보유한 수집품 가운데 절반가량이었다. 당 초 기증을 하려고 생각했으나 최종적으로는 스페인 정부에 작품 값으로 3억 5,000만 달러를 청구했다. 그래도 여전히 시장 가치에 비하면 상당히 낮은 금액이었다. 이듬해부터 남작부인은 직접 미 술품을 수집하면서 남편이 하던 대로 역외회사를 통해 구매 사 실을 숨기기 시작했다. 스페인 정부에 미술품을 팔고 나서 1년이 지난 뒤 남작부인은 두 회사를 설립했다. 이는 남대평양의 외딴 조세피난처인 쿡제도 Cook Islands에 있었고 둘 다 무기명주를 통해 소유했다. 그 뒤 7년에 걸쳐 두 회사는 특히 소더비와 크리스티 에서 그림을 구매한 다음 세계 각지로 옮겼다. 이 두 법인은 복 잡하고 불투명하게 운영되었는데, 티타의 변호사가 한 말에 따르 면 걸핏하면 싸우려 드는 남작의 가족들로부터 미술품들을 보 호하기 위해서였다고 한다(남작은 네 번의 결혼으로 네 명의 자녀를 두 었고, 사생아로 태어난 티타의 아들 보르하도 입양했다).

2002년 남작은 사망했다. 유언장에 대한 공증은 골치 아픈 동시에 은밀한 작업이었다. 1년 뒤 쿡제도는 모든 무기명주는 등록대리인이 보유해야 한다는 명령을 내렸다. 남작부인 측 변호사들이 찾아봤지만 나오지 않았기에 결국 새로 주식을 발행해야 했다. 신규 주주계약서에 따라 남작부인은 회사를 보르하와 나눠 갖게 되었다. 그런데 보르하가 오랫동안 사귄 여자친구가 임신했다는 사실을 알리자 남작부인이 그와 연을 끊으면서 상황이 더욱 복잡해졌다. 적어도 남작의 회사 가운데 코르넬리아 컴퍼니Cornelia Company는 모스폰에 등록되어 있었다. 1990년대 초 코르넬리아는 독일의 어느 프라이빗 뱅크로부터 단기 대출을 받았다. 이때 담보물로 삼은 것이 "마타 무아"와 영국 화가 존 컨스터블의 작품 "갑문The Lock"이었다. 대출은 1993년에 풀렸다. 남작을 대신하여 코르넬리아를 운영하던 신탁대리인이 등록대리인을 바꾸면서 그 회사는 모스폰을 떠났다.

남작부인은 스위스의 한 잡지에 재산이 10억 달러가 넘는, 스위스에서 일곱 번째로 부유한 여성으로 선정됐음에도 불구하고 지금껏 모든 자산의 유동성이 그림에 묶여 있다고 불평했다. 2012년 그녀는 "갑문"을 팔기로 결정했다. 컨스터블의 그림은 3,400만 달러에 팔렸다. 비슷한 종류의 그림들 중에선 가장 높은 판매가였다. 이 작품은 오미크론 컬렉션즈Omicron Collections를 통해 판매되었다. 이곳은 케이맨 제도에 있는 역외회사로, 남작부인이 실권자였다. 훗날 그녀의 아들 보르하가 오미크론에 도전장을 던졌는데 그는 이 회사가 소유한 추정 가치 900만 달러의 고야Goya와 지아갱토Giaquinto의 작품이 원래는 남작이 자신에게 물려준 것이었다고 주장했다. 그러나 보르하는 싸움에서 패했고 남작부인이 건설한 역외 예술 요새는 흠집 하나 없이 말짱하게 유지되었다.

9장

페라리를 잃어버린
바이킹

▶ 2009년 3월 아이슬란드의 한 토크쇼에 프랑스의 전직 판사이자 반부패 운동가인 에바 졸리Eva Joly가 초대 손님으로 출연했다. 아이슬란드의 위태로운 상황을 논의하는 자리였다. 넉 달 전 아이슬란드 경제는 결딴이 나고 말았다. 2008년 금융 위기로 인한 첫 번째 사상자였다. 아이슬란드의 대표적인 은행 세 곳은 그간 아이슬란드의 GDP를 열 배나 부풀렸고 결국 거품이 터지고 말았다. 작은 섬나라에서 남녀노소 전 국민이 일인당 떠안게 된 나랏빚이 40만 3,000달러에 달했다. 유동성은 고갈되었고 아이슬란드 화폐인 크로나의 가치는 곤두박질쳤다. 아이슬란드인들은 하루아침에 대출금을 갚을

수 없는 상황이 되었고 섬나라의 생필품 가격이 손을 쓸 수 없을 정도로 치솟았다. 분노한 국민들은 책임을 물을 사람을 찾아 레이캬비크 도심의 거리로 나갔다.

노르웨이에서 태어난 졸리는 강인한 아이슬란드인들을 오랫동안 존경해왔다. 수백 년의 세월을 가난한 어부로 혹독한 환경에 맞서 분투하면서도 노르웨이인들보다 바이킹 문화를 훨씬 잘 지켜온 사람들이었다. 졸리는 6년 간 진행한 엘프Elf 석유회사의 부패 수사를 끝으로 프랑스를 떠나 노르웨이로 돌아갔다. 엘프 석유회사는 뇌물수수, 자금세탁으로 얽히고설킨 그물의 중심에 있었다. 몇 년 동안 재판과 수사가 이어지자 프랑스 대중은 그 스캔들 자체는 물론이고 사건을 주도하며 전쟁을 치르던 재판장에게도 피로감을 느꼈다. 살해 협박과 경호원들을 뒤로 한 채 졸리는 노르웨이 국제개발처에서 새 출발을 했다. 세계적인 부패 반대 운동에 조언을 제공하는 고문 역할이었다.

졸리는 방송사의 출연 요청을 수락했다. 그녀는 아이슬란드의 재정 붕괴를 초래했다고 추정하는 불법 행위를 고발하는 기회로 그 프로그램을 활용했다. 졸리의 인터뷰가 진행된 지 몇 시간 만에 아이슬란드 위기에 대한 정부 조사에 참여해 달라고 요청하는 페이스북 게시물에 수백 개의 댓글이 달렸다. 방송 출연 다음 날, 아이슬란드 법무장관은 졸리를 따로 불러 도움을 청했다. 그녀는 돕기로 했고 아이슬란드 국회는 부정행위를 추적하여 적발할 특별검사실을 설치했다. 정부가 공고를 내자 인구 32만 명 중에서 딱 한 사람이 나섰다.

각진 턱에 입바른 소리를 잘하는 올라퓌르 회익손Ólafur Hauksson은 10년 동안 아크라네스Akranes의 지방행정관이었다. 아크라네스는 레이캬비크에서 북쪽으로 19km가량 떨어진 아이슬란드 서부 해안의 작은 항구 도시다. 지방행정관은 경찰서장, 세관원, 세금징수관의 역할이 하나로 합쳐진 직책이었는데 회익손은 이 모든 업무를 수행하면서도 특별검사직을 맡기로 했다. 수락한 이유를 물어보니, 위기의 정도가 필사적인 외침으로 들렸다고 했다. 회익손은 어떻게 될지는 모르겠으나 2년 정도 지나면 원래 위치로 복귀할 수 있으리라 생각했다. (8년이 지났건만 회익손은 여전히 특별검사 자리에 있었다.) 맨 처음에 회익손은 아무것도 없는 텅 빈 사무실에서 법학교수 한 명, 경찰 수사관 두 명, 법무부 소속 변호사 한 명으로 구성된 팀원 네 명과 함께 일을 시작했다. 특별수사팀 활동이 정점에 이르렀을 때는 소속 직원은 100여 명으로 조직이 확대되었다. 졸리의 추측은 정확했다. 특별검사실은 특히 경제 붕괴를 초래한 소수의 선택받은 은행 내부자들이 저지른 광범위한 부정행위를 찾아냈다. 특별검사 회익손은 200건의 개별 사건을 수사했고 30건을 법정으로 가져갔다. 수사 과정에서 회익손과 팀원들은 아이슬란드를 비롯해 룩셈부르크 등 여러 지역에 존재하는 세계 금융의 은밀한 뒷골목을 심층 조사했다. 그런데 곳곳에서 한 회사의 이름이 계속 등장했다. 모색 폰세카였다.

회익손은 이 파나마 회사를 표적으로 삼은 적이 없었다. 그가 레이저의 초점을 맞춘 것은 아이슬란드의 부정행위였다. 그런데 수사를 진행하다 보니, 언론이 아이슬란드의 현대판 노상강도 귀족(중세에 자기 영지를 지나가는 여행자의 물품을 강탈했던 귀족. 19세기 후반의 악덕 자본가를 지칭하기도 한다-옮긴이)이라고 칭한 '바이킹 강도들'이 모스폰과 함께 익명회사 수백 개를 설립했다는 사실을 알게 되었다. 회익손은 그 익명회사들이 자기거래 및 시장 조작의 필수 요소라는 것을 밝혀냈다. 각각의 회사들은 해체해서 분석해야 할 또 다른 비밀의 막이었다. "모스폰은 기름칠이 잘된 기계였다"고 회익손은 마지못해 경의를 표하며 말했다.

1990년대 말에 은행을 민영화하기 시작한 아이슬란드 엘리트 계층은 자신들이 한 짓이 파멸을 불러오리라고는 상상도 못했다. 아이슬란드 재무장관 게이르 하르데Geir Haarde는 2002년 아이슬란드 대표 은행 란트스방키Landsbanki의 매각을 축배를 들 기회로 삼았다. 철저한 시장 효율성의 숭배자인 하르데는 "정부는 문제에 대한 해결책이 아니다. 정부가 곧 문제다"라는 로널드 레이건의 말을 인용하면서 란트스방키를 개인의 손에 넘겼다. (당시 아이슬란드 국민 세 명 중 한 명이 란트스방키에 예금했다.)

크로나 강세와 함께 투자자본을 폭넓게 이용할 수 있게 되면서 2000년대 초 아이슬란드에는 저리低利 자금이 넘쳐났다. 2003~2004년 미국 주식시장 규모는 두 배가 된 데 반해, 아이슬란드 주식시장은 아홉 배나 성장했다. 특히 아이슬란드 은행

주가 인기였다. 생기 없고 죽은 듯이 조용하던 어부들의 섬이 분에 넘치는 생기를 받아들이게 되었다. 전 국민이 너 나 할 것 없이 어선부터 자동차, 집에 이르기까지 물건이라는 물건은 빚을 내서라도 사들였다. 아이슬란드 최대 은행인 카우프싱Kaupthing의 룩셈부르크 자회사에서 근무하는 한 은행가는 이러한 광적인 열기가 시작된 시기를 2003년 여름으로 본다. 그때 그는 아이슬란드인들이 새로 뽑은 페라리 스포츠카를 타고 은행 문 앞에 당도하는 모습을 처음으로 목도했다.

아이슬란드에서 보자면 룩셈부르크는 세계로 들어가는 입구였다. 민영화된 은행들은 하나같이 룩셈부르크에 자회사를 두었다. 룩셈부르크 자회사는 은행 주주들이 자산이나 은행 주식을 사고파는 데 이용할 역외회사의 설립을 도왔다. 일단 역외회사가 있으면 아이슬란드 세무 및 금융 당국의 눈을 피해 그러한 거래를 숨길 수 있었다. 공교롭게도 모스폰에서 가장 분주한 사무소 역시 룩셈부르크에 있었다. 모스폰의 룩셈부르크 사무소는 요스트 덱스Jost Dex와 아나베야 덱스Anabella Dex 부부가 운영했다. 요스트는 독일인으로 체육 전공자였고, 그의 아내 아나베야는 파나마인으로 메릴 린치에서 증권 중개인으로 일했던 터라 금융 서비스에 있어서는 남편보다 경험이 풍부했다. 아나베야는 학창시절부터 라몬 폰세카와 알고 지냈으며 폰세카의 전 부인 중 한 명과도 가까운 사이였다. 1996년 덱스 부부는 룩셈부르크 지점을 자기들한테 팔라고 모색과 폰세카를 설득했다.

사전에 미리 계획했던 일은 아니었다. 기존의 모스폰 지점은 고객 모집을 중단한 상태였다. 모색과 폰세카는 잃을 게 없었기에 모색 폰세카 룩셈부르크 주식 500주를 주당 1달러로 덱스 부부에게 팔기로 했다. 단, 부부는 이 회사를 오직 모스폰에만 되팔 수 있다는 조건이 붙었다.

요스트와 아나베야는 분업을 했다. 요스트는 서비스에 주력했다. 사업을 다시 일으키고 고객들을 기분 좋게 만들기 위해 고풍스러운 매력을 한껏 발휘했다. 남편보다 세상물정에 밝았던 아나베야는 고객을 직접 상대하지 않는 후방 업무를 담당하면서 수금 업무를 처리했다. 두 사람의 합작으로 룩셈부르크 사무소는 모스폰에서 가장 큰 황금알을 낳는 거위로 변신했다. 이 사무소가 거둔 성공의 일등공신은 아이슬란드 사업이었다.

2004년 즈음, 란트스방키만 하더라도 모스폰 룩셈부르크와 함께 설립한 회사가 1년에 100개가 넘었다. 비외르골뷔르 그뷔드뮌손Björgólfur Guðmundsson과 비외르골뷔르 소르 비외르골프손Björgólfur Thor Björgólfsson 부자는 란트스방키를 반 이상 사들였다. 아들 소르는 1990년대에 러시아 상트페테르부르크에서 맥주 공장을 운영하면서 처음 재산을 이뤘다. 약간의 자본과 많은 부채를 여러 번 굴리다 보면 애초에 갖고 있던 부를 크게 늘릴 수 있다는 사실을 깨달은 곳이 바로 상트페테르부르크였다. 소르는 자신과 철자가 같은 북유럽의 신이 휘두르는 망치를 회사의 상징으로 사용했다. 하지만 비외르골뷔르 부자가 정말로 숭배한 것은 '레버리지의 신'이었다. 두 사람은 당시 글로벌 자금 속에서 미친 듯이 날뛰던 여느 아이슬란드인들과 다를 바 없었다. 주제 넘을 정도로 자만했으나 역량은 턱없이 부족했다.

2004년 9월, 란트스방키 룩셈부르크는 놀랄 만한 부탁을 들고서 요스트 덱스를 찾아갔다. 란트스방키는 보통 파나마와 BVI의 셸컴퍼니에 이름을 올릴 모스폰의 명의이사 서비스를 이용했다. 바지사장과 같은 이사들은 란트스방키 고객들에 대한 위임장을 승인하거나 대출 및 질권계약서를 마무리 짓는 서명을 제공했다. 이러한 거래에는 대체로 수천만 달러가 들었다. 모스폰은 거래가 불발에 그칠 경우 책임을 면제받도록 일반적으로 명의이사에 대한 보상장을 요구했다. 모색과 폰세카는 이사 승인으로 발생하는 문제에 대해 법적 책임을 피하고자 했다.

란트스방키 측은 벌여놓은 일이 많았던 터라 과정을 간소화하고 싶어 했다. 그리하여 더 원활한 해법으로, 향후 모스폰과 진행할 거래 및 법인 설립을 모두 아우르는 포괄 보상장에 서명해줄 수 있는지 덱스에게 물었다. "그렇게 할 경우 우리 쪽에서 서비스를 훨씬 더 빨리 제공할 수 있습니다. 보상장에 서명하여 파나마에 보내는 동안 마냥 기다리면서 몇 주 혹은 몇 달 동안 미확정 상태로 둘 필요가 없어지는 겁니다." 덱스는 파나마에 있는 동업자들에게 란트스방키의 요청을 전달하면서 이렇게 설명했다. "모든 보상장을 우리 쪽에 보낼 의향이 없다는 게 아닙니다. 다만, 매번 그쪽 고객의 승인이나 서명까지 받아야 하는 게 우리 모두에게도 귀찮고 성가신 일이라는 겁니다."

덱스는 란트스방키가 이미 그 전에 모든 실소유주에 대해 완벽하게 실사 작업을 진행했다고 모스폰을 안심시켰다. 그는 룩셈부르크의 금융 감독 기관이 란트스방키를 관리하고 있다는 점도 언급했다. 란트스방키 측의 요청대로 할 경우 모스폰은 자사의 이사들이 인가하는 사항을 관리하고 감독할 수 있는 기회를 상실하게 될 터였다. 그렇기는 하지만 모색과 폰세카는 란트스방키의 제안에 원칙적으로는 동의했다. 두 사람은 모스폰을 위험한 상황에 처하게 만들지만 않는다면 고객 확인 의무를 다른 누군가, 특히 은행에 떠넘기게 된 것을 다행으로 여겼다.

모스폰은 보상장 초안을 작성한 뒤 란트스방키 측에 검토를 요청했다. 란트스방키는 고객의 신뢰도 및 신용도를 보증하는 부분을 빼고 모스폰 이사들이 인정한 위임권 승인에 따라 취해진 조치에서 실소유주를 면제한다는 내용을 추가했다. 란트스방키는 일단 회사가 사업 활동을 하게 되면 실소유주가 어떤 문제를 초래하든 그 책임을 모스폰의 셸컴퍼니와 명의이사들이 떠안기를 바랐다. 이는 보상장의 본래 목적을 깡그리 무시하는 것이었다. 직급이 그리 높지 않은 모스폰 변호사가 수정안을 받아들이기를 거부하자 폰세카는 그 변호사에게 덱스, 란트스방키 측과 함께 해결점을 모색하라고 지시했다. 합의에 이르기까지 양측은 거의 2년 동안 옥신각신했다. 2006년 3월 마침내 란트스방키가 모스폰이 맨 처음에 제시한 초안을 수용했다. 보상 문제에서 발생하는 분쟁은 국제 중재를 통해 처리하기로 양측은 합의했다.

그 시점에서 란트스방키는 문제 해결을 간절히 바랐을지도 모른다. 한 달 전인 2006년 2월, 신용평가회사 피치Fitch는 아이슬란드 경제가 지속불가능하다면서 부정적인 등급을 발표했다. 피치는 그 섬나라의 금융 부문을 결국에는 침몰시킬 모든 원인들, 즉 과도한 신용거래 증가, 막대한 적자, 지나치게 많은 부채를 강조했다. 하지만 피치의 예측에도 불구하고 아이슬란드의 흥청망청은 2년 동안 계속 이어졌다. 피치는 아이슬란드의 대표급 은행들이 돈기계의 엔진을 계속 돌리려고 범죄 음모에 가담했다는 것은 몰랐다. 모스폰 회사들은 이 음모의 핵심 요소였다. 란트스방키로서는 모든 수상한 거래에 대하여 일일이 보상상을 새로 작성하기 위해 모스폰과 또 다시 엮이는 일은 피하는 게 나았다.

회익손은 아이슬란드 주요 은행들이 참여한 게임으로 요약되는 이 시기의 다채로운 일화들을 알려주었다. 2006년 카우프싱에서 근무하던 한 직원은 단순한 업무를 맡고 있었다. 그는 매일 아침 일찍 일어나 스웨덴 증권거래소에서 카우프싱 주식을 샀다. 카우프싱은 자사주 매입으로 돈기계를 돌려 주가를 인위적으로 높게 유지했다. 주주들은 부유함을 유지했고 은행가들은 지속적인 대출을 통해 수수료를 차곡차곡 모았다. 어느 날그 은행직원이 늦잠을 자기 전까지는 말이다. 적절한 매수 타이밍을 놓치는 바람에 몇 시간 만에 주가는 4% 폭락했다. 그사이 주식시장은 적정수준을 유지하기 위해 진땀을 흘렸다.

차츰 금융 위기로 향해 가던 그해에 란트스방키는 모스폰과 함께 80개가 넘는 회사를 설립했다. 은행 주주들과 경영진은 은행이 잘나가고 있는 것처럼 보이게 하는 거래를 통해 자기 배를 불리는 데 모스폰 회사를 이용했다. 란트스방키는 2008년 상반기에만 이사들에게 400억 크로나(약 5억 6,200만 달러)를 빌려주었다. 외부로 드러난 활동은 BVI나 파나마 같은 데 있는 회사들이 대출을 받고 주식과 자산을 사고판 게 전부였다. 세상 사람들의 눈에는 완벽하게 합법적인 시장 활동으로 보였다. 일례로, 남편이 약사였던 한 미망인은 두 아들과 함께 비외르골뷔르와 소르가 사들인 제약회사의 주식을 상당히 보유하고 있었다. 이 가족은 란트스방키 룩셈부르크를 통해서 여덟 개의 모스폰 역외회사를 설립했다. 이 역외회사들은 번갈아가며 란트스방키에서 수백만 달러를 빌렸고 그 미망인 가족은 빌린 돈을 비외르골뷔르 부자가 소유한 다른 기업의 주식을 사들이는 데 썼다. 이런 식의 내부자 거래는 위험 요소를 회사의 계열사에 집중시키는 탓에 위험하고 어리석은 금융 활동으로 해석될 수 있으나 반드시 범죄가 되는 건 아니었다. 그런데 란트스방키의 CEO 시귀리온 아르드나손Sigurjón Árnason이 도모한 계획은 달랐다. 2007년 란트스방키가 설립한 파나마 회사 두 곳이 란트스방키에서 수천만 달러의 대출을 받았다. 그중 한 곳은 모스폰이 등록한 회사였다. 아르드나손은 이 회사들이 대출을 받아 란트스방키 주식을 사도록 해 은행의 주가를 부정한 방식으로 끌어올리는 계획을 총지휘했다.

카우프싱 역시 마찬가지였으나 규모가 더 컸다. 아이슬란드의 재정이 파탄나기 한 달 전인 2008년 9월, 카우프싱은 중대 발표를 했다. 카타르 출신 투자자 셰이크 모하메드 빈 칼리파 알사니Sheikh Mohammed bin Khalifa al-Thani가 카우프싱 지분 5.1%를 사들인다는 소식이었다. 전 세계적으로 대출이 엄격하게 제한되었던 당시로서는 지불능력이 의심스러운 금융기관에 대한 신뢰를 보여주는 놀라운 광경이었다. 5.1%라는 비율은 그냥 나온 게 아니었다. 지분 비율이 5%를 넘을 경우 공개적으로 발표하도록 되어 있었던 것이다. 이로써 카우프싱의 CEO 흐레이다르 마우르 시귀르손Hreiðar Már Sigurðsson의 친구인 알사니는 은행의 3대주주가 되었다. 시귀르손과 카우프싱의 2대주주는 방송에 출연하여 알사니의 투자는 카우프싱이 건강하며 계속 성장하고 있다는 사실을 확실히 보여준다고 이야기했다. 알사니의 주식 매수가 곧 증거였다.

한편, 무대 뒤에서는 룩셈부르크 사무소를 통해 설립된 모스폰 회사들이 서로 뒤얽히면서 또 다른 이야기가 펼쳐지고 있었다. 2008년 7월, 요스트 텍스는 BVI 회사 브룩스 트레이딩Brooks Trading을 카우프싱을 대리하는 중개인에게 팔았다. 브룩스 트레이딩은 재빨리 카우프싱 계좌를 개설했다. 이곳의 숨은 주인은 또 다른 모스폰 회사로서, 결과적으로는 알사니가 보유하게 되는 셈이었다. 2008년 9월 19일, 카우프싱은 브룩스 트레이딩의 계좌에 5,000만 달러를 입금했다. 이 대출에는 보증이나 담보물이 수반되지 않았다. 제대로 돌아가는 은행이라면 경보음이 울렸을 일이다. 열흘 뒤 카우프싱은 알사니가 실권자인 모스폰의 BVI 회사 두 곳에 총 1억 2,500만 달러에 이르는 더 큰 금액을 추가적으로 대출해 주었다. 이 돈은 키프로스의 한 회사로 들어갔고 그 회사는 셰이크의 카우프싱 지분 5.1%를 사들였다. 밖에서 보기에는 굉장히 멋지고 깜짝 놀랄 만한 자신감으로 비쳤던 일이 사실 알고 보니 자사주 매입을 위장하기 위해 카우프싱이 자행한 사기였다.

미국의 금융 위기는 아이슬란드 은행들을 끝장내 버렸다. 9월 15일 리먼 브라더스Lehman Brothers는 파산을 선언했다. 세계 금융 시스템은 작동을 멈췄다. 3주가 지나지 않아 아이슬란드 정부는 최대 은행 세 곳, 글리트니르Glitnir, 란트스방키, 카우프싱을 국영화했다. 어제까지만 해도 멀쩡하던 은행들이 하루아침에 파산했다. 금융 환상은 모스폰과 덱스 부부의 합작품이었다. 금융 위기를 초래한 권모술수는 뒤에서 몰래 진행될 수 있었으나 그 여파는 필연적으로 공개적이며 유혈이 낭자할 수밖에 없었다. 세계 금융 위기는 모스폰의 수익성에도 깊은 상처를 냈다. 가장 인기 있는 관할지였던 BVI의 경우 모스폰의 법인 설립 실적이 35% 하락했다. 2009년 초 폰세카는 모스폰이 역외회사에 대한 연간 수수료를 18달러 올릴 예정이라고 요스트 덱스에게 알렸다. 덱스는 반대했다. 금융 위기는 수수료를 인상하기에 최악의 시기였다. 덱스 부부는 모스폰의 방침에 따르기를 거부했다. 두 사람은 모스폰 파트너들에게 보낸 편지에서 그러한 일방적인 조치는 계약 위반이라고 설명했다. 덱스 부부는 수수료 인상 방침을 따르지 않았다. 대신 모스폰에 송금하기 전 송장에서 18달러씩 공제하는 방식으로 현재 운영 중인 6,658개의 회사에 대해 종전과 같은 가격을 유지했다. 이는 거의 12만 달러에 달하는 적자가 매년 발생한다는 뜻이었다.

2월이 되자 덱스 부부는 룩셈부르크 지점을 1,000만 유로에 모스폰에 되팔겠다고 제안했다. 모색과 폰세카는 너무 비싸다는 이유로 거절했다. 모스폰 측은 수정안을 제시하지 않고 덱스 부부의 의사와 상관없이 곧바로 그 사안을 파나마에서 진행하는 중재 절차에 맡겼다. 중재자는 덱스 부부에게 불리한 결정을 내렸고 두 사람은 항소했다. 모스폰은 이제 덱스 부부에게는 모스폰 회사를 판매할 권한이 없다는 것을 고지하는 서신을 룩셈부르크 고객들에게 보냈다. 덱스 부부는 룩셈부르크와 파나마 양국에서 사기 및 탈세죄로 모스폰을 맞고소했다. 몇 년을 질질 끈 이 소송으로 한때 동업자였던 이들은 화해하기 어려운 적으로 돌아섰다.

금융 위기로 인한 국지적 충돌은 이뿐만이 아니었다. 레이캬비크 도심에서는 시위대가 연일 정부 퇴진을 외쳤다. 5만 명이 넘는 아이슬란드 국민들이 모아둔 돈을 날렸다. 실업률은 6개월 만에 2%에서 10%로 껑충 뛰어올랐다. 시위자들은 냄비와 프라이팬을 두드렸고 정부 청사에 음식물을 던졌다. 각국 정부는 경제 위기에 대응하고자 서비스를 대폭 줄였다. 경제적으로 위축된 내핍 상태로 더욱더 불이 붙게 된 대중 운동은 국고로 들어가야 할 돈을 모조리 뜯어가는 데 있어서 조세피난처가 한 역할에 점점 초점을 맞추기 시작했다.

에바 졸리가 속한 열성 운동가 그룹은 역외 시스템을 통한 정치 부패 및 탈세 방지 운동을 수년 간 전개해왔다. 노르웨이 정부는 지배층이 빼돌린 돈을 추적하여 찾아낸다면 빈곤을 뿌리 뽑는 데 도움이 될 수 있다고 보고 이 운동가들을 한데 모았다. 노르웨이는 이 문제를 같이 고민해보고자 이들을 오슬로로 초청했다. "불법 금융시장 흐름의 개발 영향에 관한 태스크포스"로 불린 첫 번째 회의에 참석한 이들 중에는 저지 섬의 경제 고문이었던 존 크리스텐슨도 있었다. 내부고발자로 따돌림 당하는 처지에 놓이기 전부터 크리스텐슨은 조세피난처라는 사안에 관심을 갖고 있었다. 그는 저지 섬의 넉넉한 집안에서 태어나 옥스퍼드대학교와 런던정치경제대학교에서 학업을 마친 뒤 1980년대 중반에 다시 고향으로 돌아왔다. 그는 표면상 영국 기득권층의 일원으로 보였으나 실은 비밀을 품고 있었다. 크리스텐슨은 저지 섬의 한 신탁관리회사에 들어갔다. 내부에서 신탁관리 업계를 조사해 그 결함을 드러내 보이겠다는 목표를 품고서 말이다.

저지 섬은 정치문화를 왜곡시키고 여타 산업을 몰아내면서 역외산업의 종착지로 성장하고 있었다. 새 직장에서 크리스텐 슨은 고객의 돈을 숨기기 위해 신탁, 회사, 재단을 겹겹이 쌓 는 법을 배우게 되었다. 고객이 무얼 원하는지 직접적으로 물어 보지는 않을 테지만 압도적 다수는 탈세에 관한 것임을 알면서 도 모르는 척 행동하는 게 예의였다고 그는 말한다. 크리스텐슨 은 업무의 일환으로 모스폰 등 여러 중개인들과 알고 지내게 되 었다. 그가 기억하는 모스폰은 능숙한 회사였다. 크리스텐슨은 더 힘이 있는 자리인 저지 섬 정부의 경제 고문을 맡기 위해 신 탁회사를 떠났다. 그가 현직에 있을 때였다. 어느 날 늦은 저녁 〈월스트리트 저널〉 기자로부터 전화가 왔다. 그 기자는 저지 정 부의 부패 혐의에 대해 이야기했다. 크리스텐슨은 취재에 협조 했고 〈월스트리트 저널〉은 저지 섬에 '역외 위험offshore hazard'이 라는 꼬리표를 붙인 기사를 1면에 내보냈다. 크리스텐슨은 말했 다. "막다른 길이었어요. 감히 더는 계속할 수 없었지요."

그는 갖고 있던 자료를 런던의 안전금고로 몰래 옮겼다. 예전 동료들의 적대감과 마주하게 된 크리스텐슨은 그 자료들과 마찬 가지로 가족을 데리고 1998년 자진해서 망명길에 올랐다. 그는 작은 출판사를 열고 조세피난처들이 국제 개발에 어떤 식으로 영향을 미쳤는지에 관한 옥스팜 보고서를 펴냈다. 저지 섬을 떠 난 지 4년이 흘렀을 때였다. 크리스텐슨은 그 섬에 딱 하나 있는 교도소에서 근무하는 특수교육 교사와 연락이 닿게 되었다. 그녀는 차나 한잔 하자면서 런던에 있는 크리스텐슨을 찾아왔다. 한때 상선 선원과 수녀였던 은퇴자 두 명과 함께였다. 이들은 본인이 속했던 곳에 미친 악영향을 지켜보면서 맞서 싸우고 싶다는 생각이 들었다고 했다. 이것이 시작이었다. 2003년 크리스텐슨은 '조세 정의 네트워크Tax Justice Network'를 출범시켰다. 이 네트워크는 워싱턴 D. C.에서 아프리카에 이르기까지 전 세계로 퍼져나갔다. 크리스텐슨은 저지 섬의 신탁회사들이 어떤 식으로 뇌물수수, 횡령, 사기를 가능하게 했는지를 밝히는 설명 방식을 개발했다. 조세 정의 네트워크의 조직 및 교육 활동은 금융위기 이후 최고 속도를 내기 시작했다. 2009년에는 최고 실적을 낸 비밀금융 공급업자들을 폭로하기 위해 여러 담당지역의 법, 규제, 관행을 평가한 지수를 발표하기도 했다. 맨 처음 공개되자 전 세계는 충격에 빠졌다. 순위의 정상을 차지한 것은 BVI나 케이맨 제도, 혹은 햇볕이 따갑게 내리쬐는 어느 섬나라의 조세피난처가 아니었다. 1위는 델라웨어주와 미국이었다. 그다음은 룩셈부르크가 차지했다.

조세피난처의 악용에 반대하는 목소리가 커지는 한편, 이에 뒤지지 않을 만큼 열성적으로 과세 제도에 적대적인 움직임도 나타났다. 주로 미국인이 후원하는 단체들이었다. 재정이 탄탄한 이익단체들의 연합체는 모스폰 등 역외 공급업자들에게 활동에 필요한 돈을 달라고 졸라댔다. 이들은 조세피난처를 사면초가에 놓인 자유의 보루라고 표현했다. 비밀세계는 서구 정부들이 과세 대상이 되는 재산을 몰수하기 위해 끈질기게 추적하는 과정에서 자국민의 사생활을 침해하지 못하도록 막는 역할을 할 뿐이라고 했다. 미국의 자유의지론자와 부유한 사업가를 역외 세계와 이어 주는 데 있어서 특히 효과적인 통로 역할을 한 단체는 플로리다주의 소버린 소사이어티Sovereign Society였다. 표면상 출판사로 되어 있는 이곳은 미국인들을 모스폰 같은 역외 공급업자들과 연결시켜 주는 회의를 주최했다. 회사 웹페이지에 나와 있는 바에 따르면 "몹시 부담되는 무거운 세금과 무분별한 소송으로 인한 강탈"을 방지하는 것이 목적이었다. 모스폰은 신규 사업을 제공받는 대가로 소버린 소사이어티에 10% 수수료를 지급했다. 모스폰 파일에 나와 있는 바에 따르면 소버린 소사이어티는 적어도 69개의 모스폰 회사를 만든 장본인이었다.

모스폰의 람세스 오웬스는 소버린 소사이어티가 마련한 모임의 단골 초청 연사였다. 2008년 파나마시티에서 열린 회의의 안내 책자에는 파나마 회사들의 경탄할 만한 점을 내세운 오웬스의 연설이 소개되어 있었다. "법정으로 갈 일을 사실상 100% 차단하는, 82년 역사로 입증된 조직으로 당신의 재산을 안전하게 지키십시오. 대단히 매력적인 이 조직은 지난 80년 간 능구렁이 같은 변호사들의 교묘한 속임수를 피해 전 세계에 있는 개인들의 재산을 지켜왔습니다. 적당한 가격으로 이용 가능한 이 기막힌 조직이 인생을 바꿔버릴 수도 있는 난처한 소송으로부터 당신을 어떻게 구하는지, 가족이 평생 모은 돈을 어떻게 보호하는지 경험해 보십시오."

이듬해에 소버린 소사이어티는 버뮤다의 호화 리조트에서 나흘 간 회의를 열었다. 모스폰의 자산관리회사 MAMSA는 회의 장소가 마음에 걸렸다. MAMSA 직원들은 자사의 서비스를 광고하는 팸플릿을 회의에 가져가고 싶었다. 그런데 공교롭게도 그 팸플릿에는 미국 국세청 몰래 불법적으로 돈을 은닉하는 방법이 나와 있었다. MAMSA 직원은 조언을 얻고자 오웬스에게 연락을 취했다. "참석자 대다수가 미국에서 온 사람들이라면 그 팸플릿을 가져가는 게 불법일까요?"라고 그 직원은 물었다. 오웬스는 일반적으로 그렇게 하는 유럽 은행이 적어도 세 곳은 된다면서 직원을 안심시켰다. 그래도 미국을 경유해서 가야 하니 조심해야 한다고 주의를 주었다. 미국법을 어기는 방법을 설명해놓은 인쇄물을 미국 세관이 발견할 경우 그 같은 문서를 소지한 여행자는 곤란해질 수 있었다. 오웬스는 팸플릿을 들고 미국 세관을 통과할 게 아니라 회의가 열릴 예정인 버뮤다 호텔에 미리 책자를 보내놓자고 했다.

소버린 소사이어티가 소개한 사람 중에는 절세나 민사소송 이상의 목적을 가지고 비밀세계로 들어가고자 하는 이들도 있었다. 알래스카 부동산 중개인이자 투자자인 랜스 로커드Lance Lockard가 그런 부류였다. 소버린 소사이어티는 2006년에 로커드를 모스폰에 추천했다. 로커드는 모스폰에 철저한 비밀 유지를 요청했다. 모스폰 직원은 고객 파일에 "로커드의 주된 관심은 비밀이다"라고 기재했다. 모스폰은 로커드에게 세이셸에 등록된 회사를 하나 설립해 주었다. 이 세이셸 회사는 로커드가 실권을 잡고 있는 파나마 재단의 자문위원 역할을 했다. 모스폰은 추가 수수료를 받고 보안메일 저장소를 만들어 주었고 은행도 추천해 주었다. 2007년에 보낸 메일에서 로커드는 1년에 50회 정도 스위스, 호주, 미국으로 송금할 예정이라고 모스폰에 알렸다. 송금 액수는 회당 최대 50만 달러 정도로 예상했다. 이는 투자 수익금에서 나온 돈으로, 환거래에 쓰일 거라고 했다. 그런데 실제로 로커드의 돈 가운데 일부는 알래스카 역사상 최대 모기지 사기 행각에서 나온 것이었다.

그해 12월, 연방 검찰은 금융사기 및 불법공모 혐의로 로커드를 기소했다. 검찰은 로커드와 공모자들이 거의 5년 간 지속적으로 문서를 위조하고 평가액을 부풀렸으며 착수금을 조작하고 명의상 대출자와 구매자를 날조했다고 주장했다. 기소장에 따르면 로커드 일당이 알래스카의 모기지 대출기관 열세 곳에서 사취한 돈은 총 250만 달러가 넘었다. 로커드가 체포된 뒤 그의 변호사가 모스폰에 연락을 해왔다. 모스폰이 로커드의 파나마 은행 계좌 개설을 도운 적이 없다는 것을 확인해달라는 요청이었다. 이 요청은 즉각 모색과 폰세카에게 전해졌다. "이 고객의 전체 이력을 알고 싶군요." 유르겐 모색은 이렇게 반응했다. "이 고객과 면담할 때 준법지원부에서 뭔가 썩은 냄새를 맡은 사람이 단 한 명도 없었다는 게 말이 됩니까?"

모스폰의 준법지원부는 사건을 검토했다. 소버린 소사이어티가 소개해준 뒤 로커드는 여권, 공과금 고지서, 은행 계좌 내용서의 표준 서류 양식을 보냈다. 대면 면담은 한 번도 이뤄지지 않았다. 로커드는 금융 위기로 실체가 드러나기 전까지는 합법적으로 보였다. 모스폰은 로커드에게 설립해준 회사와 재단에서 물러나기로 결정한 뒤 그의 변호사에게 편지를 보냈다. 스위스에는 실제로 로커드의 계좌가 있으나 모스폰이 아는 한 파나마에는 은행 계좌가 전혀 없다고 진술한 편지였다. 모스폰은 환불 수수료 1만 4,354달러도 청구했는데, 여기에는 은행 계좌정보 조사에 대한 요금이 포함되어 있었다. 로커드는 유죄를 인정했고 징역 6년 형을 선고받았다. 그의 불법 자금 가운데 검찰이 환수한 금액은 11만 6,000달러에 불과했다. 오웬스는 수수료 걱정은 하지 말자고 모색과 폰세카에게 말했다. "설령 실사 작업에 대한 비용을 한 푼도 못 받는다 해도, 우리의 평판을 잃지 않기 위해서는 그만한 가치가 있습니다"라고 그는 메일을 보냈다.

레이캬비크에서는 아이슬란드 국회 앞의 작은 광장에 모인 성난 군중이 국회 건물에 케첩과 요구르트를 마구 뿌렸다. 레이건의 말을 인용하면서 10년 전에 은행 민영화를 총지휘했던 게이르 하르데 재무장관은 금융 위기 당시 총리 자리에 있었다. 시위자들은 그에게 목을 내놓으라고 요구했고 소수당들은 조기 선거를 부르짖었다. 하르데는 건강상 문제를 이유로 사임했다. 젊은 시절 방송사 저널리스트였다가 정치인으로 변신한 시그뮌뒤르 귄뢰이그손Sigmundur Gunnlaugsson은 권력 상승의 기회를 포착했다. 그는 자국 은행에 수십억 달러를 쏟아 부은 국제 채권국들의 긴급 구제금융 지원 제안에 반대하는 움직임을 주도했다. 귄뢰이그손은 요행을 바라면서 아이슬란드의 부채를 사들이고 있는 벌처vulture(썩은 고기를 먹고 사는 대머리독수리. 남의 불행을 이용하는 자를 의미하기도 한다-옮긴이)들을 맹비난하며 아이슬란드의 민족주의를 건드렸다. 유권자들은 그의 말에 귀를 기울였다. 결국 아이슬란드인들은 해외 채권국의 긴급 구제금융을 거부했다. 귄뢰이그손은 진보당 대표로서 하르데로부터 권력을 잡기 위해 선거 연합이 승리하도록 지원을 아끼지 않았다.

귄뢰이그손은 큰 승리를 거두고 의기양양하게 국회에 입성했다. 하지만 사실 그는 아이슬란드 국민들 모르게 대중의 눈을 피해 역외에 수백만 달러를 보유하고 있었다. 2007년 12월, 란트스방키 룩셈부르크는 귄뢰이그손과 부유한 상속녀인 그의 아내 안나 시귀르들뢰이흐 파울스도티르Anna Sigurlaug Pálsdóttir에게 윈트리스Wintris 주식회사라는 모스폰 회사를 팔았다. 윈트리스의 주소지는 영국령 버진아일랜드에 있는 아카라 빌딩이었다. 귄뢰이그손 부부는 상속받은 재산을 특히 아이슬란드 은행 채권에 투자하는 데 윈트리스를 사용했다. 금융 위기가 발생하자 윈트리스는 귄뢰이그손이 그토록 비난했던 벌처들에게 그 채권을 팔았다. 그리고 2009년의 마지막 날, 그는 보유하고 있던 윈트리스 지분 절반을 1달러에 아내에게 팔았다.

10장

자본가들의 공범자

▶ 2009년 미국 정부는 스위스의 은행 비밀주의 전통에 구멍을 냈다. 스위스은행 UBS가 망치 역할을 했다. 그 구멍을 통해 전 세계의 세무 당국과 검찰은 부도덕한 정치인들과 탈세범들이 은닉한 재산을 찾아 돌진했다. 대개의 경우 비밀 은행 계좌는 익명회사와 짝을 이루기 때문에, 조세피난처에 대한 정밀조사 역시 늘어났다. 상황이 이렇게 되자 스위스 은행가들은 앞다퉈 본인들이 해오던 역외 사업과 거리를 뒀다. 서구의 각국 정부는 갑자기 모스폰 같은 중개업자들에게 정보를 요구하기 시작했다. 라몬 폰세카는 UBS 스캔들이 터지면서 모스폰의 사업 환경이 달라졌다고 본다. 그는 이렇게 말

했다. "그때부터 진짜 압박이 시작됐습니다. 정보 교환 때문에 말이죠. 우리는 괴물을 만들어 냈습니다. 그런데 어느 날 뜬금없이 빗을 건네받게 되었고 그 괴물을 빗질하라는 말을 듣게 된 겁니다."

UBS 직원이었던 브래들리 버켄펠드Bradley Birkenfeld가 UBS 사건의 핵심이었다. 버켄펠드는 2000년대 초 제네바에 있는 UBS 스위스 프라이빗 뱅크에서 거의 5년 간 근무했다. 하지만 UBS가 소속 은행가들에게 은행의 불법 행위에 대한 책임을 떠넘기고 있다는 사실을 알고서는 환멸을 느꼈다. 버켄펠드는 상사들이 독려하던 관행을 명백히 금지하고 있는 준법지원 문서를 은행 서버에서 발견했다. UBS 경영진에게 상황을 설명했으나 못 본 체 하라는 말만 돌아왔다. 버켄펠드는 그 말을 따르는 대신 회사를 관뒀다. UBS에서 나온 지 1년이 흐른 뒤 버켄펠드는 정보를 제공하는 대가로 면책을 요구하면서 미국 법무부에 접근했다. 그는 줄잡아 1만 9,000명에 달하는 미국인 최상위 고객들이 UBS와 결탁하여 은닉한 돈이 200억 달러에 이른다고 주장했다.

UBS 스위스 프라이빗 뱅크는 미국 사업을 두고 '유독성 폐기물'이라고 불렀다. 위험성을 인정하고 있었던 것이다. 그리고 결국에는 그 별명대로 됐다. UBS는 미국 내 영업 허가를 받지 않았으나 버켄펠드와 동료들은 툭하면 미국으로 건너갔다. 이들은 예금주를 만나고 신규 고객을 유치하기 위해 큰돈이 오가는 사안들을 지속적으로 진행했다. UBS 은행가들은 2004년에만 약 3,800명의 미국 고객들을 찾아갔다. 이들은 노트북 컴퓨터에 암호화된 계좌정보를 보관했고 심지어 재산 밀반입까지 해주었다. 버켄펠드는 고객을 위해 치약 안에 다이아몬드를 넣어서 가져가기도 했다.

조 웨스트와 함께 신용카드 프로젝트를 담당했던 IRS 변호사 존 맥두걸은 버켄펠드와 면담한 연방 공무원 중 한 명이었다. 이미 UBS 스위스 프라이빗 뱅크 은행가들은 미국 당국의 레이더망에 걸려든 상태였으나 버켄펠드는 사건을 추적할 수 있도록 판사를 설득하는 데 필요한 정보를 제공했다. 여느 스위스 은행들과 달리 UBS는 특히 미국 사법제도에 취약했다. 자회사가 아니라 미국 내 여러 지점들을 통해 사업을 진행했기 때문이다. 이는 IRS가 미국에 있는 제네바 프라이빗 뱅크의 정보를 요구하는 소환장을 송달할 수 있다는 의미였다. 맥두걸은 웨스트가 선구적으로 활용한 '존 도 소환장'이 UBS의 미국인 예금주들을 캐는 법적 수단이 되리라고 봤다.

스위스 재무장관 한스 루돌프 메르츠Hans-Rudolf Merz는 스위스 국회 앞에 도전적인 자세로 서서 이렇게 선언했다. "스위스의 은행 비밀주의를 공격하는 자들에게 말하겠는데, 당신들 큰코다칠 거요." 어쨌든 IRS는 존 도 소환장을 발부했고 연방 판사도 이를 승인했다. 이제는 법무부가 나설 차례였다. 2009년 2월, 스위스 정부는 자국의 주요 은행이 형사상 기소될지도 모른다는 걱정에, UBS는 당시로서는 기록적인 액수인 7억 8,000만 달러에 미국 정부와 합의를 볼 수 있도록 했다. 그 뒤 얼마 안 있어 메르츠는 심각한 심장발작을 일으켰는데, 그는 UBS 문제를 처리하는 데서 온 스트레스 탓이라고 했다. UBS는 미국인 예금주 280명의 이름을 포기함으로써 스위스 비밀주의 전통과도 결별했다. 스위스 정부는 이 폭로를 두고 사기 등 불법 행위에 대한 은행비밀법의 예외 범주에 들어간다고 합리화했다. 스위스에서 탈세는 형사범죄가 아니었는데도 불구하고 말이다(2016년 스위스는 자금세탁으로 기소할 수 있는 근거가 되는 30만 달러 이상의 탈세를 '심각한 조세 범죄'로 규정하기 위해 법을 바꿨다).

합의가 발표된 다음 날 IRS는 마이애미 연방지방법원 판사에게 존 도 소환장의 집행을 요청했다. 처음에 저항하던 스위스는 UBS가 미국 영업권을 상실할지도 모른다는 것을 인지하자마자 곧바로 입장을 바꿨다. 미국 영업권이 없으면 UBS는 국제적으로 사업을 진행할 수 없을 터였다. 주요 달러 송금은 대부분 뉴욕을 통해 이뤄지기 때문이다. 2009년 8월, UBS는 IRS에 4,450명의 이름을 추가로 넘겼다. 스위스의 은행 비밀주의 시대는 끝이 나고 말았다. 완고한 일본-아프리카계 미국인인 조 웨스트라는 IRS 요원이 맨 처음 시작한 일이 이뤄낸 성과였다. 2008년, BVI는 국제 사회의 압력에 못 이겨 자국의 자금세탁방지법을 더욱 강화했다. 모스폰 같은 역외 공급업자들에게 기록 보관 및 고객 파악을 요구하는 내용을 추가했다. 하지만 법이 있는 것과 그

법을 시행하는 것은 별개의 문제였다. 처음 몇 해 동안 모스폰은 BVI로부터 미미한 항의를 받아가며 준법지원 업무를 거북이 걸음으로 진행했다.

다만, 무기명주에 대한 BVI의 태도 변화만큼은 모스폰도 무시할 수 없었다. 무기명주권은 조세피난처들과 서구 정부들 간에 끊임없이 긴장감이 발생하는 지점이었다. 일단 무기명주가 발행되면 회사의 주인을 알아내기는 거의 불가능했다. 무기명주권을 보유한 사람이 누구냐에 따라 회사의 소유주가 결정되기 때문이다. 무기명주는 재산 추적을 하는 국세청 요원들이나 검사들에게는 악몽과도 같은 존재였다. 사생활 보호라는 합법적인 이유에서든 불법 행위에 관여하기 위해서든, 비밀을 원하는 이들에게는 무기명주보다 나은 도구가 없었다. 그러니 널리 확산될 수밖에 없었다. 블라디미르 푸틴의 억만장자 친구 게나디 팀첸코는 자사의 무기명주를 보유하고 있었다. 피덴샤 사기 사건의 배후에 있던 남아프리카인들이 그랬듯이, 제프리 테슬러의 회사들도 재단으로 전환되기 전에는 무기명주에서 출발했다. 2009년 미국 재무부는 헤즈볼라를 재정적으로 지원했다는 이유로 모스폰 고객 카심 타지딘Kassim Tajideen에게 제재 조치를 내렸다. 타지딘은 무기명주를 통해서 본인 회사들의 소유권을 쥐고 있었다.

이안 캐머런Ian Cameron은 파나마에 있는 모스폰 회사 블레어모어 홀딩스Blairmore Holdings를 통해 투자기금업체를 운용했다

(그의 아들 데이비드 캐머런David Cameron은 훗날 영국 총리가 되었다). 이안 캐머런은 블레어모어 홀딩스를 무기명주를 통해 소유했다. 투자자 수백 명이 무기명주권을 받았는데, 캐머런은 그 투자기금업체가 위치한 바하마의 사무실에 주권들을 한데 모아 안전하게 보관하기로 결정했다. 해마다 캐머런은 관계자들과 함께 주권을 일일이 세어보고 빠짐없이 있는지 확인했다. 이렇게까지 해서 비밀을 유지할 만한 가치는 분명히 있었다. 조세피난처를 노련하게 이용한 덕분에 캐머런의 투자기금은 30년 간 세금을 한 푼도 내지 않았다. 영국 투자자들 때문에 자본 과잉 상태였는데도 말이다. 2000년에 바하마는 무기명주를 불법화했다. 하지만 블레어모어는 영향을 받지 않았다. 이 회사는 파나마에 등록되어 있었고 파나마는 여전히 무기명주권을 허용했기 때문이다. 반면 모스폰의 바하마 사업은 급격하게 쇠퇴했다. 모스폰은 2000년에 바하마에 1,217개의 회사를 설립했으나 1년 뒤에는 실적이 82% 감소했다.

2002년 BVI가 바하마와 유사한 조치를 고려하자, 유르겐 모색은 BVI 금융위원회에 재고를 간곡히 부탁하는 서한을 보냈다. 모색은 바하마에서 무슨 일이 발생했는지 상세히 전했다. "역외산업이 쇠퇴하면서 바하마 경제가 심각하게 약화되었습니다." 바하마는 최소한 다른 산업에 기댈 수 있다는 점도 언급했다. BVI는 사정이 달랐다. 모색은 다음과 같이 질문을 던졌다. "BVI가 (바하마와 마찬가지로) 갑작스럽게 등기 사업에서 나오는 수입의 50% 혹은 그 이상을 잃게 될 경우 무엇으로 대체할 겁니까?" BVI는 무기명주의 전면 금지는 고려하고 있지 않았다. 그보다는 이안 캐머런이 사용한 방식을 제안했다. 즉, 수탁자나 모스폰 같은 등록대리인이 무기명주의 관리인 역할을 하도록 강제하는 것이다. 모색은 BVI 금융위원회를 설득해 단념시키려고 애썼다. "많은 고객들이, 우리도 마찬가지입니다만, 본인의 무기명주를 통제하는 것을 사실상 무기명주를 없애는 것과 마찬가지라고 여길 겁니다"라고 모색은 전했다. 그러면서 무기명주가 BVI 경제는 물론, 그 이용자와 등록대리인에게도 가치가 있다는 점을 솔직하게 설명했다. "비밀은 고객을 끌어당기는 자석입니다. 그리고 무기명주는 그토록 간절히 바라는 비밀을 제공하지요."

모색의 간청은 BVI의 마음을 돌리지 못했다. BVI는 2년 뒤 법을 통과시켰고, 2005년 1월 1일부로 BVI는 자국에 등록된 회사들에 대해 무기명주의 자유로운 이동을 금지했다. BVI 금융위원회는 수만 개의 회사들로 하여금 기존에 보유하고 있던 무기명주를 2009년 말까지 등록주식으로 전환하거나 관리자의 통제하에 두도록 했다. 모스폰의 BVI 법인 설립은 2007~2009년 사이에 35% 감소했다. 금융 위기와 새로운 규제가 하락에 영향을 미쳤지만, 무기명주에 대한 제한 역시 하나의 요인이었던 것으로 보인다. 모색의 예상대로 무기명주를 원하는 이들은 다른 지역으로 갔다. 최대 수혜자는 파나마였다. 파나마는 여전히 무기명주를 허용했다. 모스폰은 무기명주를 요청하는 파나마 회사가 불과 몇 년 사이에 열 배 이상 증가했다는 사실을 알게 되었다. 또 다른 승자는 세이셸이었다. 세이셸 역시 무기명주를 제공했다.

그사이에 모스폰은 그동안 세상에 내놓았던 BVI의 무기명주 회사들, 즉 760명의 고객들을 대신하여 운영 중인 3,417개의 회사들을 모두 처리해야 했다. 2008년 6월경 모스폰은 그때까지도 무기명주를 전환시키지 않은 고객들에게 달라진 법을 따라야 한다고 다시 한 번 고지했다. 모스폰은 그 뒤로 몇 해 동안 무기명주 회사 때문에 고객들을 들들 볶았고 반쯤 성공했다. 그중에 가장 완강하게 저항한 고객은 은행들이었다. 소시에테 제네랄Société Générale은 비슷한 수준의 비밀을 유지하려는 목적으로, 무기명주 고객들을 위해 회사의 주주를 파나마 재단들로 바꿔버렸다. 단순히 정보를 넘기는 것 자체를 거부한 고객들도 있었다. 2010년 4월, HSBC가 BVI 회사들의 무기명주를 보유한 은행 고객들에 관한 정보를 제공하도록 설득하기 위해 모스폰은 회사의 실제 주인이 누구인지 묻지 않겠다고, 그저 무기명주를 보유한 사람의 이름과 주소만 알면 된다고 약속했다.

2010년 초, BVI는 새로운 자금세탁방지법을 전면적으로 시행했다. 금융위원회는 감사를 실행할 예정이라고 모스폰에 통보했다. 서류를 검토하던 모스폰은 금융위원회가 살펴보기로 되어 있는 정보 가운데 일부가 누락된 것을 발견했다. 모스폰은 중개인들에게 회사에 관한 기본적인 세부사항들, 즉 이사 및 주주의 성명, 실소유주의 신원을 아는 사람이 있다는 사실을 확인할 수 있는 자료를 보내달라고 요청했다. 모스폰은 오랫동안 함께한 중개인들이 회사의 실제 주인이 누구인가와 같은 기본적인 정보를 알고 있다고 상정한 상태에서 일을 해왔다. 이러한 생각은 모스폰이 수년 간 자신들이 판매한 회사들에 대해 책임을 피할 수 있도록 해 준 편리한 허구였다. 하지만 이제 더는 그렇게 상상만 하고 있을 수 없었다. 모스폰이 필요한 정보를 수집하려고 안간힘을 쓰면서 깨달은 것은, 힘이 있는 강자는 모스폰이 아니라 고객이라는 사실이었다.

2010년 9월, UBS의 글로벌자산관리 영업본부장이 모스폰의 취리히 대표 디터 부흐홀츠Dieter Buchholz에게 만남을 요청했다. 부흐홀츠는 늘 그렇듯이 무기명주에 관한 곤란한 논의이겠거니 예상했다(UBS가 예금주들을 위해 만든 BVI 회사 가운데 적어도 스물두 곳은 여전히 무기명주를 갖고 있었다). 부흐홀츠와 크리스토프 졸링거는 이미 4월에 무기명주 문제 때문에 UBS 경영진을 만난 바 있었다. 당시 경영진은 새로운 규칙을 피해가는 방법을 찾고 있는 듯 보였다. 그들은 새로운 법을 준수하지 않는 기업에 대해서는 벌금 2만 달러를 부과하겠다는 BVI의 협박에 대해 법적 근거를 요구했다.

그러나 부흐홀츠는 UBS에 도착하자마자 이번에는 무기명주에 관한 문제가 아니라는 것을 알게 되었다. UBS 간부는 BVI

회사들에 대한 모스폰의 정보 요청에 몹시 화가 나 있었다. 그는 모스폰이 UBS가 아니라 회사의 실소유주에게 직접 자료를 요청해야 한다고 주장했다. 부흐홀츠가 모스폰 파트너들에게 보낸 메일에서 표현한 바에 따르면 UBS 간부와의 대화는 순식간에 '적반하장' 분위기를 띠게 되었다. 그 간부는 UBS가 모스폰과 계약을 맺고 동업한 적이 한 번도 없다고 주장했다. 이는 놀랄 만한 발언이었다. 부흐홀츠와 졸링거가 무기명주 회사들에 대해 논의하기 위해 UBS 측과 만난 게 불과 몇 달 전이었다. UBS는 여러 지점과 자회사까지 전부 모스폰을 통해서 1,000개가 넘는 회사를 설립했다. 부흐홀츠는 UBS 간부가 잘못 알고 있는 거라고 설명했다. 많은 경우 모스폰은 UBS가 설립을 의뢰한 회사의 실제 주인이 누구인지조차 모른다고 부흐홀츠는 말했다.

그 간부는 부흐홀츠의 말에 충격을 받은 체했다. 그는 모스폰이 스위스의 자금세탁 규정을 위반했다는 사실을 당국에 알려야 할지도 모른다고 응수했다. 부흐홀츠는 과거에 모스폰이 UBS 등 은행들에게 회사 소유주들의 신원을 제공해 달라고 분명히 요구했으나 은행들이 선뜻 알려주지 않았던 사실을 언급했다. UBS 간부는 펄쩍 뛰며 부인했다. 대화에 아무런 진전이 없다는 것을 느낀 부흐홀츠는 UBS와 모스폰이 수년 간 협력해왔다는 점을 이야기했다. 대부분의 담당지역에서 진행되고 있는 법적 변화에 직면하여 새로운 도전 과제들을 해결하려면 힘을 합쳐야 했다. 부흐홀츠의 설득으로 상황은 어느 정도 진정된 듯했다. UBS 간부는 정보를 제공하는 데 동의했다. 다만, 모스폰의 명의자들이 이사로 있는 회사는 모스폰이 실소유주와 직접 접촉해야 한다고 말했다. 또 어떤 회사든지 체불이 발생할 경우 모스폰이 처리하는 것으로 알고 있겠다고 했다. 부흐홀츠가 UBS 측의 이러한 메시지를 모스폰 파트너들에게 전하자 졸링거는 UBS가 책임을 전가하려고 한다면서, 그 은행이 덤터기를 씌우려 할 경우에는 모든 UBS 회사의 이사직에서 물러나야 한다고 제안했다.

제네바 사무소의 아드리안 시몬도 이에 찬성하면서 "UBS는 180도 변했습니다. 처리해야 할 문제들 때문에 지금 아주 터무니없는 방식으로 반응하고 있는 겁니다"라고 메일을 보냈다. 그는 UBS가 그동안 고객들에게 만들어 준 모스폰 회사의 가격을 상당히 올려왔다는 점도 언급했다. 모스폰과 UBS는 이 문제를 처리하기 위해 한 가지 전략을 고안해냈다. 모스폰은 이를 '간편 실사'라고 칭했다. 모스폰은 UBS 회사들을 개인 고객으로 받아들이는 데 동의했으나 고객에 대한 검토작업에는 여전히 UBS가 필요할 터였다. 회사의 소유주는 UBS가 인증한 여권 사본을 제출해야 했다. 모스폰은 UBS에 추천서 제공도 요청했다. 이런 식으로 하면 예금주는 빠른 시일 안에 역외회사를 취득하면서도 UBS는 직접적 책임이 없는 것처럼 할 수 있었다(훗날 크레디트 스위스Credit Suisse와 HSBC에도 유사한 방식이 적용되었다).

HSBC는 역외 사업과 거리를 두는 데 훨씬 적극적이었다. 이러한 움직임은 2008년 알렉상드르 젤레Alexandre Zeller가 HSBC 스위스 프라이빗 뱅크의 신임 CEO로 부임하면서 진행되었다. 국유인 스위스주 은행 출신인 젤레는 HSBC에서 본 광경에 충격을 받았다. 개별 책상은 독립적인 영지와 같았다. 그곳에서 고객 확인 작업은 거의 이뤄지지 않았다. 은행가들은 고객들을 위해 역외회사를 설립해주는 것은 물론, 회사의 이사까지 맡고 있었다. 중동 왕족 같은 최상위 고객의 파일은 회사 시스템이 아니라 CEO의 사무실에 있는 금고에 보관했다. HSBC는 개인을 상대로 영업하는 은행이었으나 베네수엘라 중앙은행의 계좌도 개설해 주었다. 조지 W. 부시 행정부에 따르면 스위스은행의 비밀 계좌는 금수 조치를 당한 쿠바나 콜롬비아의 군사 반란을 지원하는 정권이 얼마든지 다양한 용도로 사용할 수 있었고, 국제 마약 단속 협정에 따른 의무 역시 매번 따르지 않아도 되었다. 베네수엘라 정부 관료들은 스위스은행과 역외 세계에 상당히 정통했다. 모스폰의 역외회사를 보유한 이들도 있었는데, 우고 차베스 대통령의 경호실장과 베네수엘라 재무관이었던 그의 아내도 포함되었다.

모스폰의 정보 요청을 받은 HSBC는 많은 회사를 설립했던 고객 관계 관리자들이 이제는 HSBC와 관계없이 독립적으로 활동하고 있을 거라고 전했다. 모스폰은 고객 관계 관리자들에게 직접 연락을 취할 수도 있었으나 HSBC 스위스 프라이빗 뱅크가 더는 관리자가 아니라는 사실을 반영하기 위해 기록을 변경해야 했다. HSBC 룩셈부르크의 CEO는 한 회의석상에서 이런 상황을 어느 정도 명확히 했다. 그는 HSBC가 이제 더는 예전처럼 역외 서비스를 적극적으로 권하지 않는다고 말했다. 하지만 고객이 요청하는 경우에는 적절한 중개인을 연결해줄 터였다. 젤러는 런던에 있는 HSBC 본점으로부터 한정된 지원을 받았다. HSBC 스위스 프라이빗 뱅크에 있는 책상들 가운데 하나는 주요한 마약자금세탁 업체를 관리하고 있었다. 그 중심에는 HSBC의 지중해·유럽·이스라엘MEDIS 담당자 유다 엘말레의 형제들이 있었다. MEDIS의 업무는 에드몬드 사프라의 '리퍼블릭 뱅크'로부터 이어받은 것이었다.

사슬은 모로코에서 재배한 마리화나에서 시작되었다. 이 상품을 일단 스페인으로 수송하면 차량 호송대가 경찰이 제지할 수 없을 만큼 빠른 속도로 파리로 가져갔다. 파리의 범죄조직들은 이 마약을 팔아서 막대한 액수의 돈을 벌었는데, 이 돈을 처리하는 지점에 있던 것이 바로 엘말레 형제들이었다. 제네바에서 소규모 자산관리회사를 운영하던 메이어 엘말레Meyer Elmaleh는 훗날 이야기하기를, 친구 하나가 상당한 현금을 갖고 있는 의뢰인이 있는데 고객 중에 현금이 필요한 사람이 있는지 물으면 바로 거래가 실행됐다고 했다. 현금은 비닐봉지에 가득 담겨 유다의 또 다른 형제인 마도치 엘말레Mardoche Elmaleh에게 전달되었다. 마도치가 돈을 센 다음 메이어에게 알려주면 메이어가 또 다른 형제인 네심Nessim에게 전해줬다. 네심은 유다와 함께 HSBC의 MEDIS에서 근무하고 있었다. 네심은 HSBC 스위스에 비밀 계좌를 보유한 프랑스인 고객들의 신원을 확인했다. 그 예금주들은 본인의 돈을 사용하고 싶어 했지만 합법적인 방식으로 돈을 이전할 경우 세금을 내야 했다.

파리 13구의 부시장(파리의 각 구는 시장이 있고 파리 전체를 대표하는 시장이 별도로 선출된다-옮긴이)인 녹색당의 플로랑스 랑블렝Florence Lamblin도 그런 고객 가운데 한 명이었다. 랑블렝은 HSBC 스위스 지점에 100년 된 유산을 숨겨두고 있었다. 마도치 엘말레는 랑블렝의 사무실을 찾아가 그녀에게 '파리Paris'라는 글자가 커다랗게 찍힌 빨간 가방을 건넸다. 가방에는 35만 5,000유로(약 40만 달러)가 담겨 있었다. 이러한 일은 다른 부유한 파리지엥들에게도 여러 번 반복되었다. 이렇게 돈이 건네지고 나면 네심 엘말레는 현금으로 전달한 것과 동일한 금액을 수령인의 HSBC 비밀 계좌에서 인출했다. 예금주는 이런 방식으로 신고하지 않고도 자기 돈을 받을 수 있었다.

엘말레 형제들은 HSBC 비밀 계좌에서 공제받은 돈을 런던에 있는 셸컴퍼니 두 곳, 유데일 리미티드Yewdale Limited와 글로벌라이즈드 리미티드Globalised Limited를 통해 굴렸다. 돈은 이들 회사로부터 엘말레 형제들이 만든 400개가 넘는 파나마 신탁 가운데 하나로 보내졌다. 결과적으로는 이 신탁 계좌가 북아프리카와 중동의 부동산 구매에 사용되었다. 엘말레 형제들은

HSBC 비밀 계좌에서 본인들 몫으로 8%를 챙겼으니 1년에 1억 유로(약 1억 달러) 정도를 세탁했다고 볼 수 있다. 들어오는 돈이 너무 많아서 기존에 쓰던 안전금고에 다 넣을 수 없다고 불평할 정도였다(이들은 현금을 금으로 바꿔 문제를 해결했다).

워싱턴 D. C.에서는 칼 레빈 상원의원이 이끈 PSI 소속의 젊은 변호사 로라 스투버Laura Stuber가 조사 과정에서 계속 HSBC와 마주치게 된다는 사실을 알아차렸다. HSBC는 2004년 릭스 은행 조사 당시 잠깐 등장한 바 있었다. 릭스 은행은 칠레의 독재자 아우구스토 피노체트, 적도기니 대통령 같은 폭군들의 돈을 은행 비밀 계좌와 역외회사를 통해 숨겨 주었다. 릭스 은행이 중앙아프리카공화국의 은행 계좌정보를 요청하자 HSBC는 룩셈부르크의 비밀엄수 규정을 대며 예금주의 신원을 밝히기를 거부했다.

2010년 말 스투버는 HSBC에 대한 조사를 개시해도 좋다는 레빈 상원의원의 허가를 얻었다. 1년 반이 걸린 조사의 결과를 담은 최종 보고서는 핵폭탄급이었다. 그 뒤에 이어진 상원 청문회에서는 드라마 같은 상황이 연출되기도 했다. 청문회 자리에서 HSBC의 준법지원부장이 상임조사소위원회 앞에서 증언하던 도중 공개적으로 사직서를 제출한 것이다. 보고서 내용 가운데 가장 파괴력이 컸던 것은 HSBC가 마약 카르텔의 주거래 금융기관이었던 멕시코 은행을 매입한 과정을 상세히 기술한 부분이었다. 보고서는 HSBC가 멕시코 내에 있는 불법 자금의 60~70% 정도를 세탁했다는 혐의도 제기했다. 그 멕시코 은행이 운용한 케이맨 제도 계좌를 통해서 21억 달러 상당의 돈이 움직인 것으로 추정되는데, 계좌의 15%가량은 예금주에 관한 정보가 전혀 없었다. 스투버와 레빈이 이끈 PSI는 멕시코 은행에만 초점을 맞추지 않았다. HSBC의 스위스 지사까지 낱낱이 살펴볼 시간이나 자원이 없었음에도 불구하고 핵심적인 사안들을 건드리고 넘어갔다. PSI에서 검토한 사안들 가운데 일부가 모스폰과 관련되어 있다는 사실은 나중에야 비로소 분명해졌다.

상임조사소위원회의 보고서를 보면 HSBC의 미국 지사가 어떻게 익명으로 된 무기명주 기업들의 명의로 2,000개가 넘는 계좌들을 개설했는지 알 수 있다. 계좌들 가운데 압도적 다수는 HSBC 마이애미 지점을 통해서 만들어진 것들이었다. 이곳의 무기명주 계좌에 들어 있는 자산은 총 26억 달러로 추산되며, 이로부터 발생한 HSBC의 연간 수익은 2,600만 달러였다. PSI는 무기명주권으로부터 발생할 수 있는 위험성을 강조하는 사례로 모리시오 코언 아소르Mauricio Cohen Assor와 리언 코언 레비Leon Cohen-Levy 부자를 집중적으로 다뤘다. 두 사람은 마이애미 비치 호텔 개발업자로, 세금 사기로 징역 10년 형을 선고받기도 했다. 이들 역시 오랫동안 모스폰 고객이었는데 코언 부자는 적어도 열세 개의 모스폰 역외회사를 가지고 있었다. 스위스 변호사 앙드레 졸티André Zolty를 통해 설립한 회사들로, 졸티는 모스폰, HSBC와 광범위하게 거래하던 인물이었다. 졸티의 회사는 세계적인 의뢰인들이 세금을 피할 수 있도록 도움을 제공하는 데 특화된 기업으로, 895개 정도 되는 모스폰 회사를 보유하고 있었다. 졸티는 모스폰이 1998년 안토니 게레로의 제네바 사무소를 인수하면서 넘겨받은 고객 가운데 한 명이었다.

상원 보고서는 코언 부자의 모스폰 회사들 중에서 무기명주를 통해 HSBC 계좌를 보유한 두 곳을 강조했다. 각각 파나마와 BVI에 등록된 블루 오션 파이낸스 리미티드Blue Ocean Finance Limited와 화이트베리 쉬핑 타임셰어링 리미티드Whitebury Shipping Time-Sharing Limited다. 상원 보고서에 따르면 이 두 회사는 1억 5,000만 달러 상당의 자산 및 4,900만 달러의 수입을 은닉하도록 도왔다. 아버지와 아들이 누렸던 호화 생활을 감추는 데 쓰이기도 했다.

상원 조사관들은 2007년부터 모리시오 코언과 HSBC 은행가 사이에 오갔던 통화 내용을 기록한 자료를 입수했다. 두 사람의 대화를 보면 은행가는 고객을 설득하여 무기명주를 등록하게 하려고 애쓰지만 실패한다. 코언은 다른 곳과 거래하겠다고 협박했다. 코언은 HSBC 고객 관계 관리자에게 화이트베리 쉬핑 계좌에서 자기 이름을 빼달라고 했다. 더불어 아직도 무기명주가 허용되는 파나마로 그 회사를 이전할 수 있는지도 분석해달라고 했다. 화이트베리 쉬핑이 이전된 것 같지는 않다. 다만, 모스폰 파일에 나와 있는 바에 따르면 이 대화가 있고 난 직후 코언은 화이트베리에 대한 위임장 보유인을 변경했다. 코언 부자는 비서, 리무진 기사 등의 이름으로 차명 계좌를 개설한 혐의로 기소되었다. 아버지와 아들은 위조한 소득세 신고서를 제출한 것으로 유죄 판결을 받았다. 법원은 이들에게 징역 10년형을 선고하고 1,700만 달러가 넘는 상환을 명령했다.

하지만 이보다 더 문제가 되는 것이 여전히 남아 있었으니, 바로 미국 정부의 제재 대상이 된 고객들에 대한 HSBC의 무신경한 태도였다. 2008년 2월, 미국 재무부는 시리아의 사법제도를 마음대로 주무르고 수익성 있는 상품 계약, 석유 탐사 및 발전소 프로젝트를 손에 넣기 위해 시리아 정보요원들을 동원해 경쟁자들을 겁박한 혐의로 시리아 사업가 라미 마클루프Rami Makhlouf를 기소하고 그의 자산을 동결시켰다. 마클루프가 이렇게 할 수 있었던 것은 그가 바샤르 알 아사드Bashar al-Assad 대통령의 사촌인 데다, 동생 하페즈Hafez는 시리아의 무시무시한 민간 정보기관 무카바라트Mukhabarat의 수장인 덕분이었다. 재무부의 제재 조치에 따라 미국인들은 마클루프와 사업적으로 엮이는 것 역시 금지되었다. 상원 보고서에 따르면 제재가 발표되고 나서 일주일 뒤에 HSBC 케이맨 제도 지점의 준법지원 담당자가 뉴욕의 동료들에게 스위스 프라이빗 뱅크가 마클루프의 신탁을 관리하고 있다는 사실을 알려주었다. 그 담당자는 HSBC의 자금세탁방지 담당자 데이비드 포드David Ford가 마클루프의 고객 정보는 최고 수준에서 검토된 사안이라면서 직원들을 안심시켰다는 말을 전해 들었다. HSBC는 그 고객과의 관계를 계속 이어나가기로 결정했다.

모스폰은 2011년에 준법 여부를 확인하기 전까지는 HSBC 스위스 프라이빗 뱅크를 대신하여 관리한 BVI 회사들 중 일곱 곳에 라미 마클루프 혹은 또 다른 형제인 이합 마클루프Ehab Makhlouf가 이사로 있다는 사실을 알아차리지 못했다. 모스폰의 제네바 사무소장 아드리안 시몬은 설명을 듣고자 그 계좌를 담당하는 HSBC 고객 관계 관리자에게 연락했다. 그 관리자는 시몬에게 말하기를, HSBC 측도 마클루프가 시리아 대통령의 사촌이라는 사실을 알고 있으나 걸리는 게 없다고 했다. 그 고객 관계 관리자는 모스폰이 손을 떼기로 결정하는 경우 그 회사들을 모스폰의 경쟁사인 로펌 '알레만, 코르데로, 갈린도 앤드 리Alemán, Cordero, Galindo & Lee'로 옮기겠다고 말했다.

모스폰 BVI 사무소의 준법지원 담당자는 HSBC 은행가의 말에도 안심이 되지 않았다. 그녀는 이 상황을 '고위험'이라고 설명하면서, 마클루프 형제와 관계를 끊을 것을 촉구하는 메일을 모스폰 파트너들에게 보냈다. 크리스토프 졸링거는 동의하지 않았다. 그는 이렇게 답신했다. "영국에 있는 HSBC 본점이 그 고객과 문제가 없다면 우리도 그를 받아들일 수 있다고 봅니다. 내가 보기에 혐의는 있지만 어떤 사실이 존재하는 것도 아니고 관련한 수사나 기소가 진행 중인 것도 아니니까요." 이로부터 몇 달 뒤, 유럽연합은 라미 마클루프와 하페즈 마클루프에 대해 제재 조치를 내렸다. 하페즈는 시리아의 반정부 시위를 폭력적으로 저지한 혐의가 있었다. 스위스도 유럽연합의 조치를 따르며 이들 형제를 블랙리스트에 올렸다. HSBC와 모스폰 역시 마침내 마클루프 형제와의 거래 관계를 종료했다.

이 무렵 모스폰의 제네바 사무소는 사기가 땅에 떨어졌다. 스위스은행들은 위험을 감수할 만한 가치가 있을 정도로 계좌에 충분한 돈이 들어 있지 않은 해외 고객들을 정리했다. 고객들은 돈을 다이아몬드, 금, 골동품 시계 같은 실물 자산으로 바꿨다. 은행가들은 모스폰 직원들을 사무실 밖에서 만나자고 했다. 한때 열 개의 회사를 요청하던 스위스 고객들은 고작 두세 개의 회사만 주문할 뿐이었다. 제네바에는 비밀주의의 황금기가 끝났다는 사실을 뚜렷하게 감지할 수 있는 분위기가 감돌았다. 심지어 아드리안 시몬마저도 옮겨가려는 듯했다. 그 전 해에 모스폰 제네바 사무소를 관두고 HSBC에서 역외회사 계좌를 관리하는 일을 했던 한 직원은 '알레만, 코르데로, 갈린도 앤드 리'로 또 다시 자리를 옮겼다. 은행을 나가기 전에 그는 모스폰이 관리하는 회사들 중 상당수를 그 경쟁사로 옮기게끔 HSBC를 설득했다. "우리는 HSBC 제네바를 잃고 말았습니다. 제가 사임하지 않을 이유를 모르겠습니다." 시몬은 파나마시티에 있는 상사들에게 메일을 보냈다.

2012년 초, 알렉상드르 젤러는 HSBC와 얼굴 붉히는 일 없이 결별하고 스위스 지사 CEO 자리에서 내려왔다. 몇 달 뒤, 프랑스 경찰은 엘말레 형제들을 체포했다. 전화 도청을 비롯한 여러 형태의 감시를 통해 프랑스 경찰은 그동안 일당의 작업 현장을 지켜봤다. 플로랑스 랑블렝에게 현금을 배달한 일도 물론 포함되었다. 제네바에서는 오전 여섯 시에 스위스 경찰과 검찰이 급습하여 메이어 엘말레를 구금하고 그가 벽장에 숨겨둔 금고에 있던 현금 80만 유로와 명품 시계 160점을 압수했다. 메이어는 징역 3년 형을 선고받았지만, 복역한 기간은 6개월에 불과했다. 유다는 스위스에서 도망쳤다. 그의 형제이자 동료 은행가인 네심은 유죄를 인정하고 집행유예 2년을 선고받았다. 모스폰은 1년 뒤 이 소식을 알게 되었으나 네심을 비롯한 엘말레 형제 몇 사람과는 계속 거래했다. 경찰이 엘말레 형제들을 찾아내 체포하던 무렵, BVI 금융위원회는 감사 기간 동안 적발된 결손금에 대해 모스폰에 벌금 2만 500달러를 부과했다.

레빈 의원이 이끈 상원 상임조사소위원회의 보고서 및 청문회는 전 세계적으로 대서특필되며 화제를 모았다. 오바마 행정부의 법무부는 HSBC의 노골적인 범죄행위에도 불구하고 기소하지 않기로 했다. 대신 HSBC는 19억 달러라는 기록적인 액수의 벌금을 냈다. HSBC에 대한 조사를 맨 처음 시작했던 PSI 소속 변호사 스투버는 HSBC가 더욱 대대적인 개혁으로 이어지는 모습을 보여주길 바랐다. "HSBC가 이례적인 경우라고 생각하지 않습니다. 그저 우리가 살펴본 게 그곳이었을 뿐이에요."

11장

기자들의 화력

▶ 파나마 페이퍼스에 관한 전 세계 언론인들의 탐사보도는 초반에 엄청난 불운의 연속이었다. 시작은 2012년 1월, 워싱턴 D. C.에 있는 국제탐사보도언론인협회ICIJ 사무실에서 기자와 편집자 십여 명이 만나면서부터였다. 그날 모인 이들은 미국, 라틴아메리카, 캐나다, 유럽, 러시아, 뉴질랜드 출신들이었다. 호주에서 왔지만 아일랜드에서 나고 자란 ICIJ의 신임 대표 제라드 라일Gerard Ryle은 이들에게 상황을 간략하게 정리해 알려주었다. 그는 서로 별개인 역외회사 두 곳, 싱가포르에 있는 포트컬리스 트러스트넷Portcullis TrustNet과 BVI에 있는 코먼웰스 트러스트 리미티드Commonwealth Trust Limited의 데이터베

이스를 입수했다. 그런데 이 두 회사의 데이터를 합칠 경우 비밀세계를 그 어느 때보다 포괄적이고 종합적으로 볼 수 있었다.

과거에는 언론의 역외 시스템에 관한 폭로가 국지적인 경향이 있었다. 얼마 안 되는 내부 문건, 내부고발자의 증언, 몰래카메라 인터뷰, 혹은 법적 기록물에 의존했다. 역외 시스템을 철저하게 종합적으로 살펴볼 수 없다 보니, 보도 자체가 힘들거나 매우 위험했다. 비밀엄수법과 불완전한 정보가 역외 범법행위를 폭로하고자 하는 언론인들의 손발을 묶었다. 기사가 공개된 뒤에는 소송과 대중의 비웃음이 뒤따르는 일이 비일비재했다. 부분적이고 불완전한 그림이다 보니 비평가들은 취재 결과물을 두고 정형화된 패턴이 아니라 이례적인 예외라고 일축했다.

라일이 갖고 있는 문서들은 더 폭넓은 이야기와 감춰진 세계에 관한 전대미문의 거시적 시각을 담고 있었다. 데이터는 대략 250만 개의 파일로 구성되어 있었다. 데이터 용량이 260GB에 이르렀는데, 이는 2년 전 위키리크스가 입수한 미국 국무부 문서 캐시cache의 160배가 넘는 크기였다. 데이터에는 실소유주 정보, 송금, 법인 설립 날짜 그리고 부자와 권력자의 범죄행위가 들어 있었다. 여러 지역들 가운데서도 특히 러시아, 미국, 아프리카, 필리핀과 관련된 여러 스캔들을 이해할 수 있는 통찰력을 제공하는 데이터였다. 그날 모임에 참석했던 모스크바의 탐사보도 기자 로만 슐레이노프Roman Shleynov는 무덤덤했다. 그는 이렇게 말했다. "우리나라에서는 러시아 사람들이 역외회사를 갖고 있다는 건 누구나 아는 상식입니다. 그게 뭐 그리 대단한 일입니까?"

라일은 속으로 끙끙 앓았다. 2011년 9월 ICIJ에 들어온 이후로 뭐 하나 계획대로 진행되는 게 없었다. 고난과 역경이라면 이골이 난 사람이었지만, 그런 그에게도 ICIJ는 유난히 거친 험로라는 걸 절실히 깨닫는 중이었다. 라일은 아일랜드의 노동자 계층 집안에서 아홉 명의 형제 중 셋째로 태어났다. 그의 증조부는 저명한 신문사 편집장이었으나 라일의 부모는 그 직업을 대수롭지 않게 여겼다. 그들은 아들이 의사나 엔지니어가 되기를 바랐다. 부모에게는 안 된 일이지만, 라일은 공부에는 관심이 없는 학생이었다. 소질이 있는 거라곤 저널리즘밖에 없다고 그는 농담조로 말한다. 이력서에 쓸 만한 인맥이나 부유층 자제들이 다니는 사립학교 졸업장 같은 건 없었기에 그는 엘리트주의가 팽배한 아일랜드 신문 업계에 진입하기 위해 고군분투해야 했다. 처음에는 규모가 작은 신문사 몇 군데에서 무급으로 일하며 실업 수당을 받아 생활했다. 그리고 몇 년 뒤 한 동료의 추천으로 호주의 신문사 몇 곳에 입사지원을 했지만 합격하지는 못했다. 그러나 그는 호주로 향했다.

라일은 사촌이 있는 멜버른에 도착한 뒤 자신을 거절한 신문사 가운데 한 곳인 〈에이지Age〉에 전화를 걸었다. 그는 편집장의 비서에게 당신의 상사가 내게 호주로 오라는 편지를 보냈다고 말했다. 운이 좋게도 그 비서는 아일랜드인이었고 라일의 거짓말을 훤히 꿰뚫어보면서도 그 허세가 밉지 않았던 비서는 약속을 잡아주었다. 〈에이지〉의 편집장은 입사를 간절히 바라는 젊은 기자를 떼어내고자 최선을 다했지만, 라일은 물러서지 않았다. 그 후 25년에 걸쳐 라일은 호주에서 정상급 저널리스트로 성장했고 멀티미디어 에디터인 호주 여성과 결혼했다. 라일은 늘 수심 가득한 표정으로 초췌한 얼굴을 하고 있었으나 두 눈만큼은 언제나 반짝였다. 제2의 조국에서 라일은 직격탄을 날리는 탐사보도로 명성을 쌓았다. 그는 경찰 부패, 부정직한 토지 거래, 수상한 의료 실험 같은 사안들을 다루었다. 호주의 언론인들에게 있어서 최고의 영예인 '워클리 어워즈Walkley Awards' 최종후보에 열두 번이나 올랐고 그중 네 차례나 수상했다.

〈시드니 모닝 헤럴드〉에 있는 동안 라일은 파이어파워Firepower에 관한 기사를 터뜨렸다. 퍼스에 소재한 연료 기술 회사인 파이어파워는 사실 정교한 금융 사기꾼이었다. 이 회사는 연료 효율성을 개선하고 오염물질을 감소시키는 기술을 개발했다고 주장했다. 하지만 실제로는 투자자들을 사취하고 정부 계약을 따내기 위한 수백만 달러짜리 장난질이었다. 라일은 3년 동안 이 스캔들을 파헤친 뒤 그 범죄 모의에 관한 내용을《파이어파워Firepower》라는 책에 담았다. 익명의 정보원은 이 책에 주목했다. 그 정보원은 라일에게 연락해 파이어파워 사건과 관련된 문서들을 전달할 수 있는 가장 좋은 방법이 뭐냐고 물었다. 라일은 〈시드니 모닝 헤럴드〉에 본인의 주소를 게재했다. 그리고 2011년 여름,

부피가 큰 하드드라이브 하나가 우편으로 도착했다. 그 안에는 유출된 역외 파일 수백만 건이 담겨 있었다.

라일은 미국, 호주, 영국의 세무 당국 역시 그 데이터를 갖고 있었지만 그걸 가지고 아무것도 하지 않았다는 사실을 뒤늦게 알았다. 당연했다. 파일들은 여러 형식으로 마구 뒤섞여 있어서 그 안에 들어 있는 내용이 무엇인지 명확하게 알아내려면 데이터를 복원하고 재구성해야 했다. 〈시드니 모닝 헤럴드〉의 IT 직원이 도와주긴 했지만, 회사 하나를 찾아내는 데는 밤을 꼴딱 새야할 지경이었다. 라일은 그 데이터들을 이용 가능한 상태로 만드는 방법에 관해서는 정확히 알지 못했지만, 그것이 수고를 들일만한 가치가 있다고 생각했다.

그 무렵 ICIJ는 신임 대표를 뽑는다는 공고를 냈다. 라일이 미시간대학교에서 1년짜리 저널리즘 펠로우십을 마친 지 얼마 되지 않았을 때였다. 그 프로그램에서 만난 친구가 라일에게 지원을 권유했다. 그 친구는 ICIJ의 이사였다. 면접을 보는 자리에서 라일은 역외 파일이 잔뜩 든 하드드라이브를 본인이 갖고 있다는 얘기는 하지 않았다. 대신, 역외 세계가 ICIJ가 지향하는 초국경적 '협력 저널리즘'에 유익한 성과를 안겨줄 만한 영역이 될 가능성이 있다고 말했다. 그리고 그는 합격했다.

ICIJ는 비영리 탐사보도 언론의 선구자격인 공공청렴센터CPI의 창작품이었다. CPI는 〈60분60 Minutes〉이라는 프로그램을 만들었던 저돌적인 제작자 찰스 루이스Charles Lewis가 1989년에 설립한 조직으로 고액 헌금자의 링컨센터 베드룸 무료 숙박, 할리버튼의 무입찰 군수계약 등 클린턴 행정부, 조지 W. 부시 행정부와 관련된 기사들을 터뜨리면서 강력한 영향력을 지닌 언론기구가 되었다.

1992년 모스크바에서 열린 국제언론회의에서 루이스는 한 가지 깨달음을 얻었다. 정치부패, 환경파괴에서부터 인권침해, 금융사기에 이르기까지 CPI가 씨름하고 있는 사안들은 국경을 가리지 않았다. 세계 곳곳에서 대단한 기자들이 홀로 이런 문제들을 취재하고 있었다. 루이스는 마음속으로 여러 국가 출신의 정상급 탐사보도 기자들이 전 지구적 관심사에 관한 기사를 만들어내는 데 공조할 수 있는 네트워크를 그렸다. 그가 ICIJ를 만들기 위해 자금을 마련하는 데는 5년이 걸렸다. 1997년 CPI는 세계 최고의 기자들 가운데 몇 명을 미국으로 초청했다. 하버드대학교에서 첫 번째 회의가 열렸다. 루이스는 기자들에게 아무것도 요구하지 않는다고 말했다. 그는 그저 돕고 싶다고 했다. 그러한 가운데 ICIJ가 미국 정보국을 연상시키는 이니셜을 쓰는 미국 비영리단체의 부속기관이 아니라 독립적인 조직이 확실한지 의문을 품은 이들도 있었다. "가난하고 무지몽매한 개발도상국 사람들에게 미국의 저널리즘 기준을 심어주려 한다는 분위기가 감돌았어요"라고 〈가디언〉의 데이비드 리David Leigh가 이야기했다(그는 ICIJ의 원년 멤버였다).

리는 또 다른 창립 멤버인 덩컨 캠벨Duncan Campbell과 함께 이 언론인 네트워크가 처음으로 중대한 성공을 거두는 데 일조했다. 두 사람은 브리티쉬아메리칸토바코British American Tobacco의 내부 문서 1만 1,000건(이 문서들은 공개되어 있긴 했으나 대체로 접근이 어려웠다)을 각국 파트너들이 폭넓게 이용할 수 있게끔 하여, 거대 담배회사가 어떤 식으로 보건법을 피해가고 자금세탁을 했는지에 관한 초국경적 탐사보도가 가능하도록 만들었다. 이는 앞으로 있을 유출 탐사보도의 초기 버전이었다. 이때는 현지 기자들이 알아낸 내용과 문서들을 공유하는 것에 의존했다. 2000년 1월에 공개된 첫 번째 기사는 〈가디언〉 1면을 장식했고, ICIJ가 그토록 바라던 신뢰성을 어느 정도 부여했다. 그 뒤로 군수 계약, 미국의 암살단 지원, 물 민영화 같은 사안들을 다룬 프로젝트가 이어졌다.

루이스는 2005년에 CPI 편집국장직에서 물러났다. 루이스의 비전과 인격이 발휘하던 힘이 사라지자 ICIJ도 시들어갔다. 공식적으로는 전 세계에 수십 명의 ICIJ 멤버들이 있었으나 네트워크 자체가 이룬 성과는 별로 없었다. 멤버들이 ICIJ 활동에 직접 투입되는 일도 거의 없었다. CPI 역시 힘든 상황이었다. 당초 루이스는 CPI 이사회를 언론인들로만 구성했다. 그러던 것이 점차 시간이 지날수록 저널리즘보다는 자금 조달을 위해 선택된 인물들로 이사회가 채워지기 시작했다.

2010년 CPI는 존 솔로몬John Solomon에게 넘어가고 말았다. 번드르르한 말솜씨에 에너지가 넘치는 언론 기업가 솔로몬은 센터에 자금을 끌어오겠다고 약속했다. 자체 생산하는 탐사보도 기사를 매일 10~20건씩 내놓고 매년 건당 50달러에 웹 구독 5만 건을 판매하는 등 그의 제안들은 한눈에 봐도 터무니없었다. 당시 CPI는 페이스북 '좋아요' 수가 1만 개만 돼도 다행인 형편이었다. 그럼에도 불구하고 CPI 센터장 빌 부젠버그Bill Buzenberg와 이사회는 이런 환상을 받아들였고 솔로몬을 편집국장에 임명했다. 솔로몬이 했던 약속의 실체를 간파한 이는 바로 ICIJ 대표 데이비드 캐플런David Kaplan이었다. 둘 사이의 충돌은 불 보듯 뻔했다. ICIJ가 수십억 달러 규모의 참다랑어 암시장에 관한 중대한 탐사보도를 공개했을 때 갈등은 정점으로 치달았다. 남획으로 인해 핵심종인 다랑어가 씨가 말라가는데도, 이를 막기 위해 고안된 다국적 규제 시스템은 제대로 작동하지 않고 있었다. ICIJ 팀은 다랑어 잡이를 추적한 다국적 규제 데이터베이스에 접근했고 그것이 한심할 정도로 매우 불완전하다는 사실을 폭로했다.

솔로몬은 데이터베이스에 불법적으로 접근하고 기사와 관련해 자문을 구한 이에게 대가를 지불했다고 비난하며 캐플런과 기자들을 공격했다. 솔로몬은 불만 사항을 CPI의 이사회로 가져갔고 이사회에서는 이 사안을 조사하기 위해 로펌을 고용했다. 그 로펌은 조사를 통해 논란이 될 만한 요소들을 말끔하게 제거했다. CPI 이사이자 컬럼비아대학교 언론학 교수인 실라 코로넬Sheila Coronel이 공적인 부분에 대한 면책을 강력히 요구하기도 했으나 캐플런은 결국 솔로몬에게 계속 보고할 바에야 관두기로 결심했다. 4개월 뒤인 2011년 5월, 솔로몬 역시 사임했다. CPI의 사기를 꺾고 재정을 위태롭게 만들어 놓은 채였다. 그 후 부젠버그는 조직을 벼랑 끝에서 끌어올리는 데 3년이라는 시간을 들여야 했다.

라일은 그해 9월 워싱턴 D. C.에 도착했다. 어획 프로젝트를 둘러싼 논란이나 솔로몬이 남겨 두고 떠난 잔해에 대해서는 거의 모르는 상태였다. 부젠버그는 라일의 아내 킴벌리 포티어스 Kimberley Porteous에게 CPI의 최고디지털책임자 자리를 제안하며 라일이 미국행을 결심하게 만들도록 거들었다. 이 부부는 새로운 인생을 위해 미국으로 향했다.

그러나 부젠버그는 포티어스가 가기로 되어 있던 자리를 다른 사람에게 주게 됐다고 말했다. ICIJ의 예산이나 직원 수 역시 애초에 했던 얘기와 달랐다. 예산은 맨 처음 약속했던 금액인 150만 달러의 절반도 되지 않았다. 실제 직원 수는 일곱 명이 아니라 여섯 명이었다. 그마저도 라일이 도착한 직후 예산 삭감으로 네 명으로 줄어 있었다. 라일은 암담한 심정으로 아내에게 소식을 전했다. 몇 주 뒤 라일은 가구 하나 없는 집에 포티어스만 두고 국제탐사보도언론회의 참석차 우크라이나 키예프로 떠났다. 이 회의를 비롯한 여러 다국적 언론 모임은 기술이나 이야기를 공유하는 자리일 뿐만 아니라, 회의가 끝난 뒤에는 전 세계 언론인들이 함께 어울리는 장을 제공한다. 이는 훗날 ICIJ

의 협업이 제대로 작동하게 만드는 관계를 구축하는 데 필수적인 요소가 되었다.

라일의 곁에는 전임 대표 시절부터 있었던 ICIJ의 부대표 마리나 워커 게바라Marina Walker Guevara가 있었다. 워커는 캐플런과 함께 일했던 아르헨티나 기자였다. 아르헨티나에서 탐사보도 기자로 활동했던 워커는 2002년 〈필라델피아 인콰이어러〉의 6개월짜리 펠로우십에 참가하기 위해 미국으로 갔다. 당시만 해도 〈필라델피아 인콰이어러〉는 두드러진 활약을 하던 일간신문이었다. 아르헨티나는 경제 위기의 한복판에 있었기에 워커는 어머니를 돕기 위해 곡예를 하듯 학업과 기자 일을 병행하다가 ICIJ에 안착하게 되었다. 개발도상국에 대한 워커의 친밀감은 스위스의 조직 능력에 견줄 만했다. 상냥하고 호감 가는 사람이지만 필요한 경우에는 엄격하고 강인한 면모를 드러냈다. 무엇보다도 전 세계에서 온 구성원들은 그녀를 신뢰했다. 멤버 중에는 참다랑어 사건과 조직의 과도한 미국 지향성으로 여전히 불만이 있는 이들이 많았다.

"마리나는 편협한 미국인이 아니에요. 그녀는 세상 이치를, 그러니까 세계가 미국보다 크다는 사실을 제대로 이해하는 사람이에요"라고 프레드리크 라우린Fredrik Laurin이 말했다. 톡 쏘아붙이는 말투의 스웨덴 방송 기자인 라우린은 ICIJ의 초기 멤버였다. 라우린과 〈가디언〉의 데이비드 리 등 2012년 1월 워싱턴 모임의 멤버들은 키예프에서 선발된 이들이었다. 키예프 회의는 라일이 ICIJ 멤버들에게 자신을 소개한 자리였다. 라일은 〈가디언〉의 참여를 무척이나 원했다. 프로젝트에 신뢰성을 더해줄 터였기 때문이다. 모든 파트너는 협업에 필요한 몇 가지 기본 수칙들을 지키기로 했다. 그들은 동시에 기사를 공개하는 데 동의했다. 또한 그 누구도 자료를 유출하지 않을 것이며 언론의 기준을 준수하기로 했다.

기자들이 본국으로 돌아간 뒤 얼마 지나지 않아 라일이 입수한 데이터가 꽉 차 있는 커다란 하드드라이브가 각 국 사무실로 발송되었다. 그때만 해도 ICIJ는 특별히 보안에 신경 쓰지 않았고 데이터 역시 암호화되어 있지 않았다. 다만, 라일은 러시아에는 하드드라이브를 보내지 않기로 했다. 데이터를 갖고 있는 것과 그 데이터를 이해하는 것은 별개의 문제였다. 오랫동안 방치된 고릿적 메일 시스템, 문서 스캔본 등 데이터 형식이 각양각색일 뿐만 아니라 인명과 회사명이 별개의 스프레드시트에 있어서 어떻게든 서로 맞춰서 연결해야 했다. 몇 사람에게는 데이터를 검색할 수 있는 매우 효과적인 인덱싱 소프트웨어 복사본도 보냈다. 라일은 호주 기업인 누익스Nuix에 앞으로 진행할 프로젝트가 성공할 경우 좋은 평판을 얻게 될 거라는 약속을 하면서 증거조사 소프트웨어의 기증을 부탁했다. 단지 그 프로그램을 실행하기 위해서 〈가디언〉과 ICIJ는 성능이 더 좋은 컴퓨터를 구매해야 했다. 누익스가 총 열 대의 라이선스를 제공했지만 턱없이 부족한 숫자였다.

당초 라일과 워커는 파트너들이 데이터를 조사할 수 있는 워싱턴 D. C.나 부쿠레슈티 같은 중심지로 가리라 예상했다. 그런데 그러한 제안을 받아들인 이는 거의 없었다. 그리하여 더 많은 기자들의 관심을 끌기 위해 각자가 속한 곳의 국민들의 주소 및 이름이 나와 있는 스프레드시트를 배포했다. 더욱 심층적으로 조사하고자 하는 경우 ICIJ에 연락하면 자료를 끌어내는 데 도움을 주기로 했다. 하지만 이 역시 호응을 얻지 못했다. 프로젝트에 뛰어 들고 나서 거의 1년 동안 개발자의 도움을 받아가며 덩컨 캠벨은 파트너들이 단독으로 문서를 분석하는 데 사용할 수 있는 웹사이트를 만들어 냈다. 탐사보도 기자이면서 데이터 및 정보통신에 관한 증거조사 전문가이기도 한 캠벨은 1988년 '에셜론Echelon'이라는 세계적인 정부 감시 프로그램을 폭로한 인물이었다.

멤버들은 2012년 9월에 기사를 공개하기로 의견 일치를 보았다. 라일은 전 세계 유수의 언론매체 파트너들을 찾아 나섰다. CPI의 루이스가 특정 기자들을 목표로 삼은 것과는 대조적으로, 라일은 대형 언론사들만이 본인이 바라는 결과를 가져다줄 것이라고 생각했다. 그가 제일 처음 들른 곳은 〈뉴욕타임스〉였다. 〈뉴욕타임스〉 기자 출신인 CPI 이사 빌 코바치Bill Kovach는 그날 그곳의 선임 편집자인 리처드 버크Richard Berke와 약속이 잡혀 있었다. 라일은 데이터 복사본을 가지고 갔다. 그가 나타났을 때 버크는 영문을 몰라 어리둥절한 듯했다. 라일은 ICIJ의 첫 결과물 가운데 몇 가지를 알려주었다. 버크는 호기심이 동했다. 그는 가장 유능하다고 하는 편집자들을 불러 모았다. 라일은 다시 한 번 설명했다. 중책에 있는 청중들은 회의적이었다. 라일은 호주에서는 명성이 대단한 사람이었으나 그 자리에 있던 미국인들에게는 아니었다. 협상은 몇 달을 질질 끌었다. 〈뉴욕타임스〉는 자료를 넘기고 정보원을 알려주면 기사에 제공자명으로 ICIJ를 넣어 주겠다고 제안했다. 〈뉴욕타임스〉는 ICIJ 파트너들과의 협업이나 바이라인by-line(기자 이름) 공유도 거부했다. 결국 협상은 결렬되었다.

다른 곳도 사정은 비슷했다. 스페인의 〈엘 파이스EL PAÍS〉, 독일의 〈데어 슈피겔Der Spiegel〉 같은 유럽의 메이저 언론사들도 라일의 제안을 거절했다. 적어도 아는 척은 했지만 역외 시스템은 무시되었다. 이제껏 이런 야심에 따른 언론 공조는 한 번도 시도된 적이 없었다. 라일은 〈르 몽드Lemonde〉의 참여 여부를 알아보기 위해 누군가를 만나기로 하고 파리로 갔다. 그는 〈르 몽드〉 사옥에 제 시간에 도착했으나 만나기로 한 이는 약속을 잊어버렸다.

협업을 준비하는 동안 라일은 데이터 유출자들과도 계속 연락을 주고받았다. 하드드라이브를 보낸 지 1년이 다 되어 가자 그들은 초조해하며 점차 조바심을 내기 시작했다. 라일은 그들을 탓하지 않았다. 그는 프로젝트를 혼자서 성사시킬 수 있으리라고는 생각하지 않았다. 공개 시점을 9월로 정하기는 했으나 그 데드라인은 갈수록 실현 불가능해 보였다. 데이터를 파트너들이 이용할 수 있게끔 만드는 일은 복잡하고 힘들었다. 문서들은 대부분 사진이나 PDF 파일로 되어 있었다. 키워드 검색이 가능하려면 문서마다 일일이 광학식 문자인식 소프트웨어를 실행해야 했는데, 이 과정은 속도가 더디고 품이 많이 들었다.

라일은 데이터 유출자들이 자료에 원격 접속할 수 있도록 ICIJ에 전용 컴퓨터를 한 대 설치했다. 이들이 데이터를 재구성하는 데 도움을 주고 통찰력을 더해 주리라는 생각에서였다. 어느 날 컴퓨터가 켜져 있는 상태에서 라일은 보지 말았어야 할 대화를 발견했다. 유출자들이 깜빡하고 서로 공유한 메시지를 삭제하지 않았던 것이다. 그들은 라일에 대한 믿음을 잃은 상태였다. 그 메시지에는 데이터를 몰래 삭제해서 프로젝트를 무산시키자는 계획이 상세히 적혀 있었다. 라일은 신속하게 행동했다. 그들의 접속을 차단하고 일시적으로 오프라인 상태가 된 척했다. 접속을 재개했을 때 라일은 마치 아무 일도 없던 것처럼 행동했다.

ICIJ는 돌아가기에는 너무 멀리 오고 말았다. 프로젝트 멤버들은 주목하지 않을 수 없는 내용들을 다수 확인했다. 기삿거리는 날마다 늘어났다. 그들은 축출된 필리핀 독재자 페르디난드 마르코스 일가와 아제르바이잔 대통령 사이의 연결고리를 발견했다. 데이터에는 요르단, 사우디아라비아, 인도네시아, 스페인의 가장 부유한 국민들 중 일부와 함께 베네수엘라, 태국, 몽골의 정부 관료들도 있었다. 심지어 유명 인사들도 찾아냈다. 영화 〈크로커다일 던디〉로 유명한 배우 폴 호건은 그의 재산 가운데 일부를 역외에 숨겨두었다.

데이터에는 데니즈 리치Denise Rich의 비밀 재산도 나와 있었다. 그녀의 억만장자 전 남편은 클린턴 행정부에서 터졌던 최악의 스캔들 한복판에 있던 인물이다. 현재 글렌코어Glencore라는 업체가 된 마크 리치Marc Rich의 상품 거래 사업은 금수 조치된 석유 판매로 이익을 챙겼다. 마크 리치는 당시 뉴욕 연방검사였던 루돌프 줄리아니Rudolph Giuliani가 탈세 및 공갈 혐의로 기소하자 스위스로 숨어버렸다. 민주당 정치인들에게 수백만 달러를 기부하고 그의 아내가 발 벗고 나선 덕에 리치는 빌 클린턴 대통령의 임기 마지막 날에 사면을 받았다. 파일에 나와 있는 바에 따르면 데니즈 리치는 쿡제도에 있는 1억 4,400만 달러 신탁 및 '레이디 조이'라는 요트를 보유하고 있었다.

캐나다의 '집단소송 왕' 토니 머천트Tony Merchant의 비밀 자산도 데이터에 있었다. 서스캐처원주에서 다채로운 원고의 변호사로 활약하던 머천트는 세금 체납 문제로 캐나다연방 정부국세청과 격렬한 전투를 벌였다. 분명 캐나다 정부 모르게 머천트 역시 쿡제도에 신탁을 두고 있었다. 그는 그 신탁에 최소 110만 달러를 묻어 두었다. 머천트는 추적이 불가능한 현금을 지구 반대편으로 보내 신탁에 대한 비용을 지불했다고 주장했다. 머천트에게 역외 서비스를 제공한 공급업자는 우스갯소리로, 그에게 본인 이름이 적힌 팩스만 보내도 뇌졸중으로 쓰러질 거라고 했다.

1월에 있었던 첫 모임에서 로만 슐레이노프가 지적했듯이 데이터에는 러시아 정치인과 경영인이 수두룩했다. 슐레이노프는 러시아인들에게 역외 시스템 이용을 그만두라고 반복적으로 요구하는 푸틴의 모습과 조사 결과물을 대비시켜 보기로 했다. 그 위선이 데이터를 괜찮은 기삿감으로 만들었다. ICIJ 기자들은 여러 이야기 중에서도 특히 마그니츠키 사건과 관련된 부분을 강조했다. BVI에 있는 회사 '코먼웰스 트러스트 리미티드'는 미국 헤지펀드 '허미티지 캐피털 매니지먼트 리미티드'가 소유한 러시아 기업들의 절도 행각에 사용된 회사를 최소 스물세 개나 만들었다. 그 헤지펀드에서 근무하던 러시아인 변호사 세르게이 마그니츠키Sergei Magnitsky는 그 과정에서 항의하다 수감되고 말았다. 그는 구금 상태에서 학대를 당했고 결국 숨졌다. 코먼웰스 측은 허미티지가 알리기 전까지는 자신들이 설립한 회사들이 어떤 활동을 했는지 몰랐던 것으로 보인다.

독일에서 좋은 소식이 도착했다. 뮌헨의 신문사 〈쥐트도이체 차이퉁Süddeutsche Zeitung〉이 수고스러운 일에 합류해 달라는 라일의 부탁에 응한 것이다. 이 신문사는 젊은 기자 바스티안 오버마이어Bastian Obermayer에게 프로젝트를 맡겼다. 원래 오버마이어는 특별기사 전문 기고가였다. 프로젝트에 착수하는 데 탐사보도 경험이 거의 없는 기자를 배치한 것을 보면 신문사의 윗사람들이 그 프로젝트에 관해 얼마나 무신경했는지 알 수 있다. 특히 스위스와 관련된 역외 데이터가 너무도 많았기에, 라일과 워커는 스위스 파트너도 물색했다. 어려운 과제였다. 스위스는 은행 비밀주의라는 단단한 기반 위에 세워진 국가로서, 역외 세계로 가는 발사대 역할을 했다. 〈르 몽드〉의 프랑스인 동료 한 명이 미디어그룹 타메디아Tamedia를 추천했다. 타메디아는 프랑스어권 스위스와 독일어권 스위스에 모두 발행되는 신문사들이 속한 언론사였다. 더군다나 탐사보도 팀을 꾸려 베를린 특파원과 편집자를 지낸 올리퍼 칠만Oliver Zihlmann에게 맡긴 터였다. 타메디아의 소유주 피에트로 수피노Pietro Supino가 역외 변호사라는 사실은 ICIJ가 모르고 있었지만 수피노는 언론인들의 열렬한 지지자이기도 했다. 그는 동료들이 연루되어 있다는 걸 알면서도 프로젝트를 막지 않았다.

칠만은 오버마이어에게 팀 내에서 실력이 출중한 기자인 티투스 플라트네Titus Plattner를 붙여주고는 두 사람에게 귄터 삭스Gunter Sachs에 대한 조사를 맡겼다. 삭스는 이색적인 경력의 백만장자이자 독일어권 스위스의 사진작가로, 배우 브리지트 바르도와 결혼한 적이 있었다. 삭스를 조사하는 일은 힘들었다. 우선 첫째로 그는 고인이 된 사람이었다. 기자들은 그가 법을 위반했는지를 알아내려고 분투했다. 삭스에게 서비스를 제공한 스위스 로펌과 관련된 엄청난 수의 신탁, 회사, 재단을 도표로 작성해보니 종횡으로 교차되는 무수한 선들이 마치 범선의 삭구 같았다. 기사 작성 및 취재가 가장 많이 진행된 파트너는 영국의

〈가디언〉이었다. 그들은 명의이사부터 시작하여 런던의 부동산을 매입하기 위해 익명회사를 이용한 사람들에 이르기까지 모든 것을 낱낱이 파헤친 기사 아홉 건을 보도할 계획이었다.

여름이 되자 라일은 분명한 사실을 인정하지 않을 수 없었다. 프로젝트는 예정보다 많이 지연된 상태였다. 협업은 모두가 덤벼들어야 효과를 발휘한다. 그런데 파트너들이 기울인 노력은 그 정도에 미치지 못했다. 처음 다뤄 보는 주제인 데다 데이터는 혼란스럽고 여전히 대부분 이용할 수 없는 상태였다. 또한 참여한 언론사들은 프로젝트를 신뢰하지 않았다. 라일은 공개 날짜를 2013년 3월 초로 미뤘다. 그런데 〈가디언〉이 제동을 걸고 나섰다. 리는 〈가디언〉 측이 11월에 공개할 계획을 잡고 있다고 전했다.

라일이 할 수 있는 일은 아무 것도 없었다. 〈가디언〉은 프로젝트에 참여한 가장 큰 언론사였다. 게다가 위키리크스 전문, 한 일간지의 전화 해킹 스캔들 등 세간의 이목을 끄는 탐사보도가 잇달아 터져 나오고 있었다. 무엇보다 〈가디언〉은 데이터를 갖고 있었다. 라일은 아무런 영향력이 없었다. 이처럼 프로젝트가 진행되는 동안 참담한 일과 불협화음이 가득 했다. 라일과 워커는 서로 쳐다보며 "우리 이러다가 틀림없이 죽을 거예요"라고 말하곤 했다.

그럼에도 불구하고 라일은 심각한 사태를 능수능란하게 처리했다. 그는 〈가디언〉의 편집자들과 협상하여 연루된 역외회사 두 곳의 이름 및 유출된 정보라는 사실은 언급하지 않기로 합의했다. 결국 〈가디언〉 기사는 내용이 불분명하고 모호해졌고 광범위한 대중의 관심을 끌어모으는 데 실패했다.

라일과 워커는 다른 파트너들을 달래느라 시간외근무를 해야 했다. 그런데 역설적이게도 〈가디언〉의 공개 덕분에 데이터가 타당하며 거기에 담긴 이야기들이 가치가 있다는 것이 분명히 확인되었다. 〈가디언〉을 떠받들던 유럽 언론사들은 돌연 회의적인 태도를 버리고 프로젝트에 열중하기 시작했다. "〈가디언〉이 '○○맛이 끝내줘'라고 하면 대개 편집자들은 '좋아, ○○ 좀 먹어볼까'라고 하죠." 당시 ICIJ의 리서치 편집자였던 마르 카브라 Mar Cabra는 웃으며 그때를 회상한다. 카브라는 라일이 오기 전부터 ICIJ에 있던 또 한 명의 잔류자였다. 스페인 출신으로 성격이 쾌활한 카브라는 연기 공부를 하다가 언론계로 전향했다. 스페인 텔레비전 방송에서 뉴스캐스터로 활동하면서 극도의 피로감을 느꼈던 카브라는 이후 컬럼비아대학교에서 실라 코로넬이 진행한 저널리즘 과정을 밟았다. 학생 기자 신분으로 그녀는 위탁 아동에 대한 과잉 투약 문제를 다룬 다큐멘터리 프로그램을 공동 제작했다. 이 다큐멘터리는 PBS에서 전국적으로 방영되었다. 그 뒤 〈마이애미 헤럴드〉에서 근무하다가 스페인으로 돌아갔고 ICIJ의 어획 프로젝트에 참여하게 되었다.

카브라가 맡은 업무는 프로젝트의 조사 활동 중추가 제대로 돌아가게끔 하는 것이었다. 그녀는 필요한 자료를 전부 제공할 수 없다는 사실을 즉각 깨달았다. 각국 기자들이 알아서 자료를 분석할 수 있어야 했다. 불행히도 정보의 가공 처리 작업은 여전히 진행 중이었다. 데이터 저널리즘은 걸음마 수준이었다. 스페인에 있는 파트너는 카브라가 유일했다. ICIJ는 통제가 거의 불가능한 프리랜스 데이터 저널리스트들에게 의존하고 있었다. 카브라는 데이터 저널리즘의 선구자인 히아니나 세그니니Giannina Segnini를 참여시키자고 제안했다. 코스타리카의 〈라 나시온〉에서 근무하고 있던 세그니니는 인터넷이 나오기도 전인 1990년대 초부터 대용량 데이터들을 가지고 일하기 시작했다. 그녀는 노숙자들에게 보조금을 지급하는 코스타리카 정부 프로그램을 조사했다. 정부가 주장한 바에 따르면 그 보조금을 통해서 약 20만 명이 도움을 받고 있다고 했다. 세그니니는 그때껏 코스타리카에서 그렇게 많은 수의 노숙자들을 본 적이 없었다. 그녀는 데이터베이스를 살펴보고자 법정까지 갔고 '자동차를 몰고 월급을 받으며 바닷가에 별장이 있는' 노숙자들이 보조금을 받고 있다는 사실을 알아냈다. 세그니니는 여기에 완전히 몰두했다. 그와 유사한 보도를 하기 위해 승진도 마다하고 데이터 팀을 꾸려 직접 이끌었다.

리고베르토 카르바할Rigoberto Carvajal은 세그니니가 초반에 뽑은 신입사원이었다. 천재급 소프트웨어 엔지니어인 카르바할은 말씨가 부드러운 스물네 살 청년으로, 코스타리카에서도 외딴 지역인 과나카스테주의 열악한 환경에서 성장했다. 카르바할과 세그니니는 힘을 합쳐 단 하나의 검색 마스터를 만들어내기 위해 코스타리카의 주요 정부 데이터베이스를 있는 대로 모두 긁어모았다.

아직 암호화되지 않은 데이터가 든 하드드라이브가 이 코스타리카인들에게 발송되었다. 세그니니는 얼른 시작하고 싶은 마음에 파일이 도착하기만을 기다렸다. 하드드라이브가 좀체 도착하지 않자 그녀는 점점 걱정이 됐다. 귀중한 파일들이 사라졌다고 본인 입으로 라일에게 말하고 싶지는 않았다. 결국 세그니니는 코스타리카 세관에 확인해 보았다. 다행히 그쪽에 물건이 있었다. 하드드라이브는 적절한 수입 관세가 지불되지 않았다는 이유로 발이 묶여 있었다.

그사이 ICIJ 편집장 마이클 허드슨Michael Hudson에게는 해외 프리랜서들을 구슬려 기사를 받아내야 하는 임무가 떨어졌다. ICIJ는 해외 프리랜서들이 작성한 기사를 ICIJ 홈페이지에 게재하기로 그들과 계약을 맺은 상태였다. 허드슨은 〈월스트리트 저널〉의 베테랑 기자로, 2008년 금융 위기가 닥치기 전에 서브프라임 모기지 업계의 문제점을 보도한 몇 안 되는 기자 중 한 명이었다. 그는 CPI에서 먼저 근무하기 시작했으나 솔로몬 밑에서 힘든 시간을 보냈다. 그러다가 허드슨이 퇴사하기 직전 솔로몬이 떠나면서 ICIJ에 공석이 생기게 되었다. 허드슨이 맡은 일은 골치 아픈 업무였다. 기준과 관행이 저마다 다른 여러 나라에서 온 기사들을 ICIJ의 까다로운 요구 조건에 부합하게끔 바꿔 놓아야 했다. 프로젝트에 참여하는 해외 프리랜서들 가운데 일부는 영어가 모국어가 아닌 제2언어였다. 이들의 글을 보면 대체로 가정법, 수동태를 지나치게 많이 썼다. 허드슨은 그들에게 편집이라는 것이 여러 번 왔다 갔다 하는 과정이 되리라는 점을 설명하는 한편, 글에 각주를 달고 사실에 의거해 쓸 것을 권장하는 보고서를 작성했다.

"이 요청은 여러분의 작업을 믿지 못해서가 아닙니다. 우리는 다양한 사법제도 아래에서 활동하는지라 모든 관련자를 보호하고 여러 곳에서 쓰나미처럼 쏟아지는 다량의 복잡한 이야기와 정보를 처리하며 우리에게 자금을 제공하는 이들과 발행인들에게 우리가 가능한 한 철저하게 정확한 탐사보도를 하고 있다는 것을 보여줌으로써 그들을 안심시키기 위해 필요한 일이기 때문입니다."

라일은 드디어 〈워싱턴포스트_Washington Post_〉와 계약을 맺었다. 그런데 그 전에 〈뉴욕타임스〉와 접촉했다가 불발된 적이 있다는 사실을 시인한 뒤로 파트너십이 삐걱거리기 시작했다. 〈워싱턴포스트〉 편집자들의 회의적이고 열의 없는 태도가 공조를 방해했다. ICIJ와 〈워싱턴포스트〉는 공동 작업을 통해 비밀세계가 어떤 식으로 움직이는지 보여주는 짧은 분량의 애니메이션 영상을 제작했다. 그런데 〈워싱턴포스트〉의 변호사들과 편집자들이 영상의 대본에 딴지를 거는 바람에 공개 직전, 협업 작업이 궤도에서 이탈하고 말았다. 게다가 외부 사건까지 끼어들었다. 교황 베네딕토 16세가 그 달 말에 물러나겠다고 발표한 것이다. 라일과 워커는 교황의 극적인 결정 때문에 프로젝트가 묻힐까봐 노심초사했다. 그들은 프로젝트의 공개 날짜를 다시 한번 연기했다. 이번에는 4월 초였다.

프로젝트가 공개되기까지 일주일도 채 남지 않은 그때, ICIJ의 운이 바뀌었다. 몇 달 전 ICIJ 팀은 데이터에서 몽골의 국회 부의장 바야르적트 상가자브Bayartsogt Sangajav의 이름을 발견했다. 당시 몽골에서 상가자브와 접촉을 시도했으나 성공하지 못했다. 라일은 최후의 시도라 생각하고 워싱턴 D. C.에 있는 몽골 대사에게 연락을 취했고, 그 몽골의 국회 부의장이 회의 참석차 워싱턴 D. C.에 와 있다는 사실을 알게 되었다. 이 상황을 전해 들은 상가자브는 급히 ICIJ 사무실을 찾아갔다. 라일과 워커는 회의실에서 그를 만났다. 상가자브는 제정신이 아니었다. ICIJ가 역외회사에 대한 정보를 공개할 경우 자신의 명성이 더럽혀지고 집안에 수치를 안겨줄 것이라고 그는 말했다. 상가자브는 그 문제를 덮어 주기만 한다면 몽골에 돌아가는 즉시 사임하겠다고 약속했다. (그는 울면서 역외회사의 은행 계좌에는 고작 100만 달러가 들어 있다고 말했다.) ICIJ로서는 처음 듣는 얘기였다. 결국 라일과 워커는 아무런 약속도 하지 않은 채 그 몽골인이 그만 자리에서 일어나도록 설득했다. 최종적으로 ICIJ는 상가자브의 기사를 공개했다.

공개가 이뤄지기 며칠 전, 또 한 번의 소동이 있었다. ICIJ는 일단 유출 탐사보도가 터지면 그 뒤에 기사를 쓸 수 있도록 협업에 참여하지 않은 네트워크 구성원들에게도 엠바고된 보도 자료를 발송했다. 그런데 보도 자료를 기사로 착각한 브라질 멤버가 흥분한 나머지 프로젝트에 관한 소식을 트위터에 올리는 일이 발생했다. ICIJ는 내용이 퍼지기 전에 그 트윗을 포착했다 (다행히 게시글은 금방 삭제되었다). 곧바로 '오프쇼어 리크스Offshore Leaks'란 이름으로 알려진 이 프로젝트는 2013년 4월 3일 수요일에 공개되자마자 세계 곳곳에서 파장을 일으켰다. ICIJ 웹사이트는 하루만에 60만 페이지뷰가 넘어갔다. CPI가 설립된 이래 최고 기록이었다. 더욱 자세한 세부 내용과 데이터를 요청하는 언론사들의 전화가 쉴 새 없이 걸려왔다. 라일, 워커, 카브라, 허드슨은 끊임없이 쏟아지는 인터뷰 요청을 처리해야 했다. ICIJ 팀은 존재한다는 것은 모두가 알고 있었으나 눈으로 직접 확인한 적이 없었던 지하 금융 시스템을 폭로했다. 다들 허리띠를 졸라매야 하는 시대에 세계에서 가장 부유한 시민들 가운데 많은 이가 본인이 지불해야 할 당연한 몫을 부담하고 있지 않다는 것은 이제 이론의 여지가 없는 사실이었다. 그런데 사람들의 관심을 사로잡은 것은 비밀세계에 대한 전대미문의 탐사보도만이 아니었다. 협업 자체가 화제가 되었다. 46개국의 탐사보도 기자 86명이 참여한, 언론 역사상 최대 규모의 초국경적 탐사보도 공조였다.

〈워싱턴포스트〉는 자사의 대형 기사를 4월 6일 토요일에는 온라인에, 일요일에는 지면에 게재하기로 했다. 다른 언론사들이 이미 훑은 지 사흘이나 지난 시점이었다. 스위스에서는 올리퍼 칠만이 엄청난 계산 착오를 했다. 그는 타메디아 일요판에 본인이 이끄는 탐사보도 팀의 결과물을 공개한다는 계획을 설명한 보도 자료를 그 주 금요일에 발송했다. 그런데 같은 타메디아 계열사인 한 일간지가 독일의 〈쥐트도이체 차이퉁〉 기사를 받아쓰는 일이 발생했다. 칠만은 같은 집안 식구 때문에 물을 먹은 셈이었다. 그 주 주말에 칠만의 탐사보도 팀은 데이터에서 찾아낸 스위스은행들에 관한 새로운 기사를 미친 듯이 만들어야 했다.

ICIJ 팀은 프로젝트 초기에 자료를 온라인에 공개하는 문제를 논의했다. 이 논의는 결국 유출된 회사명, 주주, 이사에 관한 검색 가능한 데이터베이스를 구축하는 구상으로 바뀌었다. 그런데 CPI 이사들 가운데 일부가 이에 반대했다. 그들은 가공되지 않은 데이터가 공개될 경우 소송으로 이어질까봐 우려했다. ICIJ의 명예훼손 전문 변호사 마이클 로스버그Michael Rothberg는 걱정하는 사람들을 진정시켰다. 가장 큰 위험은 원한을 품은 부자들의 성가신 소송 방해였다. 그 정보는 분명 공익을 위한 것이었다. 사소한 소송에 대한 우려는 빈약한 반대 근거로 보였다. ICIJ는 자료가 부당하게 해석되는 일이 없도록 보장하기 위해 역외회사를 소유하는 것은 불법이 아니며 데이터베이스에 포함된 내용은 범죄의 증거가 아니라는 점을 언급한 고지 사항을 첨부했다. 또 은행 계좌의 세부 내용, 여권 정보, 사회보장번호처럼 명백히 사생활을 침해하는 정보는 제공하지 않기로 합의했다.

공개가 이뤄지고 나서 며칠 뒤 IRS가 CPI를 방문했다. 빌 부젠버그는 정장 차림의 IRS 요원 세 명이 사무실로 와서는 CPI가 데이터를 넘기지 않을 경우 소환장을 발부하겠다고 으름장을 놓던 일을 기억한다. 라일은 CPI의 변호사에게 IRS가 이미 그 자료를 갖고 있다고 말해주었다. IRS는 그때껏 데이터를 갖고 있으면서도 해독하는 데 시간이 걸렸거나 이미 내부적으로는 널리 공유한 게 분명했다. 한 달 뒤 IRS는 호주, 영국과 공조하여 상당한 양의 데이터를 입수했다고 발표하는 체면 세우기용 보도 자료를 내놓았다. 파나마에 있는 모스폰은 공황 상태인 고객들의 메일을 받았다. 5월에는 이런 내용의 메일이 도착하기도 했다. "우리 의뢰인이 정보 유출로 인한 BVI의 역외 스캔들 때문에 무척 걱정하고 있습니다. 그 분이 회사와 관련되어 있다고 볼 수 있는 정보가 유출될 가능성에 대해 걱정해야 하는 건지 알려주시겠습니까? 그런 정보는 극비여야 하니까요."

모스폰은 대응 기준을 만들었다. "모색 폰세카 그룹은 '오프쇼어 리크스'라고 하는 것과 관련하여 지속적으로 상황을 지켜보고 있으니 안심하셔도 됩니다. 여러분의 비밀 정보는 최첨단 데이터 센터에 보관되어 있으며 저희 쪽 글로벌 네트워크에서 이뤄지는 의사소통은 하나도 빠짐없이 세계 최고 수준의 기준을 따르는 암호화 알고리즘을 통해 처리됩니다."

12장

만리방화벽을
넘어라

▶ ICIJ 프로젝트의 조사 책임자인
마르 카브라는 홍콩대학교의 작은 회의실에서 사각형 탁자에
둘러앉은 기대에 찬 얼굴들을 응시했다. 2013년 7월이었다. 카브
라는 디지털 보안에 관한 특강을 막 시작하려던 참이었다. ICIJ
가 암호화되지 않은 하드드라이브를 우편으로 보내던 시절은
이제 종언을 고했다. 예방책을 마련해야 했다. 탁자에 둘러앉은
이들은 본인들이 곧 하게 될 일이 역사적인 동시에 매우 위험할
수 있다는 사실을 잘 알고 있었다.

오프쇼어 리크스에서 가장 큰 부분을 차지한 것은 홍콩 및
중국 본토에 주소지가 있는 약 2만 2,000명에 달하는 역외 고객

들이었다. 프로젝트 초반에 라일과 워커는 대중화大中華권 정보는 나중으로 미뤄두기로 결정했다. ICIJ 팀이 한 가장 잘한 결정 중 하나였다. 그들은 전 세계적인 협업이 만만치 않으리라는 사실을 인식했다. 안 그래도 뒤죽박죽인 상태에서 중국까지 추가할 경우 관리가 힘들 터였다. 중국 내부를 취재하는 것 자체가 어려울 뿐만 아니라 중국의 역외 데이터는 추가적인 비밀 유지막에 가려져 있었다.

그러나 중국에 초점을 맞출 필요가 있다는 것은 의심의 여지가 없었다. 중국은 비밀세계에서 중심적인 역할을 했다. 오프쇼어 리크스 데이터에서 발견된 회사들은 물론, 모스폰을 비롯한 주요 공급업자들에게도 그러했다. 오늘날 세계에서 규모가 가장 큰 역외 공급업자인 오프쇼어Offshore가 홍콩에서 시작된 것은 결코 우연이 아니었다. 중국 정부는 1980년대 말에 최고 지도자 덩샤오핑이 속박을 풀어준 경제 활동과 보조를 맞추기에 준비도 되지 않았을 뿐더러, 충분히 유연하지도 않았다. 잠자던 거인이 돈에 눈을 뜬 것은 역외 시스템 입장에서는 하늘이 준 선물이었다. 중국은 세계로 통하는 창이 필요했다. 조세피난처와 익명회사가 존재하지 않았다면 아마 이 나라의 공산주의와 기업가적 자본주의의 독특한 결합이 직접 그것들을 만들어 냈을 것이다. 중국 정부는 역외회사가 제공하는 혜택을 알아봤고 그래서 장려했다.

익명회사들은 중국 경제가 꽃을 피울 수 있는 수단이었다. 정부 규제를 피하면서 세금을 내지 않도록 해주기도 했지만, 한편으로는 경제적 격변을 최소화하고 해외 투자를 가능하게 했다. 조세피난처에 있는 회사들은 외국인들이 힘들고 번거롭게 중국으로 직접 돈을 옮기는 대신 간단하게 중국 자회사에 투자할 수 있는 도구였다. 중국인 사업가들은 설비 등을 구매할 때 돈을 역외에 두고 구매할 물건을 산 다음 그것을 수입하는 게 더 용이하다는 사실을 발견했다. 중국 기업가들은 역외 자회사를 설립하면 본인의 상품을 싼값에 본인 회사에 팔 수 있다는 것을 금세 깨달았다. 역외 자회사는 가격을 상당히 올려서 그 상품을 되팔 터였다. 이런 식으로 해서 중국에 있는 회사는 본국에 낮은 세금을 신고했고 역외 자회사는 비과세 대상인 해외 투자 형식으로 중국에 재판매하여 얻은 수익을 본국으로 송금했다. 일명 왕복투자였다. 수조 달러가 중국에서 나갔지만 이 사실은 쉽게 도외시되었다. 그보다 더 큰 규모의 해외직접투자가 기하급수적으로 중국으로 흘러들어왔기 때문이다.

역외 시스템은 신흥부자들에게 돈을 은닉하고 불법적인 대금 지불을 위장하는 편리한 방법 역시 제공했다. 중국 신경제의 승자 가운데 많은 이들이 정부 관료와 연관 있었다. 가장 강력한 집단 중 하나가 소위 태자당太子黨이라는 것이었다. 중국 공산당 지배층의 자제들로서, 일부는 과거와 현재의 중국 지도부와 혈연이나 결혼으로 연결된 이들을 지칭하는 홍색귀족이었다. 중국은 관료들에게 재산 공개를 요구하지 않는다. 국내외 기자들이 집요하게 파헤치기 전까지 중국 지도층의 활동은 대체로 수수께끼였다.

2012년 〈블룸버그뉴스〉와 〈뉴욕타임스〉는 중국 최고 지도자들의 가족이 은닉한 재산을 폭로하는 기사를 잇달아 공개했다. 당시 부주석이었던 시진핑, 총리였던 원자바오도 포함되어 있었다. 겹겹이 쌓인 제휴의 막과 불투명한 투자 수단들을 뚫고 들어간 기자들은 정치적으로 이어져 있는 이들이 국유기업에서 나온 돈과 부유한 기업가들이 청탁을 목적으로 찔러준 현금을 어떤 식으로 게걸스레 먹어치웠는지 보여줬다. 중국의 권위주의 정권은 서둘러 이 언론사 두 곳의 접근을 막았다. 검열과 차단 방화벽인 중국 정부의 인터넷 만리장성 만리방화벽Great Firewall 이 그 역할을 해주었다. 더불어 기사를 낸 기자들 중 한 명의 비자를 갱신해주지 않았다.

ICIJ는 이 폭로를 기반으로 그 위에 쌓아올릴 만한, 논쟁의 여지가 없는 확실한 데이터를 손에 쥐고 있었다. 그때껏 중국인의 전체 역외 활동 규모는 전혀 알려져 있지 않았다. 중국 현지 기자들이 외국인 동료들과의 공조를 통해 그 같은 민감한 사안을 조직적으로 캐는 데 앞장 서는 일 역시 처음이었다. 미국, 독일, 스페인, 타이완, 홍콩 그리고 중국 본토에서 온 기자들이 홍콩대학교 캠퍼스에 있는 엘리엇 홀 2층에 모였다. 모임은 계획적으로 찬찬히, 신중하고도 조심스럽게 이뤄졌다. 모두를 한데 모으는 임무를 맡은 여성 챈위엔잉Chan Yuen-Ying은 홍콩에 거주하는 언론학 교수였다. 챈은 동료들에게 그 모임에 대해 함구했다.

챈은 1997년 CPI의 찰스 루이스가 ICIJ를 출범시킨 자리였던 하버드대학교 모임에 참석했던 원년 멤버였다. 2000년 ICIJ의 첫 번째 중대 폭로였던 '거대 담배회사' 프로젝트의 배후에서 활약한 기자이기도 했다. 홍콩에서 태어난 챈은 뉴욕의 〈데일리 뉴스〉 등 미국 언론사 몇 군데에서 23년 동안 일했다. 아시아로 다시 돌아오자마자 그녀는 한 동료와 함께 클린턴 행정부가 선거운동 자금을 모으기 위해 아시아에서 벌인 지저분한 탐사 활동을 폭로했다. 타이완 집권당의 고위 인사는 명예훼손으로 두 기자를 고소했다. 하지만 챈은 소송에서 이겼고 언론인보호위원회로부터 국제언론자유상을 받으며 아시아 언론의 독립에 중요한 선례를 남겼다.

챈은 홍콩 일간지 〈명보明報〉와 타이완의 〈코먼웰스 매거진〉을 프로젝트에 참여시켰다. 두 매체 모두 그녀가 잘 알고 믿을 수 있는 편집자들이 운영했다. 가장 큰 실적은 〈카이징Caijing〉의 합류였다. 〈카이징〉은 베이징의 탐사보도 금융경제지로, 당시 독립적인 보도와 엘리트 독자층을 가지고 있는 것으로 유명했다. 첫 프로젝트가 공개된 뒤 이 언론사는 오프쇼어 리크스의 파트너가 되고 싶다면서 ICIJ에 연락하기도 했다. 〈카이징〉은 정부 검열의 경계를 적극적으로 뛰어넘었다. 몇 년 전, 뤄창핑Luo Changping 기자가 고위 경제기획 관리의 은밀한 금융 활동을 폭로하기도 했다. 뤄는 지면에는 그 관리의 이름을 밝히지 않았으나 중국판 트위터 웨이보에는 공개했다(기사가 나가고 몇 달 뒤 그 관리는 파면됐다).

〈카이징〉은 부정행위를 캐내서 당국의 조치를 끌어내는 중국 언론의 저력을 보여줬다. 홍콩 모임에서는 〈카이징〉이 오프쇼어 리크스 기사를 공개할지 여부가 불분명했으나(이는 그 팀이 무엇을 찾아내는지에 달려 있었다) 취재 활동에는 도움이 될 터였다. 중국 정부 역시 대대적으로 반부패 운동을 벌이고 있었기에 프로젝트 멤버들은 정부의 엄중한 부패 단속과 맞물리면서 시의적절한 기사가 나오리라고 내심 기대했다. 모임 첫째 날, 카브라가 초점을 맞춘 것은 보안이었다. 그녀는 그 자리에 있던 이들에게 PGP라는 메일 암호화 프로그램, 인터넷 사용자의 신원을 감춰주는 가상사설네트워크VPN 이용법, 데이터를 검색할 수 있는 ICIJ의 비밀 웹사이트 접속법을 알려주었다. 데이터에 있을 것으로 추정되는 고위 관료들에 대해서는 암호명을 붙였다.

둘째 날에는 데이터 자체에 집중했다. ICIJ 취재팀을 이끈 중국 전문가 알렉사 올레슨Alexa Olesen의 말에 따르면 당초 계획은 도화선이 될 만한 세간의 이목을 끄는 이름들을 일괄 검색하는 것이었다. 올레슨은 시카고대학교에서 동아시아 연구로 학위를 받았고 런던대학교 동양·아프리카연구학원에서 중국문학으로 석사 학위를 받았다. 그녀는 베이징에서 연합통신사 기자로 8년을 근무하는 등 아시아에서 10년이 넘는 시간을 보냈다. 올레슨은 이렇게 회상한다. "데이터에 뭐가 들어 있는지 몰랐어요.

부동산일수도 있고 부패일수도 있었죠. 그건 새로운 영역이었어요. 중국인들의 역외 이용을 이 정도로 상세히 분석한 적은 없었으니까요."

회의가 끝난 뒤 기자들은 다 같이 저녁을 먹기 위해 식당으로 이동했다. 사각형 탁자에 '둥글게' 모여 앉았다. 올레슨은 그날의 흥분을 지금도 기억한다고 했다. 목표를 공유하고 있다는 것이 뚜렷하게 감지되었다. 멤버들이 속한 국가들은 오랫동안 서로 정치적으로 반목해왔다. 하지만 그 자리에 있던 기자들은 공익을 추구하는 언론이 더 나은 세상을 만들 수 있다는 공통된 믿음을 가지고 함께 일하고 있었다.

모스폰은 중국에 익명회사를 제일 처음 판매한 선구자였다. 모스폰은 1987년 홍콩사무소를 개설했다. 홍콩이 영국령이던 시절이었다. 파나마와 라이베리아는 오랜 세월 동안 홍콩 엘리트 계층의 재산 은닉 장소로 인기 있는 관할지였다. 하지만 파나마의 마누엘 노리에가와 라이베리아의 사무엘 도Samuel Doe가 저마다 나라를 망쳐놓는 바람에 두 국가의 역외회사에 대한 선호도가 떨어지게 되었다. 모스폰은 새로운 담당지역인 영국령 버진아일랜드를 홍보하기 위해 홍콩에 영업점을 설립했다. 영국령 버진아일랜드에는 지저분한 정치 문제가 없었다. 라몬 폰세카는 홍콩의 한 호텔에서 한 달을 지냈다. 그는 법률사무소들이 꽉 들어찬 건물들을 여럿 고른 다음, 일일이 찾아다니며 모스폰 카탈로그를 전하고 누구라도 이야기를 들어 주는 사람과 열심히 대화를 나눴다.

맨 처음 모스폰 홍콩사무소는 인도 여성이 운영했다. 그런데 1997년 홍콩이 중국으로 반환될 날이 다가오자 표준중국어(보통화) 원어민이 필요하다는 사실이 분명해졌다. 그동안 모스폰은 파나마에서 오스틴 장Austin Zhang의 번역 서비스를 이용하고 있었다. 중국 북서부 산시성에서 태어난 그는 세계를 여행하다가 마지막으로 파나마에 안착했다. 파나마에는 중국인들이 꽤 많다. 모스폰이 번역가로 고용할 당시 그는 파나마에서 중국어로 발행되는 신문사에 근무하고 있었다. 장은 일 년 동안 문서와 카탈로그를 번역하며 역외 사업 집중강좌를 들은 셈이었다. 나중에는 역외회사 설립 방법에 관해 표준중국어로 쓴 소책자까지 낼 정도였다.

1997년 장은 홍콩으로 이주했다. 그의 목표는 중국 본토에 모스폰 깃발을 꽂는 것이었다. 똑똑하고 의욕이 넘치는 인물이라 모스폰 측에서도 그에게 운을 걸어보기로 했다. 3년이 채 안 돼 모스폰은 베이징에 첫 사무소를 개설했다. 장은 역외회사 설립 전문가로 정평이 났다. 중국 언론매체에 널리 소개되고 정부가 후원하는 각종 회의에 연사로 초청됐다. 장은 크게 성공했고 모스폰은 제품을 시장에 내놓기 위해 중국 곳곳에 지국을 설립했다. 중국 경제는 놀라운 속도로 새로운 부를 창출하면서 급성장했다. 장은 고객들에게 역외회사를 통해 소유권을 숨기는 법은 물론, 그런 서비스가 우선적으로 중요한 이유를 설명했다.

2000년대 중반 여러 회의에서 나온 그의 발언을 보면 가능성에 대한 흥분으로 숨이 찰 지경이다.

2005년 장은 중국 북동부 지역에 관해 보고하면서, 돈 많고 잘 운영되는 기업들이 어째서 그곳에 몰려 있는지 설명했다. 현지 공무원들과 꽌시关系라는 우정의 끈을 만드는 게 중요했다. 그는 다음과 같이 메일을 보냈다. "북동부 지역은 천연자원, 중공업, 석유, 해운, 무역에 있어서 중국의 중요한 전략적 거점입니다. 경제가 빠르게 발전할 겁니다. 고객들에게 역외 서비스 및 여타 상업적 서비스를 제공하는 데 있어서 우리가 장기적으로 성장하는 데 도움이 될 것으로 보입니다."

그 무렵 모스폰에서 장과 함께 일하던 한 중국인 동료가 수출입업자들을 대상으로 한 회의에서 발표했다. "정치적 위험을 줄이려면 중국발 투자로 보이지 않게 해야 합니다. 우리는 투자금을 환승역(자회사)에 집어넣어서 마치 룩셈부르크나 케이맨 세도 등지에서 온 것처럼 투자 출처를 '거를' 수 있습니다." 1년 뒤 중국에서 등록 상표를 여럿 보유한 예비 고객과 만난 자리에서 장은 그에게 골치 아픈 사례 하나를 알려주었다. 나무 바닥재를 생산하는 중국 대기업의 얘기였다. 장의 말에 따르면 그 회사는 경쟁사 때문에 정부 조사를 받게 되었고 결과적으로 상품에 '오염 물질'이 들어 있다는 사실이 드러났다. 장은 역외조직만 있었어도 소유주가 공개되는 일은 없었을 거라고 설명했다. 그러니까, 이름과 소유권을 바꿔서 정부 조사를 잽싸게 피할 수 있었을 것이란 얘기였다. 예비 고객은 회사의 익명성이 지닌 가치를 곧바로 이해했다.

장과 모스폰 동료들은 급변하는 정치, 경제 상황에 대한 해법을 제공하는 것을 목표로 삼았다. 투자는 하고 싶지만 정부 규제로 손발이 묶인 한 고객에게 장은 딸을 회사의 소유주로 만드는 방법을 추천했다. 그 고객의 딸이 미국 영주권자였기 때문이다. 하지만 뭐니 뭐니 해도 장이 제시한 가장 대담한 해법은 상업상 명의 수익권자라고 하는 가짜 주주를 만드는 것이었다. 회사의 주인 행세를 하면서 돈을 받는 실재 인물이었다. 가짜 수익권자는 과거에 무기명주를 통해서 얻었던 일종의 익명성을 제공했다. 가짜 주주 혹은 소유주를 이용하여 회사는 은행 계좌를 개설하거나 정부의 감독을 피할 수 있었다. 모스폰을 제외하고는 진짜 주주나 소유주가 누구인지 아무도 모르게 말이다.

2008년 장은 이 같은 처리방식을 실행하는 데 도움을 얻고자 모스폰 본사와 접촉했다. 그의 중국인 고객은 파나마 출신의 가짜 소유주를 원했다. 계획에 따르면 파나마인 명의상 주주가 석 달 동안 사모아 회사의 소유주 및 유일한 이사로서 중국에 회사를 등록한 다음, 3개월 뒤 실제 중국인 소유주에게 그 사모아 회사를 넘기기로 되어 있었다. 다만, 등기상 회사의 소유주는 그 파나마인으로 나오게 된다. 중국 정부나 일반인들은 회사의 실제 주인이 누구인지 절대 알 수 없었다. 모스폰 측은 이 방식을 꺼렸다. 물론 모스폰 역시 드물기는 해도 실사를 어느 정도 거쳤거나 특히 돈이 많은 고객들의 경우 가짜 소유주를 쓴 적이 있었다. 이런 식의 교묘한 책략 뒤에는 대개 모스폰 트러스트의 람세스 오웬스가 있었다. 그는 파나마가 이미 그 같은 행위를 법으로 명백히 금지했다고 전했다. "민감하다는 걸 알면서도 명의 수익권자 서비스를 제공하는 이유가 뭡니까? 오스틴, 조심해요!" 오웬스는 장에게 이렇게 말했다.

장은 한동안 그 서비스를 제공했다고 자신만만하게 말했다. 모스폰은 재단을 대신 이용하라고 권했지만, 장은 이 제안을 일축했다. 중국 현지 은행들은 재단이라는 조직에 익숙하지 않다고 전했다. 중국 은행들이 재단을 검토하고 승인하기까지 시간이 너무 오래 걸릴 터였다. 결국 장은 그 중국인 고객을 다른 곳으로 보냈다. 그 무렵 장은 고를 수 있는 선택지가 더 많아졌다. 중국 본토에는 모스폰 사무소가 여덟 곳이나 있었다. 이윽고 대중화권이 모스폰 전체 사업의 3분의 1가량을 차지하게 되었다. 영국령 버진아일랜드가 크게 인기를 끌면서 그 자체가 하나의 신조어가 됐다. 세계 어디에 있건 중국에서 'BVI'는 역외 회사를 뜻하는 약칭이 되었다.

일단 ICIJ 팀은 유출된 파일에서 홍색귀족의 일원으로 보이는 데이터를 발견할 경우 실제로 이름이 일치하는지를 따로 확인해야 했다. 데이터에는 신원을 어렴풋이 알 수 있는 기본적인 정보만 들어 있었다. ICIJ에서 진행한 유출 탐사보도에서 데이터는 취재의 시작에 불과했다. 이름을 확인해야 했다. 회사들이 어떤 활동을 했는지 알아보기 위해 조사하고 기사에 살을 붙이며 관련자들과 접촉해 코멘트를 받아내야 했다. 중국에서는 취재 활동이 훨씬 더 힘들었다. 이용 가능한 공적 정보가 한정되어 있어서만은 아니었다. 대부분의 조세피난처는 회사명, 이사나 주주의 성명에 한자를 쓰지 못하게 했다. 역외 공급업자들은 문서와 메일상에서 고객들을 언급할 때 로마자로 표기된 중국어 이름을 사용했다. 이는 종종 혼란을 초래했는데, 예를 들면 홍콩에서 오스틴 장의 성姓은 대개 '청Cheung'으로 표기되었다. 마찬가지로 왕Wang은 웡Wong으로, 예Ye는 예Yeh로 표기되기도 했다.

유출된 자료에는 대체로 회사 주인의 이름과 함께 중국 본토에서만 사용되는 신분증번호가 나와 있었다. 덕분에 조사 범위를 어느 정도 좁힐 수 있었다. 중국 국민이라면 누구나 받게 되는 열여덟 자리 숫자에는 생년월일, 성별, 출생지가 들어가 있다. 그밖에도 주소, 공문서, 주변 인물들 역시 데이터를 가려내는 데 도움이 됐다. 그럼에도 불구하고 가끔씩 사실 확인이 안 되는 이름이 나오기도 했는데, 그럴 경우 최종 기사에서 빠졌다. 오프쇼어 리크스 때 제라드 라일이 입수한 파일의 두 주인공 가운데 하나인 '포트컬리스 트러스트넷'은 모스폰과 거의 같은 시기에 중국으로 옮겨갔다. 트러스트넷은 프라이스워터하우스쿠퍼스PricewaterhouseCoopers, 딜로이트 앤드 투쉬Deloitte & Touche, KPMG 같은 정상급 회계법인들과 관계를 구축했다. 트

러스트넷은 UBS를 비롯한 스위스은행들과도 함께 일했다. USB
는 홍콩, 타이완, 중국 본토의 고객들을 위해 1,000개가 넘는 역
외조직을 만들었다.

ICIJ 팀은 중국의 중앙정치국상무위원회 소속 전현직 위원 최
소 다섯 명의 친인척을 데이터에서 찾아냈다. 이 위원회는 공산
당의 지도력을 통해 중국 전체를 통치하는 기관이다. 데이터에
는 덩샤오핑의 사위가 있었다. 1980년대와 1990년대에 공산당을
장악했던 인물들인 '팔대원로八大元老' 가운데 한 사람의 아들도
있었다. 이 아들과 원자바오 전 총리의 사위가 데이터에 나온
회사들을 보유하고 있었다. 원자바오의 아들 원윈쑹은 크레디
트 스위스의 도움을 받아 BVI 회사를 설립했다. 2013년에 총리
직에서 물러난 원자바오는 이 정보로 인해 가난한 사람들의 복
지에 관심을 기울이는 개혁가라는 정교하게 다듬어진 이미지에
큰 타격을 입었다. 당연한 얘기지만 돈 많고 연줄이 탄탄한 이
들은 법인 설립업자들을 여럿 이용했다. 중국 국가주석 시진핑
의 매형 덩자구이는 성공한 개발업자로, 트러스트넷이 등록한
BVI 회사 엑설런스 에포트Excellence Effort 부동산 개발의 절반을
소유했다. 회사의 나머지 절반은 부동산 거물 두 사람이 소유
했는데, 이들은 수십억 달러에 달하는 정부 토지경매로 이득을
챙겼다. 덩자구이는 모스폰과도 거래했다. 그는 2004~2009년
사이에 모스폰 회사 세 개를 취득했다.

리펑 전 총리의 딸 리샤오린은 ICIJ가 진행한 거의 모든 유출

탐사보도에 유난히 많이 등장한 인물이다. 리샤오린의 부친은 1989년 민주화 시위대에 대한 잔인한 진압을 진두지휘하여 '베이징의 학살자'라는 별명이 붙은 인물이었다. 리샤오린은 다국적 보험회사의 중국 시장 진입을 은밀히 돕는 등 여타 돈이 되는 활동에 관심이 많았다. 리샤오린은 트러스트넷이 설립한 회사 두 곳의 이사였으며 2006~2007년 그녀의 HSBC 스위스은행 계좌에는 약 250만 달러가 들어 있었다. 유럽에서 중국으로 산업 장비를 수출하는 모스폰 회사도 남편과 공동으로 소유했다.

하지만 ICIJ가 입수한 유출 데이터와 관련된 중국 엘리트 가운데 가장 악명 높은 이는 보시라이였다. 그의 이야기를 한마디로 정리하자면 '부패와 위선의 결합'이라고 할 수 있다. 보시라이는 마오쩌둥의 동료이자 중국 공산당 '팔선八仙' 가운데 한 명인 보이보의 아들이다. 모두 문화대혁명 기간에 갖은 고초를 겪었으나 이후 덩샤오핑이 보이보를 복권시키고 보시라이가 정계에 발을 들일 수 있게 해주었다. 1990년대에 다롄 시장이었던 보시라이는 항구 도시를 해외 투자 및 관광객이 몰려드는 대도시로 탈바꿈시켰다. 2007년 그는 '안개의 도시'로 알려진 충칭시의 당서기로 임명되었다. 이때부터 보시라이는 타흑打黑이라는 별칭이 붙은, 세간의 이목을 끈 잔인한 반부패 운동에 착수했다. 그의 주된 심복은 충칭시 공안국장 왕리쥔으로, 그의 활약상을 소재로 한 〈철혈경혼鐵血警魂〉이라는 TV 프로그램이 제작될 정도였다.

왕리쥔과 그의 부하들은 죄가 있는 사람이건 없는 사람이건 모조리 고문했다. 보시라이는 텔레비전 방송에 출연해서 "부패는 당의 치명상이다"라고 선언하며 반부패 운동을 자랑스레 알렸다. 중앙정치국으로 올라가게 된 보시라이는 언젠가 권력의 심층부인 중앙정치국상무위원회에 들어갈 강력한 후보로 부상했다.

그사이에 보시라이와 부인 구카이라이는 은밀히 받아 챙긴 뇌물로 재산을 축적했다. 이들이 불법적으로 이룬 재산 추정액은 1억 6,000만~10억 달러에 이른다. 구카이라이는 이 돈을 해외로 빼돌리기 위해 외국인 중개인들을 고용했다. 중국에서는 이들을 '흰 장갑'이라고 부르는데, 고용주가 깨끗한 손을 유지할 수 있게 해주는 역할을 하기 때문이다. 2000년, 파트리크 앙리 드비에Patrick Henri Devillers라는 어딘가 수상쩍은 프랑스 남성이 세인트토머스 섬의 공급업자 트라이던트 신탁을 통해 BVI에 러셀 프로퍼티스Russell Properties 주식회사라는 셸컴퍼니를 설립했다. 이후 화학 건자재 및 석유화학공업으로 돈을 번 억만장자 수밍이 해외의 제철 공장을 사들이기 위해 러셀 프로퍼티스에 320만 달러를 지불했다. 이 거래는 우스꽝스러운 광대 짓, 그 자체였다. 수밍은 대금 지불의 대가로 토지개발 거래권을 얻었고 구카이라이는 그 돈을 자기 주머니에 챙긴 뒤 프랑스 휴양지 코트다쥐르가 내려다보이는 침실 여섯 개짜리 저택을 구매했다(보시라이 부부는 추가로 수입을 얻기 위해 그 저택을 부유한 러시아인들에게 임대했다).

　2007년 보시라이와 구카이라이는 또 다른 흰 장갑, 닐 헤이우드Neil Heywood를 고용했다. 2011년 8월, 트라이던트는 러셀 프로퍼티스의 등록을 모스폰으로 옮겼다. 이 무렵 헤이우드와의 사이가 틀어졌다. 구카이라이는 헤이우드와 함께 정부를 등에 업은 2억 달러짜리 부동산 거래에 돈을 나눠 넣었다. 보시라이가 본인의 정치 생명을 위협할지도 모른다면서 반대했던 거래였다. 헤이우드는 진즉에 머리를 굴려 계산한 뒤 구카이라이에게 거래의 대가로 2,000만 달러를 요구했다. 11월 13일, 구카이라이는 충칭시의 럭키홀리데이호텔로 헤이우드를 불러냈다. 술에 취한 헤이우드는 물을 달라고 청했다. 구카이라이는 물 대신 쥐약과 청산가리가 담긴 유리잔을 그에게 건넸다. 구카이라이와 그녀의 범행 조력자는 약물 과다복용 혹은 약물로 인한 쇼크사로 보이도록 꾸미기 위해 호텔 방 여기저기에 약을 뿌렸다. 왕리쥔 공안국장이 수사 및 은폐를 맡았다. 사체는 부검 없이 서둘러 화장되었다. 왕리쥔은 바로 다음 날 구카이라이에게 상황을 보고하면서 대화내용을 몰래 녹음했다.

　2주 뒤 러셀 프로퍼티스는 구카이라이와 관련이 있는 주소지로 이전되었다. 왕리쥔 국장이 보시라이에게 그의 부인이 호텔에서 무슨 짓을 저질렀는지 알려주었을 때 그 당서기는 일을 제대로 처리하지 못했다. 보시라이는 그 공안국장을 좌천시켜버렸다. 자신도 헤이우드와 비슷한 운명을 맞게 되리라는 생각에 두려웠던 왕리쥔은 2012년 2월 청두에 있는 미국 영사관에 망명을 요청했다. 미국 측은 그를 중국 당국에 넘겼다. 한 달 뒤 인민대회당에서 전국인민대표대회 폐회식이 끝난 뒤 무대 밖으로 걸어 나가던 보시라이는 그 길로 바로 구금되었다. 그는 재판에서 유죄판결을 받았고 뇌물수수 및 횡령, 직권 남용으로 종신형을 선고받았다. 구카이라이는 사형을 선고받았으나 무기징역으로 감형되었다. 보시라이가 체포된 직후 러셀 프로퍼티스는 또 다른 파나마 로펌으로 등록이 이전되었다(코트다쥐르의 저택은 중국 정부가 처분했다고 한다).

〈카이징〉 기자들은 마르 카브라의 설명을 듣고도 디지털 보안에 다소 허술했다. 그들은 가끔씩 메일을 암호화하는 것을 잊었다. 그래도 일은 똑 부러지게 했다. 데이터베이스를 적극적으로 검색하고 ICIJ 프로젝트에 취재한 내용을 제공했다. 그러던 중 누군가가 데이터에서 〈카이징〉 사주인 왕보밍을 발견했다. 왕보밍은 회사 두 곳의 이사이자 또 다른 회사의 주주였다. 기자들은 본인들이 애초에 설정한 목표만을 생각했다. 그들은 왕보밍에게 그의 재산에 관해 질의했고 왕보밍은 모든 질문에 답했다. 부적절한 행동은 전혀 없었다. 이후 프로젝트는 계속 되었다.

공개 두 달 전, 〈카이징〉의 탐사보도 부편집장 뤄창핑이 다른 부서로 이동하게 되었다. 그는 앞서 부패 관료의 이름을 과감하게 공개했던 바로 그 기자였다. 인사이동이 있고 나서 얼마 지나지 않아 〈카이징〉의 수석편집자가 워싱턴 D. C.에 있는 ICIJ의 마리나 워커에게 암호화된 메시지를 보냈다. 그가 전한 바에 따르면 잡지사로 공안이 찾아왔다고 했다. 정부는 협업을 중단하라고 했다. 누군가가 프로젝트에 관한 정보를 유출한 것이다. 〈카이징〉은 파트너들과의 연락을 끊었다. ICIJ 역시 데이터 접속을 차단시켰으나 이미 어떤 형태로든 피해가 발생했을 가능성이 컸다.

공개 일주일 전, 마드리드의 중국 대사관 직원들이 〈엘 파이스〉 편집자들에게 만남을 요청했다. 〈엘 파이스〉는 ICIJ의 1차 기사 공개가 있은 뒤 협업에 참여한 언론사였다. 중국 대사관 직원들은 프로젝트에 대해 알고 있다고 말했다. 그들은 〈엘 파이스〉의 중국 특파원이 연루되어 있는지 묻더니, 그 기자의 중국 거주지가 위험해질 수도 있다고 넌지시 알려주었다. 며칠 뒤 한 식사 자리에서 〈엘 파이스〉는 취재 결과물을 내놓으며 중국 측의 논평을 부탁했다. 압력에도 불구하고 어쨌든 기사를 공개하기로 결정한 것이다.

2014년 1월 21일 화요일 오후, 기사들이 세상 밖으로 나왔다. 태자당과 관료들의 친인척 외에도 중국의 주요 인터넷회사 설립자들, 중국 석유업계가 벌인 역외 활동, 최고 경영주들에 관한 해외 토픽들이 폭로되었다. 기사들은 중국이 역외 시스템을 어떻게 이용하는지 파악할 수 있는 전대미문의 관점을 제공했다. ICIJ는 이를 '차이나 리크스China Leaks'로 명명했다.

홍콩의 〈명보〉, 타이완의 〈코먼웰스 매거진〉은 물론, 〈엘 파이스〉, 〈가디언〉, 〈쥐트도이체 차이퉁〉, 스위스의 〈르 마탱 디망쉬〉도 기사를 실었다. 결과적으로 〈명보〉 편집자들은 프로젝트에 온전히 참여하지는 못했다. 프로젝트 멤버들을 한 자리에 모았던 홍콩의 언론학 교수 챈위엔잉은 현지 뉴스에 주력하는 본인의 고향 신문사가 유출 데이터의 가치를 제대로 인식하지 못했으리라고 짐작했다. "편집자들, 아니 심지어 독자들조차도 '이미 다 아는 얘기라고. 윗대가리들이 썩었다는 게 무슨 기삿거리람?'이라고 할 거예요."

예전과 달라진 점이 있다면 이제는 역외 시스템이 어떻게 작동되는지, 연루된 자들은 누구인지 모든 사람이 알 수 있게 되었다는 것이다. ICIJ는 널리 배포될 수 있도록 기사들을 표준중국어로 번역했다. 중국 정부는 즉각적으로 위험을 인지했다. 기사가 공개된 지 몇 시간 만에 중국 내 인터넷 사용자들의 ICIJ 홈페이지 접속이 차단되었다. 〈가디언〉 등 다른 프로젝트 파트너들에게도 똑같은 일이 발생했다. 만리방화벽은 웨이보에 올라온 기사에 대한 언급마저 삭제했다. 하지만 꼭 기사를 보고야 말겠다는 열의가 있는 사람들은 검열을 우회하는 방법들을 사용했다. 인터넷 접속 지점을 숨기기 위해 VPN 서비스를 이용하고 여러 사람이 볼 수 있도록 기사의 PDF 파일을 돌리기도 했다. 그래도 여전히 압도적 다수의 중국인들에게는 ICIJ의 폭로가 아예 없던 일이 되고 말았다.

13장

유출을 따라서

▶ '오프쇼어 리크스' 이후 전 세계 세무 당국 및 검찰은 앞다퉈 재빠르게 움직였다. 데이터에 이름이 등장한 정치인들은 변명했고 공무원들은 사임했다. 각국 정부는 더욱 철저한 투명성을 약속했다. 룩셈부르크는 심지어 미국 세무 당국과 은행 계좌정보를 자동 공유하겠다고 발표했다. 그사이 공급업자들은 역외산업을 꼭 붙든 채 '신뢰의 위기'를 한탄했다.

오프쇼어 리크스는 서로 다른 국가, 서로 다른 문화권 출신인 탐사보도 기자들이 공조할 수 있다는 사실을 입증했다. ICIJ는 여전히 금방이라도 무너질 듯 흔들리면서도, 새로운 유형의 언론 기구를 탄생시켰다. 이 장치를 구성하고 있는 톱니바퀴들은 국적을 초월하여 협업하는 기자들이었지만, 그 톱니바퀴를 움직이는 동력은 정보, 즉 유출된 데이터에서 나왔다. 오로지 고급 정보만이 효과가 있었다. 자료는 광범위했고 여러 나라에 걸쳐 있었다. 공개하려면 강력한 공익적 근거가 있어야 한다는, 다시 말해서 사회의 안녕 및 복리와 연관된 사안이어야 한다는 게 ICIJ의 방침이었다. 제라드 라일은 독자의 관심을 사로잡는 동시에 뛰어난 자질을 갖춘 국제 탐사보도 기자들에게 값진 도전이 될 만한 기사를 원했다. 이 두 가지를 충족시키기에 안성맞춤인 것이 바로 비밀세계였다.

라일은 걱정이 팔자인 사람인지라, 오프쇼어 리크스로 발생한 모멘텀이 사라진 이후의 상황을 상상했다. 단 한 차례의 성공은 개념 증명일 뿐, 그렇다고 해서 기계의 모든 실린더에 불이 붙지는 않는다. 새 프로젝트가 없다면 파트너들이 이리저리 흩어질 것은 보나마나 뻔했다. 라일은 기계에 주입할 새로운 연료가 필요했다. 그것도 빠른 시일 내에 말이다. 오프쇼어 리크스 공개 직후 스페인의 〈엘 파이스〉는 탈세가 의심되는 스페인 국적 HSBC 예금주들의 명단을 신문에 게재했다. 출처는 HSBC 스위스 프라이빗 뱅크의 직원이었던 에르베 팔치아니Hervé Falciani가 빼돌린 데이터였다. 이튿날 ICIJ의 데이터 조사원 마르카브라는 〈엘 콘피덴시알〉의 "팔치아니의 엄청난 명단"이란 기사에서 발견된 인물들과 오프쇼어 리크스가 겹치는 부분에 주목하는 기사를 썼다.

팔치아니 파일은 여러 해 동안 유럽에서 화제를 뿌리며 사람들의 입에 오르내렸다. 일반인들은 그 내용을 몰랐으나 유럽 전역의 세무 당국은 그 자료에 따라 조치를 취하고 있었다. 프랑스 세무 당국은 몇몇 국가에 HSBC 스위스 계좌를 보유한 해당 국가 국민들의 명단을 제공했다. 이 가운데 일부가 유출되기는 했으나 모든 자료를 검토한 기자는 한 명도 없었다. 카브라는 HSBC 파일이 ICIJ의 차기 프로젝트가 될 수 있으리라고 봤다. 라일과 의논한 뒤 그녀는 팔치아니의 메일 주소를 입수해 그에게 메일을 보냈다. 제안은 단순했다. "우리에겐 데이터가 있어요. 당신도 마찬가지고요. 그러니 합칩시다."

에르베 팔치아니가 정부 측 정보원이 되기까지의 길은 지독히 고통스러웠다. 그는 젊은 시절 컴퓨터 공학을 공부하면서 '카지노 드 몬테카를로'에서 딜러로 일했다. HSBC는 2000년에 그를 채용했다. 당시 HSBC 스위스 프라이빗 뱅크의 IT 운용은 재앙 수준이었고 준법지원 시스템은 작동 불능 상태였으며 은행의 거래 내용을 사람 손으로 일일이 관리하는 상황이었다. 한 은행 간부의 말에 따르면 고객 데이터는 프랑스 직원들이 집에서 자신의 노트북으로 관리했다고 한다.

2006년 팔치아니는 HSBC의 고객 데이터베이스를 개편하고 보안을 강화하는 업무를 맡게 되었다. 그런데 그는 주어진 일을 하는 대신 5개월 동안 주말마다 혼자서 데이터를 내려 받았다.

그러나 HSBC는 이를 눈치채지 못했다. 2008년 팔치아니는 정부情婦인 조지나 미카엘Georgina Mikhael의 도움을 받아 레바논 베이루트에서 은밀히 데이터 판매를 시도했다. 매력적인 프랑스계 레바논 사람인 미카엘은 팔치아니와 같은 은행에서 일하는 컴퓨터 공학자였다. 팔치아니는 데이터를 팔아서 돈이 생기면 아내와 자폐가 있는 딸과 헤어지겠다고 미카엘에게 약속했다. 하지만 결국 두 사람은 거래를 성사시키지 못했다. 게다가 이들의 행적에 대한 소식이 스위스은행협회로 들어갔고 협회는 규제 담당 기관에 그 사실을 알렸다.

팔치아니는 가명으로 독일 해외정보기관인 연방정보부BND와도 접촉했다. 그해 초, BND는 리히텐슈타인의 LGT 은행을 세금 회피 용도로 이용한 독일인 명단이 담긴 DVD를 약 650만 달러에 구매하기도 했다. 독일 세무 공무원들 사이에서는 누군가가 빼돌린 자국민 관련 세금 데이터를 인접국들로부터 구매하는 게 하나의 추세가 되기 시작했다.

팔치아니는 "탈세"라는 제목으로 BND에 메일을 보냈다. 그는 스위스에 있는 세계 5대 프라이빗 뱅크 가운데 한 곳의 컴퓨터 시스템에 접근할 수 있는 것은 물론이고 고객 명단도 갖고 있다고 했다. 독일 연방정보부는 관심을 보였고 고위 관리 한 명이 약속을 잡았다. 그 관리는 여러 언어를 구사하는 데다, 유출 데이터를 구매해본 경험이 있는 사람이었다. 그런데 만나기 전 슬개골이 부러지는 바람에 다른 사람이 대신 나가게 됐다. 그 대타는 영어도 프랑스어도 할 줄 몰랐다. 팔치아니는 독일어를 하지 못했다. 혼란과 당혹감 속에서 팔치아니는 크게 한 건 할 수 있는 기회를 잃고 말았다.

팔치아니는 프랑스 국가세무조사국DNEF 조사관인 장파트리크 마르티니Jean-Patrick Martini도 만났다. 동료들은 마르티니에게 '식전주'라는 별명을 붙였는데, 음식이 나오기 전 빈속에 칵테일을 마셨을 때처럼 그가 등장하면 사기꾼들이 픽픽 쓰러졌기 때문이었다. 하지만 '설득의 명수'인 그도 팔치아니로부터 데이터를 받아내지 못했다.

2008년 12월, 팔치아니에게 속았다는 것 그리고 스위스 경찰이 자신을 감시한다는 것을 알게 된 미카엘은 스위스 법집행기관에 팔치아니를 넘겼고 결국 그는 구금되었다. 몇 시간 동안 심문을 받던 팔치아니는 아내와 딸을 보고 올 수 있게 잠시만 풀어달라고 스위스 검사를 설득했다. 그는 다음 날 복귀하겠다고 약속했다. 하지만 팔치아니는 다시 돌아가는 대신 가족과 함께 그날 저녁 프랑스로 도망쳤다. 100GB가 넘는 HSBC 고객 10만여 명의 정보가 들어있는 노트북 컴퓨터도 가지고서 말이다. 그 파일에는 세계적 규모의 탈세 증거는 물론, 부패 정치인에서 무기 밀매업자에 이르기까지 광범위한 범주의 개인들이 저지른 범죄행위의 재무 내용이 들어 있었다.

하지만 곧 니스 경찰이 스위스 인터폴 영장에 따라 팔치아니를 체포했다. 팔치아니는 마르티니를 불렀고 마르티니는 그가 구금 상태에서 풀려날 수 있도록 손을 써주었다. 프랑스는 팔치아니를 스위스에 넘겨주기를 거부했다. 데이터는 마르티니가 맡기로 했다. 프랑스 세무 당국은 이러한 일련의 과정을 '초콜릿 작전'이라고 명명했다. 프랑스 당국이 정보를 파악할 수 있도록 돕는 동안 자진출두 서약을 하고 풀려난 팔치아니는 스페인으로 도망쳤으나 그곳에서도 곧 체포되었다. 그는 스페인과도 프랑스와 유사한 계약을 맺고 나서야 풀려날 수 있었다. 그 뒤 몇 년에 걸쳐 팔치아니는 프랑스와 스페인 양국을 빈번하게 오가며 세무 당국이 정보를 선별하여 정리하는 데 도움을 제공했다.

2013년 10월, 마르 카브라가 보낸 두 번째 메일에 팔치아니가 답을 했다. 그는 카브라가 거주하고 있는 마드리드에 있었다. 두 사람은 만나기로 했다. 그 무렵 스페인 정부는 팔치아니의 신변을 관리하고 있었다. 카브라는 공공장소에서 만나자는 전화를 받았고 약속 장소에서 사복 경찰과 맞닥뜨렸다. 경찰은 카브라의 신분증을 확인하고는 근처에서 지켜보고 있던 누군가에게 전화를 걸었다. 신원 확인이 끝난 뒤에야 경찰들은 카브라를 보내줬다. 카브라는 거래 방식을 놓고 얘기를 나누다 보니 팔치아니가 데이터 기술 전문가라는 것을 알 수 있었다. 두 사람은 사흘 뒤에 다시 만났고 그 자리에서 팔치아니는 HSBC 파일 샘플을 보여주었다. 그는 ICIJ가 스페인 검찰, 프랑스 검찰과 공조하는 게 어떠냐고 제안했다. 카브라는 바로 언질을 주는 대신, 그 다음 주에 파리에서 라일을 만나보라고 얘기했다.

파리에서 팔치아니와 라일은 센 강의 강둑을 따라 긴 시간 산책했다. 두 사람은 세상을 바꾸는 공익적 저널리즘의 힘에 대해 열정적으로 이야기를 나누면서 연대감을 느꼈다. 라일은 팔치아니에게 매료되었고 그가 갖고 있는 데이터가 ICIJ의 차기 프로젝트라고 확신했다. 그 뒤 몇 달 동안 관계를 단단히 구축하기 위해 라일과 카브라는 각자 기회가 있을 때마다 팔치아니를 만났다. 2014년 3월, 세 사람은 파리에서 만나기로 했다. ICIJ 측은 그날 데이터를 받게 되리라 예상하고 코스타리카에 있는 리고베르토 카르바할을 호출했다.

그 전 달에 카르바할의 상사 히아나나 세그니니는 20년 간 몸 담았던 신문사 〈라 나시온〉을 관뒀다. 그녀는 사직의 진짜 이유는 생략한 채 독자들에게 글로나마 작별 인사를 전했다. 세그니니가 이끈 데이터 저널리스트 팀은 그동안 전문 지식 및 기술을 총동원해 2014년 코스타리카 선거 앱을 만들었다. 유권자들이 각 후보들의 선거 이력, 사업 지분, 법원 서류 스캔본까지 볼 수 있는 앱이었다. 데이터 팀은 이 앱에 '눈먼 투표는 그만Don't Vote Blind'이라는 이름을 붙였다. 그런데 좌파 정당이 처음으로 대권을 잡을지도 모른다고 우려한 세그니니의 상사들이 막판에 앱의 출시를 무산시키려 했다. 결국 데이터 팀원들도 세그니니를 따라 〈라 나시온〉에서 나와 ICIJ의 품으로 갔다. ICIJ는 카르바할과 함께 몰타 출신 소프트웨어 엔지니어 매슈 카루아나 갈리시아Matthew Caruana Galizia를 채용했다. 갈리시아는 세그니니 등과 함께 일하고 싶어서 〈파이낸셜 타임스〉를 박차고 나온 사람이었다(이후 세그니니는 컬럼비아대학교 언론대학원 교수로 자리를 잡았다).

라일, 카브라, 카르바할, 팔치아니는 파리에서 만나 같이 저녁을 먹으러 갔다. 저녁 식사 자리에서 이들은 팔치아니의 데이터와 사이버보안 문제를 상의했다. 전달은 제삼자를 통해 이뤄져야 할 것 같았다. 팔치아니는 본인의 변호사 없이는 아무것도 할 수 없을 거라고 했다. 그리하여 이들은 다음 날 윌리엄 부르동William Bourdon의 법률사무소에서 다시 만나기로 했다. 팔치아니를 대변하는 일을 맡은 부르동은 세계적으로 인정받는 화이트칼라 피고 측 변호사였다.

그런데 팔치아니는 약속 장소에 이탈리아 기자를 데리고 나왔다. 라일과 카브라는 영문을 모른 채 당황한 얼굴로 서로 쳐다봤다. 그 자리는 데이터를 교환하기 위한 비밀 회동이었다. 그런데 또 다른 기자가 나타난 것이다. 팔치아니는 내부고발자를 위한 국제기구 출범을 제안하기 시작했다. 라일은 팔치아니, 부르동과 따로 할 얘기가 있으니 이탈리아 기자에게 자리를 비켜달라고 요구했다. 그 기자는 화를 내면서, 본인은 팔치아니의 좋은 친구이며 그와 깊은 대화를 나누며 많은 시간을 보냈다고 말했다. 마치 영화에서 갑자기 음모가 드러나는 장면처럼, 라일은 문득 당했다는 기분이 들었다. 팔치아니와 이탈리아 기자는 방을 나갔다. 라일은 부르동에게 자초지종을 설명했다. 그 변호사는 이해한다고 말했다. 그런데 또 다른 가능성이 존재하고 있었다. 부르동은 데이터를 갖고 있는 사람이 또 있다며, 본인이 직접 연락해 보겠다고 했다. 카브라는 짓밟힌 기분이 들었다. ICIJ 팀은 대기 상태였다고 라일은 결정해야만 했다. 팔치아니는 꼼짝하지 않을 터였다.

이후 부르동이 라일에게 문자 메시지를 보냈다. 〈르 몽드〉 기자 제라르 다베Gérard Davet가 데이터를 갖고 있다고 했다. 완벽했다. 라일은 흥분해서 다베에게 직접 메시지를 보냈다. 다음 날 파리를 떠날 예정이지만, 그 전에 아무 때나 만나고 싶다고 전했다. 그러나 잔인할 정도로 매정하게 통명스러운 답장이 왔다. 다베는 너무 바빠서 만날 수 없다고 했다. 이튿날 라일은 좌절한 채 돌아가야 했다.

그사이 모스폰에 대한 요구사항은 갈수록 늘어갔다. 추세는 분명했다. 전 세계적으로 모스폰 회사들이 소재한 국가들이 더욱 많은 정보를 원했다. 모스폰은 활동을 더욱 제한하는 새로운 규정들을 준수하는 가운데 정부의 규제 담당 기관이 요구하는 사항들을 처리했다. 모스폰 회사들이 규칙을 위반할 경우 더 즉각적으로, 더 비싼 대가를 치러야 했다. 값싼 회사들을 대량으로 빨리 제공하는 모스폰의 저비용 사업 모델은 이러한 맹공격에 굴복하고 말았다. 2013년, 마지막까지 버티던 파나마와 세이셸도 행동에 나섰다. 파나마는 무기명주를 제한했고 세이셸은 이를 법으로 금지했다. 무기명주를 제공하는 몇 안 되는 담당 지역으로 남은 곳은 마셜제도와 라이베리아뿐이었다. 두 지역의 등기 업무는 버지니아주와 뉴욕에 있는 사무실들에서 이뤄졌다.

이듬해에는 홍콩이 회사설립법을 바꿨다. 해외 담당지역들 가운데 모스폰이 처음으로 같이 사업을 진행한 곳이 바로 홍콩이었다. 새로운 법규에 따르면 신생 기업은 최소한 이사 담당이 신탁, 재단 혹은 회사가 아닌 자연인이어야 했다. 모스폰은 고객들에게 겨우겨우 연락을 취해 바뀐 규정을 준수해 달라고 요청했다. BVI에서는 새로운 자금세탁방지법에 따라 실사 요건을 충족시키지 않은 고객은 준법지원 최고책임자, 모스폰의 경우 유르겐 모색이 직접 승인해야 했다. 5월에 BVI 금융위원회는 거의 10년 동안 등록대리인으로 있었던 팬 월드Pan World 투자회사와 관련하여 모스폰에 연락을 해왔다. 제네바의 크레디트 스위스 프라이빗 뱅크를 통해서 들어온 회사로, 소유주는 호스니 무바라크Hosni Mubarak 이집트 전 대통령의 장남 알라아 무바라크Alaa Mubarak였다. 2년 전 (또 다른 아들도 포함하여) 무바라크 부자는 사저를 짓기 위해 대통령궁에 책정된 공금을 가로챈 혐의로 체포되었다.

모스폰은 크레디트 스위스가 최종 소비자를 조사하리라 믿고서 심사를 거의 하지 않은 채 그들을 받아들였다. 무바라크의 통치에 반대하다가 846명이 목숨을 잃었던 '아랍의 봄' 이후 BVI는 알라아 무바라크 등 이집트 정권과 연계된 관료들의 자산을 동결한다고 발표했다. 하지만 모스폰은 BVI 당국의 서한을 받기 전까지는 아무런 조치도 취하지 않았다. BVI 당국은 모스폰을 고위험군 범주에 넣었다.

　BVI 서한을 어떻게 해야 할지 논의하는 과정에서 모스폰은 한 변호사의 말마따나 '가장 어처구니없는' 사실을 발견했다. 모스폰 측에는 크레디트 스위스가 심사를 진행하리라는 점을 명시한 정식 계약서가 없었다. 이 경우 고객 확인 의무에 대한 최종 책임은 모스폰이 지게 될 수 있었다. 모스폰의 준법지원 담당자는 내부 메일에서 "우리의 위험 평가 방식에는 심각한 결함이 있습니다"라고 했다. 모스폰은 이러한 상황을 BVI에 알리지 않았다. 대신, 금융위원회의 문의에 대해서는 모스폰 회사들의 변칙 행위를 크레디트 스위스 탓으로 돌리는 식으로 대응했다.

　BVI 금융위원회는 몇 년 동안 모스폰에 정보를 요청했지만 아무런 성과가 없었다. 2005~2008년 사이에 BVI가 개별적으로 수익소유권 정보를 요청한 횟수는 100회가 넘었다. 〈가디언〉이 분석한 바에 따르면 그 요청 가운데 모스폰이 진짜 주인의 이름을 제공할 수 있었던 것은 다섯 건에 불과했다. 그러나 시대가 변했다. 2013년 11월, BVI의 금융 규제 당국은 "고위험군 고객에 대해 강화된 필수 고객확인 의무조치를 이행하지 않았다"는 이유로 모스폰에 벌금 3만 7,500달러를 부과했다. 모스폰은 벌금에 대한 송장을 크레디트 스위스에 보내려 했지만 실패했다. 논란이 더욱 조용하게 처리된 경우도 있었다. 2013년 말커스 얼빈 본캄퍼Malchus Irvin Boncamper에 대한 준법 확인 과정에서 충격적인 이야기가 드러났다. 본캄퍼는 세인트키츠네비스의 회계사로, 10년 넘게 모스폰과 일한 인물이다. 본캄퍼는 자금세탁 등의 범죄로 징역 8년 형을 선고받고 복역 중이었다. 그는 2년 전에 유죄판결을 받았다. 이는 상당히 큰 문제였다. 당시 본캄퍼는 모스폰 셸컴퍼니의 약 서른 곳의 이사였기 때문이다.

본캄퍼와 관련된 이야기는 2005년 10월, 대부분 나이 지긋한 어르신들인 관광객들이 이튼알렌Ethan Allen호에 오르면서 시작되었다. 유리로 둘러싸인 11m가량 짜리 유리섬유 보트를 타고 뉴욕의 조지호 주변을 도는 한 시간 짜리 단풍 투어였다. 탑승객들의 평균 연령은 76세였다. 그 배는 수년에 걸쳐 개조되면서 안정성이 떨어졌다(나중에 해안경비대는 승객을 열네 명 이상 태우면 안되는 배였다고 밝혔다). 그날 이튼알렌호에 탑승한 인원은 47명이었다. 부두에서 출발할 때부터 이미 배는 좌현으로 2.2도 기울어진 상태였다. 24분 뒤, 선장은 60~90cm 되는 반류가 배 가까이 오고 있다는 사실을 알아차렸다. 방향을 바꾸기에는 너무 늦고 말았다. 몇 초 사이에 배는 뒤집혔고 물이 들어차면서 승객들이 배 안에 갇히고 말았다. 그로 인해 스무 명이 익사했다.

생존자들의 악몽은 그때부터 시작되었다. 이튼알렌호의 보험은 있으나 마나한 것으로 드러났다. 선주인 쿼크Quirk 일가는 합법적인 보호책을 구매했다고 여겼다. 심지어 보험사는 또 다른 회사, 즉 본캄퍼가 설립한 유나이티드 리인슈어런스 그룹 리미티드에 재보험까지 들었다. 하지만 이 모든 게 신용사기였다. 2008년, 피해자들과 유족들은 선주인 쿼크 일가와 합의했다. 액수는 공개되지 않았지만 제임스 쿼크James Quirk는 합의금을 마련하기 위해 집과 다른 자산들을 저당 잡혔다. 이듬해에 매슈 쿼크Matthew Quirk는 가업으로 운영하던 배 가운데 한 척을 조지호로 끌고 나갔다. 그는 자기 몸에 닻을 묶고 물속으로 뛰어들었고 사체는 이튿날 발견되었다. 본캄퍼의 문제들에 대해서 알게 된 뒤 모스폰의 준법지원부장 산드라 데 코르네호는 이사직에서 그를 뺀 다음 유죄판결 전에 변경 작업이 이뤄진 것처럼 보이도록 날짜를 소급하여 기재하라고 직원들에게 지시했다.

2011년 여름, 프랑스 방송기자 에두아르 페랭Edouard Perrin은 노다지를 캤다. 프라이스워터하우스쿠퍼스 룩셈부르크 사무소의 젊은 회계 감사관 앙투안 델투르Antoine Deltour는 그 회계법인이 다국적 기업들을 대신하여 받은 비밀 조세 규약 수백 건을 페랭에게 넘겼다. 세계적인 기업 가운데 일부는 룩셈부르크의 조세 규약 덕분에 수천억 달러의 세금을 합법적으로 피할 수 있었다. 이는 비밀세계의 최대 착취자가 다국적 기업이라는 사실을 보여주는 또 하나의 사례였다. 페랭의 유일한 문제는 유출자료를 곧바로 이용할 수 없다는 점이었다. 너무 복잡한 나머지 그에게는 풀리지 않는 암호문이나 마찬가지였다. 페랭은 복잡한 사안들을 흥미로운 방식으로 보도하여 이름을 떨쳤다.

그해 10월에 열린 한 회의에서 페랭은 조세정의네트워크의 존 크리스텐슨, 회계사이자 역시 조세정의네트워크의 공동 설립자인 리처드 머피Richard Murphy를 만났다. 페랭은 그들에게 조언을 구했다. 크리스텐슨과 머피는 그를 리처드 브룩스Richard Brooks와 연결시켜 줬다. 브룩스는 영국 세무 당국에서 조사관으로 일하다 기자로 전향한 인물이었다. 처음에 브룩스는 회의적이었다. 페랭이 전화상으로는 자세히 이야기하지 않았기 때문이다. 하지만 데이터를 보자마자 브룩스는 그 가치를 알아봤다.

12월경 두 사람은 룩셈부르크에서 촬영을 진행했다. 페랭의 목표 가운데 하나는 마리우스 콜Marius Kohl을 화면에 담는 것이었다. 콜은 30년 넘게 소시에테 식스Sociétés 6를 이끈 인물이었다. 〈월스트리트 저널〉의 표현으로는, 소시에테 식스는 룩셈부르크의 가장 귀중한 수출품, 바로 세금 감면을 담당하는 룩셈부르크 연방기관이었다. 턱수염을 멋들어지게 기르고 말총머리를 한 콜은 세무 공무원이라기보다는 오토바이족 같았다. 콜은 일명 '견정자Monsieur Ruling'로 통했는데, 재임 기간에 그가 승인한 기업들의 세금 뒷거래가 수천 건에 이르렀기 때문이다.

유출 자료에 나와 있는 바에 따르면 룩셈부르크와 세금 계약을 한 기업은 수백 개에 달했다. 대개의 경우 계약 자체가 상당히 복잡했다. 자료 안 도표에는 여러 자회사와 국가들 사이로 돈이 어떻게 흐르는지 나타내는 화살표와 네모 칸들이 어지러이 소용돌이치고 있었다. 예를 들어 일리노이주의 제약회사 애벗래버러토리스의 경우 세금 뒷거래가 79단계로 이뤄졌다. 펩시코는 러시아 최대 주스 제조회사의 지배 지분을 14억 달러에 매수한 데 대한 세금을 줄이기 위해 룩셈부르크 자회사를 이용하여 돈을 버뮤다로 보냈다가 다시 받는 방법을 썼다. 스웨덴의 거대 가구회사 이케아의 호주 지사는 룩셈부르크의 세금 계약 덕분에 호주에서 벌어들인 10억 달러로 추산되는 수익에 대한 세금을 거의 내지 않을 수 있었다. 페덱스는 룩셈부르크의 계열사 두 곳을 이용해 멕시코, 프랑스, 브라질에서 얻은 수입을 홍콩의 자회사로 옮겼다. 이를 통해 페덱스는 실제로 이윤을 획득한 국가에서 세금 부담을 상당히 큰 폭으로 줄일 수 있었다.

마리우스 콜은 평균 20~100쪽 분량인 세금 계약서 약 40%를 제출된 날 바로 승인했다. 특히 2010년 4월 21일에는 효율적인 일처리가 유난히 돋보였다. 이날 콜은 그 전에 들어온 네 건은 물론, 당일 제출된 계약 여덟 건을 승인했다. 제출된 계약서 가운데 일부는 미비한 상태였으나 상관없었다. 콜은 뒷거래에 대해 서면 검토서를 제공하지 않았다. 대신, 거래를 공식적으로 허가한다는 내용이 담긴 동일한 서식의 열 줄짜리 공문서를 각각 첨부했다. 다수의 계약서에는 공통점이 있었는데, 바로 계약 당사자인 기업이 룩셈부르크에 유의미하게 존재하지 않는다는 점이었다. 룩셈부르크가 기업을 유인하려는 목적으로 통과시킨 법들을 이용하는 기업들도 많았다. 이를 테면 룩셈부르크는 이자 소득에 대한 세금을 면제해 주었다. 그 결과 많은 회사가 다른 국가에서 얻은 이윤을 이자의 형태로 룩셈부르크의 자회사로 흘러들어가게끔 설계했다. 또한 룩셈부르크는 상표명, 특허권, 판매권 같은 지적 재산으로 벌어들인 소득에 대해서도 세금을 80% 면제해 주었다.

에두아르 페랭은 비록 마리우스 콜은 보지 못했으나 소시에테 식스 건물은 실제로 촬영했다. 페랭이 취재한 한 시간 분량의 보도가 수록된 프로그램 〈캐시 인베스티게이션스Cash Investigations〉는 2012년 5월 11일 금요일 밤 10시 30분에 전파를 탔다. 주말 전날이고 밤늦은 시간이었음에도 불구하고 시청률은 평소보다 두 배나 높았다. 일주일 뒤에는 BBC 〈파노라마Panorama〉가 자체 제작한 다큐멘터리를 방영했다. 브룩스와 페랭은 본인들이 갖고 있던 데이터를 BBC 기자들과도 공유했다. 방송이 나간 뒤 룩셈부르크에서 또 다른 정보원 라파엘 알레Raphael Halet가 더 많은 세금 계약서를 가지고 페랭과 접촉했다. 이번에는 아마존, 룩셈부르크의 철강 제조업체 아르셀로미탈 등에서 나온 문서들이 특별히 포함되어 있었다. 이 문서들을 토대로 또 다른 영상을 촬영했고 그렇게 제작한 프로그램은 1년 뒤 황금시간대에 방송되었다. 프로그램은 최고의 시청률을 기록했다. 2013년 11월, ICIJ는 룩셈부르크 데이터의 사본을 받았다.

그사이에 제라드 라일은 팔치아니의 HSBC 파일을 여전히 좇고 있었다. 그는 〈르 몽드〉 편집장 나탈리 누게레드Natalie Nougayrède와 이야기를 나눴다. 누게레드는 라일의 권유를 귀담아들어 주긴 했으나 ICIJ가 필요 없다는 뜻을 전했다. 〈르 몽드〉는 세계 곳곳에 특파원이 있었다. 파일에 있는 특정 국가의 데이터를 자사 기자들에게 분배하면 될 일이었다. 그러면 각자 알아서 취재한 뒤 기사를 쓸 수 있었다.

그러나 〈르 몽드〉는 오래지 않아 계획대로 일이 진행되지 않으리라는 것을 깨달았다. 품이 많이 드는 업무를 체계적으로 정리하는 것 자체가 악몽이었다. 〈르 몽드〉 특파원들은 다른 기사를 취재하느라 바빴다. 그들은 이런 종류의 데이터를 분석해본 경험이 전무했다. 게다가 파일 속 명단에서 정말 중요한 이름들을 찾아낼 수 있을 정도로 여러 국가의 회사나 개인을 잘 알지 못했다. 〈르 몽드〉는 공조를 부탁하기 위해 라일에게 연락을 취했다. 2014년 5월, 문서를 입수했던 〈르 몽드〉 기자 두 명, 제라르 다베와 파브리스 롬Fabrice Lhomme은 같은 신문사에서 일하는 데이터 전문가와 함께 ICIJ 팀을 만나러 워싱턴 D. C.로 갔다. 이들이 노트북 컴퓨터에 암호화해 갖고 간 HSBC 파일은 프랑스 정부가 팔치아니로부터 압수한 데이터를 바탕으로 이미 재구성한 것이었다. 프랑스 정부는 파일의 폭발력이 너무나도 크다고 생각했는지 정보를 엄격하게 통제하는 한편, 더 작은 부분집합을 선별하여 선택적으로 배포했다. 다베와 롬은 정보원을 밝히지 않았다. 스위스는 그때까지도 팔치아니를 절도죄로 기소하려고 했다. 6년이라는 시간이 흘렀지만, HSBC 파일은 여전히 대륙을 가로지르며 혼란과 소동을 초래했다.

프랑스 기자들이 도착하자 ICIJ 팀은 CPI의 회의실에 모였다. 프랑스 기자들과의 회의는 며칠에 걸친 '팀 빌딩'(작업 및 커뮤니케이션 능력-옮긴이)의 극치를 보여줬다. 지난 2년 간 라일이 통솔하는 ICIJ 직원 수는 데이터 팀 세 명이 추가되는 등 세 배로 늘었다. ICIJ는 앞으로 있을 일에 대해 논의하고 서로 인사도 나눌 겸 팀원 전체를 워싱턴으로 불러들였다. 그리하여 6개월 넘게 좇은 끝에 그토록 잡히지 않던 HSBC 데이터를 드디어 손에 넣게 되었다. 〈르 몽드〉의 기술 전문가가 암호를 풀기 위해 여러 차례 시도했지만 헛수고였다. 대서양을 가로질러 온 프랑스인 세 명이 헛걸음만 한 꼴이었다. 그때였다. 다베가 큰 소리로 말했다. "내 노트북에 암호화되지 않은 데이터가 있어요"라고 그는 실토했다.

이제 ICIJ는 두 가지 프로젝트를 동시에 진행하게 되었다. 워커는 룩셈부르크에 초점을 맞췄다. 라일은 HSBC를 맡았다. 오프쇼어 리크스 때의 문제들을 거울삼아 이번에는 ICIJ가 데이터에 접근하는 사람들을 관리하고 프로젝트의 진행 방식에 대해 더 많은 발언권을 행사하기로 했다. ICIJ 팀은 유출된 룩셈부르크 세금 계약서들을 검색 가능한 데이터베이스로 바꾸기 위해 분투했다. 계약서는 대략 1,000건이었다. 그런데 검토해보니 그중 3분의 1은 중복된 사본이었다. 회사명, 자회사명, 국가, 액수 같은 유의미한 내용을 찾아내려면 계약서 하나하나를 살살이 뒤져야 했다. 당시 로이터 통신은 이런 종류의 개체 추출 작업을 수행할 수 있는 소프트웨어를 보유하고 있었다. 하지만 ICIJ는 데이터를 제삼자에게 보내고 싶지 않았다. 정보 추출은 한 번에 한 계약서씩, 일일이 사람 손으로 하는 수밖에 없었다.

일단 데이터가 추출되고 나면 그다음에는 체계적으로 정리해야 했다. 코스타리카의 히아나나 세그니니의 팀에 있다가 ICIJ에 합류한 매슈 카루아나 갈리시아는 오프쇼어 리크스 때 썼던 투박한 검색 프로그램보다 나아질 수 있다고 봤다. 그는 널리 이용될 수 있고 여러 사람들의 참여로 성능이 향상될 수 있는 오픈소스 프로그램을 원했다. 갈리시아는 도서관 사서들이 데이터를 정리하고 공유하는 데 사용하는 오픈소스 소프트웨어 '프로젝트 블랙라이트Project Blacklight'를 선택했다. 리고베르토 카르바할은 페이스북과 유사한 옥스월Oxwall이라는 소프트웨어를 약간 변형했다. 이 프로그램을 사용할 경우 이용자들이 보안 상태에서 각종 링크나 공유 파일을 올리고 실시간 채팅이 가능한 토론장에 접속할 수 있었다. 이러한 프로그램들에는 성공적인 협업을 위한 요소들, 즉 검색 가능한 데이터베이스와 결과물을 안전하게 주고받을 수 있는 도구가 들어 있었다. 게다가 ICIJ가 정보에 대한 접근을 통제할 수도 있었다. 〈스타트렉〉 팬이었던 카르바할은 프로젝트에 '엔터프라이즈Enterprise'(영화 속 우주연합함선의 이름-옮긴이)라는 이름을 붙였다.

6월, 세계 각지에서 온 기자 20여 명이 룩셈부르크 데이터에 대해 논의하기 위해 브뤼셀 일간지 〈르 스와르Le soir〉의 작은 방에 모였다. ICIJ 부대표 마리나 워커는 그동안 그룹 회의를 계속 고집했다. 데이터가 너무 복잡했기에 협업자들이 다 같이 만나야 했다. 그렇지 않으면 데이터를 제대로 파악하지 못할 터였다. ICIJ는 런던에 있던 리처드 브룩스를 브뤼셀로 불렀다. 브룩스는 세금 계약이 어떤 식으로 기능한지에 관해 두 시간 동안 기자들에게 강연했다. 에두아르 페랭도 회의 초반에 강연을 했다. 앞서 그가 한 보도 덕분에 ICIJ의 프로젝트가 가능할 수 있었다. 페랭은 열의라고는 눈곱만큼도 없어 보이는 전 세계 기자들 앞에서 약간 겁을 먹은 상태였다. 오프쇼어 리크스가 마무리되고 이제 HSBC 프로젝트가 시작되는 단계에서 소집된 기자들은 몹시 피곤한 얼굴을 하고 있었다. 룩셈부르크의 조세 데이터는 말도 안 되게 복잡하다는 것만이 문제는 아니었다. 표면상 법적으로 시비를 걸 만한 게 전혀 없었다. 그렇다면 도대체 무얼 가지고 기사를 쓴단 말인가?

〈쥐트도이체 차이퉁〉의 바스티안 오버마이어는 뭔가 찜찜하다는 듯한 표정을 짓고 있었다. 그는 자료를 어떻게 할지 심각하게 고민 중이었다. 독일 팀은 편집자들을 납득시킬 만한 한 가지 측면을 알고 있었다. 오랫동안 룩셈부르크 총리를 지낸 장 클로드 융커Jean-Claude Juncker가 그해 가을 EU 집행위원장으로 당선될 가능성이 있었다. 집행위원회는 유럽연합의 조정 기구 역할을 담당하는 곳으로, 만약 기자들이 선거 전에 정보를 풀경우 투표에 영향을 미칠 수 있었다.

마르 카브라와 ICIJ 팀은 사안의 복잡성이 빨리 해결될 리가 없다는 것을 잘 알았다. 워커는 미소를 지으며 유럽 기자들이 휴가를 길게 보내는 게 문제라고 말했다. 기자들이 프로젝트를 위해 기꺼이 여름휴가를 반납한다면 더 빨리 끝낼 수도 있었다. 스웨덴 출신으로 오랫동안 ICIJ의 파트너였던 프레드리크 라우린은 기다렸다는 듯이 달려들었다. 그는 유럽인들이 노동자로서의 권리를 쟁취하기 위해 긴긴 세월 싸워왔다고 분개하며 말했다. 이 광경을 처음 본 사람들은 열정적인 논쟁 그 기저에 깔린 유머를 알아채지 못했다. (워커와 라우린은 긴 세월 우정을 쌓아온 사이였다.) 기자들은 11월 초에 공개하기로, 다시 말해 유럽연합 집행위원장 선거에 타이밍을 맞추지 않기로 의견을 모았다.

그렇기는 하지만, 그날 모인 기자들의 관심은 융커가 EU에서 맡게 될 역할에 집중되었다. EU 집행위원회는 수년 동안 룩셈부르크의 조세회피 '장사'를 모른 척 했다. 논리적으로 볼 때 당연히 그 문제를 다뤘어야 할 집행위원회 내의 조세위원회는 의사결정 시 만장일치제도 때문에 손발이 묶이고 말았다. 룩셈부르크는 효과적인 거부권을 갖고 있었다.

기자들이 브뤼셀에 모여 있을 무렵, 스페인 출신의 EU 경쟁 담당 집행위원 호아킨 알룸니아Joaquín Alumnia는 국가 간 경쟁 위반으로서 스타벅스, 애플 같은 대기업에 대한 룩셈부르크의 세금 우대 조치를 조사하기로 결정했다. 마리우스 콜의 사무실에서 나온 규약들은 적법한 동시에 비밀스러웠다. 그 덕분에 앞서 언급한 대기업들은 선별적인 절세 혜택 서비스를 이용할 수 있었다고 알룸니아는 주장했다. 누가 봐도 명백하게 경쟁에 관한 EU 규칙에 위배될 가능성이 있었다. 비밀세계에서 룩셈부르크가 이룬 대단한 성공이 별안간 그 국가를 몰락의 길로 이끌었다.

앞에 놓인 문제,
뒤에 숨은 문제

▶ ICIJ와 협업자들이 룩셈부르크
와 스위스에서 유출된 자료들을 추적하는 동안 모스폰은 강력
한 적에게 포위당했다는 사실을 드디어 깨달았다. 모스폰은 미
국 헤지펀드 억만장자 폴 싱어Paul Singer와 아르헨티나 대통령 크
리스티나 페르난데스 데 키르치네르Cristina Fernández de Kirchner 사
이에서 벌어진 거액의 판돈이 걸린 싸움에서 등 터진 새우 신세
가 되었다. 라스베이거스 연방법원 법정에서 펼쳐진 이들의 싸
움은 그 후 모스폰, 비밀세계, 협력 저널리즘의 궤도에 영향을
미쳤다.

갈등은 2001년으로 거슬러 올라갔다. 경제 불황의 한복판에

있던 아르헨티나는 국가 부채에 대한 채무불이행 상태가 되었다. 싱어가 운용하던 헤지펀드 엘리엇Elliott 매니지먼트는 아르헨티나 국채를 액면가 이하로 헐값에 사들였다. 대부분의 채권소지자들은 아예 없는 것보다는 뭐라도 있는 게 낫다는 생각으로 최고 70%까지 손실을 감수했다. 하지만 엘리엇은 달랐다. 싱어는 17억 달러 상당의 아르헨티나 채권을 보유하고 있었는데, 한 푼도 빠짐없이 전부 돌려받을 생각이었다. 이 억만장자는 갖은 수를 써서 사건을 미국 대법원으로 가져갔고 결국 승소했다.

엘리엇 매니지먼트는 대법원 판결을 이행하고 아르헨티나 측을 협상 테이블로 끌어내기 위해 전 세계를 샅샅이 뒤져 아르헨티나의 자산을 압류했다. 엘리엇은 메릴랜드주에 있는 300만 달러 상당의 설비와 창고들을 동결하고 가나에 있는 해군 군함 한 척을 일시적으로 잡아두었으며, 페르난데스 데 키르치네르가 미국으로 가는 길에 몰수될 것을 우려해 관용기를 내팽개칠 수밖에 없도록 만들었다. 아르헨티나 대통령은 비타협적 민족주의로 대응했다. 벌처들이 우리의 배는 가져갈 수 있어도 우리의 '자유, 주권, 존엄'은 결코 앗아가지 못할 것이라고 그녀는 도도하게 선언했다.

엘리엇 직원들은 다음 번 타깃을 논의하던 중 점점 커지고 있던 아르헨티나 스캔들을 포착했다. 페르난데스 데 키르치네르와 고인이 된 그녀의 남편이자 아르헨티나 전직 대통령 네스토르 키르치네르Néstor Kirchner가 돈세탁 혐의로 연루된 사건이었다. 코미디와 탐사보도를 버무려내는 것으로 유명한 아르헨티나 방송기자 호르헤 라나타Jorge Lanata는 2013년 4월 "K(키르치네르) 돈의 자취"라는 제목으로 일련의 보도를 내보냈다. 은행직원이 었다가 백만장자 사업가가 된 라사로 바에스Lázaro Báez가 중심 인물이었다. 1990년대 초 바에스는 당시 정치 기대주였던 네스토르 키르치네르의 환심을 사기 위해 빼돌린 것으로 추정되는 키르치네르 부부의 적들에 대한 은행 기밀정보를 이용했다.

2003년 네스토르 키르치네르가 아르헨티나 대통령에 당선되기 몇 주 전, 바에스는 건설사를 설립했다. 이 건설사는 아르헨티나 남쪽에 있는 파타고니아에서 진행되는 대규모 공공토목공사 계약을 따냈다. 이에 대한 대가로 바에스는 역외회사 등 여러 경로를 통해 키르치네르 부부에게 돈을 보낸 것으로 추정되었다. 라나타는 바에스와 함께 일을 한 적이 있다고 주장하는 사람들의 증언도 내보냈다. 이들은 현금이 가득 든 자루를 들고 바에스의 회사 전용기에 올라탔던 과정을 설명했다. 이 불법 자금의 행선지는 세계 곳곳에 산재한 익명회사의 해외 은행 계좌였다.

라나타를 비롯한 아르헨티나 기자들의 폭로는 형사수사로 이어졌다. 2013년 12월, 호세 마리아 캄파뇰리José María Campagnoli 검사는 한 보고서를 제출했다. 바에스가 횡령한 정부 돈 6,500만 달러를 파나마 혹은 미국 네바다주에 있는 회사 150곳을 통해 세탁했다는 것을 시사하는 내용이었다. 부분적으로는 이 회사들과 스위스 기금, 헬베티아Helvetic 서비시즈 그룹과의 관련성을 근거로 캄파놀리가 추론한 것이었다. 보고서에 따르면 150개 회사 중 몇 곳의 주주인 헬베티아 서비시즈 그룹의 실권자가 바에스라고 했다. 바에스는 역외회사들을 통해 세탁한 돈을 키르치네르 부부가 남몰래 소유한 호텔 방에 대한 대금 지불로 위장하여 보낸 것으로 추정되었다. 그 호텔 방들은 365일 내내 비어 있었다. 기자들은 휑한 호텔 주차장과 인기척 없는 복도를 보여주고 기사를 썼다. 키르치네르 쪽 사람이었던 검찰총장은 입증되지 않은 혐의를 제기한 데 대해 캄파놀리를 해고하려 했고 결국 수사에서 그를 배제시켰다.

하지만 캄파놀리의 보고서는 아르헨티나 정부의 돈을 찾아다니던 엘리엇 매니지먼트가 바에스의 소유로 추정되는 네바다주의 회사 123개에 대해 소환장을 발부할 수 있을 정도로 충분한 증거를 제공했다. 이는 키르치네르를 난처한 상황에 빠트림으로써 부수적으로 얻게 된 소득으로, 누가 봐도 불가능에 가까웠던 재산 환수 작전에 대한 보상이었다. 설사 그 회사들이 실제로 바에스의 소유이고 불법적인 대금 지불에 사용되었다 하더라도, 겹겹이 둘러싸인 역외 비밀주의의 막을 뚫기 전까지 엘리엇은 아무것도 입증할 수 없었다. 게다가 어떻게든 용케 장애물들을 뛰어넘는다 해도 돈은 이미 다른 데로 옮겨졌을 공산이 컸다.

혐의가 있는 바에스의 회사들은 등록대리인이 모두 동일했다. 바로 유한회사인 M. F. 기업지원국이었다. 바에스의 회사들만 가지고는 아무런 성과를 보지 못하자 엘리엇은 모스폰의 네바다주 자회사로 눈을 돌렸다. 순식간에 비밀세계를 정면으로 치고 들어가게 된 셈이었다. 모스폰은 2000년에 네바다 사무소를 개설했다. 모스폰의 조세피난처로 니우에를 찾아냈던 낸시 브로드허스트가 사무소 설립을 지휘했다. 모스폰은 특히 남아메리카에서 네바다 사무소를 공격적으로 경영했다. 네바다주는 비밀 유지에 있어서는 다른 조세피난처들이 명함도 못 내밀 수준이었다. 외국인은 미국 밖에서 돈을 버는 한, 어떤 금융 활동도 신고할 필요가 없었다. 네바다주는 IRS와 정보 공유 약정도 맺고 있지 않았다. 게다가 경제적 호황을 누리는 네바다주에서는 세계 최고 수준의 사회기반시설이 보장되었다. 무엇보다 그곳은 역외 중심지로 알려져 있지 않다는 점이 가장 중요하다고 모스폰은 예비 고객들에게 말했다. 이곳에 회사를 둔 고객들은 이러한 오해 덕분에 추가적으로 자유를 얻었다. 2013년 무렵 모스폰은 네바다 회사 등록에 약 2,000달러, 등록한 다음부터는 매년 1,775달러를 청구했다.

바에스가 관련된 것으로 추정되는 회사들의 정보를 요구한 엘리엇 매니지먼트의 소환장에 대해 모스폰은 그 모든 회사들의 이사인 레티시아 몬토야Leticia Montoya가 서명한 선서진술서를 제공했다. 사실 월 900달러 정도를 버는 몬토야는 모스폰에서 가장 왕성하게 활동하는 명의자 중 한 명으로, 거의 1만 1,000개에 달하는 모스폰 회사들의 이사였다. 요청에 해당하는 회사는 한 군데도 없거니와, 라스베이거스 100마일 이내에서는 어떤 사업 활동도 하지 않았다는 게 선서진술서의 내용이었다. 더 나아가 M. F. 기업지원국은 모스폰의 의사와는 무관하게 움직이는 독립적인 계약자, 즉 단독 실체라고 주장했다. 폴 싱어 측은 칠레 태생으로 카지노 직원으로 일하다가 10년 넘게 모스폰 네바다 사무소를 운영한 패트리시아 아무네테구이Patricia Amunategui 의 진술을 받아내려고 시도했다. 엘리엇의 변호사들은 바에스의 돈이 어떤 식으로 움직였는지, 모스폰과 M. F. 기업지원국은 정확히 어떤 관계인지 조사하고자 했다. 그리고 지난한 법정 싸움 끝에 진술을 받아냈다.

2014년 9월 11일, 아무나테기는 싱어의 변호사인 데니스 흐라니츠키Dennis Hranitzky와 함께 일곱 시간 동안 진술했다. 시간이 흐를수록 아무나테기가 적당히 둘러대고 있다는 게 분명해졌다. 노련한 변호사인 흐라니츠키는 소환장을 통해 입수한 아무나테기의 근로계약서를 들이밀며 그녀의 주장에 담긴 모순을 지적했다. 하지만 아무나테기가 실제로 어느 정도까지 거짓말을 했는지 흐라니츠키가 알게 된 것은 그 후 몇 년이 더 지나고 나서였다. 아무나테기는 모색 폰세카에 근무하지 않는다고 고집스레 주장했다. 모스폰은 그저 M. F. 기업지원국의 고객사일 뿐, 본인의 활동을 통제하지 않는다고 했다. 모스폰 쪽 사람들은 만난 적도 없으며 독립적인 자회사의 재무를 누가 관리하는지도 말할 수 없다고 했다. 그러나 모스폰 내부적으로 오고간 소통 내용을 보면 이는 사실이 아니었다.

아무나테기가 진술을 하고 나서 일주일이 채 안 됐을 때 모스폰의 IT 책임자 루이스 마르티네스Luis Martínez는 아무나테기와 전화로 두 사무소 간에 더욱 거리를 두는 방법을 논의했다. 모스폰은 네바다 사무소와 파나마 본사를 연결하는 전화 및 컴퓨터 시스템을 분리하기로 결정했다. 아무나테기가 진술한 대로 소급적으로 그녀가 운영하는 사무소를 단순한 공급업자로 만들겠다는 구상이었다. 더불어 파나마 쪽과의 관련성을 더 숨기기 위해 네바다 사무소 컴퓨터의 기록을 원격으로 말끔히 지우려고도 했다. 통화를 마친 마르티네스는 왠지 모르게 불안했다. 그는 아무나테기가 증거를 남기지 않고서 기본적인 감사를 통과할 수 있을지 의문이 들었다. 그는 동료들에게 메일을 보냈다. "우리가 뭔가 숨기고 있다는 걸 들키는 건 시간문제 같아요." 그리하여 모스폰은 네바다 사무소의 주요 책임들을 파나마로 이전하는 것을 논의했으나 이미 늦은 때였다. 파나마에 있는 모스폰이 배후에서 은밀한 작전을 펴고 있다는 사실은 몰랐어도, 흐라니츠키가 갖고 있는 아무나테기의 진술 녹취록이 모스폰에 타격을 입혔다. 판사는 네바다 사업체가 모스폰의 분신이므로 미국 법원의 관할권 대상이라는 결정을 내렸다.

룩셈부르크 유출 자료에 대해 논의하는 자리였던 2014년 6월의 브뤼셀 모임은 충분히 생산적이었다. 제라드 라일과 마리나 워커는 HSBC 탐사보도 때도 이 방식을 그대로 따랐다. 이번에는 10여 개국을 대표하는 기자 마흔 명이 참석했다. 럭스 리크스Lux Leaks로 브뤼셀에 모였을 때보다 기자 수는 두 배가량 늘었다. 텔레비전 프로그램 〈60분〉의 제작자들은 북부 독일의 공영방송사 NDR 기자들과 긴밀하게 접촉했다. 일본 탐사보도 기자들은 페루, 아르헨티나 등지에서 온 기자들과 교류했다. 대부분의 참석자들은 본인이 속한 언론사가 협업에 매진한다는 내용이 담긴 ICIJ 계약서에 서명했다. 그들은 기사 공개 엠바고를 지키고 프로젝트와 무관한 외부인과 데이터를 공유하지 않기로 약속했다. 또 ICIJ가 정한 날에 기사를 동시 공개하고 본인의 결과물을 다른 프로젝트 참여자들과 기꺼이 공유하며 유출 자료의 출처, 이번 경우에는 〈르 몽드〉와 ICIJ를 믿고 가기로 했다. (다만 그 계약서는 법적 효력은 없는 상징적인 행동 강령이었다.)

워커는 본인이 추구하는 협력 파트너의 프로필이 따로 있었다. 그녀는 탐사보도 기자라고 하면 흔히들 떠올리는 정형화된 이미지인 마초나 외톨이 늑대가 아닌 얄미울 정도로 자신의 특종을 빈틈없이 지켜내는 불굴의 기자를 원했다. 워커는 보통 누군가를 프로젝트 멤버로 받아들이기 전에 그 기자가 이러한 기준에 부합하는지 알아보기 위해 뒷조사를 했다. 그녀는 본인이 속한 분야에서는 물론 세계적으로 정상급 탐사보도 기자로 제대로 평가받는 사람들을 물색했다. 또한 워커가 전문성만큼 중시하는 것은 정서적으로 고도의 예민함을 지녔는가 하는 점이었다. 그녀는 오프쇼어 리크스 때의 실수를 다신 반복하지 않겠다고 결심했다. 라일은 〈60분〉이나 〈뉴욕타임스〉처럼 유명한 파트너들을 끌어들이는 데 관심이 있었다. 하지만 규모가 큰 언론사들이 언제나 마음 맞는 협력자는 아니었다.

HSBC 회의는 9월 초 파리에 있는 〈르 몽드〉의 임원 회의실에서 열렸다. 특히 유럽 기자들 사이에서는 들뜬 분위기가 뚜렷하게 감지되었다. 팔치아니 파일에 대해서는 모르는 사람이 없었다. 많은 기자들이 구하려고 시도했으나 실패했다. 스위스 프라이빗 뱅크가 관련된 부패 사건들이 각국 신문 지면을 연일 채우다시피 했다. 합법적이든 불법적이든 간에 스위스은행들에 보관된 외국의 보물들은 영국의 추리작가 이안 플레밍Ian Fleming부터 미국의 스릴러 작가 로버트 러들럼Robert Ludlum에 이르기까지 여러 작가들의 문학적 상상력을 부추겼다. 이제는 기자들이 그 내부를 실제로 보게 될 터였다.

리고베르토 카르바할은 프로젝트에 '보이저Voyager'라는 암호명을 붙였다. 마르 카브라와 ICIJ 데이터 팀은 그해 여름 내내 팔치아니 파일을 파악하고 검색할 수 있도록 데이터 작업을 했다. 쉬운 일은 아니었다. 팔치아니는 HSBC에서 데이터를 여럿으로 분할하여 추출했다. 프랑스 세무 당국은 이 정보를 우호적인 관계를 맺고 있는 각국 정부와 공유하기 위해 나라별로 파일을 나눴다. (이 데이터 덕분에 2015년 초까지 전 세계적으로 대략 13억 6,000만 달러에 이르는 미납 세금이 회수되었다.) 이제 ICIJ는 퍼즐을 다시 맞취 원래의 데이터베이스를 복원하려고 했다. 데이터는 20년에 걸친 시간을 아우르는 여러 조각들로 이뤄져 있었다. 조각들은 저마다 역사의 다양한 순간을 품고 있었다. 1987년부터 2007년까지 이어지는 고객 데이터에는 여러 이름, 주소, 은행 계좌가 들어 있었다. 거기에는 2005년에 HSBC 은행가들이 고객 관계 관리 시스템의 일환으로 파일에 일일이 첨부한 메모들도 있었다. 은행 계좌 잔액이 표시된 경우도 있었는데, 2006~2007년까지 계좌에 들어 있던 최대 액수만 기록한 것이었다. 200여 개국 출신의 고객들이 보유한 돈을 다 합치면 1,000억 달러가 넘었다. 많은 경우 조세피난처에 있는 역외회사들을 통해서였다.

정부 관계 기관처럼 공적인 출처에서 정보가 나오는 일반적인 데이터 프로젝트라면 기자들이 내용을 완전히 파악하기 위해 정보제공자에게 질문을 할 수도 있었다. 하지만 이번 경우에는 ICIJ 기자들이 HSBC에 가서 도움을 청하는 게 가능할 리 없었다. 카브라는 그 프로젝트를 두고 다 헤집어 놓은 샐러드를 처음 상태로 다시 만드는 일에 비유했다. ICIJ 팀은 여러 이름, 회사, 주소 간의 연관성을 자동적으로 보여주면서 그 관계성을 잡아내는 소프트웨어 프로그램에 의지했다. 프랑스인 네 사람이 만든 스타트업 기술회사 링쿠리어스Linkurious에서 개발한 소프트웨어였다.

몇 해 전, 이들은 기자들이 2008년 금융 위기를 이해할 수 있도록 은행들 간의 상호의존성을 알아내는 데 도움을 주고자 링쿠리어스를 구상하게 되었다. 하지만 안타깝게도 언론계에는 돈이 없었다. 네 사람은 비즈니스 애플리케이션으로 눈을 돌렸다. ICIJ가 오프쇼어 리크스 데이터베이스를 풀자 링쿠리어스는 그 자료를 내려 받아서 회사 블로그에 제품 설명을 만들어 올린 뒤, 향후 진행될 보도 프로젝트를 도울 수 있는지 알아보고자 ICIJ와 접촉했다. 이렇게 해서 ICIJ는 링쿠리어스의 유일한 무료 고객이 되었다. 아주 묘하게도 그 직전에 링쿠리어스의 공동창립자 세바스티앵 에망Sébastien Heymann은 에르베 팔치아니를 만난 일이 있었다. 그가 본 팔치아니는 뭐라고 딱히 규정하기는 어려웠지만 열정적인 사람이었다. 에망은 그와의 대화가 사실은 링쿠리어스가 프랑스 세무 당국에 적절한 판매회사인지 알아보기 위한 면담이었다는 사실을 몰랐다. 그 만남이 있고서 프랑스 세무 당국 역시 링쿠리어스의 고객이 되었다.

카브라는 파리 모임에서 에밀리오 보틴Emilio Botín의 사례를 가지고 링쿠리어스 프로그램을 직접 시연했다. 보틴은 유럽 최대 은행인 산탄데르의 회장이었다. 스페인 정부는 진즉에 팔치아니 리스트에 근거하여 보틴 일가에 체납 세금을 독촉하던 상태였다. 보틴의 회사 노스 스타North Star는 2003년에 처음으로 HSBC 계좌를 만들었고 다른 계좌 다섯 개와도 관련되어 있었다. 링쿠리어스의 그래프상에서 노스 스타는 바퀴살처럼 쫙 펼쳐진 여러 은행 계좌, 대리인, 신탁의 한가운데에 있었다. 기자들이 각 항목을 클릭하면 데이터의 관계성을 찾아내 분석할 수 있게끔 되어 있었다. 마드리드로 돌아가는 길에 공항에서 카브라는 모임 참석자들이 보낸 메시지를 보고 본인의 발표가 인상적이었다는 것을 알았다. 파리 모임에 참석한 기자 중에는 경쟁 관계인 스위스 신문사에 근무하는 두 친구, 티투스 플라트네Titus Plattner와 프랑수아 필레François Pilet도 있었다. 두 기자는 오프쇼어 리크스 때 함께 일했던 사이로, 당시에는 둘 다 스위스 언론사 타메디아에 근무했다. 그런데 이후 필레는 타메디아를 떠나 라이벌 회사인 링기에르Ringier로 자리를 옮겼다. 두 기자 모두 프로젝트에 동참하고 싶었기에, 두 경쟁사 역시 제휴하기로 의견을 모았고 기사 바이라인까지 공유하기로 합의했다.

스위스의 논객들과 정부 관료들은 오프쇼어 리크스 공개 이후 타메디아 기자들을 공공연하게 비난했다. 탈세는 스위스 금융 시스템의 토대가 되는 부분이었고 역외회사 설립은 그러한 시스템의 핵심 요소였다. 스위스에서는 힘 있고 돈 있는 자들, 심지어 외국 정부 관료들이 돈을 빼돌리는 것을 특별히 수치스러운 일로 여겨지지 않았다. 하지만 세수를 빼앗긴 다른 국가들은 생각이 달랐다. 팔치아니 파일에 HSBC 스위스 프라이빗 뱅크와 거래한 것으로 나와 있는 프랑스 국민은 거의 3,000명에 달했다. 프랑스 정부가 조사한 결과, 그 가운데 스위스은행 계좌에 대한 세금을 납부한 이는 고작 여섯 명에 불과했다. 타메디아의 탐사보도부장 올리퍼 칠만은 HSBC 데이터에서 기회를 봤다. 파일에는 탈세범 외에도 이름이 확인된 범죄자들이 있었다. 마약 밀매업자, 무기 거래상 등 인류의 고통으로부터 이익을 챙기는 자들이었다. 칠만은 탐사보도 팀에서 이러한 범죄를 상세히 알리고 피해자들을 밝히면 부패한 시스템 내에서 이뤄진 스위스의 공모를 시민들이 못 본 척 그냥 지나치지 않으리라 기대했다.

타메디아는 벨기에 출신 다이아몬드 거래상 에마뉘엘 샬롭 Emmanuel Shallop 같은 유형의 HSBC 고객들에게 초점을 맞췄다. 2005년 HSBC 은행가들이 관찰한 바에 따르면 그는 다이아몬드 세금 사기와 관련하여 그의 활동을 조사 중인 벨기에 세무당국으로부터 압박을 받고 있는 상태였다. 5년 뒤 샬롭은 시에라리온 혁명연합전선 지도자들의 거래를 도운 죄로 벨기에 항소법원에서 유죄판결을 받았다. 혁명연합전선은 10년 넘게 온 나라를 헤집고 다니면서 사람들을 고문하고 살인을 저지른 집단이었다. 2009년 UN이 후원하는 특별재판소는 인도에 반하는 죄로 혁명연합전선 지도부 잔당에 유죄를 선고했다.

타메디아는 도미니카공화국에서 활동하던 스페인 출신 부동산 개발업자 아르투로 델 티엠포 마르케스 Arturo del Tiempo Marqués 의 기사도 대서특필했다. 그는 한때 300만 달러가 넘는 돈이 들어 있던 HSBC 계좌 열아홉 개를 보유했다. 2년 동안 델 티엠포는 교묘한 방법으로 도미니카공화국 상층부의 환심을 샀다. 함께 골프를 친 경찰서장은 그를 명예대령으로 임명했다. 델 티엠포는 고급 고층아파트를 짓기 위해 국영은행에서 1,200만 달러를 대출 받았다. 하지만 본인의 건설 현장에서 나온 자투리 대리석에 코카인 1.2톤을 숨겨 스페인에 밀반입한 혐의로 체포되면서 허울뿐인 그의 모습도 무너지고 말았다. 그는 모스폰 회사를 여럿 갖고 있었는데, 그중 몇 군데는 그의 HSBC 계좌를 공유하기도 했다. 그런데 형사상 유죄판결이 나고 징역 6년 형이 선고되었는데도 모스폰은 델 티엠포 문제에 주목하지 않았다. 나중에 HSBC 파일이 공개되자 그제야 정신을 차리고서 델 티엠포와의 관계를 끊었다.

동시에 두 가지 유출 탐사보도를 진행하다 보니 대가가 따를 수밖에 없었다. 9월이 되자 ICIJ는 '럭스 리크스' 공개를 11월 초로 미뤘다. 팀원들은 과로 상태였고 일정은 지연됐다. 그사이에 장 클로드 융커가 예상대로 유럽연합 집행위원장직에 당선되었다. 파트너들이 코멘트를 따기 위해 관련 회사들에 접근하면서 ICIJ의 탐사보도 얘기가 새어나가고 말았다.

그런데 10월 21일자 〈월스트리트 저널〉에 마리우스 콜의 인터뷰 특집기사가 실렸다. 인터뷰는 그 관료의 룩셈부르크 자택 주방에서 이뤄졌다. 인터뷰 뒤에 숨은 동기가 무엇인지는 불분명했다. 콜이 〈월스트리트 저널〉과의 인터뷰에서 이야기한 바에 따르면 20년 간 장관 자리에 있었던 융커를 포함하여 재무부 내의 윗사람들 가운데 그의 행위를 탐탁잖아 하거나 승인하지 않은 이는 한 명도 없었다. "융커와는 아무런 문제도 없었습니다"라고 콜은 말했다.

미국에서는 대체로 잠잠했던 반면 2014년 11월 5일에 공개된 럭스 리크스 폭로는 유럽 전역을 뒤흔들었다. ICIJ 파트너 서른 명이 기사를 동시에 공개했다. 유럽의 지도자들은 룩셈부르크가 하고 있던 일에 충격을 받았다고 주장했다. 〈쥐트도이체 차이퉁〉의 바스티안 오버마이어는 수백 개, 아니 수천 개에 이르는 주요 대기업들의 주소지를 본인이 직접 찾아가 봤으나 그곳에서 맞닥뜨린 거라곤 덩그러니 혼자 있던 안내데스크 직원뿐이었다는 기사를 발표했다. 유럽연합 집행위원장직에 오른 지 몇 달 되지도 않았을 때 이러한 기사들이(1차) 공개되자 융커는 일주일 동안 종적을 감췄다. 그가 사라진 사이에 룩셈부르크는 세계 각국의 국고를 갉아먹으면서 번영을 구가한 '세금 기생충'이라고 뭇매를 맞았다. 마침내 다시 모습을 드러낸 융커는 국가라는 탈을 쓴 '조세회피 공장' 공장장 시절에 대해서는 말을 아꼈다. 대신, 유럽 조세 시스템의 형평성 증진을 위한 변화를 꾀하겠다고 약속했다. 당연한 얘기지만, 비평가들은 그의 진정성에 의문을 품었다.

럭스 리크스 공개 직후 ICIJ 웹사이트 제보 게시판에 수수께끼 같은 메시지가 올라왔다. 글쓴이는 '원한다면 마음대로 이용하게 해줄 수 있는' 세금 계약서를 더 많이 갖고 있다고 했다. 워커가 정보원을 확인했고 그녀와 라일은 제안을 받아들였다. 새로운 유출 자료에는 월트 디즈니, 코크 인더스트리스 등 미국 기업 다수의 계약서가 들어 있었다. 또 언스트 앤 영, 딜로이트,

KPMG 등 미국 회계법인들 역시 프라이스워터하우스쿠퍼스와 마찬가지였다는 사실도 드러나 있었다. 이 정보는 2차 폭로 기사를 만들어내는 원동력이 되었다.

룩셈부르크의 세금 계약을 조사하기 위해 유럽의회에서는 특별조사위원회가 꾸려졌다. 이 위원회의 부위원장을 맡은 이는 다름 아닌 프랑스 엘프 사건의 담당 판사이자 아이슬란드 자문위원이었던 에바 졸리였다. 졸리는 프랑스 녹색당을 대표하여 유럽의회에 의석을 얻었다. 특별조사위원회는 가차 없이 융커에게 책임을 물었으나 그를 공개적으로 난처하게 만드는 것 외에는 달리 조치를 취할 수 없었다. 융커는 불신임투표를 가뿐하게 이겨냈다. 룩셈부르크에서 융커가 본인의 행동을 변호하던 그때, 모스폰 역시 바로 그곳에서 동반자 관계에 금이 가버린 덱스 부부와 한창 싸우고 있었다. 양측은 막상막하였다. 모스폰이 파나마에서 진행된 중재에서 이기자 덱스 부부는 룩셈부르크에서 사기죄로 형사소송을 제기해 그 중재 결정을 무력화했고 이에 모스폰도 맞섰다. 그 후 몇 년에 걸쳐 양국에서 소송이 번갈아가며 진행됐다.

룩셈부르크에서 진행된 재판에서 덱스 부부의 회사 계좌 동결 및 집에 대한 유치권 결정이 나오자 두 사람은 합의를 제안했다. 그러나 모스폰이 거듭 제안을 거절했다. 폰세카와 모색은 덱스 부부가 운영하던 가맹점을 모스폰과 동등한 위치에 있는 독립적인 사업체가 아니라, 하루아침에 길바닥에 내쫓기는 신세가 될 수도 있는 직원처럼 대했다. 이런 일이 벌어지는 와중에 2012년 모스폰은 온라인 평판을 정화하여 '범죄 통로'라는 이미지를 씻어내기 위해 파나마의 사업개발회사 메르카트레이드 Mercatrade 주식회사에 일을 맡겼다. 메르카트레이드는 탈세, 스캔들, 돈세탁, 무기 밀매 등 십여 개의 영어 및 스페인어 키워드와 관련된 모스폰에 대한 부정적인 언급들을 찾아내 제거하기로 했다. 그러나 메르카트레이드의 서비스는 실망스러웠다.

이듬해 모스폰은 미국 홍보회사 버슨마스텔러Burson-Marsteller와 계약했다. 버슨마스텔러는 불미스럽고 비도덕적인 고객들을 대변하는 것으로 명성이 자자했다. 눈에 띄는 고객사 가운데 한 곳은 군사경비업체 블랙워터Blackwater였다. 블랙워터는 2007년 9월 자사 보안요원들이 이라크 민간인 열일곱 명을 살해한 사건이 발생한 뒤 이미지 세탁을 요청했다. 이 사건으로 국무부와의 계약은 경쟁사인 트리플 캐노피Triple Canopy로 넘어갔다. 트리플 캐노피는 BVI에 모스폰 회사들을 보유하고 있었다. 버슨마스텔러는 1만 5,000달러를 받고 위기관리 안내서 한 권을 모스폰에 제공했다. 모스폰은 5개월 동안 버슨마스텔러에 월 5,500달러를 지불하기로 했다. 폴 싱어가 네바다주에서 맹공격을 펼친 탓에 2014년에도 모스폰은 버슨마스텔러와의 계약을 갱신했다.

룩셈부르크 정부는 폭로 탐사보도에 반격을 가했다. 유출자 라파엘 알레는 물론, 에두아르 페랭에게 세금 계약서를 건넨 프라이스워터하우스쿠퍼스의 젊은 직원 앙투안 델투르도 기소했다. 페랭 역시 고소를 당했다. 다만 페랭의 경우 본인이 법적으로 곤란한 상황에 처했다는 사실을 알게 되기까지는 시간이 걸렸다. 파리에 있는 그의 사무실은 시사주간지 〈샤를리 에브도〉와 같은 층에 있었다. 페랭과 그의 아내는 그곳에 근무한 적이 있었다. 2015년 1월 7일, 검은 옷에 복면을 쓴 남자 둘이 칼라시니코프 돌격소총으로 무장한 채 그 잡지사 사무실에 난입하여 총을 난사했다. 열두 명이 사망하고 열한 명이 부상을 입었다. 그 시각, 페랭은 사무실 책상 앞에 앉아 있었다. 살인자들이 떠난 뒤 유혈이 낭자한 현장을 최초로 목격한 사람이 바로 그였다. 페랭에게 법적으로 유죄 가능성이 있음을 알리는 룩셈부르크 판사의 서한은 대학살이 일어난 뒤 〈샤를리 에브도〉의 우편물과 함께 어딘가로 사라졌다. 페랭에게 소식이 닿기까지는 그 뒤 몇 주일이 더 걸렸고 그가 이 두 사건에서 벗어나기까지는 몇 년이 더 걸렸다.

ICIJ는 HSBC 탐사보도에 속도를 내면서 공개 날짜를 2015년 2월 8일로 정했다. 프로젝트 명은 '스위스 리크스Swiss Leaks'였다. 〈가디언〉의 데이비드 리는 프로젝트의 끝을 향해 달리고 있었다. 〈가디언〉 기자들이 기사에 등장하는 예금주들에게 접근하자, 예금주들은 서둘러 HSBC 런던 본점에 그 사실을 알렸다. HSBC는 공개 금지 명령을 운운하는 법적 서한을 〈가디언〉에 보냈다. 리와 〈가디언〉의 변호사는 HSBC와 만난 자리에서 탐사보도는 〈가디언〉이 아니라 ICIJ에서 진행하고 있으며, 전 세계의 80명가량 되는 기자들이 동시에 기사를 공개할 예정이라고 알려주었다. 만약 HSBC가 영국에서 공개를 막는다면 다른 곳에서 기사를 더 키우게 만드는 결과를 초래할 뿐이었다. 〈가디언〉은 범죄에 연루되지 않은 사람에 대해서는 계좌정보를 밝히지 않기로 약속했다. 기세가 꺾인 HSBC는 문제가 된 사안들이 지금과는 기준이 달랐던 그 옛날에 있었던 일이라는 식으로 얘기했다.

〈60분〉은 에르베 팔치아니가 빼돌린 데이터의 내용보다는 팔치아니라는 사람 자체와 그의 데이터 절도 행각에 초점을 맞추기로 했다. HSBC로서는 행운의 기회였다. 〈60분〉이 선택한 보도 방향은 자신들이야말로 진짜 피해자라고 주장하는 HSBC의 입장과 딱 맞아떨어졌다. 그리하여 미국의 시청자들은 HSBC가 전 세계적으로 엄청난 규모의 탈세 및 범죄행위가 가능하도록 수십 년 간 스위스의 은행비밀주의를 어떻게 이용해왔는지에 관한 자세한 설명을 놓치게 되었다. 스위스에서는 독일어로 뉴스를 접한 사람들과 프랑스어로 기사를 읽은 사람들이 알게 된 정보가 서로 달랐다. 타메디아는 기사에 예금주들의 이름을 공개한 반면, 렝기에르는 경우에 따라 이니셜만 사용하기로 결정했다. 예를 들면 스위스의 어느 지역에 있느냐에 따라 사람들이 알게 되는 HSBC 스위스은행 계좌의 주인은 '베이징 학살자'의 딸 리샤오린이 될 수도, 그저 'Y'라고만 밝혀진 어떤 사람이 될 수도 있었다.

기사가 공개된 지 일주일이 채 지나기도 전에 제네바주 검찰총장 올리비에 조르노Olivier Jornot는 증거를 실어 나를 승합차와 사복 수사관들을 대동하고 HSBC 스위스 프라이빗 뱅크를 찾아갔다. 그 전에 스위스 연방검사 미카엘 라우버Michael Lauber는 HSBC에 대한 조치를 거부한 바 있었다. 라우버는 프랑스 정부로부터 받은 팔치아니 파일을 갖고 있었으나 훔친 자료이기 때문에 그에 따른 조치를 취할 수 없다고 분명히 말했다. 하지만 제네바주 검사들은 아랑곳하지 않았다. 몇 시간 동안 HSBC에 대한 수색이 진행되었고 결국 거래가 성사되었다. 합의 사실이 발표된 것은 석 달 뒤였다. HSBC는 자금세탁 혐의에 대한 합의금으로 제네바주에 4,300만 달러를 지불하기로 했다. 사실 HSBC 같은 규모의 은행 입장에서는 기껏해야 반올림오차 정도에 불과한 액수였으나 스위스에서는 역대 최대 벌금액이었다.

이 합의 덕분에 HSBC는 스캔들을 과거지사로 돌릴 수 있었다. 검찰 역시 재판 비용 및 불확실성을 감수할 필요가 없었다. 극히 스위스다운 해법이었다. 현실적이고 효율적이었다. 하지만 스위스로서는 혁명적인 일이기도 했다. 전례 없는 벌금액은 물론이거니와, 정부가 법정에서 위법성을 입증하지 않고도 벌금을 물릴 수 있다는 아이디어 역시 그러했다. 그러나 자국 기자들이 보기에는 그저 변명 같았다.

15장
행운의 여신은
대담한 자를 총애하는 법

▶ 2015년 2월 24일 화요일, 독일에서 인구밀도가 가장 높은 노르트라인베스트팔렌주의 금융 당국이 주축이 된 독일 정부 수사관들이 합동 현장급습을 잇달아 단행했다. 이들은 수개월 간 작전 계획을 짰다. 주된 표적은 프랑크푸르트에 있는 독일의 2대은행 코메르츠방크Commerzbank였다. 검사들과 수사관들은 세금사기극의 증거를 찾기 위해 관련자들의 자택도 수색했다. 그러나 코메르츠방크는 최소한 10년도 더 전에 일어난 케케묵은 옛날 일이라고 주장했다.

독일 국민들은 이튿날 〈쥐트도이체 차이퉁〉 1면 기사를 통해 더욱 상세한 정황을 알게 되었다. 수사관들은 코메르츠방크의 룩셈부르크 자회사에 초점을 맞춘 일련의 급습을 통해 탈세 의혹이 있는 600여 명의 독일인 및 이들의 조력자들을 추적 중이었다. 룩셈부르크와 파나마 사이를 돌고 돌면서 탈세 수단으로 역외회사를 끌어들이는 일에 적어도 독일의 주요 금융기관 세 곳이 연루되어 있었다. 이로 인한 독일의 국고 손실은 10억 유로(약 1,100만 달러)에 달할 수 있다고 〈쥐트도이체 차이퉁〉은 보도했다. 게다가 코메르츠방크의 주장과는 달리 이미 지나간 옛일도 아니었다.

"지금 월척에 대해 얘기하는 겁니다." 노르트라인베스트팔렌주의 재무장관 노르베르트 발터보랸스Norbert Walter-Borjans는 〈쥐트도이체 차이퉁〉에 이렇게 전했다. 그 월척이 이제 곧 언론 역사상 최대 규모의 유출 폭로를 끌어낼 참이었다. 노르베르트 발터보랸스는 은행에서 빼돌린 세금 데이터를 사들이는 것으로 유명했다. 룩셈부르크, 스위스, 리히텐슈타인의 은행가들은 해외에 돈을 은닉한 독일인들의 이름 및 계좌정보가 잔뜩 든 콤팩트디스크CD를 노르트라인베스트팔렌 주정부에 팔기 위해 국경을 넘어 독일로 가곤 했다. CD 한 장이 100만 달러가 넘는 가격에 팔리기도 했다. 발터보랸스는 이렇게 해서 구매한 상품을 십분 활용하기 위해 언론을 지렛대로 사용하는 데 선수였다. 그는 텔레비전 방송에 출연해서 탈세자들이 두려움을 느낄 정도로만 관련 정보를 흘렸다. 그러고 나면 형사고발을 피하기 위해 자신신고하려는 독일인들이 떼로 몰리곤 했다.

이번에도 다르지 않았다. 〈쥐트도이체 차이퉁〉은 독일 세무 당국이 '모색 폰세카 그룹'이라는 파나마 역외 법인 설립 기업의 룩셈부르크 자회사에서 나온 데이터를 114만 달러에 구매했다고 보도했다. 그러면서 독일 당국이 입수한 정보는 빙산의 일각에 불과하다고 신문은 전했다. 〈쥐트도이체 차이퉁〉은 이를 잘 알고 있었다. 더욱 완전한 정보를 그 전에 손에 넣었기 때문이다. 〈쥐트도이체 차이퉁〉은 익명의 정보원이 모색 폰세카에서 빼돌린 80GB가 넘는 고객 및 계좌 데이터를 이미 갖고 있었다.

〈쥐트도이체 차이퉁〉의 기사에 따르면 독일만이 유출 데이터의 고객은 아니었다. 다른 유럽 국가들과 미국 역시 모색 폰세카 룩셈부르크의 데이터에 있는 자국민에 관한 정보를 구매하거나 입수하는 데 관심을 보였다. 룩셈부르크 정보의 판매자는 전 세계를 돌며 수백만 달러를 벌어들인 듯했다. 기사에서는 아직 기자들이 자료를 완전히 검토하지 못했다는 점을 인정했다. 그동안 '스위스 리크스' 탐사보도 때문에 정신없이 바빠서 그랬다는 얘기는 빠져 있었다. 이 보도는 불과 몇 주 전에 마무리된 참이었다. 그런데 코메르츠방크 급습으로 예정보다 빨리 기사를 공개하기로 결정했던 것이다.

제라드 라일은 기분이 상했다. 바스티안 오버마이어가 데이터를 입수했다는 소식을 듣고서 라일은 그 데이터를 앞으로 있을 협업에 사용할지를 결정하기 위해 시간을 두고 정보를 검토할 생각이었다. 데이터를 갖고 있다는 걸 왜 공개했을까? 긍정적으로 보자면 발터보랸스의 조치로 기사를 공개한 기자들은 공익적 정당성을 획득했다. 현장급습이 있고 나서 9개월 뒤 코메르츠방크는 문제가 된 사안에 대해 벌금을 냈다.

〈쥐트도이체 차이퉁〉이 기사를 낸 타이밍이 기가 막힐 정도로 우연한 행운이었음은 라일도 오버마이어도 몰랐다. 코메르츠방크 현장급습이 있기 전, 또 다른 익명의 정보원과 〈뉴욕타임스〉 탐사보도 기자 사이에 중요한 대화가 오갔다. 그 정보원은 기자에게 얼마 안 되는 모스폰 문서들을 제공했는데, 네바다주에서 벌어졌던 폴 싱어의 법정 소송과 관련된 자료가 포함되어 있었다. 정보원은 몇 주 내로 기사가 나왔으면 한다면서, 훨씬 많은 정보를 제공할 수 있다고 넌지시 얘기했다. 그 전에 셸컴퍼니에 대한 기사를 쓴 적이 있었던 기자는 회의적이었다. 네바다주 사건은 이미 언론에서 다룰 만큼 다룬 내용이었다. 〈뉴욕타임스〉 기자는 정보원의 신원과 동기를 알아내려 했지만 실패했다. 결국 그는 휴가 일정 때문에 제안한 공개 시점을 맞출 수 없다고 말했다. 다만 제공해준 정보는 편집자들과 검토하고 논의해 보겠다고 약속했다.

며칠 뒤 〈쥐트도이체 차이퉁〉은 모스폰 룩셈부르크 데이터에 관한 특종기사를 내보냈다. 기사가 공개된 직후 〈뉴욕타임스〉와 접촉했던 그 정보원이 오버마이어에게 접근했다. 최초의 접선은 마치 스파이 소설의 한 장면 같았다. "안녕하세요. '존 도'라고 합니다. 데이터에 관심 있으십니까? 공유했으면 합니다만."

이후 벌어진 일에 대해서는 바스티안 오버마이어가 〈쥐트도이체 차이퉁〉 동료 기자 프레드릭 오버마이어와 공동 집필한 책에 서술했다. 프레드릭 오버마이어는 이 일과 무관했다. 독일 기자들은 정보원을 보호하기 위해 대화의 세부 내용을 바꿔서 책에 실었다. 바스티안 오버마이어는 곧바로 관심이 있다고 존 도에게 말했다. 정보원은 암호화된 경로를 통해 서로 어떻게 연락을 주고받을지 설명했다. 샘플이라면서 그 정보원이 처음으로 보낸 것은 〈뉴욕타임스〉에서 별 관심을 보이지 않았던 아르헨티나 자료였다. 오버마이어는 눈앞에 있는 그 정보가 폴 싱어의 네바다 소송 사건을 분석하는 데 상당히 유용한 자료라는 것을 즉각 알아챘다. 자료가 모스폰에서 나온 데이터라는 것도 알았다. 오버마이어는 전부 아르헨티나인들과 관련된 정보냐고 물었다. 대답은 "아니요"였다. 이는 시작에 불과했다.

다음 날 더 많은 문서들이 도착했다. 거기에는 5억 달러 상당의 금金에 대한 은행 송금 정보가 들어 있었다. 송금은 지멘스 간부인 한스요아힘 콜스도르프Hans-Joachim Kohlsdorf가 소유한 역외회사를 거쳐 이뤄졌다. 콜스도르프는 광범위한 기업 뇌물수수 사건의 수사 대상이었으나 솜방망이 처벌에 그쳤다. 그런데 존 도가 보낸 문서들을 보면 당시 독일 당국이 베푼 관용과 자비가 부적절하지 않았나 하는 생각을 들게 한다. 수억 달러 규모의 대출 계약서 등 러시아 첼리스트 세르게이 롤두긴이 연루된 비밀 회사들과 관련된 자료도 있었다. 인터넷 검색을 해 본

오버마이어는 롤두긴이 역외회사와 관련하여 이름이 오르내린 적은 한 번도 없으나 블라디미르 푸틴의 최측근으로 알려진 인물이라는 것을 알게 됐다.

오버마이어는 비상경계 태세에 돌입했다. 그는 정보원에게 자료를 유출한 이유를 물었다. 공개되어야 할 정보이기 때문이라고 존 도는 말했다. 정보원 역시 걱정되는 측면이 있었다. 〈쥐트도이체 차이퉁〉은 독일어로 발행되는 신문인 데다, 독일 최대 언론사도 아니었다. 기사가 제대로 주목받지 못할 수도 있었다. 정보원은 비록 일전에 푸대접을 받긴 했으나 〈뉴욕타임스〉 같은 신문사와 협업하는 게 어떠냐고 제안했다. 오버마이어는 ICIJ가 어떻게 활동하는지, 그 조직이 이뤄낸 지구적 차원의 공조가 어떤 식으로 작동하는지 설명해 주었다. ICIJ의 공조에 대한 얘기를 들은 정보원은 한시름 놓게 되었다.

두 사람은 더 많은 자료를 주고받는 방법을 두고 상의했다. 그 전부터 오버마이어는 모스폰의 활동 규모를 대략 짐작하고 있었다. 룩셈부르크 데이터 외에도 ICIJ 파트너들은 '스위스 리크스' 탐사보도 당시 팔치아니의 HSBC 데이터를 조사하는 과정에서 모스폰과 대면한 적이 있었다. 오버마이어는 갖고 있는 정보가 어느 정도인지 정보원에게 물었다. 존 도는 바로 대답했다. "역대급일 겁니다."

데이터가 쏟아져 들어오고 흥미로운 사실들이 추가로 발견되자, 오버마이어는 라일에게 전화를 걸어 흥분한 목소리로 업데이트된 정보들을 알려주었다. 결국 ICIJ 대표는 직접 눈으로 확인하기 위해 서둘러 뮌헨행 비행기에 몸을 실었다. 라일은 며칠에 걸쳐 독일 기자들과 편집자들을 만났다. 그러던 어느 날 프레드릭 오버마이어가 사무실을 찾았다. 그는 육아 휴직 상태였다. 라일은 〈쥐트도이체 차이퉁〉 편집장 볼프강 크라흐Wolfgang Krach와 협업에 대한 구상을 논의했다.

그 무렵 정보원이 보낸 문서는 10만 건이나 되었다. 독일 기자들이 자체적으로 모든 자료를 검토하는 건 애초에 불가능한 일이었다. 게다가 데이터에서 찾아낸 회사들과 소유주들은 국적이 제각각이었다. 유명한 독일 정치인은 한 사람도 없었지만, 다른 국가의 지도자들은 수두룩했다. 매우 흥미롭고 주목할 만한 몇몇 사항들은 알아보기 쉽도록 정보원이 표시해두긴 했으나 해당 국가에서 나고 자란 현지 기자들만이 모든 관련성과 눈에 띄는 이름들을 찾아낼 수 있을 터였다. 최대의 효과를 달성하는 최선의 방법은 '협업'이었다. 바스티안 오버마이어와 프레드릭 오버마이어는 라일이 이끄는 대로 따르자고 크라흐에게 촉구했다. 여러 날 회의를 거친 뒤 크라흐도 이에 동의했다.

4월 말경 라일은 마르 카브라에게 뮌헨에서 독일 기자들을 만나 다음 단계를 논의했으면 한다고 말했다. 카브라는 코스타리카의 리고베르토 카르바할과 동행하겠다고 제안했다. 출장의 목적은 자료의 사본을 만들고 실행 계획을 세우는 것이었다. 카브라는 이번에도 역시 해체된 상태의 데이터베이스를 복원하여 관련성을 재구성해야 한다는 사실을 깨달았다. 유출 탐사보도를 2년 넘게 해오면서 기력이 완전히 소진된 그녀는 앞으로 닥칠 일이 걱정이었다. 카브라는 일의 특성상 끊임없는 스트레스와 엄청난 중압감 때문에 건강에 적신호가 켜진 상태였다. 그러나 그녀는 단행했다.

데이터는 회사, 주주, 이사의 명단으로 구성되어 있었다. 이 정보는 뭔가 핵심적인 주요 파일의 일부일 가능성이 있었다. 카브라는 이 정보를 '구조적 데이터'라고 불렀다. 하지만 안타깝게도 모스폰이 회사의 실소유주를 제대로 추적하지 않은 탓에 배후 인물들의 신원은 대부분 구조적 데이터에 나와 있지 않았다. 일반적인 경우 회사를 소유하는 것은 주주들이다. 그런데 모스폰 데이터에 의해 드러난 비밀세계에서는 대다수 주주들이 익명으로 된 무기명주로 회사를 소유한 '무기명'이거나 또 다른 회사, 재단, 신탁이 회사의 실권자였다. "회사의 실제 주인은 누구인가?"처럼 가장 궁금한 질문에 대한 답을 알려주는 정보는 데이터에 묻혀 있었다. 보통 실소유주에게 회사에 대한 실권을 부여하는 증거가 되는 위임계약서가 자료 안에 들어 있을 터였다. 금융 거래 역시 마찬가지였다.

ICIJ는 문서를 검색 가능한 상태로 만들기 위해 광학식 문자인식OCR 소프트웨어로 가공 처리를 해야 했다. 매머드급의 프로젝트였다. 일단 이런 식으로 가공 처리가 끝나고 나면 그 뒤부터는 기자들이 기삿감을 찾아 데이터를 이 잡듯 뒤져야 했다.

카브라는 데이터 저널리스트들이 더 필요하리라고 봤다. 카브라가 스페인으로 돌아간 뒤 ICIJ는 데이터 복원 작업을 지원하기 위해 컴퓨터 엔지니어 미겔 피안도르Miguel Fiandor를 추가로 투입했다. 독일 기자들은 6개월 뒤에 공개하고 싶다고 했다. 카브라는 불가능하다고 전했다. 할 일이 너무 많았기 때문이다. 독일 기자들은 탐사취재를 시작한 지 벌써 석 달이 넘었다고 답했다. 상사들은 11월 마감 기한을 넘기는 걸 용인하지 않을 터였다. 게다가 이미 1면 기사 다섯 꼭지를 채울 수 있을 정도로 충분히 많은 정보를 갖고 있는 상태였다.

얼마 전에 끝난 '스위스 리크스' 프로젝트를 마무리할 때도 시간이 빠듯했던 카브라는 라일에게 전화를 걸었다. "끔찍할 거예요. 그 짓을 또 할 순 없어요. 하늘이 두 쪽 나도 마감 기한은 못 맞춰요." 카브라가 라일에게 말했다. 라일도 카브라의 의견에 동의했다. "나한테 맡겨요"라고 라일이 말했다. 카브라와 카르바할은 1,024GB의 데이터를 가지고 뮌헨에서 출발했다. 독일 기자들은 '존 도'로부터 512GB 정도의 데이터를 더 받게 되리라 예상했다. 예측은 세 배나 빗나갔다.

코메르츠방크 현장급습이 이뤄지고 〈쥐트도이체 차이퉁〉이 모스폰 룩셈부르크 특종기사를 내놓은 뒤 독일어로 발행되는 스위스 일간지 〈타게스안차이거Tagesanzeige〉에 스위스 출신인 크리스토프 졸링거의 인터뷰 기사가 실렸다. 〈타게스안차이거〉는 타메디아의 계열사이자 ICIJ의 파트너였다. 타메디아의 올리퍼

칠만은 이 인터뷰 기사가 나간다는 소식을 들을 무렵, 독일 기자들에게 더 많은 모스폰 데이터가 있다는 사실을 이미 알고 있었다. 하지만 의심을 사지 않으며 그 특집기사를 중단시키기에는 이미 늦은 상황이었다.

졸링거는 2011년에 가족을 데리고 파나마에서 스위스로 이주했다. 어린 자녀들을 조국에서 키우기 위해서였다. 졸링거는 봅슬레이에 꽂혀 있었다. 그는 2014년 러시아 소치동계올림픽에 참가하기 위해 파나마 팀을 훈련시키는 계획을 직접 기획하고 진행했다. 할리우드에서 영화화되기도 한 1998년 자메이카인들의 위업과 유사한 이 봅슬레이 구상은 파나마에서 큰 지지와 지원을 받았다. 파나마 대통령은 칭찬을 아끼지 않았다. 그러나 졸링거가 발에 부상을 입고 파나마 선수들이 올림픽 대표선수 선발전에서 탈락하면서 파나마 봅슬레이 팀의 희망은 바닥에 내동댕이쳐지고 말았다.

졸링거는 〈타게스안차이거〉와의 인터뷰에서 본인은 모색 폰세카의 공동 소유주가 아니었다고 주장했다. 거리를 두기 위해 퇴사했다고 말했다. "내 잘못이 아닌, 제삼자의 범법 행위에 대해 책임지고 싶지는 않으니까요." 그는 인터뷰에서 이렇게 말했다. 하지만 실제로 졸링거는 수년 동안 모색 폰세카의 소유 지분을 보유했던 동업자였다. 그의 기술력과 조직력은 모스폰의 성장에 핵심 요소였다. 모스폰이 맞닥뜨렸던 문제들 가운데 가장 논란이 많았던 사안들은 모조리 동업자들에게 전달되었고 졸링거

역시 알고 있었다. 스위스에서도 그는 모스폰을 대리했다.

졸링거의 동업자인 유르겐 모색과 라몬 폰세카도 은퇴를 준비하고 있었다. 2010년 두 사람은 모스폰 CEO로 루벤 에르난데스Rubén Hernández를 영입했다. 엘살바도르 출신으로 '하이네켄 파나마Heineken Panamá'의 최고재무책임자였던 인물이다. 모색과 폰세카는 에르난데스에게 모스폰의 경영을 맡기고 본인들은 회사 운영에서 점차 손을 뗄 생각이었다.

라몬 폰세카에게 있어서 은퇴란, 네다섯 개씩 하던 일을 서너 개로 줄인다는 뜻이었다. 모스폰에서 일하던 시절에는 어떻게든 시간을 내서 작가 경력을 쌓았다. 파나마에서 작가란 대체로 위신을 얻는 직업이었다. 폰세카는 책에 둘러싸여 조용히 글을 쓸 수 있는 오두막 집필실을 산꼭대기에 지을 계획이었다. 2013년에 그는 베라과스주의 한 오렌지 농장을 구매했다. 그곳은 예전에 헥터 가예고 신부가 일했던 곳이었다.

폰세카는 정치에도 입문했다. 그는 조부가 몸담았던 파나마니스타 당을 소생시키는 데 공을 들였다. 2009년 파나마니스타 당은 리카르도 마르티네이Ricardo Martinelli가 이끄는 변혁민주당과 연합했다. 마르티네이와 폰세카는 초등학교 시절 같은 반이었다. 손바닥만 한 파나마에서는 유년기의 인맥이 평생을 간다는 걸 보여주는 사례였다. 2009년 대통령에 당선된 마르티네이는 폰세카를 장관급 고문으로 임명했다. 하지만 2년 뒤 오랜 지인이던 두 사람의 관계는 틀어졌다. 폰세카가 텔레비전 방송에 출연해 마르티네이 대통령을 독재자라고 칭한 것이다. 이후 마르티네이는 폰세카를 해고했다.

마르티네이가 집권하는 동안 부패는 만연했다. 2017년 전직 대통령 신분이 된 그는 마이애미에서 파나마 송환에 불응하며 약 1년을 버텼다. 마르티네이는 파나마에서 공금 유용으로 형사 고발된 상태로 파나마 기업가, 언론인, 정치인 등 150여 명을 감시하는 활동에 자금을 댔다는 혐의도 있다. 마르티네이의 임기가 끝난 뒤 후안 카를로스 바렐라Juan Carlos Varela가 대통령이 되자 폰세카는 정계에 복귀했다. 바렐라는 폰세카와 친한 친구이자 파나마니스타 당대표였다. 바렐라는 폰세카에게 파나마니스타 당을 맡겼다. 그사이에 유르겐 모색은 세 번째 결혼을 했다. 모색은 파나마 로터리클럽에서 적극적으로 활동했고 파나마 외교협회의 일원으로서도 소임을 다했다. 그는 보케테에 있는 땅을 사서 돈 많은 외국인들을 겨냥한 실버타운을 짓는 계획을 세우기도 했다.

보험 서류에 나와 있는 바에 따르면 2013년 모스폰의 수입은 4,260만 달러였다. 에르난데스는 모스폰 CEO로 채용된 뒤 회사를 제대로 파악하고 더욱 수익성 있게 만들어 보고자 여러 사무소를 방문했다. 그는 비용을 줄이고 수수료를 올리는 데 주력했다. 파나마 본사의 IT 팀장 루이스 마르티네스가 컴퓨터 보안에 투자해야 한다고 했을 때 에르난데스는 별 관심을 두지 않았다. 그는 새로운 통계 추적 도구에 더 흥미를 보였다.

> 15장 행운의 여신은 대담한 자를 총애하는 법 <

그사이에 모스폰은 새 시대의 준법 의무를 다하느라 분투했다. 세이셸에서 앞으로 있을지 모를 감사가 걱정이었다. 모스폰은 최근에 조사를 받았던 경쟁사에 물어 보았다. 직접적인 관계가 있는 고객들의 경우 이름 및 실소유주에 대한 실사를 요구했다. 변호사, 회계사, 은행직원 등 소위 자격 요건이 되는 중개인을 통해 들어온 회사에 대해서는 완전한 정보를 원했다. 모스폰은 자사의 세이셸 회사들을 검토했다. 총 1만 4,086개였다. 그런데 이 중 실제 주인이 누군지 아는 회사는 204개에 불과했다. 결과적으로 약 1만 3,000개의 회사가 세이셸의 규정에 부합하지 않았다.

카브라와 카르바할이 데이터를 가지러 뮌헨에 가기 일주일 전, 에르난데스는 사흘 간 열린 경영전략 회의를 주재했다. 일정표에 나와 있는 연사들 가운데 모색과 폰세카의 이름은 보이지 않았다. 첫째 날, 에르난데스의 짧막한 연설이 끝난 뒤에 임원들은 모스폰의 언론 노출에 대해 논의했다. 노골적으로 반감을 드러낸 "올리가르히, 돈세탁업자, 독재자와 결탁한 로펌"이라는 제목의 〈바이스Vice〉 프로그램이 도마 위에 올랐다. 회의가 사흘 째 진행된 마지막 회의에서는 일정대로 루이스 마르티네스가 40분 간 발표를 진행했다. 주제는 '데이터 손실 방지'였다.

ICIJ의 마리나 워커와 스카이프로 통화하기로 한 시간이 됐지만, 요한네스 Kr. 크리스티아운손Jóhannes Kr. Kristjánsson은 아직 레이캬비크에 있는 자신의 아파트에 도착하지 못했다. 그는 휴대

전화로 통화하기 위해 주유소로 들어간 다음 세차장 근처에 차를 세웠다. 2015년 5월 28일이었다. 건장한 체격에 턱수염을 기른 그 아이슬란드인은 워커가 뭘 원하는지 짐작도 하지 못했다.

크리스티아운손은 아이슬란드에서 가장 유명한 탐사보도 기자였다. 그는 여러 가지 일을 겪으면서 수많은 성공과 실패를 축적해왔다. 크리스티아운손은 레이캬비크 교외의 한 주간지에서 기자 생활을 시작했다. 그 뒤 스스로 길을 찾아 들어간 아이슬란드 TV 뉴스 〈채널 2〉에서 기사에 생명을 불어넣는 방송의 힘에 눈을 떴다. 고된 수습기자 생활이 만족스럽지 않았던 그는 당시 아이슬란드의 마약 거래에서 세를 넓히던 '헬스 엔젤스Hells Angels'에 대한 탐사보도를 하게 해달라고 상사들을 졸랐다. 근무 시간 외에는 취재를 해도 좋다는 허락이 떨어졌다. 크리스티아운손은 이 사안을 다룬 탐사보도 다섯 편을 제작했다. 〈채널 2〉 측은 인정할 만한 수준의 결과물이 나온 것을 보고 크리스티아운손과 함께 새로운 뉴스 프로그램을 만들기로 결정했다. 그리하여 탄생한 것이 〈콤파우스Kompás〉였다. 수상 이력이 있는 이 프로그램은 직격탄을 날리는 탐사보도로 금세 유명해졌다. 가장 큰 특종은 아이슬란드에서 가장 사랑받던 유명 루터교 성직자가 실은 돈을 밝히는 부패한 소아성애자라는 사실을 폭로한 보도였다.

2008년, 아이슬란드 최대 은행이 무너지고 나서 몇 주가 지난 뒤 〈콤파우스〉는 조세피난처와 룩셈부르크를 중점적으로 다룬 내용을 내보냈다. 방송에서는 아이슬란드의 사업가들과 은행가들이 탈세 목적으로 그런 곳들을 활용했다고 주장하면서 〈채널 2〉의 사주인 욘 아우스게이르 요한네손Jón Ásgeir Jóhannesson 과 그 일가를 지목했다. 격노한 요한네손은 〈콤파우스〉의 진행자 크리스틴 흐라픈손Kristinn Hrafnsson에게 전화를 걸어 고소하겠다고 으름장을 놓았다(크리스티아운손도 두 사람의 대화를 듣고 있었다). 흐라픈손은 법적 문제에 대해서는 방송사가 전적으로 책임진다는 내용이 본인의 계약서에 따로 명시되어 있다는 점을 요한네손에게 짚어 주었다. 즉, 본질적으로 요한네손은 자기 자신을 고소하게 되는 셈이었다. 그 언론계 거물은 잠시 생각하더니 흐라픈손의 말이 일리가 있다고 인정했다. 하지만 조세피난처 방송이 나가고 3개월 뒤에 요한네손은 제작비가 많이 든다는 이유로 〈콤파우스〉를 폐지했다. 또한 크리스티아운손과 흐라픈손을 해고했다. 그는 두 사람에게 그날 안으로 소지품을 챙겨 방송국에서 나가라고 했다. 흐라픈손은 곧바로 줄리언 어산지Julian Assange의 위키리크스에서 대변인 역할을 하기 시작했다. 반면 온 마음을 쏟아 부었던 프로그램을 잃고 폐인이 되어버린 크리스티아운손은 언론계를 떠나 레이캬비크 도심에 있는 건물에 페인트칠을 하러 다니는 일을 했다.

몇 달 뒤 크리스티아운손은 한 타블로이드 신문사에 복귀했다. 2010년 크리스마스가 얼마 남지 않은 어느 날이었다. 크리스티아운손의 열일곱 살짜리 딸이 펜타닐 과다복용으로 사망했다. 크리스티아운손은 딸이 쓴 편지들을 발견했다. 그는 죽음의 원인을 알아내기 위해 딸아이 인생의 마지막 조각들을 맞춰나가기 시작했다. 크리스티아운손은 경찰을 설득해 딸의 남자친구에 대한 수사를 재개하도록 했다. 딸에게 약물을 주사한 남자친구는 마약에 너무 취한 나머지 여자친구가 죽어가는 것을 그냥 보고만 있었다고 했다.

크리스티아운손은 청소년 마약 중독이라는 주제로 국영방송 뉴스 프로그램을 기획했다. 또한 직접 마약 소굴에서 여학생 두 명을 구출하여 중독치료 재활원에 데려가기도 했다. 이에 다른 언론사들도 동참하면서 그 보도는 하나의 사회현상이 되었다. 아이슬란드의 보건 책임자는 처방약 업계를 조사했고, 약제를 과잉 처방한 의사 몇 사람이 면허를 취소 당했다.

방송이 나간 뒤 크리스티아운손은 국영방송에 스카우트됐다. 그는 금융 위기 직전 아이슬란드 은행들이 자행한 시장 조작을 다룬 탐사보도 프로그램 세 편을 제작했다. 방송은 큰 파장을 불러일으켰다. 첫 방송은 올라퓌르 회익손 특별검사의 사무실에서 유출된 정보를 특집으로 다뤘다. 크리스티아운손은 회익손이 유출의 배후 인물은 아니라고 말했다. 피고 측 변호인들은 언론을 통해 공소를 제기하려는 것 아니냐고 회익손을 공격했다. 이듬해 예산 삭감으로 크리스티아운손은 계약직 상태가 되었다. 마리나 워커의 전화를 받았을 때는 마침 계약 기간이 만료된 직후였다.

'오프쇼어 리크스'가 공개된 다음 크리스티아운손은 프로젝트에 참여하고 싶어서 ICIJ에 연락을 한 적이 있었다. 그런데 라일이 언론사들의 빗발치는 요청을 처리하는 과정에서 그의 전화와 메일이 누락되었다. 그 뒤 '스위스 리크스' 때 아이슬란드 대통령의 부인이 등장했다. 크리스티아운손은 ICIJ에 편지를 보내놓고는 스벤 베리만Sven Bergman에게 연락하여 참여할 수 있기를 부탁했다. 베리만은 수상 이력이 있는 스웨덴 탐사보도 기자로, 오랫동안 ICIJ 멤버였다. 크리스티아운손은 아이슬란드 세무 당국이 영부인을 조사하고 있다는 사실을 알고서, 그들이 어떤 식으로 나올지 기다려보기로 했다.

워커는 크리스티아운손에게 모스폰 데이터와 윈트리스 주식회사에 대해 얘기해 주었다. 윈트리스 주식회사는 아이슬란드 총리 시그뮌뒤르 귄뢰이그손이 소유한 역외회사였다. 귄뢰이그손은 아이슬란드 채권자들과 그들의 역외 거래에 강경하게 대처하겠다는 주장을 내세워 당선된 인물이었다. 아이슬란드 국민들은 자신들이 뽑은 총리가 비난을 퍼부었던 바로 그 행위에, 연루되어 있다는 사실을 몰랐다. 이야기를 듣는 동안 크리스티아운손은 눈앞에서 시간이 멈춘 듯했다. 차 한 대가 세차장으로 천천히 들어가고 있었다. 크리스티아운손은 아이슬란드 동포들 그리고 금융 위기에 대한 그들의 분노를 잘 알았다. 이제 그의 손으로 넘어온 뉴스는 아이슬란드 정부를 무너뜨릴 수도 있었다.

워커는 6월 30일 워싱턴 D. C.의 내셔널프레스클럽National Press Club에서 열리는 탐사보도 사전회의에 크리스티아운손을 초대했다. 그 회의의 또 다른 목적은 그해 여름 내내 데이터 조사 작업에 전념할 헌신적인 파트너들로 구성된 소그룹 멤버를 발표하는 것이었다. ICIJ 팀과 〈쥐트도이체 차이퉁〉 기자들 외에 아이슬란드, 아르헨티나 같은 가장 굵직한 사안들에 대해 전문적인 식견이 있는 기자들이 영입되었다. 소수의 인원으로 시작된 팀은 50명이 넘는 규모로 확대되었다.

요한네스 크리스티아운손은 회의에서 별로 말이 없었다. 명성은 익히 알고 있지만 개인적 친분은 없는 기자들 틈에서 주눅이 들었다. BBC와 〈르 몽드〉 기자들은 침울한 얼굴로 그 자리에 있었다. 당연한 얘기지만, 에두아르 페랭도 마찬가지였다. 유출된 세금 계약서를 받았다는 이유로 룩셈부르크 검사가 그를 기소한 지 두 달도 안 됐을 때였다. 미국 언론사 맥클라치McClatchy 워싱턴 지국의 경제부 기자 케빈 홀Kevin Hall과 탐사보도 편집자 제임스 애셔James Asher도 회의에 참석했다. 맥클라치와의 협력을 추천한 이는 ICIJ의 마이클 허드슨이었다. 맥클라치 워싱턴 지국은 이라크전쟁의 정당성에 최초로 의문을 제기한 언론사 가운데 한 곳이었다. ICIJ는 맥클라치가 〈마이애미 헤럴드〉를 비롯해 미국 전역에 여러 신문사를 소유하고 있다는 점 역시 마음에 들었다.

데이터 작업을 진행할 팀을 소개한 뒤 바스티안 오버마이어와 프레드릭 오버마이어는 본인들이 알아낸 사실들 가운데 일부를 발표했다. 그 무렵 〈쥐트도이체 차이퉁〉은 1,740GB의 모스폰 데이터를 받은 상태였고 조만간 500GB의 자료가 추가될 예정이었다. 그때껏 기자들이 받았던 유출 자료 중 역대 최대 규모였다. 파일 수는 740만 개였다. 믿기 어려운 숫자이긴 하나 나중에 드러난 바에 의하면 이는 실제보다 적게 계산된 것이었다.

프레드릭 오버마이어는 이미 발견한 사항들 가운데 일부를 검토했다. 데이터에는 무기 밀매업자, 마약 거래상, CEO, 초부유층에 관한 정보가 들어 있었다. 아이슬란드의 귄뢰이그손 외에 롤두긴과 푸틴의 이름도 나왔다. 오버마이어는 아르헨티나의 바에스 사건, 이스라엘 사업가 베니 스타인메츠에 대해 얘기했다. 스타인메츠는 기니의 철광석 광산 거래와 관련된 뇌물수수 사건으로 수사를 받고 있었다. 이 재판 서류에서 검찰이 연루되었다고 시사한 기업들은 전부 모스폰이 등록한 회사였다.

그다음으로는 바스티안 오버마이어가 모색 폰세카 자체에 대해서 더 상세히 설명했다. 그는 공동 창립자 두 명의 개인적 배경을 얘기한 다음 모스폰 조직에 대해 파고 들어갔다. 독일 기자들은 몇 주에 걸쳐 모스폰의 기업 구조를 파악했다. 모스폰은 지역 및 목적에 따라 나뉜 200여 개의 개별 기업을 자신들의 보호 아래 두었다. 그 회사에 대해서 잘 모르는 사람들의 눈에는 두 독일 기자가 쓸데없는 일에 빠진 것처럼 보이는 게 당연했다.

그다음 발표자는 마르 카브라였다. 그녀는 ICIJ 팀을 소개했다. 이제는 세 명이 된 데이터 팀에 더하여 유능한 여성 두 명이 합류했다. 프랑스에서 온 세실 실리갈레고Cécile Schilis-Gallego와 베네수엘라에서 온 에밀리아 디아스스트루크Emilia Díaz-Struck는 파트너 협력에서 조사 활동에 이르기까지 모든 사안을 처리했다. 리고베르토 카르바할은 프로젝트에 '프로메테우스'라는 암호명을 붙였다. 프로메테우스는 올림푸스 산에서 불을 훔쳐 인류에게 전해준 신神이자, 스타플릿Starfleet(《스타트렉》 시리즈에 나오는 가공의 단체-옮긴이)에서 가장 강력한 전함의 이름이기도 했다.

카브라는 페이스북과 유사한 애플리케이션인 '글로벌 아이허브Global I-Hub'를 소개했다. 이를 통해 프로젝트 멤버들은 안전하게 접속하여 본인이 데이터에서 발견한 정보를 비밀리에 공유할 수 있었다. 아이허브는 세계 곳곳에 흩어져 있는 기자들이 소통할 수 있는 또 하나의 창구가 될 터였다. 이 프로그램은 일종의 유연성과 디지털 보안을 제공했다. 모스폰은 꿈만 꾸던 일이었다.

마지막 의제는 가장 큰 난제, 바로 공개 시점이었다. 아르헨티나의 공영방송 채널 〈엘 트레세El Trece〉의 마리엘 피츠 파트리크Mariel Fitz Patrick는 아르헨티나 대통령 선거일인 10월 25일 전에 공개할 수 있게 해달라고 부탁했다. 데이터에 키르치네르 대통령이 관련된 범죄행위가 나올 경우, 아르헨티나 기자들은 반드시 그 정보를 대중에게 알려야 했다. 힘든 대화가 오갔다. 회의실에 모인 사람들은 다들 피츠 파트리크의 주장이 일리가 있다는 걸 알았다. 하지만 더는 한 나라에 국한된 프로젝트가 아니었다. 워싱턴 D. C.에 모인 기자들은 국적이 다양했다. 보도할 준비가 되기 전까지는 공개할 수 없었다. 그 무렵 〈쥐트도이체 차이퉁〉 기자들은 데이터를 가공 처리하는 일이 얼마나 힘든지 알게 되었다. 독일 기자들은 2015년에 기사를 공개하겠다는 생각을 접었다. 이들은 상사들에게 맞서기보다는 세계 어디를 가든 기자들이 활용하는 방식, 바로 희망고문을 이용했다. 라일은 편집자들이 일단 프로젝트의 규모와 그 결과물을 보게 된다면 생각이 바뀔 거라고 독일 기자들에게 말했다.

사전회의가 있고 나서 일주일 뒤, 모스폰 변호사들은 유르겐 모색이 작성한 진술서를 라스베이거스의 미국연방지방법원에 제출했다. 위증죄 처벌을 감수하면서 모색은 M. F. 기업지원국과 모색 폰세카는 모기업과 자회사 관계가 아니라고 선서했다. 하지만 폴 싱어를 물러서게 하기에는 역부족이었다.

▶ 기자 리타 바스케스Rita Vásquez는 불길한 예감을 떨칠 수 없었다. 2015년 9월 초, 파나마에서 뮌헨으로 가는 비행기 안에서 그녀는 내내 깨어 있었다. 바스케스는 불안하면 키득거리거나 미친 사람처럼 웃는 경향이 있었다. 파나마 일간지 〈라 프렌사La Prensa〉의 탐사보도부장 롤란도 로드리게스Rolando Rodríguez가 '프로메테우스'에 관해 말했을 때, 바스케스는 제어할 수 없을 정도로 웃음이 나왔다. 로드리게스는 그녀에게 ICIJ의 기밀 유지 계약서에 서명하게 했다.

그 전에 마리나 워커는 로드리게스에게 연락해 그와 〈라 프렌사〉에 프로젝트 참여를 요청한 상태였다. 조세피난처 현지 파트너는 민감한 사안이었으나 여러 사람들이 로드리게스를 적극 추천했고 〈라 프렌사〉 역시 유서 깊은 언론사였기 때문이다. 1980년에 설립된 〈라 프렌사〉는 고국으로 돌아온 한 무리의 망명자들이 토리호스의 독재에 맞서기 위해 만든 신문사였다. 독재 정권 시절 파나마 정부는 〈라 프렌사〉를 세 번이나 강제로 폐간시켰다. 직격탄을 날리는 기사들 덕분에 기자들 여럿이 망명자 신세가 됐다.

초기에는 10여 년 동안 수익을 내지 못했다. 걱정이 앞선 가판대 상인들은 그 신문을 팔지 않으려고 했다. 광고를 싣겠다고 선뜻 나서는 이들도 거의 없었다. 창립자들은 자본을 조달하기 위해 지분을 팔았다. 권력 집중의 위험성을 염두에 둔 〈라 프렌사〉의 조직 운영 규정은 한 사람이 1% 이상의 주식을 보유할 수 없다고 명시했다. 그랬기에 〈라 프렌사〉의 주주가 되는 것은 명예훈장을 받는 거나 마찬가지였다(라몬 폰세카도, 훗날 대통령이 된 리카르도 마르티네이도 〈라 프렌사〉의 주주였다).

마누엘 노리에가의 몰락 이후 수년 간 〈라 프렌사〉는 무사안일주의에 빠지기도 했으나 마르티네이 정권 시절에 부패가 만연하면서 신문사의 사명감에 다시 불이 붙었다. 2012년 〈라 프렌사〉는 고속도로 건설 프로젝트의 비용을 부풀렸다면서 마르티네이를 공격했다. 현지의 한 건설사는 뇌물수수 혐의를 받자 감정이 상했다. 또 다른 폭로에 직면한 그 건설사는 기사가 나오는 것을 막기 위해 신문사 인쇄소의 입구를 견인 트레일러로 막

아버렸다. 〈라 프렌사〉 직원들은 인간 사슬을 만들어 바리케이드를 피해 신문 꾸러미를 날랐다. 새벽 12시 30분경 술에 취한 마르티네이가 웃으면서 현장에 나타났다. 당시 영상을 보면 성난 파나마 국민들이 마르티네이를 에워싸고 "도둑놈아!"라고 소리치는 장면이 나온다. 그가 황급히 자리를 뜨자마자 트럭들이 바리케이드를 치기 시작했다.

바스케스는 ICIJ 프로젝트에서도, 〈라 프렌사〉에서도 특이한 위치에 있는 기자였다. 그녀는 〈라 프렌사〉 편집국 부국장인 동시에 수년 간 영국령 버진아일랜드에서 근무한 변호사이기도 했다. 그녀는 역외 서비스를 제공하는 중견 파나마 로펌에서 일했다. 본인이 속한 신문사가 파나마의 정상급 역외 공급업자의 내막을 폭로할 경우, 고국에 엄청난 충격을 던지리라는 것을 잘 알았다. 비록 경제에서 가장 큰 부분을 차지하지는 않지만, 파나마의 정치 및 경제 엘리트 가운데 상당수가 역외 업계와 관련되어 있었다. 바스케스는 앞으로 치러야 할 개인적인 대가도 걱정이었다. 아직도 가까운 친구들 중에는 역외 업계에 종사하는 이들이 있었고 몇몇은 모스폰에서 일했기 때문이다.

로드리게스는 바스케스에게 〈쥐트도이체 차이퉁〉이 주재하는 회의에 참석하기 위해 뮌헨에 갈 예정이라고만 했을 뿐 프로젝트에 대해서는 별말을 하지 않았다. 다만 "아, 그런데 말이에요. 역외 업계의 작동방식에 대해 당신이 발표하기로 되어 있어요"라고 로드리게스는 바스케스에게 말했다.

2015년 9월 8일 오전, 뮌헨 외곽에 위치한 〈쥐트도이체 차이퉁〉 사옥 26층의 스카이라운지 회의실에 100명이 넘는 기자들이 모였다. 남극대륙을 제외한 모든 대륙에서 온 이들이었다. 이 특별한 회의에는 제약이 따랐다. 예전에는 기사 공개와 동시에 개봉될 다큐멘터리에 담을 프로젝트 진행 과정을 기록하기 위해 카메라맨들이 ICIJ 회의에서 자유로이 돌아다녔다. 그러나 이번에는 워커가 자제를 부탁했다. 일부 동료들은 힘든 환경에 처해 있기 때문에 카메라에 잡히면 위험할 수도 있음을 명심해 달라고 파트너들에게 촉구했다. 실제로 그 회의실에는 모스폰 데이터에서 발견될 가능성이 있는 지도자들이나 지배층이 속한 국가들, 즉 러시아, 이집트, 베네수엘라 같은 나라에서 취재 활동을 하는 기자들이 있었다. 촬영은 특정 세션으로 한정되었고 전략이나 사례를 논의하는 동안에는 카메라를 철수하기로 했다.

〈쥐트도이체 차이퉁〉 편집장 볼프강 크라흐는 기자들을 반갑게 맞았다. 다들 자기소개를 하면서 회의실을 돌아다녔다. 다들 같은 이유로, 비슷한 동기를 품고서 그곳에 있었다. 바로 진실을 밝혀 힘 있는 자들에게 책임을 묻는 것이었다. 그 회의실에 있는 기자들 중 많은 이에게 저널리즘이란 단순한 직업이 아니라 소명이었다. 제도가 부실하고 정치인들이 소신을 굽히는 나라에서 언론은 압제와 폭정을 막는 방어벽이었다.

크라흐는 활짝 웃었다. 얼마 전 〈가디언〉 편집장으로 임명된 캐서린 바이너Katharine Viner도 특별히 그 회의에 참석했다. 부분적으로는 '오프쇼어 리크스' 때 전임자들이 독일 기자들에게 했던 행동에 대한 빚을 갚기 위해서였다. 그날 밤 기자들이 뮌헨 도심의 유서 깊은 비어홀에 모였다. 크라흐는 마감일 혹은 본인이 데리고 있는 유명한 기자들이 프로젝트에 상당한 시간을 투자하는 데 대해 걱정했을지도 모른다. 하지만 그가 뭘 염려했건 간에 언론인들의 글로벌 커뮤니티를 직접 눈으로 보고 그 결과물을 귀로 듣자마자 걱정은 연기처럼 사라졌다.

크라흐에 이어 바스티안 오버마이어, 프레드릭 오버마이어, 워커가 발표를 했다. 여전히 자료가 들어오고 있다고 보고했다. 2015년 말, 데이터는 2,600GB에 달했다. ICIJ는 최종적으로 파일이 1,150만 개라고 정리했으나 이 수치 역시 실제보다는 훨씬 적게 계산된 것이었다. 대다수 파일은 메일이었는데, 대체로 문서가 여러 개 첨부되어 있었다. 그런데 메일 한 건을 파일 한 개로 계산한 것이다. ICIJ는 뮌헨 회의 즈음에 받은 800만 개가 넘는 파일 중 330만 개를 불과 6개월 사이에 검색 가능한 상태로 만들었다. 이 같은 일이 가능하려면 기술적 도약이 필요했다.

카브라와 카르바할이 데이터를 가지고 뮌헨 출장에서 돌아오자 곧 봄이었다. ICIJ의 매슈 카루아나 갈리시아는 컴퓨터 한 대 가지고는 수백만 건의 문서에서 모든 정보를 추출해 검색 가능하게 만드는 일이 불가능하다고 봤다. 최소 2년은 걸릴 작업이었다. 근본적으로 완전히 새로운 접근법이 필요했다.

카루아나 갈리시아는 병렬처리에서 답을 찾아냈다. 데이터를 막 돌려대는 거대한 컴퓨터 한 대보다는 조화롭게 협력하면서 작업을 처리하는 여러 개의 서버를 사용하기로 했다. 프로젝트가 정점에 이르렀을 때 ICIJ의 데이터를 가공 처리하는 아마존 클라우드 서버는 서른세 개였다. 각각의 서버는 여덟 개의 문건을 추출할 수 있는 여덟 개의 중앙처리장치CPU로 구성되어 있었다. 하나의 CPU가 하나의 문서를 골라내면 문서 신호가 동결되어 다른 서버가 동일한 파일을 잡아낼 수 없도록 했다. 카루아나 갈리시아는 발레를 보는 듯한 이런 식의 데이터 추출을 가능케 하는 프로그램을 설계했다.

기자들 역시 데이터 처리와 유사한 수고로운 작업을 했다. 뮌헨 회의 무렵에 이미 '프로메테우스'는 역대 최대 규모로 초국경적 언론 공조가 이뤄지고 있었다. 200명의 기자들이 참여하고 있었는데, 프로젝트가 끝날 무렵에는 그 수가 300여 명으로 늘었다. 65여 개국 출신으로 80여 곳의 언론사를 대표했다. 주된 언어는 영어였으나 25개 언어권을 아울렀다. 기자들은 진즉부터 데이터를 면밀히 검토하고 '아이허브'를 본인이 찾은 결과물로 채우며 매일 동료들이 세부 내용을 추가해가는 과정을 확인했다. 독일 기자들은 친척이나 측근을 통해 알아낸 세계 지도자들의 정보도 보여주었다. 블라디미르 푸틴, 시진핑을 비롯해 각국 정치인들의 사진이 화면에 비치자 프로젝트 신참들은 탄성을 내뱉었다.

프로젝트 결과물을 본 바스케스는 눈앞이 아찔했다. 드디어 발표 차례가 되었다. 그녀의 발표는 사무적이고 무미건조하며 지극히 변호사다웠다. 파나마의 역사, 기업과 은행의 비밀엄수법들을 시간 순으로 재빨리 살펴본 뒤 발표를 마무리했다. 바스케스가 발표를 마치자 동료 기자들이 떼를 지어 그녀 주위로 모여들었다. 회의가 끝날 때까지 바스케스를 내버려두지 않았다. 심지어 화장실까지 쫓아가 질문을 해댔다. 그러나 가장 인기 있던 발표의 주인공은 요한네스 크리스티아운손이었다. 그는 금융 위기를 초래한 아이슬란드 은행가들의 자만심을 보여주기 위해 카우프싱의 사내 영상을 틀었다. 도가 지나치다 싶은 그 영상의 제목은 "평범한 사고 너머Beyond Normal Thinking"였다. 크리스티아운손은 은행들의 시장 조작에 관한 뉴스 방송을 위해 본인이 제작한 애니메이션도 보여주었다.

어쩌면 세계 지도자들보다도 기자들을 훨씬 더 술렁이게 만든 것은 전 세계적으로 가장 인기 있는 스포츠, 바로 축구와 관련된 정보였을지도 모른다. 아르헨티나 〈라 나시온〉의 기자이자 편집자인 우고 알코나다 몬Hugo Alconada Mon은 예비 단계인 결과물을 발표했다. 최고의 축구선수 리오넬 메시Lionel Messi의 이름이 부친이 설립한 회사 때문에 데이터에 등장했다. 메시만이 아니었다. 세금을 피하려고 역외 세계를 활용한 유명 스포츠 스타들이 수십 명이었다. 비밀세계는 스포츠가 관련된 비도덕적인 거래에도 이용되었다. 프로젝트가 끝날 무렵 이러한 사실이 폭로되면서 축구계 감독 기구인 국제축구연맹FIFA은 발칵 뒤집혔다. FIFA는 그 전에 이미 스캔들과 정부 조사로 명예가 실추된 상태였다.

뮌헨에서 ICIJ 팀은 공개일을 2016년 3월 7일로 정했다. 6개월 뒤였다. 바로 그날 모든 파트너가 사전에 협의한 시간에 기사를 내보낼 터였다. 그런데 러시아 기자들이 '세계 여성의 날'과 겹친다는 이유로 반대했다. ICIJ 팀은 처음에 별로 신경 쓰지 않았으나 워싱턴 D. C.로 돌아간 뒤 그날이 러시아에서 얼마나 중요한 공휴일인지 뒤늦게 알게 되었다. 신문은 아예 발행되지도 않았다. 결국 날짜는 일주일 정도 미뤄져 3월 13일로 정해졌다.

마르 카브라는 뮌헨에서의 마지막 날 오전에 라일과 워커에게 아침 식사를 같이 하자고 했다. 카브라는 마침내 속마음을 털어놓았다. 이번 프로젝트를 마무리하고 ICIJ를 떠날 생각이라고 말했다. 카브라는 ICIJ를 회사가 아니라 가족으로 여겼다. 하지만 극도의 피로와 기력 소진으로 더는 계속해 나갈 수 없었다. 다들 하나같이 과로 상태였다. 하지만 라일도, 워커도 이런 일이 닥칠 줄은 몰랐다. 그나마 후임자를 찾을 시간이 6개월이라도 남아 있다는 사실에 그저 고마울 따름이었다.

한 달 뒤, 2년마다 개최되는 국제탐사보도언론회의가 노르웨이 릴레함메르에서 열렸다. 모스폰 프로젝트를 진행하는 동안 ICIJ와 파트너들은 각종 회의에 참석해 발표를 했다. '프로메테우스' 멤버들은 릴레함메르 회의와는 별도로 모임을 가졌다. 꼬치꼬치 캐묻는 게 직업병인 다른 기자들에게 들키지 않기 위해 신경을 써야 했다. 호주 태생으로 ICIJ에서 아프리카 지역을 맡고 있던 기자인 윌 피츠기번Will Fitzgibbon은 릴레함메르 회의에 참석한 몇 안 되는 아프리카 기자들을 만나달라고 카브라에게 청했다. 아프리카는 뮌헨 회의에 대부분 불참했다. 그 회의에 참여한 언론사들은 자사 기자들에게 비용을 대주었지만, 대부분의 아프리카 기자들은 경비를 마련할 형편이 안 되었기 때문이다.

'남에게 손 벌리지 않기'는 라일이 추진한 ICIJ 혁신의 일환이었다. 라일이 오기 전에 ICIJ는 파트너들에게 자금을 대주는 경우도 있었다. 하지만 라일이 지휘봉을 잡은 뒤로는 자체적으로 처리하게 했다. ICIJ는 경제 형편 혹은 보안상의 문제로 선뜻 참여할 수 없는 이들을 끌어들일 수 있는 방법을 궁리했다. 그리하여 다음 회의는 요하네스버그에서 열리게 되었다. 세네갈, 말리, 나미비아, 짐바브웨 등 아프리카 국가들에서 온 기자 10여 명이 참석할 수 있었다.

국제탐사보도언론회의 기간 중에 '라디손 블루 릴레함메르 호텔'의 구석진 회의실에서 ICIJ의 명운을 가를 모임이 열렸다. ICIJ의 미래가 근본적으로 새로운 국면에 접어들게 하는 동시에, 라일이 언론인으로서 가장 큰 성공을 거둔 직후 2016년 한 해를 힘겹게 보내게 한 사건의 발단이 된 모임이었다.

ICIJ는 네덜란드의 아데시움 재단Adessium Foundation으로부터 3년간 보조금을 받는 대신 ICIJ의 향후 발전 방안을 논의한 보고서를 제출해야 했다. 라일은 이 과제를 해결하기 위해 자문단을 꾸렸다. 컬럼비아대학교 언론학 교수인 실라 코로넬, 〈가디언〉의 데이비드 리, 스웨덴 공영방송의 특별 프로젝트 편집자 프레드리크 라우린 등 ICIJ의 베테랑들이 자문단에 들어갔다. 라일과 워커는 릴레함메르에서 ICIJ 멤버들에게 발전 방안을 보여주고 토론을 유도했다. 보고서 자문단은 ICIJ의 모회사인 CPI 문제와 씨름했다. ICIJ 예산은 라일이 들어온 뒤로 60만 달러에서 180만 달러로 증가했으나 CPI는 적자였다. CPI는 이 간극을 메우기 위해 ICIJ에 책정된 돈을 마음대로 쓰는 듯했다. CPI는 ICIJ에 제공하는 각종 서비스에 대한 비용을 시세와 다르게 청구했다. 라일이나 ICIJ 직원들은 재정이 어떤 식으로 운용되고 있는지 정확히 알 수 없었다. ICIJ가 데이터 및 프로젝트 운영 및 관리에 집중하게 되면서 CPI의 서비스가 점차 불필요해지기도 했다.

2016년 1월, 자문단은 보고서를 완성했다. "ICIJ의 진정한 성장 전략을 도출하기 위해서는 ICIJ와 모회사 간에 새로운 경영 및 재정 운용 방식 등을 숙고해야 한다"라는 게 보고서의 결론이었다. 라일과 워커는 분리를 제안하지는 않았다. 대신에 일종의 시나리오를 내놓았다. 라일은 CPI 대표에게 보고하는 게 아니라 CPI 이사회에서 설명을 하고 CPI 이사회 역시 ICIJ의 사명에 부합하도록 여러 국가 출신의 구성원들을 추가하여 확대할 생각이었다. 이러한 조직 구조에서 ICIJ는 계속 CPI의 일부로 존재하되, 필요한 서비스만 시세로 이용할 수 있게 하자는 구상이었다. 자금은 ICIJ가 자체적으로 조달하면서 매년 CPI에 배당금을 지급한다는 계획이었다.

릴레함메르 회의에 참석한 각국 파트너들은 대부분 ICIJ가 실제로 어떻게 돌아가는지 생각한 적이 거의 없었다. 몇몇은 이 참에 완전히 독립하는 게 어떠냐는 의견도 제시했다. 그러나 라일은 분리는 선택지에서 제외했다. CPI의 둥지 안에 있을 만한 가치가 있었다. 신뢰성 있는 미국 언론 조직이 전적으로 법적 보호를 제공해준다는 점에서 특히 그러했다.

라일, 워커, 라우린 등 몇 사람들이 CPI의 CEO 피터 베일Peter Bale에게 발전 방안을 제출했다. 베일은 얼마 전까지 CNN 인터내셔널의 부사장 겸 디지털운영 국장이었다. 라우린은 베일을 만난 적은 없었으나 국제적인 이력을 보고서 그를 좋게 생각하고 있었다. 그런데 보고서 내용을 가지고 베일이 벌컥 성을 내는 것을 보고 그에 대한 호감이 싹 사라져 버렸다. 베일은 CPI가 거머리처럼 ICIJ에 달라붙어서 돈을 뜯어내고 있다는 얘기냐면서, 재무 상태를 파악하고 싶으면 CPI의 연차 보고서를 보면 될 일이라고 말했다. 라우린은 화가 치밀었다. 10년 동안 그와 동료들은 가족과 함께 할 시간을 희생하며 ICIJ를 세계적인 브랜드로 만들기 위해 애써왔다. 언론인 간의 국제적 공조라는 구상 자체와 그 결과로 나온 기사의 힘을 믿었기 때문이다. 라우린이 보기에 베일은 책임을 모면하려는 정치인처럼 굴었다. 언쟁은 점점 더 달아올랐다.

베일은 성장 보고서를 CPI 이사회에 제출하지 않았다. 대신 ICIJ 측에서 이의를 제기하는 수치들을 사용하여 새로운 보고서를 작성했다. 이때 실라 코로넬이 개입했다. 코로넬이 보기에 ICIJ가 자신의 성장과 발전을 해치면서까지 재정적으로 CPI를 짊어진 채 가고 있다는 것은 명백한 사실이었다. 분리는 불가피해 보였다. 코로넬은 베일을 우회하는 작전을 써서 자문단이 보낸 서한 형식으로 ICIJ 보고서를 이사회에 제출했다. ICIJ의 미래를 둘러싼 논쟁은 순식간에 라일과 베일 간의 다툼으로 변질되었다. 이사회는 채용한 지 얼마 되지 않은 그 CEO를 밀어 주기로 결정했다. 라일은 이 싸움에 계속 신경 쓰다가는 역대 최대 규모의 초국경적 저널리즘 프로젝트를 완수하지 못하리라는 것을 잘 알았다. 마치 전쟁터처럼 성난 메일과 대화가 총알처럼 날아다니던 그때, 라일과 워커는 프로젝트를 공개할 때까지 논쟁을 보류하기로 결정했다.

요한네스 크리스티아운손이 집으로 돌아가기 위해 뮌헨에서 아이슬란드항공 비행기에 탑승했을 때 한 승무원이 그를 알아보았다. 승무원은 크리스티아운손의 보도를 보고 팬이 됐다면서 좌석을 일등석으로 옮겨주었다. 뮌헨 출장의 완벽한 마무리였다. 승무원의 호의 덕분에 크리스티아운손은 힘을 얻었다. 아이슬란드에는 그가 갖고 있는 폭발력이 큰 정보를 공유할 수 있는 사람이 거의 없었다. 비밀 역외회사를 보유한 건 아이슬란드 총리만이 아니었다. 재무장관과 내무장관 역시 마찬가지였다.

크리스티아운손은 취재에 착수하자마자 가장 가까운 식구들 외에는 일체 연락을 끊어버렸다. 살고 있는 아파트나 레이캬비크 외곽에 있는 자그마한 시골집에서 홀로 일했다. 벽에 붙인 종이에 도표를 그려가면서 모스폰 문서들을 분석할 때는 이웃들이 보지 못하도록 어두운 색의 천으로 창문을 가렸다. 가끔은 항구에 있는 카페에 노트북 컴퓨터를 갖고 나가기도 했다. 그러나 경제적으로는 더욱 궁핍해졌다. 크리스마스 휴가 때 필요한 가욋돈을 벌기 위해 크리스티아운손은 교회에서 운영하는 재활원 및 노숙자 쉼터의 소식지에 글을 쓰기로 했다. 부활절 무렵에도 이 일을 맡았으나 '프로메테우스' 작업이 끼어드는 바람에 마감일을 놓치고 말았다. 발행인은 머리끝까지 화가 났지만, 아이슬란드 역사상 가장 큰 뉴스거리 때문에 교회 소식지가 뒤로 밀려났다고 설명할 수는 없는 노릇이었다.

크리스티아운손의 주된 은신처이자 버팀목은 ICIJ의 가상 보도국 '글로벌 아이허브'였다. 그곳에서 그는 동료들과 결과물 및 아이디어를 교환할 수 있었다. 조용히 자체적으로 아이슬란드 기사를 취재하던 동료들이 방문하기도 했다. 전직 〈월스트리트 저널〉 기자로, ICIJ에서 계약직으로 일하던 라이언 치텀Ryan Chittum, 바스티안 오버마이어, 스웨덴 공영방송의 스벤 베리만이 그해 겨울 크리스티아운손을 찾았다.

12월에 라일은 런던에서 회의에 참석하고 돌아가는 길에 아이슬란드에 잠시 들를 기회가 생겼다. 그리하여 크리스티아운손은 프로젝트에 관한 다큐멘터리에 쓸 그의 인터뷰를 진행할 수 있었다. 라일의 입장에서는 그 아이슬란드 기자가 기사 때문에 정신을 잃거나 결혼생활을 잃는 일이 생기지나 않았는지 직접 확인해야 안심이 될 것 같았다. 긴 대화를 나누며 크리스티아운손과 라일은 아이슬란드 총리와 어떤 식으로 정면 승부할지 상의했다. 만약 인터뷰 전에 총리 부부가 보유한 역외회사 '윈트리스'에 대한 애기를 꺼내면 귄뢰이그손은 카메라 앞에서 그 사안을 논의하는 데 결코 동의하지 않을 터였다. 어떻게든 본인의 흔적을 지우려 할 수도 있었다. 하지만 크리스티아운손은 기습 인터뷰가 썩 내키지 않았다.

크리스티아운손도 몰래카메라를 사용해 취재한 적이 있기는 했다. 의심스러운 방법을 쓰지 않고도 진실을 밝힐 수 있다면 두말할 것 없이 그렇게 하는 게 낫다는 것이 그의 철학이었으나 약간의 속임수가 전적으로 필요한 경우에는 타협하기도 했다. 비밀 역외회사를 폭로했을 때 귄뢰이그손이 보일 반응, 그가 여태껏 쌓아온 정치 경력의 토대가 된 그 행동이야말로 방송에 꼭 필요한 장면이었다. 다만, 직격탄을 던지는 탐사보도로 유명한 크리스티아운손이 인터뷰를 요청할 경우 귄뢰이그손이 낌새를 챌 가능성이 있었다.

라일과 크리스티아운손은 스웨덴 방송기자 스벤 베리만의 힘을 빌리기로 결정했다. 베리만과 그의 동료들은 아이슬란드 취재에 관심이 있었다. 그리하여 스웨덴 공영방송에서 아이슬란드의 금융 위기 대처에 대해 논의하는 인터뷰를 귄뢰이그손에게 요청했다. 크리스티아운손은 현지 픽서fixer(보통 해외특파원이 채용하는 현지 언론인으로서, 통역사 및 가이드 역할을 한다-옮긴이)로 카메라 팀과 동행할 계획이었다. 베리만이 윈트리스에 대해 물으면 크리스티아운손이 끼어들어서 똑같은 질문을 아이슬란드어로 하기로 했다.

베리만과 방송사 팀원들은 촬영하기 며칠 전에 도착했다. 인터뷰는 2016년 3월 11일로 잡혀 있었다. 크리스티아운손은 아이슬란드 공영방송에서도 인터뷰를 내보낼 수 있도록 영상을 촬영할 아이슬란드 동료 세 명을 불렀다. 크리스티아운손의 비좁은 거실에서 이들은 가구를 치워놓고 인터뷰 시뮬레이션을 진행했다. 예상되는 반응과 대답을 지칠 때까지 연습했다. 정치에 입문하기 전 TV 유명인사였던 아이슬란드 총리는 누구보다 방송을 잘 아는 사람이니 난감한 질문은 그냥 무시하고 넘어갈 가능성이 있다는 게 공통된 의견이었다.

취재팀은 티아르드나르가타에 있는 총리 관저로 갔다. 지붕창이 여러 개 나 있는 오래된 목조가옥으로, 아이슬란드 총리가 공식적인 모임을 여는 장소였다. 베리만은 카메라가 돌기 전에 축구와 스웨덴 얘기로 귄뢰이그손이 마음을 놓게 만드는 데 성공했다. 인터뷰는 2008년 금융 위기 및 아이슬란드의 대응에 관한 개괄적인 질문으로 시작되었다. 베리만은 서서히 그 질문에 다가갔다. 그는 아이슬란드 정부가 '민감한 세금 정보'를 구매했다는 최근의 보도에 대해 물었다. 이는 다름 아닌 룩셈부르크 모스폰 데이터를 지칭한 것이었다. 귄뢰이그손은 아이슬란드 정부가 백방으로 손을 쓰고 있다는 사실을 국민들에게 확실히 알리고 싶다고 말했다.

베리만은 재산 은닉을 목적으로 조세피난처에 역외회사를 보유한 이들을 개인적으로 어떻게 생각하느냐고 물었다. 총리는 "아이슬란드인들이 누구나 공평하게 자기 몫을 부담하는 것을 매우 중시한다"고 말했다. 베리만은 슬슬 사냥감을 향해 달려들 준비를 했다. "총리님, 현재 혹은 과거에 역외회사와 관련된 적이 있으십니까?"

인터뷰가 시작되고 나서 처음으로 귄뢰이그손은 초조해하며 말을 더듬기 시작했다. "그건 아이슬란드 정치인이 받기에는 흔치 않은 질문이네요. 뭔가로 몰아가는 듯한 질문 같습니다만… 전 재산을 결코 숨긴 적이 없다는 사실을 확인시켜 드릴 수 있습니다."

"총리님, 윈트리스라는 회사에 대해 말씀 좀 해주시겠습니까?"라고 베리만이 물었다.

귄뢰이그손의 얼굴에 겁에 질린 표정이 언뜻 비쳤다. 그는 더욱 심하게 횡설수설하며 말을 이어갔다. "그 질문 때문에 불편해지기 시작하네요"라고 그는 말했다. 베리만은 아이슬란드 파트너가 세부 내용을 알고 있으니 지금부터는 그 파트너가 심층 질문을 할 거라고 말했다. 곧바로 크리스티아운손이 아이슬란드어로 귄뢰이그손을 향해 질문을 쏘았다.

　인생을 살면서 순간적인 선택이 한 개인과 한 국가의 운명을 결정짓는 경우는 좀처럼 없다. 귄뢰이그손은 평정심을 유지하며 교묘한 변명으로 그 상황을 모면하려고 시도할 수도 있었다. 하지만 그는 갑자기 의자에서 벌떡 일어서더니 기자들을 향해 비난의 말 몇 마디를 휙 던지고는 제일 처음 눈에 들어온 문을 통해 도망치듯 나갔다. 크리스티아운손과 베리만은 인터뷰를 마저 끝내기를 사정했으나 아무 소용없었다.

　이 인터뷰가 진행되기 전인 9월 뮌헨에서는 ICIJ 지도부가 프로젝트명을 두고 의견을 나누기 시작했다. 워커는 파트너들에게 조언을 구했다. 라일은 그때까지 ICIJ 프로젝트를 빛나게 해 준 '리크스' 모티프에서 탈피하고 싶었다. 그는 '파나마Panama'와 "페이퍼스Papers"의 두운이 마음에 들었다. 1971년 베트남전쟁 당시 큰 이슈가 된 폭로인 대니얼 엘스버그Daniel Ellsberg의 펜타곤 페이퍼스Pentagon Papers를 연상시키기도 했다. 바스케스와 〈라 프렌사〉 팀은 기분이 썩 좋지 않았다. 그 프로젝트 이름 때문에 본인들의 조국 전체가 부당한 오명을 쓸까봐 우려했다. 프로젝트명을 정하는 것은 공개 날짜와 마찬가지로 〈쥐트도이체 차이퉁〉과 ICIJ가 최종적으로 책임지고 할 일이었다. 결국 '파나마 페이퍼스'로 낙점되었다.

　12월, 공개 마감일이 더 미뤄졌다. 변경된 날짜는 2016년 4월 3일 일요일 동부하절기시간 기준 오후 2시였다. 약간 당혹스럽기는 하나 3월 13일이 독일 지방선거일이라는 사실을 〈쥐트도이체 차이퉁〉 측에서 뒤늦게 깨달은 것이다. 새로운 마감일에 따라 프로젝트를 진행하던 기자들은 본인 혹은 타인을 위해 역외 회사를 설립한 이들의 코멘트를 받아내기 위해 2월 21일 연락을 취하기 시작했다. ICIJ는 세계적 차원의 자료 유출 혹은 공조라는 단어는 들먹이지 말고 그저 여러 회사와 관련된 문서를 봤다는 식으로만 말하라고 기자들에게 주문했다. 3월 6일에 시작된 모색 폰세카에 대한 접근은 두 단계로 이뤄질 예정이었다.

겨울이 지나고 봄이 되자 존 도는 점점 조바심을 냈다. 오버마이어와 접촉한 지 1년이 다 되어갔지만, 여전히 기사가 공개되지 않았다. 독일 기자들과 ICIJ는 매주 전화 통화를 하고 메일을 주고받으며 이 문제를 어떻게 처리할지 논의했다. 라일은 오프쇼어 리크스 때 정보원과 이와 유사한 갈등을 겪은 일이 있었다. 오버마이어가 할 수 있는 거라곤 존 도에게 안심이 되는 말을 해주는 것밖에는 없었다. 하지만 이걸로는 충분하지 않았다. 존 도는 파일에 관심이 있는지 알아보기 위해 위키리크스에 연락했다. 그런데 당시 위키리크스는 수백 명의 기자들이 몇 달동안 미해결 과제에 매달렸던 탓에 제보 전화에 답을 하지 못했다.

2016년 1월 말, 브라질 연방경찰이 상파울루의 모스폰 사무소를 급습했다. 브라질 건설회사 오데브레시트Odebrecht, 국영 석유회사 페트로브라스Petrobras, 브라질의 유력 정치 수뇌부가 연루된 뇌물수수 사건과 관련하여 급물살을 탄 수사의 일환이었다. 검찰은 여섯 명에 대해 체포영장을 발부했는데, 그중 적어도 세 명이 모스폰과 관련 있었다. 현장급습 뒤에 이어진 기자회견에서 브라질 검사는 모스폰 직원 가운데 한 명을 문서 파기 혐의로 기소했다. 모스폰은 '모색 폰세카 브라질'이 파나마의 '모색 폰세카'와는 무관한 회사라고 언명한 진술서로 대응했다. 2005년 브라질 사무소는 한 중개인의 요청에 따라 문제의 회사를 설립했다. 모스폰은 진술서에서 당시 고객 확인 의무 기준을 모두 준수했다고 주장했다.

모스폰의 활동에 대한 대중의 관심이 하루가 다르게 커지는 듯했다. 프로젝트에 참여한 브라질 파트너들은 기사를 놓칠지도 모른다는 불안감을 내비치면서도 합의한 공개 날짜를 꼭 지키겠다고 약속했다. 역대 최대 규모의 언론 공조를 두 달이나 더 비밀로 할 수 있을지를 두고 많은 이가 의구심을 보이자 라일은 침착할 것을 조언했다. 분명 엠바고를 깨는 사람이 있을 터였다.

3월 초 모색 폰세카의 고객 몇 사람이 모스폰 회사와 관련하여 기자들로부터 연락이 왔다는 사실을 알려주었다. 라몬 폰세카는 모스폰을 변호하기 위해 파나마 텔레비전 방송에 출연했다. 3월 4일, ICIJ는 "모스폰 계열사나 직원이 개인의 자금세탁, 탈세, 제재 회피를 도운 적이 있습니까?" 등 전반적인 질문을 모스폰에 보냈다. ICIJ는 3월 9일 오후 6시까지 답변해 달라고 요청했다. 폰세카는 이 편지를 받자마자 바렐라 대통령의 정부에서 맡고 있던 자리에서 잠시 휴직했다.

3월 9일, 마감 시간을 30분 남겨두고 모스폰 홍보이사 카를로스 소우사Carlos Sousa가 세 단락으로 된 메일을 보냈다. "우리는 모두가 중요하다고 인정하는 회사, 세계 경제가 효율적으로 돌아가는 데 없어서는 안 될 대단히 중요한 회사들을 설립하고 있습니다. 그리고 이러한 서비스를 제공하는 데 있어서 법의 형식과 내용을 모두 준수하고 있습니다."

모스폰이 질문에 대한 답을 심사숙고하는 동안 프로젝트에 참여한 미국, 프랑스, 독일, 덴마크, 핀란드 방송기자 일곱 개 팀이 파나마에 도착했다. 소우사가 메일을 보낸 다음 날, 방송기자들은 모스폰 사무실 앞에 진을 쳤다. 기자와 프로듀서 20여 명은 정문을 향해 카메라 열 대를 설치했다. 이들은 모스폰 측에서 누군가가 나와 이야기를 해달라고 요구했다. 잠시 뒤 소우사가 모습을 드러냈고 몇 가지 질문에 답을 했다.

이튿날 소우사, 유르겐 모색, 모스폰 변호사가 〈라 프렌사〉를 방문했다. 그 전 주에 신문사 사장에게 연락하여 약속을 잡은 이는 폰세카였으나 실제 만나는 자리에는 폰세카 대신 모색이 참석했다. 탁자 건너편에는 롤란도 로드리게스와 〈라 프렌사〉 이사장, 편집국장이 있었다. 〈라 프렌사〉 쪽 사람들이 눈을 피한다는 걸 눈치 챈 모색은 걱정이 되기 시작했다. 모색은 본인의 회사가 선정주의에 눈이 먼 기자들 때문에 피해를 입은 희생양이라고 분명하게 말한 뒤, 〈라 프렌사〉에 그 일을 돕는 기자가 있다는 걸 안다고 말했다. 모색은 리타 바스케스를 콕 집어 말했다. 그는 모스폰의 명예를 훼손할 경우 법적으로 대응할 수 있다고 경고했다. 그러고는 사무실에 직접 가서 보면 모스폰이 실제로 어떤 일을 하는지 더 잘 알게 될 거라며 로드리게스를 회사로 초대했다. 얼마간 논의를 거친 뒤 〈라 프렌사〉는 바스케스에게 경호원을 붙이기로 결정했다. 사람들은 바스케스가 밤늦도록 일하다가 혹시 변이라도 당하지 않을까 걱정했기 때문이었다.

17장
법의 심판은
누구에게

▶ 제라드 라일과 마리나 워커는 공개 마감일까지 파트너들을 안심시키는 데 보냈다. 아이슬란드에서는 처참한 인터뷰 이후 요한네스 크리스티아운손과 스웨덴 동료들이 시그뮌뒤르 귄뢰이그손 총리에게 다시 한 번 인터뷰를 요청했으나 거절당했다. 그들은 총리의 부인 파울스도티르에게도 대화를 청했다. 그녀 역시 모스폰 회사 '윈트리스'의 소유주로 이름이 올라가 있었다. 기자들은 총리 부부에게 대답할 시간으로 며칠의 말미를 주었다.

약속한 시간을 한 시간 남기고 파울스도티르는 본인의 페이스북에 글을 올렸다. 인터뷰에 대해서는 직접적으로 언급하지 않았으나 윈트리스를 소유하고 있다는 사실은 인정하면서도 회사의 존재 자체를 숨긴 적은 결코 없었다고 주장했다. 파울스도티르는 윈트리스의 활동과 관련된 세금은 빠짐없이 모두 냈다고 단언했다. 처음으로 윈트리스에 대해 알게 된 아이슬란드 기자들은 더 많은 정보를 강력하게 요구했다.

러시아 대통령 블라디미르 푸틴 역시 선제공격을 선택했다. ICIJ, 〈쥐트도이체 차이퉁〉, 〈르 몽드〉 등은 3월 23일에 크렘린 러시아 정부에 상세한 논평을 요청하는 서한을 보냈다. 그 서한에는 표면상 그의 오랜 벗인 세르게이 롤두긴의 소유로 되어 있는 모스폰 회사들과 푸틴의 관련성 등에 관한 질문이 들어 있었다. 닷새 뒤 러시아 대통령 대변인 드미트리 페스코프Dmitry Peskov는 기자회견을 열고 "자칭 ICIJ라고 하는 단체"가 보낸 "그럴 듯한 단어들을 사용한 질문들"을 맹비난했다. 크렘린 대변인은 러시아 대통령 및 푸틴이 일평생 한 번도 만난 적이 없는 다수의 사업가들이 연관되어 있다고 주장하는 역외회사들에 관한 기사를 공개하기로 계획한 전 세계의 언론 매체들을 향해 경고했다. 러시아 정부는 ICIJ의 프로젝트가 푸틴만 겨냥한 게 아니라는 것을 모르는 듯했다. 페스코프는 아직 나오지도 않은 폭로들을 두고 해외 정보기관들이 꾸민 음모라면서 엄한 곳에 화살을 돌렸다. 페스코프의 부인 역시 모스폰 회사를 갖고 있었다. 러시아 관영 통신사 스푸트니크Sputnik에 따르면 러시아 대통령 대변인은 그러한 공격이 큰 효과를 거두지 못할 것이라고 장담했다.

워싱턴 D. C.에서는 라일은 곧 공개될 프로젝트에 대한 정보를 캐려는 언론사들의 전화를 피하고 있었다. 일부 파트너들은 프로젝트가 무산될지도 모른다는 우려를 내비치기도 했으나 라일은 예정보다 일찍 공개하자는 제안들을 묵살했다. 그는 걱정하는 편집자들과 기자들에게 초반의 이 폭로들이 세력을 키울 것이라고 고집했다. 그동안 기사를 보면서 흐름을 방해했던 푸틴과 귄뢰이그손이 희희낙락할 게 분명하다고 라일은 기자들에게 말했다. 그는 내내 침착하고 평온했다. 몇 차례 유출 탐사보도를 진행하면서 이미 겪어본 일이었기 때문이다.

모색과 폰세카는 여전히 본인들이 어떤 상황에 직면하게 됐는지 깨닫지 못했다. 자료가 유출됐다. 그건 분명했다. 그런데 그 규모가 어느 정도인지, 얼마나 많은 언론사들이 관련되어 있는지는 여전히 깜깜속이었다. 폰세카는 ICIJ, 〈쥐트도이제 차이퉁〉, 〈가디언〉이 또 다시 보낸 48개 질문 항목을 받았을 때의 충격을 아직도 기억한다. 유르겐 모색 부친의 나치 전력, 영국의 브링크스Brinks가 악랄한 금 강도짓을 하게끔 모스폰이 돈세탁을 해줬다는 혐의 등 모색과 폰세카는 질문 내용을 보고 기자들이 진지한 대화를 하려는 게 아니라 선정주의에 빠져 있다고 확신했다.

모색은 반쯤 퇴직한 상태였고 폰세카는 정부에 몸담고 있었다. 두 사람은 스스로를 강직한 사업가로 여겼다. 은행 강도들을 위해서 회사를 만들어 준 적은 단 한 번도 없었다. 런던의 한 중개인에게 회사를 팔았고 그 중개인이 다른 사람들에게 그 회사를 판 것이었다. 그 회사들이 세상에 무슨 해를 끼쳤건 간에 모색과 폰세카가 상관할 일도, 책임질 일도 아니라고 두 사람은 생각했다. 그런데 이런 생각이 곧 바뀌려 하고 있었다.

4월 1일 금요일, 모스폰은 현실을 인정하고 고객들에게 자사 메일 서버의 무단침입에 관해 공지했다. 홍보이사 카를로스 소우사가 서명한 그 공지는 모스폰과 접촉한 기자들의 손에 정보가 들어갔음을 시인하는 내용이었다. "저희는 일반적인 방식으로 대응했으며 기밀이 더 드러날 만한 세부 정보는 제공하지 않았습니다"라고 고객들을 안심시켰다. 소 잃고 외양간 고치는 격이었으나 모스폰은 자진해서 정보 누설에 대한 책임을 질 생각은 없었다. "여러분과 관련된 정보의 보안 및 기밀에 최우선순위를 두고 있으니 안심하셔도 됩니다." 공지는 이런 식으로 계속되었다. "저희는 다층적 전자보안이 구축되어 있으며 방어벽에 구멍이 뚫리는 일이 없도록 회사 내부의 선별된 사람들만 파일에 접근할 수 있습니다."

하지만 나중에 모스폰의 사이버보안을 분석해보니 이러한 주장은 거짓으로 드러났다. 모스폰의 가장 큰 실수는 회사의 내부 데이터베이스 및 통신 내용이 들어 있는 인트라넷을 대중을 상대로 하는 웹사이트와 동일한 서버에 둔 것이었다. 모스폰은 일반인들이 보안상 결함을 공공연하게 이용할 수 있게 된 뒤에도 소프트웨어를 업데이트하지 않아 상황을 더욱 악화시켰다. 이후 〈와이어드Wired〉에서 낸 기사에 따르면 모스폰의 내용관리 시스템에서 취약하다고 할 수 있는 부분이 최소 스물다섯 군데였고 그중 일부는 상당히 심각했다.

프로젝트 공개 전날, 몰타의 한 블로거가 단편적인 사실들을 연결하여 결론을 도출해냈다. 그 블로거는 ICIJ 파트너사인 핀란드 공영방송의 웹사이트에서 '파나마 리크스'에 대한 예고 영상을 보게 되었다. 워커와 라일은 소수의 방송사 파트너들에게 프로그램 홍보방송을 내보낼 수 있도록 허락했다. 다만 '공조, 파나마, 유출'이란 단어는 언급해도 되나 '모색 폰세카'라는 이름은 넣지 말아달라고 당부했다. 몰타의 블로거는 모색 폰세카 고객의 편지도 입수하게 되었다. 그 블로거는 "모색 폰세카, 엄청난 파나마 리크스 데이터에 관한 전 세계적 보도에 앞서 무심코 비밀을 누설하다"라는 제목으로 글을 올렸다. 보통 때 같았으면 사소한 불편 사항 정도로 그쳤을 일이었다. 그런데 이번에는 달랐다. 그 블로거는 대프니 카루아나 갈리시아Daphne Caruana Galizia, 다름 아닌 ICIJ의 데이터 지킴이 매슈 카루아나 갈리시아의 어머니였다. 일부 파트너들 사이에서 불만의 목소리가 나왔으나 매슈는 맹세코 프로젝트에 관해서 어머니에게 말한 적이 없다고 했다.

아이슬란드에서는 요한네스 크리스티아운손이 취재한 내용이 국영방송에서 방영될 예정이었다. 크리스티아운손의 제작사 레이캬비크 미디어Reykjavik Media 구성원들과 다큐멘터리 제작 파트너인 카스티요스Kastijós 외에는 프로그램 내용을 아는 사람이 거의 없었다. 카스티요스는 매일 방송되는 아이슬란드 뉴스 프로그램이었다. 크리스티아운손 등은 방송 하루 전날 국영방송국 CEO에게 프로그램에 대해 이야기했다. 방송 시간대는 일요일 오후 6시. 원래는 아이슬란드의 최장수 어린이 프로그램이 나가는 시간이었다. 하지만 전 세계에서 한 날 한 시에 공개하기로 한 터라 방송국에서도 특별보도를 위해 정규 프로그램을 교체했다.

크리스티아운손은 스튜디오 조정실에 있겠다고 고집을 피웠다. 본인의 방송이 나갈 때마다 지키는 일종의 의식이었다. 부스에 앉은 그는 눈에 핏발이 서 있고 극도로 피로한 상태인 신경 소진으로 얼굴이 얼룩덜룩했다. 크리스티아운손은 책임감의 무게를 느꼈다. 뮌헨에서는 〈쥐트도이체 차이퉁〉이 프로젝트 전용 마이크로사이트를 미리 만들어 둔 덕분에 15분 일찍 공개하여 기사 엠바고를 뛰어넘을 수 있었다. 동부하절기시간 기준으로 오후 1시 49분, 어쩐 일인지 에드워드 스노든이 이 마이크로사이트를 발견해 트위터에 링크를 걸었다. 스노든은 수백만 팔로어들에게 "데이터 저널리즘 역사상 최대 규모의 자료 유출이 방금 시작되었다. 부패에 관한 것이다"라는 트윗을 날렸다. 런던에서는 〈가디언〉 기자들이 울부짖고 있었다. 고의든 아니든 간에 독일 기자들은 '오프쇼어 리크스' 때 당한 일을 고스란히 돌려준 셈이었다. 〈가디언〉도 기사 공개를 단행했고 80여 곳의 언론사 파트너들도 그 뒤를 따랐다.

크리스티아운손은 방송을 보고 충격을 받은 사람들의 표정을 지켜봤다. 비밀 역외회사가 폭로되자 공황상태가 되어 돌연 인터뷰를 중단하고 도망치는 총리의 모습을 아이슬란드 인구 60% 이상이 두 눈으로 똑똑히 보게 되었다. 방송이 나간 뒤 24시간 동안 ICIJ 웹사이트의 페이지뷰는 600만 건을 넘어섰다.

유르겐 모색에게 친구, 가족, 고객들로부터 문자메시지와 메일이 빗발치기 시작했다. 그는 줄줄이 들어오는 메시지와 기사에 당황했다. 모스폰은 너무나도 많은 문제 그리고 악명 높은 인간들과 관련되어 있었다. 유르겐 모색과 라몬 폰세카가 오랜 세월 그토록 신경 썼던 '거리 두기'가 눈앞에서 무너지고 있었다. 두 사람은 황급히 피해대책위원회를 꾸렸다. 해킹에 대해서는 이미 파나마에 형사고소를 해 둔 상태였다. 모색과 폰세카는 언론 대응에 도움을 받고자 미국 컨설팅회사와 계약을 맺었다. 하지만 모색은 본인이 일군 필생의 사업이 모든 TV 뉴스 채널에 등장하는 것을 보고 나서야 사태의 심각성을 깨달았다. 갈수록 몸이 안 좋아진 폰세카는 일주일 내내 집에 있었다. 1차 기사가 공개되고 나서 이틀 뒤에 폰세카는 파나마 정부에서 맡고 있던 자리에서 공식적으로 물러났다. 로터리클럽 차기 회장으로 예정돼 있던 모색은 후보자 명단에서 본인의 이름을 지우도록 했다.

〈라 프렌사〉는 다른 파트너들이 온라인에 기사를 공개한 뒤에도 한 시간가량 기다렸다. 기사를 터뜨려서 법적 위험을 무릅쓰기보다는 세계적 차원에서 이뤄진 탐사보도 자체를 보도하기로 했다. 파나마에서는 절도 행위에 의해 입수한 기밀 메일이나 자료를 공개하는 것이 불법이었다. 〈라 프렌사〉의 변호사들은 신문사를 보호하기 위해 기사를 조건시제로 쓸 것을 고집했다. 기사에 필자 이름도 넣지 않기로 결정했다. 그럼에도 불구하고 바스케스의 우려는 현실이 되었다. 친구들 가운데 몇몇은 페이스북 친구를 끊어버리거나 그녀의 의도를 추궁했다. 역외산업의 옹호자들은 '파나마 페이퍼스'를 나라 전체에 대한 공격으로 받아들였다. 〈라 프렌사〉 기자들은 경쟁 관계인 신문사들로부터 질타를 받았고 트위터에서 협박당했다.

람세스 오웬스는 모색과 폰세카가 자신을 동업자로 승진시켜줄 생각이 없다는 게 분명해지자 2011년 모스폰을 떠났다. 기사가 터졌을 때 그는 엘살바도르 출장 중이었다. 휴대전화에 불이 나자 서둘러 파나마로 돌아갔다. 몇 달 전에 오웬스는 본인의 파나마 사무실에서 〈쥐트도이체 차이퉁〉 기자 프레드릭 오버마이어와 인터뷰를 했다. 당시 오버마이어는 잠행취재차 파나마에 있었다. 오웬스는 그저 역외산업의 배경에 대해서만 얘기했다고 생각했다. 오버마이어는 카메라맨이 인터뷰 장면을 촬영해도 괜찮은지 물었고 남의 기분을 맞춰주는 게 일인 오웬스는 자연스럽게 녹화에 동의했다. 기사가 공개된 뒤 사무실로 돌아간 오웬스는 오버마이어의 명함을 찾아내 스페인어로 이렇게 휘갈겨

썼다. "피해야 할 사람."

크리스티아운손의 보도가 아이슬란드를 뒤흔든 다음 날, 사무실에서 금융 위기를 수사하던 특별검사 올라퓌르 회익손은 자동차들의 존재를 알아차렸다. 레이캬비크는 번화한 대도시가 아니다. 그런데 도심으로 들어오는 차량 행렬이 이어지고 있던 것이다. 페이스북에 올라온 글이 발단이었다. 그날은 아이슬란드 국회의 야외 의회 마지막 날이었다. 행사를 계획한 이들은 국회 앞 광장에서 모이자고 아이슬란드 국민들에게 촉구했다. 금융 위기로 인해 여전히 트라우마 상태인 아이슬란드 국민들에게 있어서 모스폰 폭로는 좀체 낫지 않는 상처가 또 다시 찢어져 벌어진 느낌이었다.

기사는 아이슬란드 너머로 퍼져나갔다. 귄뢰이그손의 인터뷰 영상은 〈뉴욕타임스〉 등 전 세계 언론매체에서 특집으로 다뤄졌다. 인터뷰 요청이 쇄도했지만 크리스티아운손은 그중 가장 중요한 것들만 받아들였다. 스벤 베리만은 스웨덴 방송과의 후속 인터뷰를 위해 국회 앞 광장에서 카메라맨과 만나기로 했다. 베리만은 군중이 배경으로 나왔으면 했다. 근처에 주차할 데를 찾지 못한 크리스티아운손과 그의 아내는 걸어서 약속 장소로 이동했다. 광장은 1만 명에 이르는 사람들로 가득했다. 아이슬란드 역사상 최대 규모의 시위였다. 군중 속의 아이슬란드 국민들은 크리스티아운손에게 축하 인사를 건넸다. 그리고 이틀 뒤 아이슬란드 총리는 사임했다.

'파나마 페이퍼스'로 인해 옷을 벗은 관료는 권뢰이그손만이 아니었다. 우루과이에서는 후안 페드로 다미아니Juan Pedro Damiani는 자신이 운영하던 로펌이 미국에서 축구 관련 부패 혐의로 기소된 남성에게 회사를 설립해준 사실이 드러나자 FIFA 윤리위원회에서 물러났다. 다미아니의 로펌은 수년에 걸쳐 광범위하게 모스폰과 손발을 맞췄다. 모스폰 파일로 FIFA 신임 회장 역시 일부 비도덕적인 축구계 인사들과 관련이 있었다는 사실이 폭로되었다. 그가 불법적인 행동을 했다는 증거는 전혀 없었다. 그럼에도 불구하고 스위스 연방경찰은 폭로와 관련된 증거를 수집하기 위해 유럽축구연맹에 대한 현장급습을 단행했다. 그사이에 제네바의 검사는 본인의 사무실에서 자체적으로 수사를 진행하는 동안 나흐마드 형제가 프리포트에 보관한 모딜리아니의 작품을 압수했다. 스위스 당국은 결국 그 그림을 다시 돌려주었다.

세계 각국의 정부 관료들은 모스폰 파일로 드러난 역외회사들과의 관련성을 해명하느라 진땀을 흘렸다. 하지만 영국의 데이비드 캐머런 총리만큼 대응이 미숙했던 경우는 거의 없었다. 영국에서 세금을 피하려는 목적으로 설계된 것으로 보이는 부친의 파나마 역외회사 '블레어모어 홀딩스'로부터 캐머런이 혜택을 받았는지를 묻는 질문에 총리 측은 며칠에 걸쳐 답변을 시도했다. 처음에 대변인은 '개인적인 일'이라고 했으나 그리 오래가지 못했다. 언론이 지속적으로 면밀히 검토한 결과물을 들이

밀자 총리는 어떤 주식도 갖고 있지 않다는 대답으로 바뀌었다. 다음 날 이 해명은 '캐머런과 그의 가족은 추후 그 기금으로부터 혜택을 받지 않겠다'는 내용의 성명서로 바뀌었다. 발뺌으로 사흘을 보낸 뒤 마침내 캐머런은 부친의 역외 사업으로 이득을 봤다는 사실을 인정했다.

베네수엘라에서는 통신부 장관이 '파나마 페이퍼스' 기사를 공개하지 말라고 권고하는 장황한 공식 성명서를 국내 언론에 보냈다. 성명서는 "그 문서들이 세계적인 규모로 특정 정책 분야에 대해 선별적으로 사용되고 있다는 점을 특히 주의할 것"이라면서, 크렘린러시아 정부처럼 은근한 협박조로 자료 공개의 출처가 CIA라고 경고했다. 이상하게도 성명서의 대략적인 내용은 '제 살 깎기'식 음모설이었다. 베네수엘라 통신부 장관은 1차 폭로 기사들을 미끼라고 상정했다. 등골이 오싹한 얘기지만, 성명서에는 프로젝트에 참여한 독립언론사에서 근무하는 베네수엘라 기자들의 이름도 있었다.

모스폰 데이터의 공개는 세계 각국에서 언론인들의 공격 및 기존의 정치사회적 드라마에 반영되었다. 기자들과 편집자들은 데이터의 공익성을 두고 씨름했다. 유럽과 미국의 경우 지배적인 관심사는 세금과 세금 회피자였다. 라틴아메리카와 아프리카에서는 세금도 중요한 사안이긴 했으나 부패와 정치적 억압에 대한 관심이 더 높았다.

아르헨티나는 10여 년 간 키르치네르 부부 치하에 있으면서 심하게 양분되었다. 상당히 많은 언론매체, 특히 텔레비전 방송이 편파적이었다. 방송사의 입장과 의견이 다를 경우 극렬하게 비판했다. 파나마 페이퍼스 폭로는 아르헨티나의 냉소주의를 심화시키는 역할을 했다. 언론의 승리였어야 할 일이 관련 언론인들에게는 쓰라린 경험이 되었다.

아르헨티나 기자들은 모스폰 데이터에서 키르치네르의 돈을 발견하지 못했다. 즉각적으로 반-키르치네르 진영은 의심을 품었다. 그런데 2016년 12월 8일 '블랙라이트'에 또 한 차례 새로운 자료들이 업로드 되었고 아르헨티나 기자들은 새로 선출된 대통령인 마우리시오 마크리Mauricio Macri를 데이터에서 발견했다. 마크리는 키르치네르가 지명한 후계자를 물리치고 이틀 뒤 취임할 예정이었다. 부유한 실업가의 자손인 마크리는 부친이 적법하게 설립한 회사 플레그 트레이딩Fleg Trading 이사로 10년 동안 이름이 올라가 있었다. 2009년 플레그 트레이딩은 더는 운영되지 않는 상태가 되었다. 나중에 시간이 지난 뒤에 마크리는 플레그 트레이딩에 관여한 사실을 정부의 정보공개서에 신고하지 않은 것은 그 회사에서 수익이 발생하지 않았기 때문이라고 주장했다. 키르치네르 지지자들은 사실을 부당하게 왜곡하면서 기자들이 선거에서 마크리를 돕기 위해 정보를 의도적으로 밝히지 않는다고 비난했다. "마크리의 회사는 그저 정치인들이란 하나같이 더러운 족속들이라는 사실을 보여주는 증거"라고 주장하는 이들도 있었다.

"키르치네르 추종자들은 우리더러 마크리를 구하려고 안간힘을 쓴다고 비난했고 마크리 추종자들은 우리가 마크리를 죽이려 한다고 비난했죠." 아르헨티나 기자 마리엘 피츠 파트리크는 당시의 상황을 이렇게 전한다. ICIJ 부대표 마리나 워커의 형제도 마크리의 지지자였다. 그의 정보를 폭로했다는 이유만으로 워커는 분노한 가족들의 전화를 받아야 했다. 그동안 키르치네르 정권에 맹렬히 맞섰던 〈라 나시온〉의 탐사보도 편집자이자 ICIJ 파트너인 우고 알코나다는 마크리 폭로를 신문사의 독립성을 입증하고 이미지를 개선할 기회로 봤다. 그런데 탐사보도 팀이 모스폰 데이터에서 〈라 나시온〉을 발견하게 되면서 입장이 곤란해졌다.

알코나다는 모스폰 파일에서 찾아낸 저명한 아르헨티나 기업가 명단을 공개하기로 결정했다. 그리고 〈라 나시온〉의 사주와 라이벌 신문사의 사주 역시 명단에 포함시키기로 했다. 상사들은 반대했다. 그 회사들이 불법적인 활동을 하고 있다는 점을 기자들이 입증하지 못했으므로, 정보를 공개하는 것은 부적절하다고 주장했다. 알코나다는 〈라 나시온〉이 공개하지 않더라도 어차피 ICIJ나 다른 파트너들이 명단을 폭로할 것이라고 지적했다. 다른 아르헨티나 매체에서 먼저 그 기사를 내보낼 경우 〈라 나시온〉은 신뢰성에 더욱 타격을 입을 터였다. 알코나다는 만약 신문사에서 자료가 못 나가게 막는다면 사표를 내겠다고 으름장을 냈다. 동료 편집자들도 항의에 가세하자 발행인은 한발 물러섰다. 기업가들의 이름을 공개하되 〈라 나시온〉이 연루된 데 대해 독자들에게 따로 경위를 설명하는 간단한 성명서를 게재하기로 했다.

에콰도르 대통령 라파엘 코레아Rafael Correa는 트위터에서 프로젝트 관련자들을 맹비난했다. 그는 악플러 부대를 규합하여 기자들에게 댓글 테러를 가하게 만들었다. 코레아 대통령은 악플을 다는 데 도움이 되게끔 기자들의 소셜미디어 계정을 트위터에 올렸다. 기자들의 소셜미디어는 추잡한 글로 도배가 됐다.

파나마의 〈라 프렌사〉와 마찬가지로 에콰도르 신문사들 역시 다른 파트너들이 모두 공개한 다음, 기자 이름 없이 기사를 올렸다. 에콰도르의 검찰총장, 중앙은행 전 총재, 정보부 장관이 데이터에 들어가 있었다. 〈엘 우니베르소〉 사주 일가 역시 모스폰 회사를 보유하고 있었다. 〈엘 우니베르소〉의 사주는 그 신문사에서 탐사보도를 주도한 키토 지국장 모니카 알메이다Mónica Almeida에게 미리 그 모스폰 회사에 대해 이야기한 상태였다. 코레아 대통령이 〈엘 우니베르소〉와의 민사소송에서 이기는 바람에 신문사가 문을 닫을 뻔 한 일을 겪고 나서 만든 회사였다.

몇 해 전 코레아는 언론 길들이기 작업의 일환으로 이름에서부터 전체주의적 냄새가 물씬 풍기는 '시민참여·사회통제 이사회' 설립을 진두지휘했다. 시민참여·사회통제 이사회는 〈엘 우니베르소〉 기자들에게 4월 18일 월요일에 출두하라고 요구하는 서한을 보냈다. 모스폰 데이터를 이사회에 넘기고 질의에 답변하는 자리였다. 기자들은 그 전 주 금요일에 출두 요청을 거부하는 서한을 보냈다. 〈엘 우니베르소〉 측은 데이터를 갖고 있는 것은 자신들이 아니라 ICIJ라고 설명했다. 최후의 결전이 임박한 듯 보였다. 그런데 토요일에 강진이 발생하면서 나라가 완전히 폐허가 되고 말았다. 언론과 정부의 관심이 지진 희생자 및 피해 상황에 집중되면서 월요일 이사회 모임은 소리 소문 없이 잊혔다.

파나마 페이퍼스에 대해 코레아가 제기한 불만 사항 가운데 하나는 기자들이 모든 데이터를 온라인에 게재하지 않았다는 점이었다. 그는 중요한 세부 내용들이 감춰져 있다면서, 본인이 전체 자료를 입수하여 대중에게 공개하겠다고 약속했다. ICIJ는 모든 데이터를 푸는 것을 고려해본 적이 한 번도 없었다. 대부분은 아니라고 하더라도, 데이터베이스에서 발견된 사람들 가운데 많은 이들은 범죄를 저지르지 않았다. 여권, 은행 계좌 정보, 사적인 내용이 가득한 메일 등 개인 정보를 공개할 공익적 근거는 없었다.

위키리크스가 보기에 이런 식의 해명은 만족스럽지 못한 측면이 있었다. 위키리크스 설립자 줄리언 어산지는 영국 런던의 에콰도르 대사관에 숨어 지내고 있었다. 위키리크스는 데이터를 풀지 않는다고 ICIJ를 맹공격했다. 그들은 "문서들의 99% 이상을 검열하여 삭제한다면 그 자체로 1% 저널리즘에 속하는 셈이다"라는 말도 안 되는 글을 트위터에 올렸다. 프로젝트 파트너인 한 방송사가 실수로 '블랙라이트' URL을 방송에 내보내면서 사태는 더욱 심각한 국면을 맞았다. 몇몇 눈치 빠른 기술 전문가들이 URL을 온라인에 게재하여 사이트 해킹을 부추겼다. 마르 카브라는 매우 신중하게 사이트를 일시적으로 폐쇄한 뒤 URL을 변경했다. 아직 기사를 작성 중이던 기자들의 낭패감은 이루 말할 수 없을 정도로 컸다. 그들은 데이터 때문에 시간을 잃고 싶지 않았다.

홍콩에서는 불굴의 챈위엔잉이 파트너들을 한데 모으기 전에 홍콩대학교 인근의 외딴 장소에서 멤버들을 개별적으로 만나 프로젝트를 준비했다. 그녀는 파트너들에게 일일이 프로젝트를 설명하면서 공조를 부탁했다. 〈명보〉, 〈코먼웰스 매거진〉, 〈사우스차이나 모닝 포스트〉가 협업에 참여했으나 중국 정부는 또 다시 정보를 막아버렸다. 〈명보〉가 1면 전체를 '파나마 페이퍼스'에 할애한 다음 날, 편집국장 컹 위엔Keung Kwok-Yuen이 해고됐다. 신문사 사주 측은 해고 결정에 대해 비용 절감이라는 이유를 댔다. 기자들은 납득할 수 없었다. 기자, 편집자, 언론자유 운동가 수백명이 항의 시위를 하기 위해 〈명보〉 사옥 앞에 집결했다.

모스폰 데이터가 공개되고 열흘이 지난 뒤, 파나마 경찰은 모스폰 본사가 있는 골목길의 출입을 통제하고 사무실을 수색했다. 라몬 폰세카는 당시에 마약 탐지견들도 있었다고 주장하지만, 작전을 담당한 검사 하비에르 카라바요Javier Caraballo는 현장에 개는 한 마리도 없었다고 거듭 주장했다. 수색이 진행되자 각국에서 온 기자들과 관광객들이 그 장면을 보기 위해 모스폰 사옥 앞의 잔디밭에 진을 쳤다.

카라바요는 압수한 모스폰의 컴퓨터 데이터 사본을 정부 청사 내의 허름한 사무실로 가져갔다. 헛수고였다. 카라바요 검사와 검찰청 직원들은 파일을 분석하고 파악하는 데 필요한 장비나 해당 분야의 전문 지식과 기술력이 전혀 없었다. 탐사보도 기자 수백 명이 분석하는 데 1년이나 걸린 파일이었다. 게다가 카라바요 검사가 맡은 임무는 훨씬 더 힘든 일이기도 했다. 기자들과 달리 그는 엄격한 공소시효 안에서 발생한 파나마 법률 위반을 찾고 있었다.

유르겐 모색은 본인이 오해라고 생각하는 부분에 대해 필사적으로 대응하고 싶어 했다. ICIJ 프로젝트에 참여한 언론인들은 믿지 않았다. 모색은 〈블룸버그뉴스〉와 〈월스트리트 저널〉을 찾아갔다. 그는 이 두 신문이 냉철하고 평판이 좋은 경제지라고 판단했다. 하지만 이들 매체와의 인터뷰에도 불구하고 계속해서 흘러나오는 새로운 폭로들과 세계 각국의 수사관과 검사들에 대응하기 위해 모색과 폰세카가 할 수 있는 일은 거의 없었다. 첫 달에만 멕시코에서 노르웨이에 이르기까지 전 세계적으로 금융 규제 기관, 세무 당국, 검찰이 조사에 착수했다. 페루와 엘살바도르의 경찰은 자국의 모스폰 사무소를 급습했다. 유럽 각국은 탈세범을 끝까지 추적하여 잡아내는 데 협조하겠다고 다시금 약속했다. 미국 뉴욕남부지방검찰청 연방검사 프릿 바라라Preet

Bharara도 수사를 개시했다. 스페인의 산업부 장관은 본인의 역외 회사에 대해 거짓말한 것이 기자들에 의해 들통 나자 사임했다.

1차 공개가 있고 나서 며칠 뒤 버락 오바마 대통령은 백악관 브리핑실에서 그 사안에 대한 기자회견을 열었다. 오바마 행정부는 조만간 그 기사들이 나올 것이라고 사전에 경고한 바 있었다. 기사 공개 직전 라일은 맥클라치의 케빈 홀과 함께 재무부 관료들을 만났다. 파나마 페이퍼스와 관련하여 정부의 공식 논평을 받아내겠다는 기대를 품고 간 자리였으나 궁극적으로는 성공하지 못했다.

이제 관심의 쓰나미에 직면한 오바마는 해외모회사설립에 대한 엄중단속의 정당성을 주장하기 위해 연단에 올랐다. 기업들은 해외모회사설립이라는 전략을 이용하여 미국에서 버젓이 사업 활동을 하면서도 세금을 피하기 위해 해외로 옮겨갔다. 이는 불법이 아니라 합법적인 스캔들이라고 오바마는 말했다. "여기, 미국에는 부유한 개인들과 힘 있는 기업들만이 이용할 수 있는 구멍들이 있습니다. 그들은 역외 계정에 접근할 수 있고 그 시스템을 마음껏 주무르고 있습니다. 중산층 가정은 같은 처지에 있지 않습니다. 사실 이런 구멍들 중 다수는 중산층 가정을 희생시키며 얻어낸 것입니다. 잃어버린 세수는 어딘가에서 반드시 채워 넣어야 하기 때문입니다."

미국 정부는 이 문제의 해결을 위해 꽤 큰 걸음을 내딛었다. 2010년 의회는 해외금융계좌신고법FATCA을 통과시켰다. 4년 뒤에 시행하기로 한 이 법에 따르면 해외 금융기관들은 요청받은 경우 미국인 고객들의 재산을 신고해야 했다. 미국 시장에 못 들어가는 일이 생기지 않도록 외국 은행들은 미국인 예금주들에게 IRS 신고 여부를 묻기 시작했다. 파나마 페이퍼스가 공개된 지 한 달 뒤, 미국 재무부는 계좌 개설에 역외회사를 이용한 고객들로부터 은행이 수집해야 하는 정보의 수준을 설정한 규정을 발표했다. 행정부의 조치는 대통령의 고상한 미사여구에 부응하지 못했다. 이 규정은 은행 업계의 로비 탓에 2년 동안 발이 묶이고 말았다. 재무부 규정을 지지하는 측에서는 이제 와서 그만두는 것은 상당히 심각한 퇴각이라고 비난했다.

대체로 미국 은행들은 예전부터 회사의 실소유주를 알아내려고 시도했다. 수익자가 테러범이나 범죄자일 경우에 초래될 부정적인 결과를 우려했기 때문이다. 정보를 기록해 두지는 않았을지 몰라도 알고는 있었다. 그런데 이제 재무부에서 몰라도 된다고 허락한 것이다. 은행이 회사의 배후에 있는 개인을 반드시 조사해야 하는 경우는 그 개인이 회사를 25% 이상 소유할 때로 한정되었다.

모스폰 본사를 급습하고 나서 일주일 뒤 카라바요는 모스폰이 자료 출력본을 보관해둔 창고에 대해서도 유사한 작전을 단행했다. 수사관들은 잘게 파쇄된 문서가 담긴 봉투들을 들고 나갔다. 모스폰 대변인은 재활용 처리장으로 보낼 쓰레기라고 설명했다. 압수한 봉투들은 트럭에 차곡차곡 쌓아 올렸다. 트럭

이 창고 인근 지역을 서둘러 빠져나가던 그때였다. 봉투 몇 개가 날아가면서 입구가 터지는 바람에 잘게 조각난 기밀문서들이 길바닥에 비처럼 쏟아져 내렸다. 그날 늦은 시각, 〈라 프렌사〉 기자들은 그 봉투 안에 뭐가 들었는지 알아내기 위해 온 동네를 샅샅이 뒤지며 종이 조각들을 주워 모았다(다만 그들이 찾아낸 것은 이미 데이터베이스에 있는 내용이었다).

파나마 페이퍼스 프로젝트가 끝나갈 무렵 마르 카브라는 건강을 회복하기 시작했다. 마침내 일과 삶 사이에서 적절한 균형을 찾은 기분이었다. 프로젝트의 성공 역시 기운을 북돋웠다. 카브라는 ICIJ를 떠나기로 한 결정을 재고하기로 했다. 5월 초 카브라는 런던에서 열린 네오4JNeo4J의 연례회의 그래프커넥트 GraphConnect에서 연설을 했다. 네오4J는 오픈소스 데이터베이스 시스템으로, 링쿠리어스와 ICIJ가 유출된 데이터를 기자들과 일반인들이 이용할 수 있는 상태로 만들기 위해 했던 작업의 상당 부분을 뒷받침해주었다. 그 회의에는 700명이 넘는 기술 전문가들이 모여 들었다. 카브라는 저널리즘 콘퍼런스의 베테랑 연사였지만, 그렇게 많은 청중 앞에 선 적은 처음이었다. 준비한 프레젠테이션을 3분의 2정도 진행했을 때 카브라는 특별 발표를 했다. ICIJ는 모든 모스폰 회사들에 관한 데이터베이스를 그 주에 온라인에 게재할 예정이었다. 관중석에서 박수갈채가 터져 나왔다.

ICIJ는 이미 '오프쇼어 리크스'의 구조적 데이터, 즉 회사명,

주주, 명의이사, 주소, 기타 정보를 프로젝트가 끝난 다음 온라인에 올린 적이 있었다. 이제는 거기에 모스폰 자료를 추가할 계획이었다. 많은 경우 회사의 실소유주에 대한 세부사항은 입수할 수 없는데, 모스폰 파일에서 나온 정보가 추가되면서 그 데이터베이스에는 200곳이 넘는 국가 및 지역과 관련된 인명 및 회사명 36만여 개가 들어가게 되었다. 역외회사들과 그 배후 인물들을 한데 모아놓은 역대 최대 규모의 데이터베이스였다. 링쿠리어스 덕분에 대화식 데이터베이스 사용자들은 회사, 재단, 신탁과 관련 인물들 사이의 관계성을 시각적으로 볼 수 있었다. 그 가운데 은행, 로펌, 회계사들이 어떤 역할을 했는지 추적하는 것 역시 가능했다.

수년 간 각국 정부는 이러한 정보를 어디까지 공개해야 하는지를 두고 논쟁을 벌여 왔다. ICIJ는 그러한 논쟁을 무의미하게 만들어 버렸다. 정보를 공짜로 이용할 수 있게 만든 것이다. 정부 수사관들, 청구인을 좇는 로펌들, 학계, 관심 있는 일반인들 어느 누구라도 데이터베이스를 내려 받거나 ICIJ 앱에서 검색할 수 있었다.

대다수 조세피난처나 인기 있는 법인 설립 지역의 경우 일반인에게 제공하는 데이터베이스를 갖추고 있었으나 대체로 이용요금이 청구되거나 데이터를 훑어보는 것이 쉽지 않았다. 그 후 몇 달 동안 ICIJ는 많은 조세피난처들의 '공용' 데이터베이스에서 유출된 자료들을 입수하게 되었다. ICIJ는 이 정보 역시 기존 데이터베이스에 추가했다. 회사 수십만 개가 보태졌다.

모색과 폰세카에게 있어서 이는 가장 심각한 배신 행위였다. 두 사람은 고객들에게 비밀엄수를 약속했다. 그들은 비밀엄수를 '프라이버시'로 간주하는 것을 선호했다. 가끔 세법을 확대 해석하는 경우도 있기는 하나 고객의 압도적 다수는 회사를 합법적으로 이용하고 있다고 확신했다. 그렇기에 고객의 활동 정보를 폭로하는 짓은 두 사람이 사생활에 대한 인간의 권리라고 한 것을 중대하게 침해하는 행위였다. 〈라 프렌사〉의 리타 바스케스도 데이터베이스의 공개에 의문을 제기했다. ICIJ는 앱에 역외회사의 소유는 불법 혹은 범죄를 시사하는 행위가 아니라는 점을 알리는 고지 사항을 눈에 잘 띄도록 넣는 것을 잊지 않았다. 그럼에도 불구하고 바스케스는 데이터베이스에 등장하는 모든 사람이 악질적인 역외 시스템 이용자들과 함께 있다는 이유만으로 오명을 뒤집어쓰지는 않을까 우려했다.

데이터베이스를 풀기 사흘 전, 존 도가 다시 나타났다. ICIJ의 리고베르토 카르바할은 모스폰 프로젝트에 '프로메테우스'라는 이름을 붙일 때 존 도를 많이 떠올렸다. 프로메테우스는 인류를 이롭게 하기 위하여 신들에게서 불을 훔쳤다. 그 벌로 제우스는 그를 코카서스캅카스 산맥의 바위에 쇠사슬로 묶어 밤낮없이 거대한 독수리들이 그의 간을 뜯어먹게 했다. 신들에게 있어서 그는 죄인이자 도둑이었으나 인간들에게 그는 영웅이었다. 카르바할은 존 도가 수백만 달러에 팔 수도 있었던 데이터베이스를 제공한 이타적 행동 때문에 프로메테우스 같은 파멸의 숙명으로 고통 받을까봐 걱정했다.

"현재 저는 직접적으로든 계약에 의해서든 어떤 정부나 정보기관에서 일하고 있지 않습니다. 과거에도 마찬가지였습니다"라고 존 도는 메일을 보내왔다. 자료와 그 자료에 내포된 부당함, 부정함의 정도를 알게 된 게 자료 유출의 동기였다. 모스폰은 다 알면서도 고의로 그리고 거듭 되풀이하여 전 세계의 수많은 법을 위반했다면서, 존 도는 네바다 재판에서 나온 진실을 호도하는 유르겐 모색의 진술을 언급했다. "모스폰의 창립자들, 직원들, 의뢰인들은 여태껏 일부만 밝혀진 범죄들에서 본인이 어떤 역할을 했는지에 대해 반드시 답을 내놓아야 한다"라고 존 도는 말했다.

우리의 시대를 규정하는 문제들 가운데 하나인 소득 불평등의 확대를 조장한 것이야말로 모스폰과 모스폰이 돌아가게끔 만든 시스템이 저지른 가장 나쁜 해악이라고 존 도는 생각하는 듯했다. 사회를 병들게 만들고 도덕적 구조를 부패시킨 원인은 바로 그 시스템이었다. 존 도가 관찰한 바에 따르면 모스폰은 외부와 단절된 진공 상태에서 움직인 게 아니었다. 사실상 거의 모든 국가의 주요 로펌들에서 협력자와 고객을 찾아냈다.

존 도는 가능한 한 법집행기관에 기꺼이 협조하고 싶다는 의향을 내비쳤다. 미국과 유럽의 내부고발자들과 운동가들은 명백한 범법행위에 불을 비춘 뒤 그로 인해 인생이 망가졌으므로 존 도의 협조는 최소한으로 이뤄질 가능성이 컸다. 내부고발자들이 처벌 대상으로 지목되는 한, 범죄를 막기는 힘들어질 것이다. 내부고발자들은 힘 있는 자들이 대중에게 비밀로 하고 싶어 하는 것을 폭로할 근성과 배짱이 있기 때문이다. 존 도는 에드워드 스노든, UBS의 브래들리 버켄펠드, '럭스 리크스'의 내부고발자 앙투안 델투르를 언급했다. 룩셈부르크는 몇 번이고 재판을 해서라도 델투르와 에두아르 페랭에게 유죄를 선고할 작정이었다.

"각국 정부가 내부고발자에 대한 보호를 법으로 성문화하지 않는 한, 집행기관들은 그저 자체적인 정보원이나 현재 진행형인 전 세계 언론 보도에 의존할 수밖에 없을 겁니다"라고 존 도는 전했다.

18장

자본가의
백악관 입성

▶ 터키 기업가 메흐메트 알리 얄츤다Mehmet Ali Yalçındağ가 터키 대통령과 통화하던 그 순간, 터키는 이제 막 하루가 시작된 참이었다. 얄츤다는 미드타운 맨해튼의 트럼프타워에서 전화를 하고 있었다. 자정이 지난 시각, 2016년 11월의 기나긴 선거일 밤이 지났다. 지나치게 큰 금색 글자들이 입구에서 번쩍거리는 초고층 빌딩에 얄츤다가 와 있었던 이유는 사업 파트너인 도널드 J. 트럼프Donald J. Trump에게 힘이 되어주기 위해서였다. 그날 밤, 부동산 거물이 차기 미국 대통령이 되리라고 예상한 사람은 거의 없었다.

대다수 유권자들은 호의적이지 않았으나 판세는 트럼프에게 유리하게 돌아갔다. 주류 공화당원들과 민주당원들 그리고 언론은 전에 없던 독특한 후보자를 다루는 데 서툴렀다. 트럼프가 상대한 적수는 힐러리 클린턴Hillary Clinton이었다. 클린턴은 유권자들의 의중을 잘못 읽고 형편없는 선거운동을 펼쳤다. FBI 국장 제임스 코미James Comey는 선례를 깨고 직접 선거에 개입했다. 그는 클린턴 메일 수사에 관한 부정적인 판단과 도발적인 세부 내용을 흘렸다. 수사는 결국 성과 없이 끝을 맺었다. 러시아 대통령 블라디미르 푸틴은 선거 결과에 영향을 미치려는 의도로 미국에 대한 대대적인 사이버공격을 단행했다.

민주당전국위원회 메일 서버 해킹, 소셜미디어상의 가짜뉴스 양산, 각 주의 선거 데이터베이스 침투 시도 등의 공격 뒤에는 크렘린러시아 정부가 있었다. 기밀이 해제된 첩보에 따르면 푸틴이 민주당원들 및 미국의 선거 시스템을 표적으로 삼은 이유는 부분적으로 파나마 페이퍼스의 러시아 폭로로 화가 머리끝까지 났기 때문이었다. 러시아 지도자 주변에서 소용돌이치는 불법 자금의 흐름에 관한 상세한 이야기가 전 세계 신문과 뉴스 방송을 가득 채웠다. 푸틴은 해를 끼친 데이터 유출을 두고 오바마 행정부를 탓했다.

그런데 푸틴의 친-트럼프 성향은 힐러리 클린턴과 오바마 행정부에 대한 복수심보다 더 깊은 뭔가에서 비롯된 듯했다. 푸틴과 트럼프는 제로섬zero-sum적 세계관을 공유했고 장막 너머에서 움직이기를 좋아한다는 공통점이 있었다. 그리고 '언론의 자유'라는 것을 업신여겼다. 두 사람 다 가족 왕조를 세우기 위해 금전적 이익을 자식들에게 물려줘야 한다고 믿었다. 수년 간 러시아 자금은 트럼프의 기업왕국이 가라앉지 않도록 도왔다. 트럼프와 그의 선거운동원들은 푸틴과 밀접한 관계가 있는 러시아 올리가르히들과 다수의 사업적 거래 관계를 유지하고 있었다.

트럼프와 푸틴은 둘 다 비밀세계에 도통한 인물이기도 했다. 본인의 활동을 숨기고 비즈니스 업무를 비밀로 유지하기 위해 익명회사를 사용하는 데 선수였다. 선거운동 기간에 트럼프는 델라웨어주에 378개의 기업을 보유하고 있다고 신고했으나 그가 하고 있는 상거래의 전체 규모는 여전히 베일에 가려져 있었다. 트럼프는 40년 만에 최초로 소득세 신고서를 공개하지 않겠다고 한 대통령 후보였다.

도널드 트럼프 본인은 모색 폰세카와 개인적으로 교류하지 않았으나 트럼프 기업Trump Organization은 일찍이 1994년 파나마의 모스폰 회사들과의 부동산 거래에 관여했다. 부동산 개발업자, 구매자, 판매자들은 오랫동안 비밀세계에서 활동했다. 트럼프와 관계자들 역시 하나도 다르지 않았다. 파나마 페이퍼스가 폭로한 바에 따르면 트럼프의 해외 사업 파트너들 가운데 최소한 아홉 명이 모스폰과 관련 있었다. 비밀세계를 이용한 트럼프의 사업 파트너 중 몇몇은 합법적인 사업과 불법적인 행위, 즉 성매매, 뇌물수수, 탈세를 결합한 것으로 추정되었다. 이 같은 혐의에 대해 질문하자 트럼프는 모르는 일이라고 주장했다.

알렉산드르 슈나이더Alexander Shnaider와 예두아르트 시프린 Eduard Shyfrin은 건지 섬에 있는 회사를 통해 토론토에 트럼프 호텔을 개발한 이들로, 사업의 상당 부분을 역외에서 했으며 모스폰 파일에 등장하는 적어도 다섯 개 회사의 주주였다. 그중 미들랜드Midland라는 회사는 한 철강 공장의 주식 절반가량을 러시아 국영은행 브네시코놈뱅크VEM의 대리인 역할을 하는 역외 회사들에 팔았다. 두 개발업자는 트럼프 호텔 개발에서 발생한 비용 초과와 일정 지연 때문에 분투하는 과정에서 이 거래를 진행했다. 여느 트럼프 프로젝트와 마찬가지로 이 개발 계획 역시 고소와 맞고소로 끝이 났다.

선거를 치르는 동안에도 그리고 대통령이 되고 나서도 트럼프 주변을 둘러싼 인물들은 파나마 페이퍼스 데이터와 관련된 사람들이었다. 트럼프의 사위 재러드 쿠슈너Jared Kushner는 스타인메츠 집안으로부터 자금을 조달 받았다. 스타인메츠 일가는 다수의 모스폰 회사들과 HSBC 은행 계좌를 사용했다. 쿠슈너는 '다이아몬드 왕'으로 알려진 이스라엘의 올리가르히인 레브 레비에프Lev Leviev와도 2억 9,500만 달러 규모의 부동산 거래를 했다. 레비에프는 최소한 세 개의 모스폰 회사와 신탁 하나를 보유했다. 레비에프는 러시아인이 소유한 프레베존 홀딩스Prevezon Holdings의 사업 파트너였다. 프레베존 홀딩스는 러시아 조직폭력단이 2억 3,000만 달러를 가로챈 것으로 추정되는 마그니츠키 사건에 연루된 회사였다. 미국 검찰은 그 사건과 관련하여 자금세탁을 수사하는 동안 프레베존의 자산을 동결시켰다. 트럼프 정권의 법무부는 연방검사 프릿 바라라를 해고한 뒤 서둘러 590만 달러에 프레베존과 합의했다.

트럼프 측 선거대책본부장이었던 폴 매너포트Paul Manafort는 러시아 올리가르히 두 사람과 사업적인 관계를 맺고 있었다. 억만장자 드미트리 피르타시Dmitry Firtash 그리고 블라디미르 푸틴과 서로 비밀을 털어놓을 만큼 절친한 사이인 금속 왕 올레크 데리파스카Oleg Deripaska는 둘 다 모스폰 역외회사를 보유하고 있었다. 대통령 부보좌관이었던 세바스찬 고르카Sebastian Gorka는 1992년에 고용주를 대신해 조사하고 있던 한 회사와 관련하여 모스폰에 편지를 보낸 것으로 보인다. 모스폰은 그 회사에 대한 정보를 고르카에게 제공한 다음, 125달러를 청구하는 송장을 보냈다. 고르카는 그 조사가 '가벼운 수준'이었으며, 수수료에 대해서는 사전에 논의한 바가 없었다고 주장하면서 지불을 거절했다. 모색도 대금 지불을 계속 요구하지 않았다.

선거날 밤, 트럼프 타워에서 얄튼다는 본인의 휴대전화를 새로 선출된 대통령에게 건넸다. 그리하여 터키 대통령 레제프 타이이프 에르도안Recep Tayyip Erdoğan은 도널드 트럼프에게 가장 먼저 축하 인사를 전한 세계 지도자가 되었다. 트럼프는 여전히 얼떨떨한 상태였다. 그는 그날 하루가 다 지나갈 때까지 거의 아무 말도 하지 않은 채 텔레비전 앞에 딱 붙어 있었다. 터키 기자 암베린 자만Amberin Zaman이 입수한 트럼프와 에르도안 사이의 대화 내용을 보면 그 대통령 당선자는 얄튼다가 자신의 '막역한 친구'이자 '에르도안의 열렬한 숭배자'라고 했다.

필사적으로 터키 대통령의 호감을 사려 했던 얄튼다로서는 트럼프의 지원 사격이 행운의 일격이었다. 그동안 에르도안은 얄튼다의 가족이 운영하는 도안 홀딩Doğan Holding을 공격해왔다. 도안 홀딩은 터키의 주요 언론사 및 석유 이권을 보유한 문어발식 금융 제국으로, 모스폰과도 일정 부분 관련 있었다. 에르도안 정부는 막대한 탈세 혐의, 비판적인 언론 보도를 이유로 도안 홀딩을 추적했고 이 거대 복합 기업에 수십억 달러의 벌금을 부과했다.

트럼프는 오랫동안 습관처럼 경제적 이득을 위해 늘 수상한 인물들과 어울렸다. 언론 보도에 따르면 그는 뉴저지와 뉴욕에서 마피아와 연관된 사람들과 자주 사업을 했다. 트럼프는 본인의 첫 번째 카지노 부지를 마피아와 연결고리가 있는 두 사람에게서 빌렸다. 마피아가 좌지우지한다고 알려진 건설 노조는 파업에 돌입했을 때도 트럼프의 작업장에서만큼은 계속 일을 했다. 의심쩍은 유대 관계 때문에 골치 아픈 일을 겪은 적이 한 번도 없었기에 트럼프는 훗날 사업 모델을 바꿔야 할 때가 오자 판을 더 크게 벌였다.

1990년대 중반 트럼프는 파산한 데다 취미라고 할 정도로 너무 빈번하게 민사소송을 제기한 탓에 대부분의 미국 은행에서 자금줄이 막혔다. 그는 부동산 개발 업계를 떠나 본인의 브랜드를 판매하고 해외에서 수입원을 찾는 데 주력했다. 트럼프는 자신이 만든 꼼꼼한 설계명세서에 따라 지어지는 시그니처 개발 라이선스를 제공했다. 호텔 같은 경우 트럼프 기업은 대체로 수익률에 따라 관리하게끔 되어 있었다. 미국 밖에서 트럼프는 수중에 들어온 돈의 출처에 훨씬 덜 까다로워졌다.

2016년 대선 이후, 얽히고설킨 트럼프의 해외 사업은 국가 안보 및 헌법적 관심사항으로 확대되었다. 사업 파트너들이 미국 대통령과의 관계로부터 새로운 방식으로 이득을 보게 되리라 기대하는 가운데, 트럼프 행정부의 조치들은 그것이 공익을 위한 것인지, 사적 이득을 추구하는 것인지 판별하기 어려워지게 되었다. 백악관은 공화당이 다수를 점한 의회와 협력하여 자유 방임주의가 더 잘 반영된, 비밀세계에 대한 새로운 정책들을 추진했다.

재임 기간 8년 동안 오바마 행정부는 투명성을 제고하고 역외 시스템을 관리하는 방향으로 정부 정책을 조금씩 몰고 가려고 했다. 2010년 FATCA에 서명한 것은 물론, 탈세와 범죄행위에 여념이 없는 외국인들의 피난항을 자청한 델라웨어주, 네바다주, 와이오밍주 같은 지역들을 단속하려고 시도했다. 변호사, 은행가, 주 공무원들이 강하게 반발했으나 오바마 행정부는 이 문제를 방지하기 위한 작은 걸음을 내딛기로 결정했다. 마이애미와 뉴욕의 부동산 중개인들에게 익명회사가 현금으로 구매한 부동산의 실제 수익권자를 신고하도록 강제하는 시범 계획을 시행한 것이다. 다만, 이름을 밝히는 것은 지분권을 25% 이상 보유한 경우로 한정되었다. 2017년에 재무부는 이 프로그램을 확대했다. IRS 역시 미국 내 외국인 소유의 유한책임회사는 세금 징수에 필요한 기업용 사회보장번호인 고용인식별번호를 발급받아야 한다는 규정을 내놓았다. 이는 조사에 필요한 장부 및 기록을 보관하고 회사에 대한 실권을 보유한 '책임자'를 지정하기 위함이었다.

가장 중요하게는, 부유한 미국인들에 대한 세금을 인상했다. 트럼프와 공화당은 세금, 특히 부유층에 대한 세금을 언제라도 없애야 할 정부 명령에 의한 절도 행위로 보았다. 국세청의 재원 가뭄을 해갈하려는 노력, 비밀세계를 통한 미국인들의 탈세를 막기 위해 싸움을 벌이던 오바마 정권의 최전방 부대는 공화당의 반격으로 힘을 잃었다. 선거운동 기간에 트럼프는 본인이 세금을 피하려고 가능한 한 모든 수를 쓴 것을 두고 자화자찬했다. 힐러리 클린턴이 수년 간 연방 소득세를 회피했다고 비난하자, 트럼프는 "그게 저를 똑똑하게 만들었죠"라고 응수했다.

취임하고 몇 주 지나지 않아 신임 대통령과 공화당 의회는 비밀세계에 대한 오바마식 접근법에 종언을 고했다. 트럼프 행정부가 들어서고 처음 진행된 중요한 표결에서 의회는 반부패 정책 한 가지를 무효화했다. 석유, 가스, 광업 회사가 사업 활동을 하는 외국 정부에 돈을 지불한 내용을 상세히 기술한 연례 보고서를 증권거래위원회에 제출하도록 강제한 조치였다. 원래의 입법 의도가 뇌물수수 관행을 약화시키는 것이었으므로, 이 법의 폐지는 수백만 달러의 기부금으로 공화당에 정치 자금을 댔던 추출산업 업계에게는 선물과도 같았다. 트럼프의 해외 사업 파트너들 가운데 일부, 그러니까 정유업계나 광산업계에 막대한 돈을 투자한 이들 역시 혜택을 볼 수 있었다.

트럼프는 이미 그 전에 외국의 부패를 억제하려는 노력에 반대한다는 의견을 공표한 바 있었다. 2012년 CNBC와의 전화 연결에서 트럼프는 사업 파트너가 불법 행위에 협조하고 있지 않다는 것을 보장하기 위해 미국 기업에 조사 의무를 부여한 해외부패방지법을 두고 반드시 바뀌어야 할 '끔찍한 법'이라고 말했다. "다른 국가들은 하나같이 이런 상황에 들어가게 됩니다. 그들은 해야 할 일을 하는 거죠. 만약 미국 기업들이 뇌물을 주고받지 못하면 아무데서도 사업을 할 수 없게 될 겁니다"라고 트럼프는 말했다.

2013년 11월 모스크바에서 열린 미스 유니버스 대회에 참석한 트럼프는 레드카펫을 걸으며 연신 싱글벙글이었다. 블라디미르 푸틴이 얼굴을 비추는 일은 없었지만, 트럼프의 러시아 출장은 굉장히 순조로웠다. 6월에 트럼프는 사랑에 빠진 10대 소녀처럼 트위터상에서 러시아 지도자의 참석 여부를 점쳤다. "11월에 모스크바에서 열리는 미스 유니버스 대회에 푸틴이 올까? 만약 온다면 나의 새로운 절친이 될까?" 푸틴은 직접 참석하는 대신 옻칠 장식함과 짤막한 친필 편지를 보냈다.

진짜 교제는 다른 데서 이뤄졌다. 그 미인대회를 공동 개최한 트럼프의 러시아 사업 파트너는 억만장자 부동산 개발업자인 아라스 아갈라로프Aras Agalarov와 에민 아갈라로프Emin Agalarov 부자였다. 특히 아라스 아갈라로프는 러시아 지도자와 가까운 사이로, 미스 유니버스 대회가 열리기 직전인 10월에 푸틴이 직접 러시아 명예훈장을 수여하기도 했다. 트럼프는 러시아에 있는 동안 아갈라로프 부자와 모스크바에 고층 아파트를 건설하는 계획을 논의했다. 아라스 아갈라로프가 여러 사람과 함께 주최한 모임에서 트럼프는 러시아 올리가르히들을 많이 만났다. 그중에는 푸틴 밑에서 경제개발무역 장관을 지낸 게르만 그레프Herman Gref도 있었다. 그레프는 러시아 최대 국영은행인 스베르방크Sberbank를 맡고 있었다. 트럼프는 러시아에서 돌아온 뒤 〈리얼 에스테이트 위클리〉에 이렇게 자랑했다. "나는 많은 러시아인들과 좋은 관계를 맺었습니다. 거의 모든 올리가르히들이 그 방에 있었죠."

트럼프는 1980년대부터 러시아 부동산 시장에 진입하려고 안간힘을 썼다. 1987년에는 소련 호텔·관광국과의 합작투자로 건설할 고급 호텔 부지를 물색하기 위해 모스크바에 갔다. 하지만 거래는 날개 한 번 펴보지 못하고 끝나버렸다. 1996년에 트럼프는 재도전했다. 이번에는 미국 담배회사 중역들과 공동으로 추진한 콘도미니엄 프로젝트였다. 하지만 이 역시 불발되고 말았다. 10년이 지나지 않아 트럼프는 모스크바에 트럼프타워를 건설하기 위해 베이록 그룹Bayrock Group과 계약을 체결했다. 베이록 그룹은 러시아, 카자흐스탄, 터키와 관련되어 있는 투자기금이었다.

이 프로젝트 역시 열매를 맺지 못했으나 베이록과 트럼프는 다른 거래를 몇 건 더 성사시켰다. 베이록의 경우 트럼프는 비밀세계 및 모스폰과의 연결고리가 수두룩한, 그런 불미스러운 파트너라도 전혀 개의치 않았다. 만약 트럼프가 러시아에서 사업을 못 하게 되더라도 러시아와 동유럽의 돈이 그에게로 흘러들어갈 수 있게끔 해줄 수 있는 존재였다.

베이록의 수장은 소련 통상부 소속 경제학자였던 테브피크 아리프Tevfik Arif였다. 동구권의 정부 관료들과 폭력배들이 공공재를 나눠먹던 시절, 테브피크 아리프와 레피크 아리프Refik Arif 형제 역시 카자흐스탄의 주요 크롬 생산업체인 악튜빈스크 크롬화학공장을 손에 넣었다. 테브피크 아리프는 에르도안 대통령의 친척인 페타흐 타민제Fettah Tamince와 동업하는 사이였다. 타민제는 터키의 고급 호텔 체인 릭소스Rixos의 소유주로, 적어도 네 개의 모스폰 회사를 보유하고 있었다. 그중 몇 곳은 주주가 겹치기도 했다. 아리프는 미국으로도 사업을 확장하여, 브루클린의 시프스헤드베이Sheepshead Bay에 콘도미니엄과 쇼핑센터를 재개발하기도 했다.

아리프는 2000년 4월 바하마에 베이록 홀딩스 주식회사를 세운 다음 델라웨어, 플로리다, 뉴욕에 베이록 회사들을 설립했다.

본사는 뉴욕 5번가에 있는 트럼프타워 24층에 있었다. 2008년 금융 위기가 발생하기 전 몇 년 동안 베이록에는 돈이 넘쳐났다. 돈이 더 필요하다 싶으면 어디선가 마법처럼 생겨났다. 뉴욕 연방법원에 제기된 소송에서 드러난 바에 따르면 그 돈은 레피크 아리프가 보내준 것이었다. 몸은 터키에 있었으나 그의 사업적 이해관계는 수많은 모스폰 회사들을 통해 퍼져 나갔다.

모스폰 파일에 등장하는 아리프 일가와 관련된 회사는 스물다섯 개가 넘었다. 사업 분야는 민항기 임대부터 화학물질 판매, 부동산 투자에 이르기까지 대단히 폭넓고 다양한 업종이 총망라되어 있었다. 아리프 집안은 적어도 1996년부터 비밀세계에서 활동해왔다. 아리프 가족재단 라바나Ravana에 대한 권리까지 보유한 모스폰 셸컴퍼니를 가지고 여러 조직을 겹겹이 쌓아 올렸다. 아리프 일가의 핵심 기업 조직인 도옌Doyen 그룹과 관계 있는 역외회사들은 국제 축구계의 부패에도 연루되었다.

베이록 직원 가운데 최고는 전직 증권 중개인이자 유죄선고를 받은 흉악범 펠릭스 세이터Felix Sater였다. 러시아에서 태어나 브루클린에서 성장한 세이터는 술집에서 시비가 붙은 다른 손님의 얼굴에 마르가리타 잔을 내리친 죄로 징역살이를 했다. 석방된 뒤에는 1998년 마피아가 관련된 4,000만 달러 규모의 사기 사건에 연루되기도 했다. 세이터는 정부 쪽 비밀 정보원으로 변신함으로써 무거운 처벌을 용케 피할 수 있었다. 세이터에 관한 질문을 받았을 때 트럼프는 잘 알지 못하는 사람이라고 답했다.

그러나 트럼프와 세이터는 적어도 한 번은 출장을 같이 갔던 사이였다.

2005년 트럼프는 베이록과 손을 잡았다. '트럼프'라는 브랜드를 제공하여 그 이름 뒤에서 아리프의 돈을 합칠 수 있었다. 제일 유명한 프로젝트는 맨해튼에서 가장 트렌디한 동네에 들어선 46층 규모의 호텔 콘도미니엄, 트럼프 소호Trump SoHo였다. 트럼프는 2006년 본인이 출연하고 있던 TV 쇼 〈어프렌티스Apprentice〉에서 이 프로젝트를 발표했다. 자신의 이름과 조언을 제공하는 대가로 트럼프는 매출의 15%를 배당받았고 추가적으로 두 자녀, 즉 이방카와 도널드 주니어에게도 3%가 돌아가게끔 했다.

2007년 아리프는 '트럼프 소호' 및 다른 프로젝트 세 건에 대해 아이슬란드의 FL 그룹과 자금 조달 계약을 체결했다. FL 그룹은 미래 수익을 조건으로 5,000만 달러를 제공하기로 했고 트럼프는 이 합의에 동의하는 문서에 서명했다. FL 그룹은 아이슬란드의 금융 광풍에 올라타 재미를 보고 있던 국제 투자회사였다. 그룹의 아이슬란드 주주들은 마치 바람개비처럼 역외회사들을 돌려댔는데, 대체로 모스폰을 통해서였다. 아이슬란드의 경제 기적 뒤에 숨겨져 있던 사기 행각 및 자기거래 행태가 금융 위기로 만천하에 드러나면서 FL 그룹은 쫄딱 망하고 말았다. 모스폰 파일에서 FL 그룹을 검색하면 아이슬란드 은행들로부터 받은 상당한 대출금, 아이슬란드 체인 및 인도에 대한 방만한 투자, 룩셈부르크 내 카우프싱의 최대 채무자가 줄줄이 딸려 나온다. 아이슬란드의 특별검사 올라퀘르 회익손은 FL 그룹의 전 CEO 한네스 스마우라손Hannes Smárason을 회삿돈 약 2,200만 달러를 횡령한 혐의로 기소했으나 재판에서는 무죄 판결이 나왔다.

베이록에서 근무했던 직원 조디 크리스Jody Kriss가 그 회사에 대해 제기한 민사소송에서는 FL 그룹 뒤에 있던 돈 가운데 일부의 출처가 러시아라는 얘기가 나왔다. 크리스는 베이록이 수년간 사기, 탈세, 돈세탁, 뇌물수수, 횡령 등 지속적으로 범죄와 관련된 방식에 따라 운영되었다고 주장했다. 더 나아가 FL 그룹의 '트럼프 소호' 투자가 실은 2,000만 달러에 달하는 세금을 회피하기 위해 대출로 위장한 판매 행위였다고도 했다. 베이록은 혐의를 부인했다. 트럼프 역시 본인의 이름만 빌려줬을 뿐 융자와는 아무런 관계가 없다는 주장만 반복했다. "나는 베이록의 소유주가 누군지 모릅니다." FL 그룹이 자금 조달을 돕는다는 내용이 분명히 기재된 문서에 서명했음에도 불구하고 2011년에 트럼프는 이렇게 진술했다. "베이록의 주인이 누구였는지 정말로 몰랐습니다."

베이록을 통한 '트럼프 소호' 투자자라고 회사 팸플릿에 버젓이 소개된 또 다른 인물은 러시아의 억만장자 알렉산드르 마시케비치Alexander Mashkevich였다. 그는 '유라시아 천연자원회사ENRC'의 배후에서 활약하던 주주 3인방 중 한 사람이었다. ENRC는 채굴에서 건설에 이르기까지 광범위한 이권을 보유한 거대 복합 기업이었다. 마시케비치의 대변인은 그 억만장자가 트럼프 소호나 베이록에 투자한 일이 없다고 말했다. 채굴산업계의 거물인 마시케비치는 카자흐스탄의 종신 대통령 누르술탄 나자르바예프Nursultan Nazarbayev와도 가까운 사이였다. 나자르바예프의 손자나 친척들 역시 모스폰 회사를 갖고 있었다. 2011년 ENRC 배후의 주요 3인방 마시케비치, 파토흐 쇼디예프Patokh Chodiev, 알리잔 이브라기모프Alijan Ibragimov는 벨기에에서 자금세탁 혐의로 기소되었다. 이들은 범법 행위를 인정하지 않은 상태에서 액수가 공개되지 않은 합의금을 내기로 했고 기소는 철회되었다.

ENRC가 모스폰과 깊이 엮이게 된 때는 최소한 2003년까지 거슬러 올라간다. ENRC는 채널 제도에 있는 건지 섬의 한 신탁회사를 통해 모스폰이라는 로펌과 관계를 맺게 되었다. ENRC의 회사들 가운데 일부는 콩고 채굴 사업과 관련되어 있었다. 서아프리카에서 ENRC는 이스라엘의 다이아몬드 거물 댄 거틀러Dan Gertler에 대한 뇌물 수사에 연루되기도 했다. 거틀러 역시 모스폰 회사와 HSBC 스위스은행 계좌를 보유하고 있었다. 거틀러는 범행 일체를 부인했다.

2014년 건지의 중개업자 세인트피터스 트러스트St. Peter's Trust는 ENRC의 회사 열다섯 개를 모스폰으로 옮기려고 했다. 사안을 검토한 모스폰의 준법지원부는 이 회사들이 주주 3인방과 카자흐스탄 정부 간의 합작투자사인 ENRC 유한책임회사와 관련되어 있다는 사실을 발견했다. 관련자들은 모두 PEP였다. 게

다가 ENRC는 논란이 많았던 콩고 대통령과의 채굴 거래 이후 투자자들이 서둘러 발을 빼면서 주가가 대폭락하는 바람에 런던증권거래소에서 상장 폐지된 상태였다. 그 회사는 카자흐스탄과 아프리카에서 부패 혐의와 관련된 여러 건의 범죄 수사에 직면한 상황이었다. 모스폰 입장에서 볼 때 위험신호가 너무 많았다. "조사를 진행하는 과정에서 도출된 부정적인 결과들을 감안할 때 이 회사들을 우리 쪽에서 관리하도록 받아들이면 안 된다는 게 저희가 내린 결론입니다"라고 모스폰의 준법지원 담당자는 말했다.

'트럼프 소호'는 시작부터 불운했다. 건물 부지가 예전에 아프리카감리교 감독교회가 있었던 자리라는 사실이 뒤늦게 드러났다. 공사가 진행되는 동안 근로자들이 교회 묘지에 묻혀 있던 뼈들을 발견했고 그렇게 해서 나온 유해를 발굴하여 이장하느라 공사 일정이 늦어질 수밖에 없었다. 게다가 작업 중이던 인부가 추락사하는 사고도 발생했다. 완공되기 전, 트럼프는 400실가까이 되는 매물이 날개 돋친 듯 팔려 나가고 있다고 거짓말했다. 2010년 4월 트럼프 소호를 개장할 무렵 실제로 구매자를찾은 아파트는 약 60채에 불과했으나 트럼프는 3,200건의 신청이 접수되었다고 주장했다. 이방카 역시 판매 수치를 조작하여 60%가 팔렸다고 공개적으로 발언했다. 분노한 구매자들은 판매수치를 부풀렸다고 주장하면서 소송을 제기했다. 2011년에 이뤄진 합의에 따라 이들은 보증금의 90%를 돌려받았다. 2014년까지 개발업자들은 3분의 1도 채 팔지 못했다. 트럼프 소호는 강제 압류 조치에 들어갔고 결국 경매로 팔리게 되었다.

카자흐스탄 출신의 흐라푸노프Khrapunov 일가도 트럼프 소호의 콘도를 구매했다. 이들은 2013년에 310만 달러를 주고 아파트 세 채를 샀다. 흐라푸노프 일가는 현재 카자흐스탄 알마티 시에 의해 기소된 상태다. 빅토르 흐라푸노프가 알마티 시장으로 재직할 당시 빼돌린 것으로 추정되는 수억 달러의 돈을 세탁하기 위하여 익명의 셸컴퍼니들을 통해 미국 부동산을 구매한 혐의다. 흐라푸노프 일가는 혐의를 부인하면서, 본인들은 카자흐스탄의 독재자 누르술탄 나자르바예프 대통령에게 정치적으로 박해 받는 반체제 인사들이라고 주장했다. 그러나 흐라푸노프 일가는 카자흐스탄 부동산을 보유한 모스폰 회사들의 실권자들이기도 했다.

그런데 흐라푸노프 집안의 아들은 카자흐스탄의 올리가르히 무흐타르 아블랴조프Mukhtar Ablyazov의 딸과 결혼하게 된다. 아블랴조프와 그의 측근들은 BTA 은행으로부터 60억 달러를 유용한 혐의로 기소되었다. 아블랴조프는 BTA 총재로 있으면서 여러 셸컴퍼니에 수십억을 빌려주었는데, 이 회사들은 단 한 차례도 대출금을 상환한 적이 없었던 것으로 추정된다. 현재 BTA는 자사 웹사이트에 아블랴조프와 이해관계가 있었던 역외회사 786곳의 명단을 올려둔 상태다. 이 중 수십 개의 회사들이 모스폰 파일에도 등장한다.

트럼프 소호가 개장하고 나서 몇 달 뒤 테브피크 아리프와 ENCR 3인방은 137m짜리 요트 사바로나Savarona호에 있었다. 바로 그때 터키 경찰이 현장을 급습했다. 경찰은 이들에 대해 성매매 혐의를 두고 있었다. 남성들은 18~23세 여성 아홉 명과 동승하고 있었다. 경찰은 이미 몇 달 전부터 아리프와 주변 관계자들이 어린 소녀들을 포함하여 여성들을 알선하는 과정을 감시해 왔다. 남성들은 하나같이 범행을 부인했다. 여성들 역시 아무도 증언하려 하지 않았다. 결국 검찰은 소를 취하했다. 성매매로 따끔한 맛을 보고 나서 몇 년이 흐른 뒤 자민 페러스Zamin Ferrous라는 모스폰 회사가 브라질 채굴 계약과 관련된 2억 2,000만 달러 양도 처분에 대해 ENRC를 고소했다. 테브피크 아리프의 아들 가운데 한 명이 이 회사의 이사였다. 2년 뒤 양측은 합의했다. 베이록은 트럼프 소호 외에 '트럼프 인터내셔널 호텔 앤드 타워'도 건설했다. 햇살 가득한 플로리다주에는 '트럼프'라는 이름이 붙은 부동산이 많다. 이 역시 트럼프 소호와 비슷한 운명을 맞았다. 2008년 금융 위기 이후 개발업자들의 대금 지불이 중단되자 트럼프는 손을 뗐다. 결국 소송이 뒤따랐고, 그 건물은 경매로 처분되었다.

플로리다주에 있는 트럼프 이름이 붙은 부동산들에는 러시아 고객들이 많았다. 로이터 통신이 분석한 바에 따르면 러시아 여권을 소지하거나 러시아에 주소지가 있는 63명이 '트럼프'라는 이름이 붙은 건물들에 있는 약 1억 달러 상당의 부동산을 구매했다. 구매자들 중 다수는 모스폰 회사를 갖고 있었는데, 안드레이 트루스코프Andrey Truskov 역시 그 안에 포함되었다. 트루스코프는 러시아 최대 은행 가운데 하나인 앱솔루트Absolute 그룹 유한책임회사의 공동 창립자이자 회장으로, 푸틴과 긴밀하게 연결되어 있었다. 러시아 사람들은 파나마의 트럼프 오션 클럽 콘도의 단골 고객이었다. 트럼프 오션 클럽은 도널드 트럼프가 본인의 이름을 빌려주고 운영 약정서까지 체결한 리조트였다. 영업 사원들은 러시아어 통번역 서비스를 받기 위해 모스폰과 계약을 맺었다. 개발업자 로저 카피프Roger Khafif는 다른 목적으로 모스폰을 이용했다. 2008년에 그는 이란인들의 비자 업무를 맡은 적이 있는지 모스폰에 문의했다. 이란 여권을 갖고 있지만 실제로는 영국에 거주하는 이들 가운데 파나마 부동산을 구매하려는 경우가 있었기 때문이다.

플로리다주에서 이뤄진 부동산 거래 가운데 러시아 억만장자 드미트리 리볼로프레프Dmitry Rybolovlev에게 팜비치의 저택을 판 것만큼 트럼프에게 직접적으로 득이 된 경우는 없었다. 2004년 트럼프는 파산 경매로 그 드넓은 부지를 4,140만 달러에 구매했다. 4년 뒤 트럼프는 그 올리가르히에게 9,500만 달러를 받고 저택을 팔았다. 리볼로프레프는 아마 그 집에 발을 들여놓은 적이 한 번도 없었을 것이다. 저택을 구매하고 나서 몇 달 뒤 그 억만장자는 추잡한 이혼절차에 휘말리게 되었다. 리볼로프레프의 주장에 따르면 가족계획 차원에서 모스폰 회사를 여럿 갖고 있었다. 별거 중인 아내는 남편이 이혼 과정에서 재산을 은닉하는 데 그 회사들을 이용하고 있다고 주장했다. 결국 부부는 비밀에 붙인 합의에 이르렀고 그 저택은 헐리고 말았다.

모스폰은 이미 2013년에 아제르바이잔 출신의 33세 사업가 아나르 맘마도프Anar Mammadov에 관한 핵심 사항들을 세부적으로 알고 있었다. 모스폰의 준법지원부는 맘마도프의 이름을 '월드체크'에 넣고 돌려봤다. 월드체크란 모스폰이 자사의 고객들이 인터폴에 쫓기고 있는지, 부정적인 언론 보도로 만신창이가 된 상태인지 알아보기 위해 사용한 유료 데이터베이스였다. 모스폰은 그의 여권 사본을 갖고 있었다. 맘마도프는 직접 서명한 재원진술서도 제공했다. 그는 진술서에서 본인이 PEP이자 아제르바이잔 공무원의 친척이라는 사실을 밝혔고 심지어 부동산 보유 및 투자 목적으로 역외 실체들을 설립했다는 것까지 설명했다.

모스폰은 실사 작업을 통해서 아나르의 부친이 아제르바이잔의 교통부 장관 지야 맘마도프Ziya Mammadov라는 사실을 알아냈다. 호의적이지 않은 뉴스 기사들도 찾아냈다. 아나르 맘마도프는 운송업, 공공 건설사업 프로젝트, 유전 탐사로 억만장자가 되었다. 그는 아제르바이잔에서 가장 성공한 상업개발회사 가운데 하나를 10대 시절에 설립했다고 주장했다. 아버지가 대리인 노릇을 했을 가능성이 있는 그 회사는 아나르가 런던대학교에서 오롯이 공부만 하던 시기에 폭발적으로 성장했다.

이란 북쪽 카스피 해에 위치한 아제르바이잔은 과거 소련의 전략상 요충지이기도 했다. 1969년 소련의 일인자 레오니트 브레즈네프Leonid Brezhnev는 KGB 고위 간부 헤이다르 알리예프Heydar Aliyev를 아제르바이잔 공산당 중앙위원회 제1서기에 임명했다. 알리예프는 미하일 고르바초프Mikhail Gorbachev가 부패 혐의로 그를 축출할 때까지 20년 동안 그 자리에서 권력을 누렸다. 소련이 무너진 뒤 아제르바이잔은 독립을 얻었고 석유 부호 공화국이 되었다. 초대 대통령이 쿠데타로 자리에서 물러나자 알리예프는 기다렸다는 듯이 다시 권좌에 올랐다. 그가 사망한 지 두 달 뒤인 2003년 10월, 아들 일함 알리예프Ilham Aliyev가 승계자를 결정하는 선거에서 이겼다. 아들 알리예프는 그 뒤로도 아주 수월하게 선거에서 압승했다. 그런데 이는 사기와 매한가지였다. 2013년 아제르바이잔 선거위원회는 실수로 선거 결과를 발표하고 말았다. 투표일 전날 말이다.

모스폰은 분명 알리예프의 부패한 산유국에 대해 익히 알고 있었다. 그 아제르바이잔 지도자의 자녀들이 모스폰 회사를 소유하고 있었기 때문이다. 알리예프의 두 딸, 레일라Leyla와 아르주Arzu는 은행, 금광, 건설회사 등 국가 경제의 큰 덩어리를 좌지우지했다. 레일라 알리예프와 9년 간 부부였던 에민 아갈라로프Emin Agalarov는 트럼프의 러시아 사업 파트너이기도 했다. 자매는 모스폰 회사 두 곳을 통해 구매한 전 세계의 호화 부동산으로 1억 4,000만 달러가 넘는 재산을 축적했다. 약 10년 뒤인 2013년, 모스폰은 그중 한 회사의 등록대리인에서 물러났다. 그 회사를 설립한 영국의 중개인이 새로이 요구되는 실사 자료 제공을 거부했기 때문이다. 나머지 모스폰 회사 한 곳의 중개인은 런던의 로펌 '차일드 앤드 차일드Child & Child'였는데, 두 여성이 PEP라는 사실을 밝히지 않았다.

아나르 맘마도프의 경우 모스폰은 절차를 제대로 따랐다. 모스폰은 그가 누군지, 무슨 일을 하는지 알고 나서도 건지 섬의 중개인을 통해 그에게 회사를 팔기로 결정했다. 모스폰 측은 맘마도프를 PEP로 분류하고 강화된 실사를 주문했으나 실제로는 별 의미가 없었다. 도널드 트럼프 역시 아나르 맘마도프를 사업 파트너로 여겼다. 2012년에 트럼프는 맘마도프의 회사 가런트 홀딩스Garant Holdings와의 라이선스 계약에 서명했다. 고급 호텔 콘도미니엄에 그 부동산 거물의 이름을 박아 넣기 위한 계약이었다. 33층 규모의 그 건물은 아제르바이잔 수도 바쿠의 외딴 지역에서 이미 공사가 진행되고 있는 상태였다. 이방카 트럼프가 진행 과정을 주도했다. 이방카는 현장에서 안전모를 쓰고 있는 본인의 모습을 찍은 사진을 노출시키고 프로젝트를 극찬하는 영상물을 제작했다.

모스폰과 달리 트럼프가 아제르바이잔 사업 파트너들에 대해 실사 작업을 진행했는지는 불분명하다. 대변인은 트럼프가 빈틈없이 철두철미하게 조사했다고 기자들에게 말했으나 정작 실사 자료 제출이나 검토 담당자의 신원 확인은 거부했다. 해외부패

방지법에 따르면 트럼프는 아나르 맘마도프가 불법적으로 돈을 버는지를 조사할 책임이 있었다.

뇌물수수와 부패 혐의는 오랫동안 맘마도프의 뒤를 바짝 따라다녔다. 공사가 진행되는 동안 계약 당사자들은 대금을 현금 보따리로 지불한 듯 보인다. 만약 트럼프 쪽에서 유심히 살폈더라면 맘마도프 집안과 이란 혁명수비대 출신들과 관계가 있다는 점을 상세히 기술한 위키리크스 전문을 발견했을 것이다. 위키리크스에 따르면 이란 혁명수비대 사령관 출신 카말 다르비시Kamal Darvishi는 아제르바이잔에서 지야 맘마도프로부터 최소한 여덟 건의 주요 도로 건설 및 재건 계약을 따냈다. 외교 전문은 이런 결론을 내렸다. "우리는 이 계약들에서 맘마도프가 '익명의 동업자'라고 추정한다."

아나르 맘마도프가 가진 돈의 유혹에 걸려든 것은 트럼프와 모스폰만이 아니었다. 맘마도프는 트럼프와의 계약에 서명하기 직전 '아제르바이잔 아메리카 연대'라는 것을 창설하고 인디애나주 공화당 소속 하원의원이었던 댄 버튼Dan Burton을 간판인물로 내세웠다. 이 연대는 워싱턴의 정치인들이 아제르바이잔에 우호적이게끔 로비하는 데 1,200만 달러가 넘는 돈을 뿌렸다. 이 단체가 연 만찬행사에는 존 베이너John Boehner가 참석했고 존 맥케인John McCain, 낸시 펠로시Nancy Pelosi와도 은밀하고 사적인 만남이 이뤄졌다. 눈사태처럼 쏟아져 내린 돈 덕분에 의회에서는 민주당, 공화당 할 것 없이 그 부패한 독재정권에 대해 지나친 찬양 일색이 이어졌다. 그러나 2015년 아제르바이잔의 석유회사가 도산하면서 파티는 끝이 났다. 바쿠에서 공사 중이던 건물 프로젝트 역시 중단되었다. 트럼프는 본인 이름에 대한 사용 허가를 내줬을 뿐이라고 주장하면서, 그 프로젝트와 관계된 어떤 책임도 부인했다.

트럼프는 선거날 밤에 에르도안 터키 대통령과 대화하면서 이방카에 대해 좋게 얘기해 두었다. 그는 자기 딸이 에르도안의 열혈 팬이자 지지자라고 전하면서 '트럼프 터키' 프로젝트의 성공은 딸의 공이 크다고 말했다. 2012년 4월 이스탄불에서 트럼프타워가 문을 열었을 때 이방카는 아버지 곁에 있었다. 전날 에르도안은 공식 개장 행사에서 리본 커팅을 했다. 40층짜리 사무용 빌딩과 주거용 빌딩이 결합된 쌍둥이 고층건물에는 아파트, 고급 상점, 피트니스 센터, 영화관이 들어가 있었다. "4년 전에 메흐메트 알리 얄츤다를 만났을 때 정말 설렜어요. 우리는 이 프로젝트를 논의하기 시작했죠." 당시 이방카 트럼프는 터키 언론에 이렇게 말했다. 도널드 트럼프는 얄츤다의 처가인 도안 일가를 두고 "동업자 이상입니다. 그들은 아주 좋은 친구들이에요"라고 했다.

그러나 미국에서 선거운동이 한창이던 그때, 에르도안은 트럼프타워 개장식에 참석한 것을 후회한다면서 그 고층빌딩에서 트럼프의 이름을 빼달라고 요구했다. 그 미국 대통령 후보자가 '미국 내 무슬림에 대해 무관용'을 보였기 때문이었다. 터키 지도자와 도안 집안의 불편한 관계 역시 무관용을 보여주는 또 하나의 사례였다.

도안 일가의 가장, 아이든 도안Aydın Doğan은 주로 본인이 소유한 언론사들, 특히 일간지 〈휘리예트Hürriyet〉, TV 방송 채널인 〈CNN 튀르크CNN Turk〉와 〈카날 D Kanal D.〉를 통해 터키의 정치 세력들을 이용함으로써 수년간 번영을 누렸다. 도안이 이끈 거대 복합 기업은 부동산, 금융서비스, 에너지 사업 외에도 10여 개의 미디어 자산을 보유했다. 아이든 도안은 에르도안의 AKP 정당에 대해서도 동일한 전술을 시도했다. 도안이 소유한 언론사 가운데 몇 곳이 2007년 대통령 선거에 앞서 공격을 단행했으나 결국 AKP가 승리하고 말았다. 에르도안이 터키에서 일당 체제를 굳히게 되면서 과거에는 도안에게 매우 유용했던 전략이 큰 골칫거리로 전락했다.

2009년 미납 세금에 대한 벌금 25억 달러가 도안 홀딩에 부과되었다. 회사 전체의 가치 규모와 맞먹는 액수였다. 도안이 소유한 언론사들 역시 공격과 협박에 시달렸다. 보이콧을 요구하는 목소리가 터져 나왔고 기자들이 폭행당하는 일도 벌어졌다. 2016년 3월 터키 검찰은 연료 유통회사 페트롤 오피시Petrol Ofisi를 운영한 2001~2007년 사이에 발생한 것으로 추정되는 탈세 혐의로 도안 등 관계자 46명을 기소했다.

페트롤 오피시는 2000년에 저지 섬의 한 신탁회사가 바하마에 설립한 기업으로, 몇 년 지나지 않아서 이 회사는 모스폰으로 옮겨갔다. 모스폰 런던 사무소가 오메르 으스케피엘리Omer Iskefyeli 이사와의 회의 내용을 기록한 보고서에는 페트롤 오피시 그룹이 "터키 최대 석유 배급 회사"라고 나와 있다. 페트롤 오피시의 주주 가운데 한 사람인 메블루트 투판 다르바즈Mevlut Tufan Darbaz는 도안 홀딩의 CEO였다. 이 바하마 회사는 도안 홀딩과 관련이 있는 모스폰 회사였다. 아이든 도안의 세 딸 역시 모스폰 회사를 보유했는데, 에르도안이 그 집안을 조금씩 압박해가던 무렵인 2013년에는 대부분 휴면 상태였다. 계속 운영 중이던 회사인 글렌둔Glendoon은 BVI의 아카라 빌딩에 있었다. 재원진술서에 따르면 이 회사의 제1수익자는 도안 홀딩의 부회장음레 바르만베크Imre Barmanbek로, 회사의 설립 목적은 자본 시장에 대한 금융 투자였다.

에르도안의 압력으로 아이든 도안은 가족사업의 경영에서 손을 뗐다. 딸 아르주한 도안Arzuhan Doğan이 회장 자리에 앉았고 그녀의 남편 메흐메트 알리 얄튼다가 CEO로 지명되었다. 위키리크스가 폭로한 해킹 메일을 보면 얄튼다가 에르도안의 환심을 사려고 얼마나 애썼는지 알 수 있다. 그는 주로 베라트 알바이라크Berat Albayrak로 이어지는 비공식 통로를 이용했다. 알바이라크는 에르도안의 사위이자 에너지부 장관으로, 대다수 터키인들은 그가 차기 대통령이 되기 위한 후계자 수업을 받고 있다고 생각했다. 해킹 메일로 드러난 바에 따르면 얄튼다는 도안의 언론사에서 나온 에르도안에 대한 비판적인 기사들을 검열하려고 했다. 얄른다는 본인이 운영하는 방송사 〈CNN 튀르크〉의 앵커를 가리켜 "적"이라고 표현하기도 했다. 터키의 한 언론사 관계자가 온라인에 게재된 ICIJ의 파나마 페이퍼스 데이터베이스에서 찾아낸 터키인들 및 그들의 회사가 총망라된 명단을 에너지부 장관에게 전달한 메일도 있었다.

얄른다는 이런 메일들을 보낸 적이 없다고 부인했으나 위키리크스의 폭로로 인해 CEO 자리에서 물러나야 했다. 터키에서는 기자들을 막으려는 에르도안의 끈질긴 활동이 계속 이어졌다. 2017년 8월, 터키 정부는 200명이 넘는 기자들과 언론 종사자들을 체포했다. 미국에서는 얄른다의 사업 파트너이자 현재는 미국 대통령이 된 도널드 트럼프가 기자들을 '가짜 뉴스' 유포자들이라고 맹비난하면서 언론인과 언론에 대한 전쟁을 선포했다.

에필로그

라몬 폰세카는 파나마시티의 모스폰 사옥 구석에 자리한 자신의 사무실에 앉아 있었다. 2016년 12월 초 파나마 페이퍼스가 공개되고 8개월이 지났을 때였다. 모스폰이 종말을 맞았다는 증거가 사방에 널려 있었다. 토끼장처럼 미로 같은 좁은 통로가 나 있는 건물 안의 텅 빈 사무실에는 포장 상자들이 어수선하게 쌓여 있었다. 뉴스 방송에 수백 번은 등장한 사옥 입구의 '모색 폰세카' 간판은 이미 철거된 뒤였다. 수십 년 동안 존속했던 모스폰은 서서히 문을 닫고 있었다.

자료 유출 사건이 터지고 나서 모색과 폰세카는 모스폰을 직원들에게 팔 요량이었다. 그런데 연말이 되자 남아 있는 게 별로 없었다. 모스폰은 자산관리사업인 MAMSA의 셔터를 내렸다. 정부 조사와 수익 감소로 인해 저지 섬, 지브롤터, 와이오밍을 시작으로 전 세계에 있는 사무소들을 닫을 수밖에 없었다. 모스폰은 100명이 넘는 직원들을 해고해야 했다.

11월에는 또 한 번 잔인한 일격을 당했다. BVI는 내부 통제 태만을 이유로 모스폰에 벌금 44만 달러를 부과했다. 역대 최대 규모의 처벌이었다. 파나마 페이퍼스는 BVI를 강타했다. BVI 내 법인 설립은 2016년 상반기 동안 전년대비 30%나 감소했다. 금융위원회는 일시적으로 모스폰의 BVI 사업체들에 대한 감시 장치를 마련했다. 모스폰 역시 관심의 초점이 회사 설립에서 기존 업체들에 대한 주의확인 의무 실행으로 바뀌었다. 아카라 빌딩의 경우 플랙스 일가가 운영하는 1층의 보석점이 위층에 있는 모스폰 사무소들보다 손님이 많았다.

폰세카는 1986년 그 외딴 곳과 처음 조우했던 순간을 그리고 모스폰이 BVI의 운명을 어떻게 바꿔놓았는지를 회상했다. "그들은 벌금을 물릴 게 아니라 내 동상을 세웠어야 해요." 폰세카는 분개하며 말했다.

제네바에서는 UBS가 모스폰의 은행 계좌를 해지하겠다고 통지하는 서한을 아드리안 시몬에게 보냈다. 모스폰의 제네바 사무소는 1990년대 안토니 게레로가 있던 시절부터 UBS의 고객이었다. 시몬은 겨우겨우 담당 은행가들과 만날 약속을 잡았다. 그는 UBS의 명예가 달린 문제라서 관계를 종료하는 것 외에는 달리 선택의 여지가 없다는 말을 들었다. 그 위선에 시몬은 아연실색했다. 그는 UBS가 여전히 모스폰에 등록한 역외회사들을 보유하고 있다는 점을 지적했다. 하지만 이제 그런 건 아무래도 상관없었다.

폴 싱어와 그의 변호사들은 네바다주에서 모스폰과의 일을 매듭짓지 못했다. 2013년 한 아르헨티나 검사가 네바다 회사들이 라사로 바에스의 돈세탁 수단일지도 모른다는 추측을 제기하면서 촉발된 일들이 엘리엇 매니지먼트가 모스폰을 겨냥하여 라스베이거스에서 소송을 제기하도록 만들었다. 결국 모스폰의 네바다 회사들과 바에스 사이에는 아무런 관련성도 나오지 않았고, 그 회사들과 아르헨티나 대통령 크리스티나 페르난데스 데 키르치네르 사이 역시 어떠한 연결고리도 발견되지 않았다. 마우리시오 마크리가 선거에서 승리한 뒤 아르헨티나의 새 정부는 국가부채 사건과 관련하여 엘리엇 매니지먼트와 24억 달러에 합의했다.

그런데 모스폰이 엘리엇 매니지먼트의 조사를 방해하기 위해 온갖 수를 다 썼다는 사실이 파나마 페이퍼스로 인해 드러났다. 5월에 엘리엇 매니지먼트는 라스베이거스 연방법원에 모스폰을 사법 방해로 고소했다. 엘리엇은 모스폰으로부터 정보를 얻어내기 위해 그동안 자신들이 들인 비용을 배상하라고 요구했다. 모스폰의 기각 신청은 받아들여지지 않았다. 양측은 합의 절차에 돌입했으나 이미 모스폰은 상당한 액수의 합의금을 감당할 만한 처지가 아닌 듯했다.

2016년이 끝나갈 무렵 파나마 검찰총장 케니아 포르셀Kenia Porcell은 모스폰을 수사하던 하비에르 카라바요 검사를 해임했다. 원래 금융범죄가 아니라 마약밀매 사건을 담당했던 카라바요는 모스폰 사무실에서 압수한 데이터를 파악하기에는 부적절한 인물이었다. 본인에게 도움이 될 만한 검사가 필요했던 포르셀은 조직범죄과의 대표선수 로물로 베탕코우르트Rómulo Bethancourt를 선임했다. 베탕코우르트는 자금세탁을 수사한 경험이 있었다. 검찰은 곧 브라질의 엄청난 부패 스캔들 '라바 자투Lava Jato'와 모스폰의 연관성에 초점을 맞추기 시작했다('라바 자투'는 포르투갈어로 '세차 작전'이라는 뜻이다).

스캔들의 중심에는 브라질 건설회사 오데브레시트가 있었다. 뇌물수수 관행이 그야말로 일상화된 회사였다. 오데브레시트는 특별 부서를 설치하여 대규모 공공사업 계약을 따내기 위해 국내외 현지 관료들에게 돈을 보냈다. 뇌물은 다른 프로젝트에서 발생하는 초과 비용으로 계산하여 지급했다. 뇌물 자금은 익명성을 유지하기 위해 무기명주로 보유한 역외회사들과 스위스 비밀 은행 계좌를 통해 움직였다. 오데브레시트는 2014년까지 거의 10년 동안 10여 개국에서 100건이 넘는 계약을 수주하기 위해 33억 달러에 달하는 뇌물을 뿌렸다.

모스폰은 '라바 자투' 부패 수사에 연루된 셸컴퍼니 수십 개를 BVI, 네바다주 같은 지역에 설립했다. 여기에는 오데브레시트 외에 브라질 국영 석유회사 페트로브라스도 포함되어 있었다. 모스폰은 자신들이 한 일이라고는 중개인들에게 회사를 판 것밖에 없다고 주장했지만, 파나마 검찰총장 포르셀은 모스폰이 더욱 깊게 연루되어 있다고 봤다. 검찰은 부패 모의의 일환으로 모스폰이 자금세탁을 위해 현지 은행과 결탁했다는 가정을 세웠다. 모스폰은 강하게 부인했다. 파나마 페이퍼스에는 이와 관련된 정보는 없었다.

2017년 2월 9일 오전, 공공검찰청에서 나온 공무원들이 유르겐 모색과 라몬 폰세카의 자택을 수색했다. 두 사람은 소환되어 조사를 받았다. 폰세카는 공공검찰청 밖에서 바로 기자회견을 열었다. 면도도 하지 않은 그의 얼굴은 분노로 일그러졌다. "이때껏 줄곧 조용히 입 다물고 있었습니다만, 오데브레시트 사건이 한계입니다"라고 그는 선언했다. 폰세카는 모스폰 회사들을 구매한 은행가들과 변호사들이 책임을 져야 한다고 주장하면서 본인의 회사를 감쌌다. 모스폰이 진행한 사업의 상당 부분은 HSBC 같은 세계적인 은행들과 함께한 것이라면서, 그동안 HSBC가 모스폰을 수차례 곤경에 빠뜨렸다는 말을 보탰다. 그는 '라바 자투'에 연루된 역외회사들이 1만 개가 넘는다면서, 그런데 왜 자신들만 콕 집어서 지목하는 거냐고 반문했다.

기자 한 명이 중간에 끼어들자 폰세카는 기다리라고 말했다. 얘기가 중요한 부분에 이를 참이었다. 폰세카는 후안 카를로스 바렐라 대통령이 이끄는 정부에 몸담으면서 알게 된 정부의 부패 증거에 대해 이야기했다. 바렐라가 오데브레시트로부터 선거운동 기부금을 받은 것이다. 나중에 바렐라 대통령은 모든 게 적법하게 이뤄졌다고 반박했다. 오데브레시트는 파나마에서 뇌물수수 작전을 대대적으로 전개했다. 그런데 파나마 검찰은 어째서 그 회사와 직접적으로 일을 한 변호사들이 아니라, 모스폰을 표적으로 삼느냐는 것이었다.

"내 말이 거짓이면 벼락에 맞아 죽을 겁니다." 폰세카는 마치 연기를 하듯 과장되게 말했다. "그들은 희생양을 찾고 있는 거 예요." 폰세카는 바렐라가 파나마의 금융 시스템을 보호하는 데 실패했다고 비난했다. "우리는 그동안 국제기구들 앞에서 스스럼없이 바지를 내렸죠." 폰세카는 경멸조로 말했다. 그는 정부가 부정행위를 한 증거를 갖고 있다면서, 차후에 공개하겠다고 말했다. 폰세카는 잔뜩 찌푸린 채 한 무리의 기자들과 함께 검찰청 문 쪽으로 이동하는 내내 "나는 내 조국을 사랑한다!"고 거듭 외쳤다.

폰세카가 뭘 기대했는지는 모르겠으나 반응은 즉각적이었다. 폰세카와 모색 그리고 또 다른 모스폰 변호사 한 명은 보석 신청이 기각되면서 감옥에 던져졌다. 이들은 도주 우려가 있다고 판단되어 검찰이 증거를 수집하는 동안 두 달 넘게 감옥에 있었다. 폰세카와 모색은 4월 24일에 각각 보석금 50만 달러를 내고 석방되었다. 폰세카는 그 옥살이가 욱했던 그날의 일 때문이었다고 확신한다.

폰세카는 폭풍우가 아직 완전히 물러가지 않았다는 사실을 잘 알았다. 기자들은 계속해서 자료를 면밀히 살폈다. 왜 공조에 참여하지 않았냐는 질문들 때문에 위축되었던 〈뉴욕타임스〉는 기사가 처음 공개되고 나서 한 달 뒤인 2016년 5월에 프로젝트 합류 의사를 전했다. 이제는 다들 협업의 유용성과 이점을 알게 되었다. 〈뉴욕타임스〉는 위키리크스 전문과 마찬가지로 ICIJ의 데이터베이스 역시 살을 붙이고 내용을 발전시켜 기사로 만들 수 있는 하나의 재료로 활용할 수 있다는 것을 인식했다.

파나마의 포르셀 검찰총장은 유럽 등 다른 나라 검사들과 만나 모스폰 수사를 논의했다. 검사들은 ICIJ가 공개한 자료에 등장하는 개인들을 파헤치기 시작했다. 파키스탄에서는 무함마드 나와즈 샤리프 총리의 가족이 역외회사를 통해 런던의 값비싼 부동산을 소유한 것에 대한 수사가 시작되었고 2017년 여름 대법원에서 총리의 면직 처분 결정이 내려졌다. ICIJ의 온라인 데이터베이스 덕분에 EU판 인터폴이라고 할 수 있는 유로폴Europol은 범죄 용의자와 일치할 개연성이 있는 개인 및 회사 약 3,500건의 신원을 확인할 수 있었다. 기사가 공개되고 몇 달 지나지 않았을 때 유럽의회는 파나마 페이퍼스 폭로에 대한 조사위원회를 구성했다. 이듬해에 조사위원회는 역외 사업의 모든 측면을 철저히 조사하고 캐묻는 청문회를 수차례 열었다. 여기에서도 다시 한 번 에바 졸리가 두드러진 활약을 펼쳤다.

제라드 라일은 역대 최대 규모이자 가장 성공적인 언론 공조를 이끈 데서 오는 성취감을 그리 오래 누리지 못했다. 모회사인 CPI의 재정적 어려움이 ICIJ로 스며들었다. 라일은 심각한 예산 삭감, 심지어 직원들을 해고해야 할 상황에 직면했다. 2016년 여름, 호주에서 휴가를 보내던 중에 라일은 자신을 해고하려는 계획이 진행되고 있다는 사실을 알게 되었다. 라일과 CPI의 CEO

피터 베일 사이의 관계는 파나마 페이퍼스 공개 이후 더욱 악화되었다. 베일은 CPI가 챙길 게 거의 없는 상태인 ICIJ의 자치권 제안에 반대했다. 파나마 페이퍼스가 공개되고 두 달 뒤 〈뉴욕타임스〉는 두 조직의 재정적 어려움에 대한 기사를 게재했다. 〈뉴욕타임스〉는 최근 파나마 페이퍼스의 성공에도 불구하고 ICIJ가 계약직 기자 세 명을 떠나보낼 수밖에 없었고 예산 책정이 필요한 다른 직책 역시 포기해야 하는 역설적인 상황에 처하게 됐다고 전했다. 기사에 따르면 베일은 전임자가 적자를 떠넘겼다고 비난했다(그러나 부젠버그는 이를 부인했다).

그 무렵 베일과 라일의 관계는 둘 중 한 사람이 떠나야 할 정도로 나빠졌다. 이사회는 라일의 해고를 논의하기 시작했고 심지어 예비 후임자 면접까지 봤다. 부젠버그와 CPI 창립자 찰스 루이스는 이 사실을 알고서 기가 막혔다. 8월 24일 루이스는 본인과 부젠버그 두 사람의 이름으로 이사회에 메일을 보냈다. 만약 라일을 해고할 경우 그 사실이 전 세계적으로 엄청난 뉴스거리가 될 거라고 이사회에 경고했다.

ICIJ 직원들 또한 라일이 잘릴 경우 일괄 사표를 제출하겠다는 뜻을 전했다. ICIJ의 세계적인 주요 자금 제공처 두 곳 역시 반대의사를 내놓으며 ICIJ에 힘을 실어 주었다. 그중 한 곳은 CPI에도 돈을 대고 있었다. 결국 이사회는 물러섰으나 이미 타격을 입은 상태였다. 이때부터 ICIJ가 CPI로부터 독립하는 것은 기정사실이 되었고, 2016년 10월 20일, 두 조직은 CPI에서

ICIJ가 분리될 것이라는 내용을 담은 공동 보도 자료를 냈다.

라일, 마리나 워커, 마르 카브라는 완전히 새로운 조직을 세우고 자금 제공자들로부터 재정적 후원 및 보증을 받는 데 몇 달을 보냈다. 그 뒤로 베일이 CPI를 떠난다는 발표가 나오면서 독립에 더욱 속도가 붙었다. 분리 결정에 대해 베일이 반발하자 이사회도 어쩔 수 없었다. 조직 내부에서 신망이 두터운 인물인 존 던바John Dunbar CPI 부대표가 신임 CEO로 임명되었다. 2017년 2월 27일 ICIJ는 공식적으로 독립했다. 그리고 두 달이 채 지나지 않아서 ICIJ의 파나마 페이퍼스 탐사보도는 퓰리처상 해설보도 부문을 수상했고, 국제보도 부문에서도 최종후보에 올랐다.

"우리는 천사가 아닙니다. 그렇다고 악마도 아니죠." 라몬 폰세카는 파나마시티의 텅 빈 사무실에서 이렇게 말했다. 모스폰의 두 창립자는 자신들을 부유하게 만들어 준 비밀세계가 앞으로도 계속 융성하리라는 것을 잘 알았다. 파나마 페이퍼스가 공개되기 전부터 법인 설립과 비밀 은행 계좌는 BVI의 주의확인 의무 강화 및 스위스은행 비밀주의 상실에 대응하여 두바이와 싱가포르에서 새로운 보금자리를 찾고 있었다. 달라진 거라곤 예전보다 비용이 더 든다는 점뿐이었다.

2017년 4월 유르겐 모색은 "믿을만한 소식통으로부터"라는 제목의 편지를 모스폰 웹사이트에 올렸다. 그는 전 세계적으로 파나마를 비롯한 많은 곳에서 법인 설립이 30%가량 감소했다고 언급한 뒤 신랄한 비판을 덧붙였다. "하지만 사실상 주의확인 의

무를 거의 요구하지 않는 델라웨어주, 네바다주 등 미국 담당지역에서는, 여전히 법인 설립이 왕성하게 이뤄지고 있다."

옮긴이 손성화

서강대학교에서 사학·정치외교학, 연세대학교 행정대학원에서 국제관계·안보를 공부했다. 한때 신문사에 몸담았고, 동료 기자들과 함께 데이터 저널리즘을 지면에 담아내는 일을 했다. 지금은 영미권 저자의 책을 소개하고 우리말로 옮기는 번역가로 활동 중이다. 출판번역 에이전시 베네트랜스를 통해서도 작업하고 있다. 옮긴 책으로는 《원숭이 신의 잃어버린 도시》《숲속의 은둔자》《사물의 약속》등이 있고 《세상에 도전한 위대한 여성들》《아름다운 반역자들》등 어린이·청소년 도서도 번역했다.

시크리시 월드: 자본가들의 비밀 세탁소

1판 1쇄 발행 2019년 5월 20일

지은이 제이크 번스타인
옮긴이 손성화
발행인 오영진 김진갑
발행처 토네이도

책임편집 김율리
기획편집 이다희 박수진 박은화 허재희
디자인팀 안윤민 김현주
마케팅 박시현 신하은 박준서
경영지원 이혜선

출판등록 2006년 1월 11일 제313-2006-15호
주소 서울시 마포구 월드컵북로5가길 12 서교빌딩 2층
전화 02-332-3310 팩스 02-332-7741
블로그 blog.naver.com/midnightbookstore
페이스북 www.facebook.com/tornadobook

ISBN 979-11-5851-134-0 03320

이 도서의 국립중앙도서관 출판예정도서목록(CIP)은 서지정보유통지원시스템 홈페이지(http://seoji.nl.go.kr)와 국가자료공동목록시스템(http://www.nl.go.kr/kolisnet)에서 이용하실 수 있습니다. (CIP제어번호: CIP2019015902)